형법 적용 범위론

형법의 탈지역화를 위한 형법의 시간적·공간적 적용범위에 관한 연구

전지연 지음

연세대학교 출판문화원

형법적용범위론

2024년 9월 30일 초판 1쇄 발행

지은이 전지연
펴낸곳 연세대학교 출판문화원
주소 서울특별시 서대문구 연세로 50
등록 1955년 10월 13일(제9-60호)
전화 02) 2123-3378~80
팩스 02) 2123-8673
전자우편 ysup@yonsei.ac.kr
홈페이지 http://press.yonsei.ac.kr
인쇄 네오프린텍(주)

ISBN 978-89-6850-894-3(93360)

값 32,000원

머리말

형법의 탈지역화를 위하여

문화규범으로서 형법은 시공간을 초월하여 어느 공간이나 지역에 관계없이 누구에게나 적용되는 규범이 아니라 특정한 시간과 공간에서 발생하는 형사사건에 한하여 적용되는 규범이다. 이와 같이 형법의 효력이 미치는 범위를 형법의 적용범위라고 부르며, 우리 형법은 제1조에서 제6조까지에 이를 규정하고 있다. 그리고 외국에서 형이 집행된 경우(제7조)와 특별히 달리 규정이 없는 경우에는 형법총칙의 규정들을 다른 형사법령에도 적용함(제8조)을 규정하고 있다.

형법의 적용범위에 관한 규정들은 형법개정의 관심과 대상에서 다소 벗어나 있었으나 몇 가지 관점에서 새로운 전기를 맞이하고 있다.

첫째는 범죄와 교류의 국제화이다. 과거의 범죄들이 주로 국내적 수준에서 이루어졌던 것에 비하여 국제사회의 변화와 함께 범죄가 국제화되었다는 점이다. 국민들의 국가 간 이동이 확대되고 물류나 정보의 국제적 거래가 폭발적으로 증가하였다. 또한 국가 간의 경제적 결속 등으로 국가 간의 장벽이 해체되거나 완화되었다. 이것은 기존의 전통적인 범죄에서도 범죄인의 왕래나 범죄의 대상지역 확대가 불가피한 현상이 되었다. 이러한 점에서 국제화된 범죄에 대해 어떠한 범위 내에서 자국형법을 적용하여 처벌할 수 있는가의 문제가 제기되었다.

둘째는 인터넷으로 표현되는 정보통신기술의 발달은 사이버공간이라는 새로운 가상공간을 만들어 냈다. 사이버공간을 통하여 인간은 무수한 정보의 제한 없는 교류와 국경을 뛰어넘는 유대감의 형성, 조직의 힘을 빌리지 않는 개인의 이윤획득에 이르기까지 말 그대로 자유발현의 장이 되었다. 그러나 다른 한편 정보통신기술의 발전은 사이버공간을 통한 국가 간의 불법내용의 유통이나 통신망의 침입, 다양한 비밀정보의 불법적 탐지, 사이버테러 등과 같은 새로운 범죄유형을 출현시킴으로써 형법의 적용범위문제를 새롭게 조명해 보는 상황을 야기하였다.

셋째는 형법이 제정되던 1953년과 비교하여 현재 우리의 외국과의 교역규모는 비교할 수 없을 정도로 확대되었으며, 세계 7~8위의 경제대국에 이르고 있으며, 매년 1억명 정도가 대한민국을 출입하는 상황에 이르고 있다. 특히 완전히 자유로운 남북한의 왕래는 아니지만 남북한 사이의 교류가 진행되었고, 많은 북한주민들이 남한으로 입국하고 있다. 또한 대한민국이 새로운 IT기술의 시험장이 되고 있으며, K-드라마, 음악, 음식 등 K-문화의 종주국으로서 많은 외국인들에게 대한민국의 영향력이 확대되고 있다.

이러한 상황에서 우리 형법의 적용범위와 관련한 규정들은 여전히 1953년의 형법 제정 당시의 시대상황에 머물러 있다. 현재의 국제화된 사회나 우리나라의 국제적 위상, 사이버범죄와 같은 새로운 형태의 범죄출현 등과 같은 다양한 요인들을 고려할 때 형법의 적용을 탈지역화가 필요하다. 본서는 이러한 형법의 탈지역화의 관점에서 기존의 형법의 적용범위에 관한 여러 규정들에 대한 문제점을 지적하고, 이에 대한 개선방안을 마련하여 보았다.

본서는 제1편은 형법의 시간적 적용범위, 제2편은 형법의 지역적 적용범위, 제3편은 형법총칙의 타 법령에의 적용, 이렇게 3편으로 구성되었다. 특히 제2편의 지역적 적용범위와 관련하여서는 속지주의, 속인주의, 보호주의의 규정들 뿐만 아니라 특수한 문제로서 남북한 사이의 형법 적용과 사이버공간에서 형법의 적용문제 그리고 외국에서 집행된 형과 미결구금의 문제

를 상세하게 다루었다

본서가 출간되기까지 많은 분들의 도움이 있었다. 독일에서 공부하고 연구할 기회를 주신 괴팅센대학의 지도교수이신 *Prof. Dr. Fritz Loos*, 독일에서 연구할 장소를 제공하고 학문적 교류를 지속할 수 있도록 배려하여 주신 *Prof. Dr. Gunnar Duttge*, 본서의 출간에 영감을 준 *Prof. Dr. Kai Ambos* 에게 감사의 말씀을 드린다. 저의 학문적 활동의 길을 터 주신 고 이형국 교수님, 그리고 학문적 활동을 격려하며 법학자의 귀감을 보여주신 박상기 교수님, 언제나 학문적 토론의 대상이 되어 주신 연세대학교의 심희기 교수님, 한상훈 교수님, 김정환 교수님, 박정난 교수님, 이승준 교수님, 이학철 교수님 너무 감사했습니다. 2024년 법학박사학위를 받고 새로이 학자의 길에 들어선 신가람 박사(북경대)와 김지수 박사(연세대)의 편집과 교정에도 감사드리며 그들의 학문적 대성을 기원합니다. 그리고 흔쾌히 본서의 출간을 하여준 연세대학교 출판문화원과 훌륭한 저술이 될 수 있도록 최선을 다해주신 심영주 선생님에게도 감사드립니다.

사랑하던 딸(현정)이 올해 새로운 가족을 맞이하는 행복한 시간도 있었습니다. 국가적인 의료분쟁으로 인하여 아들(현식)이 집으로 돌아와 있었던 관계로 다행스럽게도(?) 저희 가족들은 딸이 집을 떠나기 전에 모두가 같이하는 시간을 가질 수 있었습니다. 다시 금 가족들의 새로운 출발을 축하하고 우리 공동체를 건강하게 유지시켜 주었으면 합니다. 윤인씨 당신과는 남한강변에서 밤하늘의 별들을 같이 보는 시간이 점점 더 많아지기를 바랍니다.

2024. 9. 30.

국수리의 남한강변에서

전 지 연(Prof.em.Dr.iur. Ji-Yun JUN)

목차

제1편 형법의 시간적 적용범위

제2편 형법의 지역적 적용범위

제3편 형법총칙의 타 법령에 대한 적용

[법령약어표]

교통사고처리 특례법	[교특법]
남북교류협력에 관한 법률	[남북교류협력법]
도로교통법	[도교법]
보호관찰 등에 관한 법률	[보호관찰법]
성폭력범죄의 처벌 등에 관한 특례법	[성폭력처벌법]
스토킹범죄의 처벌 등에 관한 법률	[스토킹처벌법]
아동·청소년의 성보호에 관한 법률	[청소년성보호법]
여신전문금융업법	[여전법]
전자장치 부착 등에 관한 법률	[전자장치부착법]
정보통신망 이용촉진 및 정보보호 등에 관한 법률	[정보통신망법]
통신비밀보호법	[통비법]
특정 강력범죄의 처벌에 관한 특례법	[특강법]
특정 범죄 가중처벌 등에 관한 법률	[특가법]
특정 경제범죄 가중처벌 등에 관한 법률	[특경법]
폭력행위 등 처벌에 관한 법률	[폭처법]

제1편

형법의 시간적 적용범위

제1장 의의

형법의 시간적 적용범위는 원칙적으로 형법의 시행시부터 폐지시까지이다. 여기서 행위시와 재판시에 형법이 변경되어서 범죄의 성립여부가 달라지거나 형의 경중이 달라지는 경우 행위시법(舊法)과 재판시법(新法) 중 어느 법을 적용할 것인가가 문제된다. 법령이 새로 제정 또는 개정되어 법령 내용에 상호 모순되거나 저촉 또는 충돌이 생겼을 경우 어느 법을 적용할 것인가에 대하여 일반적으로는 시간적으로 나중에 제·개정된 것이 먼저 제·개정된 것보다 우선하는 효력을 가진다는 신법우선의 원칙에 따라 신법이 구법에 우선적으로 적용된다.

그러나 범죄의 성립과 처벌을 규정하는 형법의 경우는 다르다. 헌법은 제13조에 제1항에 "모든 국민은 행위시의 법률에 의하여 범죄를 구성하지 아니하는 행위로 소추되지 아니하며, 동일한 범죄에 대하여 거듭 처벌받지 아니한다"라고 규정하여 행위시의 법률에 따라 처벌하도록 하고 있다. 형법 제1조는 이를 보다 구체화하여 범죄의 성립과 처벌은 행위시의 법률에 의하도록 하고 있으며, 이를 행위시법주의라고 한다. 그리고 행위시법주의를 통하여 죄형법정주의의 핵심적 내용의 하나인 '소급효금지원칙'에 따라 형법의 소급적용을 금지함으로써 국민 일반의 법적 안정성과 예측가능성을 확보할 수 있다.[1]

범죄의 성립과 처벌은 원칙적으로 행위시의 법률에 따르나, 예외적으로 행위 이후의 법률이 행위자에게 유리한 경우에는 유리한 법률을 적용할 수 있도록 하였다. 이는 행위자들 사이에 시간적 차이로 인하여 범죄와 그에 대한 처벌이 차이가 나는 것으로부터 가능한 한 형평성을 유지할 수 있도록 마련한 것이다. 이러한 취지는 이미 재판이 확정된 사람의 경우에도 이를 반

---

1 Schönke/Schröder/Hecker, §2 Rn.1.

영하여, 이미 확정판결에 따라 형을 집행 중인 사람에 대하여는 해당 범죄가 더 이상 범죄를 구성하지 않는 경우에는 형의 집행을 면제하도록 하였다.

제2장 입법례

범죄의 성립과 처벌에 대하여 어느 법률에 의할 것인가에 대하여 대부분의 국가는 명시적으로 행위시의 법률에 의하도록 규정하고 있다.

일본형법의 경우 시간적 적용범위와 관련하여 이를 명시적으로 규정하고 있지는 않지만, 일본 헌법 제39조에서 “누구나 실행시에 적법한 행위 또는 이미 무죄로 된 행위에 대해서는 형사상의 책임을 묻지 않는다”라고 하여 형사책임은 범죄 행위시의 법률에 의하도록 하고 있다. 또한 일본형법 제6조에서 형의 변경과 관련하여 “범죄 후의 법률에 따라 형의 변경이 있는 때에는 그 중 가벼운 것에 의한다.”라고 하여 원칙적으로는 행위시법에 의하나 피고인에게 유리한 경우에는 선고시의 법을 적용하도록 한다.

독일형법의 경우에는 보다 상세하게 규정하고 있다. 먼저 “범죄의 실행 이전에 그에 대한 처벌이 법률에 명시적으로 규정되어 있는 경우에만 해당 범죄는 처벌된다”(§1 StGB)라고 하여 죄형법정주의를 규정함과 동시에 행위시에 법률로 그 처벌이 규정되어 있어야 한다는 의미에서 행위시법주의를 규정하고 있다.[2] 더 나아가 형벌과 그 부수효과는 행위시의 법률에 의하여 정해지며, 범행의 진행 중에 형벌이 변경된 경우에는 행위 종료시의 법률에 의한다. 범행 종료시의 법률이 판결선고 전에 변경된 경우에는 가장 경한 법률을 적용한다. 그리고 일정한 기간에 한하여 효력을 가지는 법률은 그 법률이 실효된 경우에도 법률의 유효기간 중에 범한 범죄에 대하여는 이를 적

2 Lackner/Kühl/Heger, §1 Rn.1; Schönke/Schröder/Hecker, §1 Rn.1.

용한다. 다만 법률이 달리 규정하고 있는 경우에는 이를 적용하지 아니한다. 그리고 위의 사항들은 박탈, 몰수 및 폐기처분의 경우에도 적용된다. 그러나 개선과 보안을 위한 처분(보안처분)에 관하여는 법률에 달리 규정하지 않은 경우에는 재판시의 법률에 의하여 선고한다(§2 StGB). 더 나아가 범죄의 시기를 정범 또는 공범이 행위한 때 또는 부작위범의 경우에는 행위하였어야 한 때에 행해진 것으로 파악하며, 결과발생한 때가 기준이 되지 아니한다고 명시하고 있다(§8 StGB).

오스트리아형법의 경우에도 죄형법정주의라는 제목하에 형벌과 보안처분은 그 행위에 대한 명시적인 처벌규정이 법률에 있고 행위 당시에 처벌되는 경우에만 부과할 수 있도록 하며, 행위 당시의 법률에 정한 형 보다 중한 형을 과해서는 안된다고 하고 있다(§1 Abs.1,2 StGB). 그리고 형법의 시간적 적용범위라고 구체화하여 형법은 시행 이후의 행위에 적용되고, 시행 이전의 행위에 대해서는 행위 당시의 법률이 행위자에게 전체적으로 유리하지 않은 경우에 한하여 적용된다(§61 StGB). 즉, 원칙적으로 행위시의 법에 따라 처벌되며, 행위시법이 행위자에게 유리하지 않은 경우에만 행위시법이 아닌 다른 법을 적용한다.[3]

---

3 중국형법 역시 "중화인민공화국 성립 이후 본법이 시행되기 전의 행위는, 당시의 법률이 범죄로 보지 않는 경우 당시의 법률을 적용하며, 당시의 법률이 범죄로 간주하는 경우 범죄를 저지른 자는 본법 총칙 제4장 제8절의 규정에 따라 마땅히 소추해야 한다. 당시의 법률은 형사책임을 추궁하지만, 만약 형법이 범죄나 처벌로 간주하지 않는다면 가벼운 본법이 적용된다. 본법이 시행되기 전에, 당시의 법률에 의하여 이미 내려진 효력 있는 판결은 그 효력이 계속된다."(제12조)라고 하여, 행위시법 원칙과 유리한 경우 행위시법 이외의 법을 적용할 수 있음을 규정하고 있다.

제3장 형법의 시간적 적용범위

제1절 행위시법주의·재판시법주의

시간적인 측면에서 살펴보면 형법은 그 효력을 발생한 날로부터 그 효력이 폐지(또는 실효)된 날까지 적용된다. 즉, 효력발생시부터 실효될 때까지의 행위에 대하여 형법이 적용된다. 문제는 행위시(행위시법 또는 구법)와 재판시(재판시법 또는 신법)에 각각 별개의 형법이 존재하는 경우, 더 나아가 행위시와 재판시 중간에 별개의 형법이 존재하는 경우 어느 형법을 적용하여 처벌할 것인가이다. 여기에서 범죄의 성립과 처벌을 행위시의 법에 의하는 것을 행위시법주의라고 한다. 행위시법의 적용은 형법의 소급적용을 금지하는 것으로서 죄형법정주의의 핵심적 내용에 해당한다. 이에 반하여 범죄의 성립과 처벌을 재판시의 법률에 따라 적용하는 것을 재판시법주의라고 한다.

제2절 행위시법주의

형법은 범죄의 성립과 처벌은 행위시의 법률에 따르도록 규정하여(제1조 제1항) 행위시법주의를 취하고 있다. 이러한 행위시법주의는 죄형법정주의에서 요구하는 소급효금지원칙에 따른 당연한 입법적 태도로, 국민의 법적 안정성과 예측가능성을 가능하게 한다.

여기에서 행위시법주의는 두 가지 내용을 포함한다.

첫째는, 행위시의 법률에 의하여 범죄를 구성하지 아니한 경우에는 그 행위 이후에 변경된 법률에 의하여 해당 행위가 범죄를 구성하게 되더라도 그 행위는 여전히 범죄를 구성하지 아니한다는 것이다. 변경된 법률에 의하여 범죄를 구성하는 경우는 새로운 구성요건을 신설하거나 이전의 구성요건에서 새로운 행위유형을 부가하는 경우뿐만 아니라 이전 법률에서 총칙상 범죄의 성립요건에 해당하지 아니한 요소를 개정하여 성립요건에 포함하도록 개정하는 경우도 포함된다.[4]

둘째는, 행위 이후에 법률의 변경에 의하여 형벌이 더 중하게 되거나 형벌의 범위가 확장되는 경우에도 행위에 대한 처벌은 행위시법에 따른다는 것이다. 개정 법률의 부칙에 경과규정을 두는 경우에도 이러한 행위시법주의를 위반하는 경과규정은 효력이 없다. 따라서 1억원 이상의 벌금형을 선고하는 경우 노역장유치기간의 하한을 가중하는 개정을 하면서, 개정 법률의 부칙에 개정 이전의 행위라도 개정 규정의 시행일 이후 공소제기되는 사건에는 개정된 법률을 적용한다고 규정한 경우에도 행위시법이 아닌 개정 법률을 적용하는 것은 소급효금지의 원칙과 행위시법주의에 위반된다.[5]

I. '행위시'의 법률

1. '행위시'의 의미

행위시법에서 '행위시'라고 함은 범죄행위의 종료시를 의미하며, 결과발생 여부를 묻지 않는다.[6] 일부 견해는 공소시효의 기산점인 범죄행위의 종료시와 행위시법에서의 행위시를 동일한 의미로 이해하여 결과발생시도 범죄행위종료시라고 이해한다.[7] 그러나 공소시효의 기산점은 해당 범죄가 미

4 예컨대 법률을 개정하여 형사미성년자의 연령을 하향하여 행위시법에 의하면 미성년자에 해당하나 재판시에는 미성년자에 해당하지 않는 경우이다.

5 헌법재판소 2017.10.26. 자 2015헌바239, 2016헌바177(병합) 결정. 헌법재판소의 판단에 따라 대법원도 동일하게 결정하였다(대법원 2018.2.13. 선고 2017도17809).

6 Schönke/Schröder/Hecker, §2 Rn.10; 대법원 1994.5.10. 선고 94도563 판결; 김성돈, 형법총론, 100면; 신동운, 형법총론, 59~60면; 이상돈, 형법강론, 33면.

7 오영근, 형법총론, 46면.

수인 경우에는 행위가 종료한 시점, 기수인 경우에는 결과가 발생한 시점을 포함한 범죄가 종료한 시점이라는 의미에서 결과발생시점도 포함되나 제1조는 행위규범으로서의 범죄행위의 종료를 의미한다는 점에서 결과빌생 여부는 중요하지 않다.

이에 따라 1개의 범죄행위가 구법과 신법에 걸쳐서 행하여진 경우 행위의 종료가 신법 시행 이후에 행하여진 경우 신법이 행위시법에 해당한다.[8] 예컨대 변호사가 아닌 피고인이 법률 사건에 관한 사건 수임계약을 체결하고 화해 관여행위에 착수한 이후 변호사법의 개정으로 비로소 해당 행위가 처벌대상이 되고, 위의 화해 관여행위가 법률개정 이후에 종료한 경우에는 행위시의 법에 따라 피고인을 변호사법위반으로 처벌할 수 있다.[9]

2. 포괄일죄의 경우

포괄일죄로 되는 개개의 범죄행위가 법 개정의 전후에 걸쳐서 행하여진 경우에는 신·구법의 법정형에 대한 경중을 비교하여 볼 필요도 없이 범죄실행 종료시의 법이라고 할 수 있는 신법을 적용하여 포괄일죄로 처단하여야 한다.[10] 따라서 개정된 방문판매 등에 관한 법률 제23조 제2항이 시행된 이후에도 포괄일죄인 위 법률 위반 범행이 계속된 경우 그 범죄실행 종료시의 법이라고 할 수 있는 신법을 적용하여 포괄일죄로 처단하여야 하고, 또한 "이 법 시행 전의 행위에 대한 벌칙의 적용에 있어서는 종전의 규정에 따른다."는 방문판매 등에 관한 법률 부칙(2007.1.19.) 제3조가 적용될 수도

---

8 김성돈, 형법총론, 100면; 김형만, 형법총론, 25면. 형법은 1995년 형법개정시에 부칙 제3조에 이를 명시하고 있다. 그러나 동 규정과 관계없이 행위가 신·구법에 걸쳐서 이루어진 경우에는 신법이 행위시에 해당하므로 행위시법에 따라 처벌할 수 있다.

9 대법원 1994.5.10. 선고 94도563 판결.

10 대법원 1998.2.24. 선고 97도183 판결; 대법원 1994.10.28. 선고 93도1166 판결; 대법원 1970.8.31. 선고 70도1393 판결; 이상돈, 형법강론, 33면.

없다.[11]

이와 같은 법률의 변경 전후의 행위가 신법에 의하여 포괄일죄로 되기 위해서는 법률의 개정 전에 이루어진 행위가 포괄일죄에 포섭될 수 있는 행위이어야 한다. 따라서 법률의 개정에 의하여 비로소 새로이 범죄로 된 경우에는 포괄일죄라도 법률 개정 이전에 행하여진 범죄에 대하여는 신법을 적용할 수 없다. 예컨대 피고인이 2018.12.경부터 2021.10.30.경까지 일주일에 1회 가량 피해자 운영 미용실에 찾아가 내부를 관찰하거나 사진을 찍는 등의 방법으로 지속적 또는 반복적으로 스토킹행위를 하여 스토킹처벌법 위반으로 기소된 경우, 스토킹처벌법 시행 후인 2021.10.21.부터 같은 달 30일경까지 사이에 일주일에 1회 가량 있었던 스토킹행위만이 스토킹처벌법의 처벌 대상이 될 수 있다는 점에서 스토킹처벌법 시행 전의 행위를 포함시키는 것은 타당하지 못하다.[12] 동일한 취지에서 아청법 제11조 제1항에서 아동·청소년성착취물을 제작하는 행위를 처벌하는 규정을 두고 있는데, 아청법이 개정되면서 상습으로 아동·청소년성착취물을 제작하는 행위를 처벌하는 조항(제11조 제7항)을 신설하고 그 부칙에서 개정 법률은 공포한 날부터 시행한다고 정한 경우, 포괄일죄에 관한 기존 처벌법규에 대하여 그 표현이나 형량과 관련한 개정을 하는 경우가 아니라 애초에 죄가 되지 않던 행위를 구성요건의 신설로 포괄일죄의 처벌대상으로 삼는 경우에는 신설된 포괄일죄 처벌법규가 시행되기 이전의 행위에 대하여는 신설된 법규를 적용하여 처벌할 수 없고(형법 제1조 제1항), 이는 신설된 처벌법규가 상습범을 처벌하는 구성요건인 경우에도 마찬가지로 보았다.[13]

문제는 법률의 변경 이전에도 해당 행위를 처벌하였으나 법률의 변경을 통하여 가중처벌되는 구성요건으로 변경되거나 새로운 형벌이 추가된 경우

---

11 대법원 2009.9.10. 선고 2009도5075 판결.

12 대법원 2023.5.18. 선고 2023도3549 판결.

13 대법원 2022.12.29. 선고 2022도10660 판결.

에도 법률 변경 이전에 행하여진 행위에 대하여 신법을 적용할 수 있는가이다. 여기에서 판례는 개정 법률 시행 이전에 행해진 행위에 대하여는 신법을 적용할 수 없다고 해석한다. 예컨대 이전의 강제추행죄에 더하여 새로이 상습강제추행죄의 구성요건을 마련한 경우, 상습강제추행죄가 시행되기 이전에 행해진 추행행위는 상습강제추행죄로는 처벌할 수 없고 행위시법에 기초하여 (단순)강제추행죄로 처벌할 수 있을 뿐이며, 이 경우 그 소추요건도 상습강제추행죄에 관한 것이 아니라 강제추행죄에 관한 요건이 구비되어야 한다고 보았다.[14] 동일한 취지에서 수뢰죄에서 뇌물액의 산정과 관련하여 포괄일죄인 뇌물수수 범행이 신설 규정의 시행 전후에 걸쳐 행하여진 경우 특가법 제2조 제2항에 규정된 벌금형(수뢰액의 2배 이상 5배 이하의 벌금) 산정 기준이 되는 수뢰액은 위 규정이 신설된 이후에 수수한 금액으로 한정된다고 보았다.[15]

이러한 판례의 입장은 개정 법률 시행 이전의 행위에 대하여도 무겁게 처벌되는 신법을 적용하는 경우, 한편으로는 피고인에게 불리하게 작용할 가능성이 있다는 점에서 피고인의 이익을 위하여, 다른 한편으로는 신법 시행 이전에 행하여진 행위에 대하여 법률을 적용하는 것처럼 보여 소급효금지 원칙의 위반가능성을 피하기 위한 해석으로 이해될 수도 있다.

그러나 실행행위가 개정 법률의 시행 전후에 걸쳐있는 경우 개정 법률 시행 전의 행위에 대하여 종전 구법을 적용하고 개정 법률 시행 후의 행위에 대해서는 신법을 적용하는 입장에는 동의하기 어렵다.[16] 첫째, 포괄일죄라

---

14 이에 따라 해당 사건에서 대법원은 소추요건이 구비되지 못하여 공소제기 절차가 법률의 규정에 위반하여 무효인 때에 해당한다며 공소기각의 판결을 선고하였다(대법원 2016.1.28. 선고 2015도15669 판결).

15 대법원 2011.6.10. 선고 2011도4260 판결; 대법원 2015.7.23. 선고 2013도7140 판결

16 여기서 신법에 개정 법률 시행 이전의 행위에 대하여는 구법에 의한다는 경과규정을 두는 경우이든 그러한 경과규정이 없는 경우이든 결론에서는 차이가 없다. 다만 구법에 의한다는 경과규정이 존재하는 경우에는 입법자의 의사가 구법에 의하여 처벌하도록 하였다는 점을 확인하는 것에 불과하다.

는 것은 자연적 의미에서는 다수의 행위이지만 법적 의미에서는 하나의 행위인 단일행위이다. 따라서 단일행위를 개정 전후의 행위로 구분하여 판단할 수 없다. 형의 경중이 있는 경우에 포괄일죄의 행위를 분리하여 법률 개정 전 행위는 개정 전 법으로, 개정 후 행위는 개정법으로 처벌하게 되면 이는 단일행위를 분리하여 처벌한다는 점에서 행위시법주의에 반한다.[17] 둘째, 개정 전후의 분리 적용으로 인하여 본래 행위자에게 불리하게 개정 이전의 행위가 가중 처벌되는 것을 피하고자 하는 취지에서 벗어나, 양 행위를 실체적 경합으로 취급하여 오히려 행위자에게 불리한 해석이 된다.[18] 셋째, 개정 전후의 행위가 포괄일죄에 해당하여 공소불가분의 원칙이 적용되어야 하나, 분리 적용의 경우에는 이러한 형사소송법이 정하는 공소불가분의 원칙에 반한다.[19]

3. 계속범의 경우

계속범의 범행이 법률 변경의 전후에 걸쳐서 행하여진 경우에는 신·구법의 법정형에 대한 경중을 비교하여 볼 필요도 없이 범죄 실행 종료시의 신법이 행위시법에 해당하여 신법이 적용된다. 예컨대 구환경보전법에 위반하여 오염물질을 배출하는 행위를 하는 중에 수질환경보전법이 새로 시행된 상황에서도 오염물질 배출행위를 계속한 사건에서, 대법원은 수질오염물질 배출행위는 수질환경보전법 부칙 제15조가 규정하고 있는 "이 법 시행 전에 행한 종전의 환경보전법 위반행위"라고 볼 수 없다고 파악하였다. 오히려 오염물질 배출행위의 범행을 계속범으로 보고 그 행위가 종료된 때에 시행되고 있는 수질

---

17 계속범의 경우 이렇게 보는 것은 윤동호, 계속범의 죄수 및 경합관계, 형사법연구, 제22권 제3호(2010), 167면; 하태훈, 건축법상의 불법용도변경과 형법의 시간적 적용범위, 고려법학, 제38호(2002), 260면.

18 김혜경, 형법상 계속범과 상태범, 법학연구, 제13권 제4호(2003), 255면.

19 류동훈, 형법 제1조와 계속범의 관계에 대한 비판적 검토, 법학논총, 제55집(2023), 57~58면.

환경보전법을 적용하여야 하며, 이러한 신법의 적용은 행위시법주의와 법률불소급의 원칙에 반하지 않는다고 보았다.[20]

감금죄와 같은 계속범의 경우에는 위법한 상태가 제거됨으로써 범죄가 종료한다. 따라서 감금상태를 제공하거나, 유지하거나 이를 제거하지 않는 적극적 행위뿐만 아니라 행위자가 아직도 사건에 영향력을 미치고 있는 상태에서 이를 제거하지 않는 부작위도 역시 감금죄의 구성요건적 행위에 해당한다. 행위자가 피해자를 감금하고 있는 상태에서 신법이 시행되는 경우에는 행위시법원칙에 따라 행위시법인 신법이 적용된다. 이것은 감금상태에서 법률의 변경으로 그 처벌이 무겁게 되거나 가볍게 되거나 다르지 않다. 또한 계속범에서 위법한 상태의 상당 부분이 개정 전에 이루어진 것이라고 하여도 여전히 신법이 적용된다.[21]

4. 경과규정의 경우

벌칙 규정을 폐지하면서 "폐지 전 행위에 대한 처벌에 관하여는 계속 종전의 예에 따른다"라고 하는 경과규정이 마련된 경우에는 해당 벌칙은 행위규범으로서는 폐지되지만 재판규범으로는 존속하게 되므로 폐지 전의 행위에 대하여는 폐지 후에도 처벌할 수 있다.[22] 또한 법을 개정하면서 개정법인 신법에 개정되기 전의 법인 구법을 적용하는 경과규정을 둠으로써 법률의 변경으로 신법의 법정형이 구법의 그것보다 가볍다고 하여도 개정법 시행 이전의 행위에 대해서는 형이 무거운 구법을 적용하도록 할 수도 있다.[23] 형법 제1조 제2항은 범죄 후 법률이 변경되어 형이 구법보다 가벼워진 경우

20 대법원 1992.12.8. 선고 92도407 판결.

21 LK/Dannecker/Schuhr, §2 Rn.57; 신동운, 형법총론, 61면; 이재상/장영민/강동범, 형법총론, 38면

22 松原芳博, 刑法總論, 547면.

23 류동훈, 형법 제1조와 계속범의 관계에 대한 비판적 검토, 법학논총, 제55집(2023), 55면; 신만성, 형법 제1조 제2항에 관한 판례 소고, 경희법학, 제42권 제2호(2007), 376면.

에는 신법에 따를 것을 정하고 있으나, 형법 제8조는 다른 법령에 특별한 규정이 있는 경우에는 위 제1조 제2항의 적용을 배제할 수 있기 때문에 이러한 결론이 소급효금지의 원칙이나 행위시법주의를 위반하는 것은 아니다.[24]

그리고 형법 부칙 제4조 제1항은 "1개의 죄가 본법 시행 전후에 걸쳐서 행하여진 때에는 본법 시행전에 범한 것으로 간주한다"고 규정하고 있다는 점에서 범행종료시를 행위시로 보는 입장과 충돌하는 것은 아닌가 하는 의문이 있다. 그러나 위 부칙은 형법을 시행함에 따라 구형법과의 관계에서 그 적용범위를 규정한 경과법으로서 형법 제8조에 따라 타 법령에도 적용할 수 있는 총칙 규정에 해당하지도 않는다. 더 나아가 명시적으로 범죄의 성립과 처벌은 행위시의 법률에 의하도록 규정한 형법 제1조 제1항의 해석으로서도 행위종료시의 법률의 적용을 배제하는 것은 타당하지 않다. 따라서 본 부칙의 규정은 형법의 시행과정에서 1개의 죄가 형법의 시행 전후에 걸쳐 행해진 경우 어느 형법을 적용할 것인가에 대하여 구형법을 적용한다는 것이며, 이는 해당 형법의 시행 전후의 경우에만 적용되는 제한적인 규정이다. 신·구형법과의 관계가 아닌 다른 법과의 관계에서는 위 부칙을 적용 내지 유추적용할 수 없다. 이러한 점에서 특정 경제범죄 가중처벌 등에 관한 법률(특경법) 시행 전후로 상습으로 사기의 행위를 반복하여 행한 경우, 특경법 시행 이후의 범행으로 인하여 취득한 재물의 가액이 동법 제3조 제1항 제3호의 구성요건을 충족하는 경우에는 그 중 법정형이 중한 특경법위반의 죄에 나머지 행위를 포괄하여 특경법위반죄로 처벌한다.[25]

전술한 바와 같이 계속범이나 포괄일죄는 법적 의미에서 하나의 행위에 해당하기 때문에 법률의 변경 전후로 행위가 실행된 경우에는 변경된 법률이 행위시법에 해당하여 행위시법주의에 따라 신법을 적용한다. 이 경우 행

24 대법원 2004.7.22. 선고 2003도8153 판결; 대법원 1999.12.24. 선고 99도3003 판결; 대법원 1999.7.9. 선고 99도1695 판결; 대법원 1992.2.28. 선고 91도2935 판결.

25 대법원 1986.7.22. 선고 86도1012 전원합의체 판결.

위를 종료할 때에 변경된 법률(신법)이 행위를 시작할 때의 법률보다 그 형이 중하거나 경하거나 관계없이 종료할 때의 법인 신법을 적용한다. 법률의 개정 전후에 걸쳐 행위가 시행되는 경우와 관련하여 어느 법률을 적용할 것인가에 대하여 부칙 규정을 두는 경우에는 형법 제1조 1항과 관계없이 부칙 규정을 둔 입법자의 의사에 따라 부칙 규정을 적용하여야 한다. 이에 따라 행위의 시작시와 종료시 사이에 법률의 변경이 존재하고 부칙에서 행위 시작 시의 법률을 적용한다고 규정하는 경우에는 행위 시작시의 법률(구법)을 적용한다. 부칙에서 행위의 종료 시의 법률을 적용한다고 규정하는 경우에는 종료시의 법률(신법) 적용한다. 다만 종료시의 법률을 적용하는 경우 종료시의 법률이 시작시의 법률보다 그 형이 중한 경우에는 변경된 법률이 시행된 이후의 행위에만 중한 형벌을 적용하고, 변경 전의 행위에 대하여는 구법을 적용한다.

II. 행위시의 '법률'

행위시법에 따라 적용되는 행위시의 '법률'은 국회에서 입법이 이루어진 유효한 형식적 의미의 법률을 의미한다. 따라서 '법률'인 한에는 해당 법률의 하위법에 해당하는 시행령이나 시행규칙이 아직 제정되지 않은 상태에서 행하여진 행위에 대해서도, 당해 법률에서 범죄행위가 되는 구성요건과 그에 대한 처벌을 명시하고 있는 한에는 당해 법률이 적용된다. 이러한 의미에서 판례 역시 법률이 제정·공포될 경우에는 특례규정이 없는 한 모든 국민에게 당연히 그 효력이 미치고 그 법률에 따른 시행령이 있어야만 효력이 있는 것은 아니며 골재채취법 제22조 제1항이 시행령에 위임한 내용은 허가의 절차·방법 등에 관한 것에 불과하고 범죄구성요건의 일부를 위임한 것이 아니므로, 골재채취법 시행 이후 피고인들이 허가 없이 골재를 채취하였다면 비록 행위 당시 시행령이 제정되지 아니하였다고 하더라도 골재채취

법위반죄에 해당한다고 보았다.[26]

제3절 최혜조항원칙

I. 의의

형법은 범죄 후 법률이 변경되어 그 행위가 범죄를 구성하지 아니하게 되거나 형이 구법(舊法)보다 가벼워진 경우에는 신법(新法)에 따른다고 규정하고 있다(제1조 제2항). 즉, 행위시의 법률보다 재판시의 법률이 범죄자에게 유리한 경우에는 재판시법을 적용하도록 하고 있다. 이는 소급효금지의 원칙에는 부합하지 않을 수 있지만, 법적 안정성과 형평성의 측면에서 행위자에게 유리한 법을 적용하여야 한다는 죄형법정주의의 기본이념에 부합한다고 볼 수 있다.

여기에서 판례[27]와 다수의 견해는[28] 제1조 제2항을 제1항의 행위시법주의에 대한 예외로 설명하고 있다. 그리고 제2항을 예외규정으로 이해하더라도 행위자에게 유리한 내용이면 문언의 의미를 좁혀서 축소해석하는 것은 죄형법정주의에 반할 가능성이 있다는 점에서 예외규정이 타당하다고 한다.[29] 그러나 제2항을 예외규정으로 이해하는 경우에는 예외규정의 특성상 제한적으로 해석할 가능성이 있다는 점에서 제2항의 적용범위가 축소되어

---

26 대법원 1994.11.8. 선고 94도2340 판결; 대법원 1993.10.26. 선고 93도2290 판결.

27 대법원 2022.12.22. 선고 2020도16420 전원합의체 판결:"형법 제1조 제2항의 적용을 배제하는 것은 행위시법주의의 예외인 재판시법주의에 대하여 다시 예외를 인정함으로써 원칙인 행위시법주의로 돌아가는 것을 의미..."

28 김성돈, 형법총론, 101면; 김일수, 죄형법정원칙의 기능과 법원의 역할, 17면; 신동운, 형법총론, 43면; 위인규, 형법 제1조 제2항의 적용범위에 대한 고찰, 법학논총, 제44권 제2호(2024), 147면; 이승호, 형법 제1조 제2항의 적용 범위 문제, 56면; 이재상/장영민/강동범, 형법총론, 40면; 이주원, 형법총론, 26~27면.

29 이승호, 형법 제1조 제2항의 적용 범위 문제, 56면.

피고인에게 불리하게 작용할 수 있다.[30] 이전 판례의 동기설의 입장이나 새로운 판례의 태도 역시 제2항을 예외규정이라는 전제에서 이를 제한적으로 해석한 것으로 볼 수 있다. 오히려 소급효금지의 원칙은 불리한 소급효를 금지한다는 취지의 원칙에 해당하기 때문에 제2항이 제1항의 예외규정이 아니라 제1항과 제2항이 결합하여 비로소 전면적인 소급효금지의 원칙을 구현하는 것이다. 이러한 의미에서 제2항은 제1항의 예외규정이 아니라 제1항과 보완관계에 있는 또 하나의 원칙규정으로 이해하여야 한다.[31] 일부에서는 이와 유사하게 제1항은 피고인에게 유리한 행위시법의 추급효를, 제2항은 피고인에게 유리한 재판시법의 소급효를 인정하는 방식을 통해 보장적 기능을 수행하는 규정이라고 이해한다. 따라서 제1항과 제2항은 원칙과 예외의 관계가 아니라 법률이 불리하게 변경된 경우와 유리하게 변경된 경우의 적용원칙을 나누어 규정한 것이라고 보기도 한다.[32]

재판시법을 적용할 수 있는 경우는 범죄 후 법률이 변경되어 그 행위가 범죄를 구성하지 아니하거나 또는 그 형이 구법보다 가벼워진 경우이다.[33] 물론 입법자가 행위시법을 개정하여 신법(재판시법)에 형을 가볍게 변경하면서 경과규정을 두어 개정 이전의 범죄에 대하여는 구법(행위시법)을 적용하도록 규정하는 것은 허용된다.[34]

---

30 동일한 취지로 이승준, 동기설 폐기의 타당성, 법조, 제72권 제2호(2023), 81면

31 박상기/전지연, 형법학, 27~28면; 서보학, 법령의 개폐와 형법 제1조 제2항의 적용, 형사판례연구[13], 2005, 21면; 손동권/김재윤, 형법총론, 39면; 송문호, 형법 제1조 2항과 한시법에서 동기설의 문제점, 법학연구, 제41집(2014), 206면; 장영민, 한시법의 효력, 형사판례연구[1], 1994, 10면.

32 오영근, 형법 제1조 제2항의 적용범위, 법학논총, 제40집 제3호(2023), 387~388면. 제1항과 제2항을 원칙과 예외의 관계로 보면서도 두 조항 모두 '자유에 유리하게'라는 원칙을 규정한 것이라는 견해(이주원, 2022년 분야별 중요판례분석 (9) 형법총칙, 법률신문, 제5080호, 2023, 18~19면)도 있다.

33 여기에서 일부는 신법을 적용하고, 일부는 구법을 적용하는 것은 허용되지 않는다(BGHSt 20,22,29; 24,94; 48,77,97).

34 오영근, 형법총론, 47면; 대법원 1999.12.24. 선고 99도3003.

범죄 후 여러 차례 법률이 변경되었을 때에 대하여 형법은 특별한 규정을 두고 있지는 않다. 그러나 이러한 경우에는 행위시법과 재판시법 그리고 그 사이의 모든 중간시법을 비교하여 그 중 가장 가벼운 법을 적용하여야 한다.[35] 이와 같이 가장 가벼운 법률을 적용하여야 한다는 것을 '최혜조항원칙'(Meistbegünstigungsklausel; lex mitior doctrine)이라고 하며, 이 원칙은 대부분의 국가에서 인정되고 있다.[36] 우리 판례의 경우에도 범죄 행위시와 재판시 사이에 여러 차례 법령이 개정되어 형의 변경이 있는 경우에는 이 점에 관한 당사자의 주장이 없더라도 형법 제1조 제2항에 의하여 직권으로 그 전부의 법령을 비교하여 그 중 가장 형이 가벼운 법령을 적용하여야 하는 것으로 이해한다.[37] 또한 동일한 취지로 행위시와 재판시 사이에 수차 법령의 변경이 있는 경우에는 이 점에 관한 당사자의 주장이 없더라도 본조 제2항에 의하여 직권으로 행위시법과 제1, 2심 심판시법의 세가지 규정에 의한 형의 경중을 비교하여 그 중 가장 형이 경한 법규정을 적용하여 심판하여야 한다고 하여,[38] 최혜조항원칙을 적용하는 것이 판례의 일관된 태도이다. 다만 행위자에게 제일 유리하게 변경되었던 중간시법이 그 시행 전에 다시 개정된 경우에는 그 중간시법은 효력이 존재하였던 시기가 없으므로 중간시법을 적용할 수 없다.[39] 최혜조항원칙이 적용되어야 하는 이유는 행위자는 가

35 통설: 박상기/전지연, 형법학, 25면; 김성돈, 형법총론, 101면; 신동운, 형법총론, 58면; 임웅, 형법총론, 79면.

36 BGHSt 48,382; 59,271; Lackner/Kühl/Heger, §2 Rn.3; Schönke/Schröder/Hecker, §2 Rn.26ff. 최혜조항원칙에 대한 상세한 연구는 Sommer, Das "mildeste Gesetz" im Sinne des §2 III StGB, 1979, S.62ff.

37 대법원 2012.9.13. 선고 2012도7760 판결.

38 대법원 1968.12.17. 선고 68도1324 판결; 대법원 1968.9.17. 선고 68도914 판결.

39 대법원 1994.1.14. 선고 93도2579 판결: "구 주택건설촉진법(1992.12.8. 법률 제4530호로 개정되기 전의 것) 제51조 제6호, 제47조 제1항이 1992.12.8. 법률 제4530호로 개정되어(시행일은 1993.3.1.) 개정 전의 법률이 처벌대상으로 삼았던 "사위 기타 부정한 방법으로 위 법에 의하여 건설, 공급되는 주택을 공급받거나 공급받게 하는" 행위를 처벌대상에서 제외하였으나, 위 개정 법률은 시행되기 전인 1993.2.24. 법률 제4540호로 다시 개정되어(시행일은 1993.3.1.) "사위 기타 부정한 방법으로 위 법에 의하여 건설, 공급되는 주택을 공급받거나 공

장 가벼운 형의 시점에서 판결을 받으면 가장 가벼운 형으로 끝났음에도 소송지연 등으로 인하여 중한 형이 되는 것은 다른 행위자와의 관계에서 형평성에 어긋날 수 있기 때문이다.[40]

II. 적용요건

1. 범죄 후

'범죄 후'는 범죄의 실행행위가 종료된 후를 의미하며, 결과가 발생하였는가는 관계가 없다. 따라서 범죄의 실행행위를 종료한 후 결과가 발생하기 전에 법률이 개정된 경우에도 범죄 후 법률의 변경에 해당한다.[41] 결과발생의 여부와 관계없이 범죄 후의 시점을 정하는 것은 행위자에게 유리한 신법의 적용을 가능한 한 넓히기 위함이다.[42] 범죄의 실행행위의 계속 중에 법률의 변경이 있어 범죄를 구성하지 아니하거나 그 형이 가벼워진 경우에는 형법 제1조 제2항에 따라 피고인에게 유리한 변경된 신법을 적용하는 것이 아니라, 변경된 신법 자체가 제1조 제1항의 행위시법에 해당하여 신법을 적용하는 것이다.

언제까지가 '범죄 후'인가에 대해서는 시간적 제한이 없지만, 형법 제1조 제3항을 고려하면 범죄의 종료 후 재판확정 전을 의미한다. 재판확정 전이면 법률변경으로 인한 피고인에게 유리한 재판시법의 적용은 제1심재판의 경우뿐만 아니라 항소심이나 상고심의 경우에도 동일하게 적용된다.[43] 이것은 항소심법원이 피고인에게 유죄의 선고를 하는 경우에도 항소심법원은 가

급받게 하는" 행위를 다시 처벌대상에 포함시켰으므로 피고인이 부정한 방법으로 주택을 공급받았다는 범죄사실은 범죄 후 법령이 변경된 경우에 해당된다고 볼 수 없다."

40 松原芳博, 刑法總論, 548면

41 주석형법/김대휘, 총칙1, 2020, 58면.

42 김성돈, 형법총론, 102면.

43 BGHSt 20,77; 26,94.

장 가벼운 법률을 적용하여야만 하기 때문이다.[44] 따라서 행위시에 시행되던 구 특정범죄가중처벌등에관한법률 제2조 제1항 제1호가 원심판결 선고 후에 개정 시행됨에 따라 피고인의 행위가 개정 법조문에 따른 범죄구성요건을 충족할 수 없게 되었다면 결과적으로 원심판결은 법령의 적용을 잘못한 것이 되어 파기할 수밖에 없다.[45]

2. 법률의 변경

1) 법률변경의 의의

법률의 변경이란 가벌성의 존부와 정도를 규율하는 모든 형식적 의미의 법률의 변경만이 아니라 명령, 규칙 등의 하위법규가 변경된 경우도 포함된다.[46] 따라서 백지형법이 구성요건의 일부를 수권 내지 위임한 법규명령이나 법규명령이 아닌 고시 등 보충규범이 변경된 경우도 백지형법과 보충규범이 합하여 전체로 형벌법규를 이룬다는 점에서 이에 변경이 있으면 법률의 변경에 해당한다.[47] 법률변경의 구체적 사례는 범죄 후 법률의 변경으로 해당 범죄가 비범죄화한 경우[48] 또는 법률변경으로 해당 범죄의 성립에 부가적인 요건들이 충족되어야 하는 경우이다. 예를 들면 피고인이 약 200만원의 관세포탈행위를 하여 기소되었으나 특가법 제6조 제2항 제2호가 개정되어 포탈세액의 하한이 개정전의 '금 100만원 이상'에서 '금 500만원 이상'으로 인상된 경우 피고인의 관세포탈행위는 개정전의 특가법 제6조 제2항 제2호

---

44 BGHSt 20,116.

45 대법원 1991.1.8. 선고 90도2485 판결.

46 LK/Dannecker/Schuhr, §2 Rn.109; 김일수, 죄형법정원칙의 기능과 법원의 역할, 17면; 김형만, 형법총론, 25-26면; 주석형법/김대휘, 총칙1, 60면.

47 다수설: 이에 동의하는 입장은 박정난, 변호사법 제109조 제1호의 관련법령 변경과 형법 제1조 제2항의 적용여부, 법학연구, 제34권 제1호(2024), 72면 각주 18) 참조.

48 범죄 후에 형벌구성요건이 질서위반범으로 변경된 경우도 여기에 해당하다(BGHSt 12,148,153).

에 의하여 처단할 수 없다.[49]

헌법재판소에 의하여 형벌법령이 위헌의 결정을 받아 형벌법령의 효력이 상실된 경우에도 본조에서 말하는 법률의 변경에 해당하는가이다. 헌법재판소의 법률에 대한 위헌판단은 헌법이나 법령에 대한 해석에 불과하며, 입법작용을 통한 입법권의 행사라고 볼 수 없다는 점에서 법률의 변경으로 볼 수 없다.[50] 형벌법령에 대한 헌법재판소의 위헌결정은 원칙적으로 소급효를 가지며, 다만 해당 법률 또는 법률조항에 대하여 종전에 합헌으로 결정한 사건이 있는 경우에는 그 결정이 있는 날의 다음 날로 소급하여 효력을 상실한다(헌법재판소법 제47조 제3항). 위헌으로 판단된 형벌법규를 적용하여 기소된 피고인에게 법원은 면소의 판결이 아닌 무죄의 판결을 선고한다는 점에서 대법원도 헌법재판소의 위헌결정은 법률의 변경으로 인정하지 않는다.[51] 헌법재판소의 헌법불합치결정 역시 변형된 형태의 결정이지만 법률이나 법률조항에 대한 위헌결정에 해당하기 때문에 헌법불합치결정 역시 소급효를 가진다. 다만 헌법불합치결정의 효력이 소급하거나 또는 즉시 발생하여 해당 조항의 효력상실로 인하여 해당 조항을 신뢰한 수혜자를 위하여 해당 조항의 효력을 잠정적으로 유지하는 형태의 헌법불합치결정도 존재한다.[52] 여기서의 헌법불합치결정 역시 법률의 변경에 해당하지 아니한다.[53] 그리고 형

---

49 대법원 1983.9.13. 선고 80도902 판결.

50 김혜경, 형법규정에 대한 헌법재판소 위헌결정의 시적 효력범위에 관한 비판적 검토, 형사정책연구, 제33권 제1호(2022), 16면; 임웅, 형법총론, 77면.

51 대법원 2020.5.28. 선고 2017도8610 판결; 대법원 2011.6.23. 선고 2008도7652 판결(전합); 대법원 1992.5.8. 선고 91도2825 판결; 대법원 1991.10.22. 선고 91도1617 판결(전합).

52 헌법재판소 2015.5.28. 선고 2013헌바129 전원재판부(형법 제7조 위헌소원): 만약 이 사건 법률조항이 위헌결정으로 즉시 효력을 상실할 경우, 임의적으로나마 형을 감면할 근거규정이 없어지게 되어 감면적용을 받아야 할 사람에 대하여도 감면을 할 수 없게 되므로, 법적 안정성의 관점에서 용인하기 어려운 법적 공백이 생기게 된다. 따라서 이 사건 법률조항에 대하여 헌법불합치결정을 선고하되, 2016.12.31.을 시한으로 입법자의 개선입법이 있을 때까지 계속적용을 명하기로 한다.

53 대법원 2018.10.25. 선고 2015도17936 판결: "헌법재판소의 헌법불합치결정은 헌법과 헌법재판소법이 규정하고 있지 않은 변형된 형태이지만 법률조항에 대한 위헌결정에 해당한다.

벌조항에 대한 위헌결정은 법원에 의하여 이미 선고된 유죄판결 그 자체가 무효가 되는 것도 아니고 유죄 확정판결의 집행정지나 집행이 진행 중인 형의 집행정지의 효력이 있는 것은 결코 아니다. 오로지 재심청구를 통하여 유죄의 확정판결을 다투고 위헌결정의 소급효를 적용하여 무죄판결을 받을 가능성이 발생하는 것일 뿐이다.[54]

2) 판례의 변화('동기설'에서 '형사법적 관점설'로)

(1) 동기설

법률의 변경에서 재판시법이 행위시법보다 가벼운 법으로 변경된 경우에도 행위시법을 적용할 것인가 재판시법을 적용할 것인가에 대하여 대법원은 1963년 1월까지는 동기설을 취하지 않았으나,[55] 1963년부터 60여년 동안 일관되게 동기설의 입장을 취하였다.[56] 동기설에 의하면 법률변경의 동기가 법적 견해의 변경인가 아니면 사실관계의 변화에 따른 것인가를 구분하

정치자금법 제45조 제1항은 구 정치자금법(2010.1.25. 법률 제9975호로 개정되기 전의 것, 이하 '구 정치자금법'이라고 한다) 제6조에 정하지 않은 방법으로 정치자금을 기부하는 것을 구성요건으로 삼고 있어 구 정치자금법 제6조는 정치자금법 제45조 제1항과 결합하여 형벌에 관한 법률조항을 이루게 되므로, 위 조항들에 대하여 선고된 위 헌법불합치결정은 형벌에 관한 법률조항에 대한 위헌결정이라고 할 것이다. 그리고 헌법재판소법 제47조 제3항 본문은 형벌에 관한 법률조항에 대하여 위헌결정이 선고된 경우 그 조항이 소급하여 효력을 상실한다고 규정하고 있으므로, 형벌에 관한 법률조항이 소급하여 효력을 상실한 경우에 당해 조항을 적용하여 공소가 제기된 피고사건은 범죄로 되지 않은 때에 해당한다. 따라서 법원은 그 피고사건에 대하여 형사소송법 제325조 전단에 따라 무죄를 선고하여야 한다."

54 김혜경, 형벌규정에 대한 헌법재판소 위헌결정의 시적 효력범위에 관한 비판적 검토, 형사정책연구, 제33권 제1호(2022), 12면.

55 대법원 1954.10.5. 선고 54도7 판결; 대법원 1960.9.16. 선고 60도399 판결.

56 대법원 1963.1.31. 선고 62도257 판결; 대법원 1978.2.28. 선고 77도1280 판결; 대법원 1980.7.22. 선고 79도2953 판결; 대법원 1982.10.26 선고 82도1861 판결; 대법원 1984.12.11. 선고 84도413 판결; 대법원 1997.12.9. 선고 97도2682 판결; 대법원 2000.6.9. 선고 2000도764; 대법원 2003.10.10. 선고 2003도2770 판결; 대법원 2010.3.11. 선고 2009도12930 판결; 대법원 2012.4.26. 선고 2011도17639; 대법원 2013.7.11. 선고 2013도4862, 2013전도101 판결; 대법원 2016.1.28. 선고 2015도18280; 대법원 2016.10.27. 선고 2016도9954 판결.

여, 전자의 경우에는 피고인에게 유리한 재판시법을 적용하고, 후자의 경우에는 재판시법이 유리한 경우에도 행위시법을 적용한다. 즉, 특정 행위에 대한 형벌규정이 폐지된 경우에 그것이 법률이념의 변경에 따라 종전에 그 행위를 처벌대상으로 삼은 것이 부당하다는 반성적 고려에서 폐지된 것이라면 형법 제1조 제2항에 따라 피고인에게 유리한 재판시법을 적용하여, 피고인에게 형사소송법 제326조 제4호 소정의 범죄 후 법령의 개폐로 형이 폐지된 경우에 해당하여 면소의 판결을 한다. 이와 달리 형벌규정의 폐지가 형벌규정 제정 당시의 사회적·경제적 사정의 변경에 따라 형벌규정이 폐지되거나 또는 처벌법규의 체계를 정리하기 위하여 발전적으로 폐지된 경우에는 제1조 제2항을 적용하지 않고 행위시법에 따라 처벌하도록 하였다.[57]

이에 반하여 학설에서는 거의 일치하여[58] 법적 견해의 변경인지 단순한 사정의 변경인지라는 법률변경의 동기를 구별하는 기준이 불명확하며,[59] 이러한 불명확한 기준에 의한 차별화는 법적 안정성의 측면에서 바람직하지 않다고 보았다. 또한 동기설에서 의미하는 변경의 동기의 구체적 내용이 무엇인지? 여기에서 동기가 역사적 해석에서 말하는 입법자의 주관적 목적과 동일한지, 역사적 해석과 동일하다면 과연 역사적 입법자의 주관적 목적을 확인할 수 있는지도 문제이다. 우리 형법에서 문리해석이 어려운 경우 보충적 해석방법으로 역사적 해석을 따르기 어려운 가장 큰 이유는 입법자료가 충분하지 못해 역사적 입법자의 생각을 확인하기 어렵다는 점에서 동기설

---

57 대법원 1985.5.14. 선고 85도529 판결. 동일한 취지로 대법원 2011.4.14. 선고 2010도2540 판결; 대법원 2012.4.26. 선고 2011도17639 판결; 대법원 2016.1.28. 선고 2015도18280 판결.

58 통설: 김성돈, 형법총론, 107면; 박상기/전지연, 형법학, 27~28면; 서보학, 법령의 개폐와 형법 제1조 제2항의 적용, 형사판례연구[13], 2005, 17~19면; 신동운, 형법총론, 45면; 오영근, 형법총론, 48~49면; 이상돈, 형법강론, 32면; 이승호, 형법의 시간적 적용범위에 관한 동기설의 문제점, 형사판례연구[6], 28~30면; 이형국/김혜경, 형법총론, 67면.

59 이에 반하여 법률변경의 동기가 사실관계의 변화 때문인지 법적 견해의 변경 때문인지는 입법취지와 법의 해석을 통하여 충분히 구별할 수 있다는 점에서 동기설에 동의하는 입장은 이재상/장영민/강동범, 형법총론, 45~46면.

을 적용하기 어렵다.[60] 더 나아가 동기설의 가장 큰 문제점은 형법 제1조 제2항은 범죄 후 법률이 변경되어 그 행위가 범죄를 구성하지 아니하게 되거나 형이 구법 보다 가벼워진 경우에는 신법에 따른다고 규정하고 있을 뿐, 법률 변경의 동기와 제2항의 적용 여부를 연동시키고 있지 않다. 따라서 제2항을 동기설에 따라 해석하여 피고인에게 불리하게 작용한다면 이러한 해석은 형법의 문언에 반한다는 점에서 동기설을 수용하기 어렵다.

(2) 형사법적 관점설(?)

대법원은 2022.12. 전동킥보드 음주운전 행위에 대해 구 도로교통법위반(음주운전)죄로 기소된 후 재판 진행 중 개정 도로교통법의 시행에 따라 법정형이 종전보다 가벼워진 사건에서 전원합의체 결정으로 이전 판례인 동기설의 입장을 폐기하였다. 즉, 대법원은 입법자가 법령의 변경 이후에도 종전 법령 위반행위에 대한 형사처벌을 유지한다는 내용의 경과규정을 따로 두지 않는 한 형법 제1조 제2항과 형사소송법 제326조 제4호[61]의 규정은 그대로 적용되어야 한다고 보았다.[62]

이에 따라 범죄의 성립과 처벌에 관하여 규정한 형벌법규 자체 또는 그로부터 수권 내지 위임을 받은 법령의 변경에 따라 범죄를 구성하지 아니하

---

60 최준혁, 지난 10년간(2011~2021) 대법원 형법판례의 변화; 총칙분야, 형사판례연구[31], 2023, 172면.

61 형사소송법 제326조 제4호는 '범죄 후 법령의 개폐로 형이 폐지되었을 때'에는 면소의 판결을 한다는 규정이다. 판결의 대상이 된 사건은 법률의 변경으로 가벼운 형이 적용될 수 있는가에 대한 음주운전 사건으로 법령의 개폐로 그 형이 폐지된 사건이 아니라는 점에서 대법원이 형소법 제326조 제4호를 언급한 것은 적절하지 않다. 동일한 취지로 오영근, 형법 제1조 제2항의 적용범위, 법학논총, 제40집 제3호(2023), 381~382면.

62 대법원 2022.12.22. 선고 2020도16420 전원합의체 판결. 이 전원합의체의 판결에 따라 이후의 사건들에서는 모두 동일한 취지의 판단(대법원 2023.2.23. 선고 2022도6434 판결; 대법원 2023.2.23. 선고 2022도4610 판결; 대법원 2023.2.2. 선고 2021도4326 판결; 대법원 2023.2.2. 선고 2022도6643 판결; 대법원 2023.1.12. 선고 2021도16605 판결; 대법원 2023.1.12. 선고 2022도7536 판결)을 내리고 있다.

게 되거나 형이 가벼워진 경우에는, 종전 법령이 범죄로 정하여 처벌한 것이 부당하였다거나 과형이 과중하였다는 반성적 고려에 따라 변경된 것인지 여부를 따지지 않고 원칙적으로 형법 제1조 제2항이 적용된다. 형벌법규가 대통령령, 총리령, 부령과 같은 법규명령이 아닌 고시 등 행정규칙·행정명령, 조례 등에 구성요건의 일부를 수권 내지 위임한 경우에도 이러한 고시 등 규정이 위임입법의 한계를 벗어나지 않는 한 형벌법규와 결합하여 법령을 보충하는 기능을 하는 것이므로, 그 변경에 따라 범죄를 구성하지 아니하게 되거나 형이 가벼워졌다면 마찬가지로 형법 제1조 제2항이 적용된다.[63]

다만 예외적으로 다음의 두 경우에는 형법 제1조 제2항이 적용되지 않는 법률의 변경에 해당하는 것으로 이해하였다.[64]

첫째, 해당 형벌법규 자체 또는 그로부터 수권 내지 위임을 받은 법령이 아닌 다른 법령이 변경된 경우이다. 이 경우 형법 제1조 제2항과 형사소송법 제326조 제4호를 적용하려면, 해당 형벌법규에 따른 범죄의 성립 및 처벌과 직접적으로 관련된 형사법적 관점의 변화를 주된 근거로 하는 법령의 변경에 해당할 것을 요구한다. 형사법적 관점의 변화와 관련이 없는 법령의 변경으로 인하여 해당 형벌법규의 가벌성에 영향을 미치게 되는 경우에는 형법 제1조 제2항과 형사소송법 제326조 제4호가 적용되지 않는다고 한다.

예컨대 법무사인 피고인이 개인의 파산사건 및 개인회생사건 신청의 대리를 하여 변호사법을 위반한 후, 법무사법의 개정으로 개인의 파산사건 및 개인회생사건 신청의 대리를 법무사의 업무로 추가한 경우이다. 대법원은 여기에서 법무사법의 개정은 변호사법 자체의 개정이나 변호사법의 수권이나 위임을 받은 법령의 개정이 아니다. 그리고 법무사법의 업무범위에 관한

---

63 대법원 2022.12.22. 선고 2020도16420 전원합의체 판결의 별개의견 중에는 법령변경의 이러한 유형에서도 형사법적 관점의 변화를 요구하고, 형벌법규 자체의 변경의 경우에는 당연히 형사법적 관점의 변화로 이해하나, 수권 내지 위임받은 고시 등의 경우에는 형사법적 관점의 변화 여부를 판단하여 제2항을 적용하여야 한다고 이해한다.

64 대법원 2022.12.22. 선고 2020도16420 전원합의체 판결.

규정은 형사법과 무관한 행정적 규율에 관한 내용이므로 법무사법의 개정은 변호사법 제19조 제1호의 가벌성에 간접적인 영향을 미치는 경우에 해당할 뿐이기 때문에, 이는 형사법적 관점의 변화를 주된 근거로 하는 법령의 변경에 해당하지 아니하므로 형법 제1조 제2항이 적용되지 않는다고 판단하였다.[65] 그러나 법무사법에 따른 법무사의 적법한 업무범위는 비변호사의 법률업무를 처벌하는 변호사법 제109조 제1호의 구성요건해당성과 직결되는 문제라는 점에서 법무사법에서 법무사의 업무범위의 변경은 형법의 성립범위를 실질적으로 확정하는 형사법적 측면에서의 법률의 변경이다.[66]

둘째, 법령이 개정 내지 폐지된 경우가 아니라, 스스로 유효기간을 구체적인 일자나 기간으로 특정하여 효력의 상실을 예정하고 있던 법령이 그 유효기간을 경과함으로써 더 이상 효력을 갖지 않게 된 경우(협의의 한시법)도 형법 제1조 제2항과 형사소송법 제326조 제4호에서 말하는 법령의 변경에 해당한다고 볼 수 없다고 한다.

(3) 평가

동기설은 구법이 신법으로 변경된 동기가 무엇인가에 따라 신법의 적용여부를 판단하여 구체적인 경우 정의나 형평성을 유지하려는 것으로 보인다. 그러나 법률이념의 변경으로 인한 법률의 변경과 사실관계의 변경으로 인한 법률의 변경을 구분하는 것은 사실상 불가능하다. 오히려 형법은 명시적으로 법률의 변경이 행위자에게 유리한 경우에만 신법(재판시법)의 적용을 인정하고 있으며, 이를 배제하거나 제한하는 어떤 규정도 존재하지 아니

65 대법원 2023.2.23. 선고 2022도6434 판결. 대법원의 입장에 동의하는 것은 이창섭, 형법 제1조 제2항이 적용되는 경우에 대한 고찰, 법학논집, 제28권 제2호(2023), 326면.

66 적절한 지적으로 박정난, 변호사법 제109조 제1호의 관련법령 변경과 형법 제1조 제2항의 적용여부, 법학연구, 제34권 제1호(2024), 78~79면; 위인규, 형법 제1조 제2항의 적용범위에 대한 고찰, 법학논총, 제44권 제2호(2024), 160면.

한다.[67] 또한 신법을 적용하는 것이 적절하지 않다고 판단하는 경우에는 간단한 경과규정 같은 것을 마련함으로써 이를 쉽게 해소할 수 있음에도 명시적인 문언에 반하는 방식으로 죄형법정주의를 위협한다는 점에서 동의할 수 없다.

대법원은 명시적으로는 동기설을 폐지한다는 취지로 판단하고 있다. 그리고 ① 해당 형벌법규 자체 또는 그로부터 수권 내지 위임을 받은 법령이 변경된 경우에는 제1조 제2항을 적용하여 재판시법을 적용하나, ② 이에 해당하지 않는 다른 법령이 변경된 경우는 변경의 사유가 형사법적 관점의 변화인가에 따라 제1조 제2항의 적용 여부를 결정한다. 그리고 ③ 유효기간이 정하여진 한시법의 경우에는 처음부터 제1조 제2항의 적용을 배제한다.[68]

이러한 판례의 변화에 대하여 다음과 같은 다양한 근거를 제시하며 긍정적인 평가를 내리기도 한다: 첫째, 새로운 판례는 법률의 변경 여부가 논란이 되는 사례들의 다수가 해당 형벌법규 자체 또는 그로부터 수권 내지 위임을 받은 법령이 변경된 경우에는 제1조 제2항을 적용하여 재판시법을 적용한다. 특히 행정법규상의 규제사항들을 거의 그대로 벌칙규정의 형태로 구성요건화 하고 있다는 점에서 동기설에 비하여 제1조 제2항의 적용범위가 확대되어 피고인에게 유리하게 작용한다. 둘째, 행위시와 재판시 사이에 법령의 변경이 문제되는 경우 재판규범의 결정에 있어 새로운 판례는 법문에

67 독일 형법의 경우에는 한시법의 경우 해당 법률이 실효된 경우에도 법률이 달리 규정하고 있지 아니한 그 법률을 적용할 수 있다고 하여 한시법의 추급효를 명문으로 인정한다(§2 Abs.4 StGB).

68 여기서 법원이 사건과 직접적인 관련이 없는 사항에 대해서 자신의 의견을 제시한 방론(obiter dictum)은 판례의 효력을 갖지 않으므로, 대법원 전원합의체 판결 중 방론이 종래 대법원 판례와 배치되더라도 이는 판례변경으로 볼 수 없다는 주장도 있다. 이에 따르면 전원합의체의 대상 사건은 음주운전에 대한 도로교통법 개정의 유형에 해당하여, 위의 ①의 유형 중 해당 형벌법규 자체의 변경에 해당하는 법리만 판례로 인정한다. 따라서 ①의 유형 중 수권 내지 위임을 받은 법령의 변경이나 ②와 ③의 유형에 대한 법원의 주장은 방론에 불과하다는 점에서 판례로 인정할 수 없다고 한다(이창섭, 형법 제1조 제2항이 적용되는 경우에 대한 고찰, 법학논집, 제28권 제2호(2023), 315~317면).

기초하여 보다 명확하고 예측가능하며 합리적인 판단기준과 방법을 제시한 것으로 평가하기도 한다. 즉, 형사법적 관점의 변화는 동기설처럼 법률을 변경한 입법자의 내심의 동기를 탐지하는 것이 아니라 객관적으로 드러난 사정을 기초로 하여 변경된 법률의 해석에 따라 판단한다는 점에서 보다 객관화된 판단기준에 속한다고 주장한다.[69]

그리고 행위에 대한 사회윤리적 평가의 변화가 있을 때에 형벌법규가 전제하는 규범 자체가 영향을 받고, 따라서 형벌법규에 대한 규범적 가치판단도 바뀌게 된다고 한다. 형벌법규 자체가 변경되는 경우에는 당연히 사회윤리적 평가의 변화가 발생한다. 그런데 보충규범이나 연관규범의 변경은 이로 인하여 형벌법규가 전제하는 규범 자체가 영향을 받는 때에만 형법 제1조 제2항의 법률의 변경에 해당한다고 한다. 형벌법규가 전제하는 규범 자체가 영향을 받지 않는 때에는 형벌법규의 보호목적이나 실현된 불법에는 영향이 없기 때문이라는 것이다. 결국 형사법적 관점의 변화라는 것은 해당 행위에 대한 사회윤리적 평가의 변화라는 의미로 이해한다.[70]

그러나 새로운 판례의 입장에 동의하기 어렵다. 기존의 동기설에서 말하는 '법률이념의 변경에 따라 종전에 그 행위를 처벌대상으로 삼은 것이 부당하다는 반성적 고려'라는 내용은 새로운 판례에서는 '해당 형벌법규에 따른 범죄의 성립 및 처벌과 직접적으로 관련된 형사법적 관점의 변화를 주된 근거로 하는 법령의 변경'이라는 표현으로 대체되었다. 이는 동기설이라는 명칭이 형사법적 관점설로 명칭이 변경되고, 그 실질적인 내용과 기준에 대하여는 여전히 모호하다는 점에서 '모자바꿔쓰기'[71]에 해당한다. 다만 해당 형

69 권창국, 형법의 시간적 적용 범위와 '법률의 변경' - 대법원 2022.12.22. 선고 2020도16420 전원합의체 판결에서 제시된 판례의 해석론을 중심으로, 사법, 제66호(2023), 487~489면; 최문수, 형법 제1조 제2항과 형사소송법 제326조 제4호의 적용 대상인'법령의 변경'의 의미와 판단기준, 사법, 제63호(2023), 734면.

70 이창섭, 형법 제1조 제2항이 적용되는 경우에 대한 고찰, 법학논집, 제28권 제2호(2023), 326면.

71 '모자바꿔쓰기'란 세금 부담을 피하기 위해 사업주들이 쓰는 방법 중 하나로, 이 수법은 사업

벌법규 자체 또는 그로부터 수권 내지 위임을 받은 법령이 변경된 경우에는 형사법적 관점의 변화와 관계없이 또는 이 경우에는 모두 형사법적 관점의 변화가 존재한다고 인정하여 제1조 제2항이 적용된다. 법률의 변경에 해당하는 다수의 사례들이 이 유형에 해당하여 최혜조항원칙이 적용된다는 점에서는 긍정적이다.[72]

이에 반하여 해당 형벌법규의 변경이 아닌 다른 법령의 변경인 경우에는 제1조 제2항을 적용하기 위하여 여전히 '형사법적 관점의 변화'를 요구한다. 이러한 판례의 취지에 따르면 존속살인죄에 대하여 민법이 개정에 의하여 존속의 범위에서 제외되면 여기에서의 법률의 변경에 해당하지 않는다고 보게 될 것이다.[73] 그러나 어떤 법령이 해당 형벌법규의 실질적 구성요건을 이루는 경우, 즉 형벌법규의 보충규범의 역할을 하는 경우에는 그것이 법체계상으로는 수권·위임법령이 아니라고 하더라도 이를 형법 제1조 제2항의 법률의 변경에 해당하는 것으로 보아야 한다. 따라서 미성년자 기준이나 친족의 범위 등에 관한 민법의 개정에 의하여 관련 형사법령의 구성요건 해당 여부를 포함한 가벌성에 변경이 생기는 경우도 형법 제1조 제2항의 법률의 변경에 해당하는 것으로 보는 것이 타당하다.[74]

제1조 제2항은 법률이 행위자에게 유리하게 변경된 경우라면 변경된 법률을 적용하라고 명시하고 있으며, 제1조 제2항의 어디에도 이를 제한하는 표현이 없다는 점에서 법률이 어떤 종류의 법률인지 변경의 방법이 어떤 것

상을 폐업하고 명의만 다른 사람으로(속칭 바지사장) 변경한 뒤 실제로는 계속해서 사업을 유지하는 방법을 뜻한다.

72 이러한 범위 내에서 본 판례는 긍정적인 측면이 있다는 점에는 다수가 동의한다(오영근, 형법 제1조 제2항의 적용범위, 법학논총, 제40집 제3호(2023), 392면; 이승준, 동기설 폐기의 타당성, 법조, 제72권 제2호(2023), 103면; 지은석, 형법 제1조 제2항에서 법률의 변경의 해석, 홍익법학, 제24권 제1호(2023), 229면; 조충영, 형법의 시간적 적용범위, 연세법학, 제41권(2023), 637면).

73 동일한 취지의 일본 판례는 最判 昭和 27年 12月 25日 刑集 6 巻 12号 1442頁.

74 신동운, 형법총론, 45면; 위인규, 형법 제1조 제2항의 적용범위에 대한 고찰, 법학논총, 제44권 제2호(2024), 158면; 임웅, 형법총론, 77면.

인지 물을 필요도 없다.[75] 그럼에도 불구하고 제1조 제2항의 적용에 형사법적 관점의 변화를 요구하는 것은 제1조 제2항의 가능한 문언의 의미를 넘어서 피고인에게 불리한 축소해석이라는 점에서 또 다른 동기설(제한적 동기설?, 신동기설? 또는 형사법적 관점설?)에 불과하다.[76]

그리고 유효기간이 구체적으로 명시되어 있는 좁은 의미의 한시법의 경우에는 '형사법적 관점의 변화'도 고려하지 않고 일률적으로 제1조 제2항의 적용을 부정한다.[77] 피고인에게 유리하게 형벌법규가 변경되었다는 관점에서 보면 법령이 개정·폐지된 경우와 법령의 유효기간이 경과된 경우는 본질적으로 차이가 없다. 판례에서 말하는 '형사법적 관점의 변화'라는 측면에서 보면, 제1조 제2항이 존재함에도 불구하고 법령의 유효기간이 경과된 경우에도 추급효에 관한 명시적인 경과규정을 두지 않은 경우에는 원칙적으로 피고인을 더 이상 처벌하지 않겠다는 형사법적 관점이 반영된 것으로 볼 수도 있다.[78] 따라서 한시법의 경우 추급효를 인정하는 명시적인 규정이 없음에도 불구하고, 한시법의 경우 제1조 제2항을 원천적으로 배제하는 판례의 해석은 제1조 제2항의 명시적 규정에 반한다. 또한 이전의 판례 입장인 동기설에 따르면 한시법의 경우 법령이 폐지된 동기가 법률이념의 변경에 따라 한시법이 폐지된 경우에는 한시법의 추급효가 부정되고 제1조 제2항이 적용되어 불처벌 될 수 있었다. 그러나 새로운 판례는 한시법은 제1조 제2

75 오영근, 형법 제1조 제2항의 적용범위, 법학논총, 제40집 제3호(2023), 383면; 이승호, 형법 제1조 제2항의 적용 범위 문제, 65면.

76 박정난, 변호사법 제109조 제1호의 관련법령 변경과 형법 제1조 제2항의 적용여부, 법학연구, 제34권 제1호(2024), 83~85면; 이승준, 동기설 폐기의 타당성, 법조, 제72권 제2호(2023), 88면; 지은석, 형법 제1조 제2항에서 법률의 변경의 해석, 홍익법학, 제24권 제1호(2023), 219면; 조충영, 형법의 시간적 적용범위, 연세법학, 제41권(2023), 638면.

77 판례의 이러한 입장에 동의하는 것은 강준구, 형법 제1조 제2항의 '법률의 변경' - 대법원 2003. 10. 10. 선고 2003도2770 판결을 중심으로 -, KHU 글로벌 기업법무 리뷰, 제4권 제1호(2011), 168~169면.

78 동일한 취지로 대법원 2022.12.22. 선고 2020도16420 전원합의체의 별개의견; 김일수, 죄형법정원칙의 기능과 법원의 역할, 18면.

항에서 말하는 법령의 변경에 해당한다고 볼 수 없다고 판단하여 형사법적 관점의 변화 여부와 관계없이[79] 한시법은 모두 추급효가 긍정되어 동기설보다 피고인에게 더 불리한 효과를 나타낸다.[80]

3. 범죄의 불구성 또는 형의 감경의 경우

1) 범죄를 구성하지 아니하는 경우

범죄 후 법률변경으로 인하여 해당 행위가 범죄를 구성하지 아니하는 경우에는 신법에 따라 범죄가 성립하지 않는다. 법률의 변경으로 범죄를 구성하지 아니한 경우에는 법률의 폐지로 인하여 범죄를 구성하지 아니한 경우도 여기에 해당한다. 따라서 법률의 변경으로 범죄를 구성하지 않는 경우는 형법각칙이나 특별형법의 형벌법규 자체를 폐지하는 경우뿐만 아니라, 형법총칙의 구성요건요소·정당화사유·책임조각사유·면책규정,[81] 미수의 가벌성 규정의 변경으로 인하여 범죄의 성립요건이 존재하지 않는 경우를 포함한다.

법률의 변경으로 범죄를 구성하지 않아야 하므로 법률의 변경은 있었으나 여전히 범죄로 된 경우에는 여기에 해당하지 않는다. 이러한 의미에서 전

---

79 새로운 판례는 한시법에 대해서는 여전히 동기설을 유지하고 있다고 해석하는 견해(홍영기, 2022년도 형사법분야 대법원 주요판례와 평석, 안암법학, 제66호(2023), 145면)도 있다.

80 오영근, 형법 제1조 제2항의 적용범위, 법학논총, 제40집 제3호(2023), 390면.

81 대법원 2012.5.9. 선고 2011도11264 판결. "구 정보통신망 이용촉진 및 정보보호 등에 관한 법률 제66조의 양벌규정은 법인에 대한 면책규정을 두지 아니하였는데, 같은 법률이 2007.12.21. 법률 제8778호로 개정되면서 위 양벌규정이 제75조로 대체된 후 다시 2010.3.17. 법률 제10138호로 개정되면서 같은 조 단서에 법인이 그 대리인, 사용인, 그 밖의 종업원의 위반행위를 방지하기 위하여 해당 업무에 관하여 상당한 주의와 감독을 게을리하지 아니한 경우에는 법인을 처벌하지 아니하도록 하는 면책규정이 추가되었는바, 이는 범죄 후 법률의 변경에 의하여 그 행위가 범죄를 구성하지 아니하거나 형이 구법보다 경한 경우에 해당한다고 할 것이어서 형법 제1조 제2항에 따라 피고인에게는 위와 같이 개정된 정보통신망 이용촉진 및 정보보호 등에 관한 법률의 양벌규정이 적용되어야 할 것이다(대법원 2010.12.9. 선고 2010도12069 판결 참조)."

동킥보드와 같은 개인형 이동장치를 원동기장치자전거에 포함하여 처벌하던 것을 신법에서 개인형 이동장치에 대한 처벌 규정을 새로 마련한 경우 이는 범죄를 구성하지 않은 경우에 해당하지 않는다.[82]

법률이 변경되어 범죄를 구성하지 아니함에도 불구하고 이미 기소되어 재판 중인 피고인에게는 형사소송법상 '범죄 후의 법령개폐로 형이 폐지되었을 때'(형사소송법 제326조 제4호)에 해당되어 면소판결을 선고하여야 한다.[83]

2) 형이 구법보다 가벼워진 경우

(1) 가벼워진 경우의 존재

범죄 후 법률이 변경되기는 하였으나 그 형에 차이가 없거나 또는 더 무겁게 변경된 경우에는 행위시법(구법)이 적용된다.[84] 범죄 후 법률의 변경으로 인하여 범죄가 성립하기 위하여 기존의 요건보다 더 필요한 요건들이 부과되는 경우에도 형이 가벼워진 경우에 해당한다. 예컨대 이전에는 형법 제301조의 죄(강간상해·치상)를 범하면 특정강력범죄의 처벌에 관한 특례법상의 '특정강력범죄'에 해당하는 것으로 규정하였으나, 개정된 특강법 제2조 제1항 제3호는 개정 전과 달리 형법 제301조에 관해서도 '흉기나 그 밖의 위험한 물건을 휴대하거나 2인 이상이 합동하여 범한'이라는 요건을 갖추어야 '특정강력범죄'에 해당하는 것으로 규정하였다. 여기서 개정된 조

82 대법원 2023.6.29. 선고 2022도13430 판결: "전동킥보드와 같은 개인형 이동장치에 대한 특정범죄가중처벌법상의 규율 및 처벌의 필요성 등을 고려해 보면, 구 특정범죄가중처벌법 제5조의11에서의 '원동기장치자전거'에는 전동킥보드와 같은 개인형 이동장치도 포함된다고 판단되고, 비록 개정 도로교통법이 전동킥보드와 같은 개인형 이동장치에 관한 규정을 신설하면서 이를 "자동차 등"이 아닌 "자전거 등"으로 분류하였다고 하여 이를 형법 제1조 제2항의 '범죄 후 법률이 변경되어 그 행위가 범죄를 구성하지 아니하게 된 경우'라고 볼 수는 없다."

83 대법원 2023.5.18. 선고 2023도2724 판결. 일본의 경우에도 면소의 판결을 한다(松原芳博, 刑法總論, 547면).

84 대법원 1992.6.23. 선고 92도954 판결.

항의 의미와 취지 등에 비추어 피고인에게 유리하게 법률개정이 이루어진 것으로서 '범죄 후 법률의 변경에 의하여 형이 구법보다 경한 때'에 해당한다.[85] 형법의 가중적 구성요건을 규정한 형사특별법의 처벌조항을 삭제하면서 그 대신 동일한 내용의 처벌조항을 형법에 신설하면서 그 형을 이전의 형사특별법의 형보다 낮게 한 경우에도 그 형이 가벼워진 경우에 해당한다.[86]

(2) 형의 경중의 비교·확정

범죄 후 법률의 변경으로 형이 보다 가벼운 형으로 변경된 경우에는 재판시법(신법)을 적용한다. 가벼운 형으로 변경되었는가에 대하여는 추상적인 형벌 정도에 따라 결정되는 것이 아니라 구체적인 고찰, 즉 어느 규정이 개별적인 경우에 특별한 상황에 따라 가장 가벼운가를 판단한다.[87] 여기에서 형의 경중은 보통 형법 제50조의 '형의 경중'을 참고하며, 법정형을 기준으로 하여 주형뿐만 아니라 부가형도 비교 대상이 된다.[88] 이러한 취지에서 판례도 형의 경중의 비교는 원칙적으로 법정형을 표준으로 할 것이고 처단형이나 선고형에 의할 것이 아니며, 법정형의 경중을 비교함에 있어서 법정형 중 병과형 또는 선택형이 있을 때에는 이 중 가장 중한 형을 기준으로 하여

---

85 대법원 2012.9.13. 선고 2012도7760 판결.

86 대법원 2016.1.28. 선고 2015도17907 판결(형법 제257조 제1항의 가중적 구성요건을 규정하고 있던 구 폭처법 제3조 제1항을 삭제하는 대신에 같은 구성요건을 형법 제258조의2 제1항에 신설하면서 법정형을 구 폭처법 제3조 제1항보다 낮게 규정한 것은, 가중적 구성요건의 표지가 가지는 일반적인 위험성을 고려하더라도 개별 범죄의 범행경위, 구체적인 행위태양과 법익침해의 정도 등이 매우 다양함에도 일률적으로 3년 이상의 유기징역으로 가중처벌하도록 한 종전의 형벌규정이 과중하다는 데에서 나온 반성적 조치라고 보아야 하므로, 이는 형법 제1조 제2항의 '범죄 후 법률의 변경에 의하여 형이 구법보다 경한 때'에 해당한다).

87 BGHSt 14,156; 20,121,124; BGH NJW 2014,3047; Lackner/Kühl/Heger, §2 Rn.3a; Schönke/Schröder/Hecker, §2 Rn.28f

88 김성돈, 형법총론, 102면; 김형만, 형법총론, 26면; 오영근, 형법총론, 47면; 이상돈, 형법강론, 36면; 임웅, 형법총론, 79면. 일본 판례에 의하면 노역장 유치기간의 변경(大判 昭和 16年 7月 17日 刑集 20卷 425頁)은 형의 변경에 해당하지만, 형의 집행유예의 조건을 변경하는 것(最判 昭和 23年 6月 22日 刑集 2卷 7号 694頁)은 형의 변경에 해당하지 않는다.

다른 형과 경중을 정하는 것이 원칙이라고 한다.[89]

예컨대 징역형만 규정하던 조항에 벌금형이 선택형으로 추가된 경우[90]나 자유형을 보호관찰부 집행유예로 변경하는 경우에는 가벼운 법률의 변경에 해당한다. 그러나 순수한 절차법적 문언을 변경하는 것은 법률의 변경에 해당하지 아니한다. 형법상의 범죄를 질서위반범으로 변경하는 경우에는 질서위반범에 부과되는 범칙금이 벌금형의 액수를 초과하는 경우에도 가벼운 법률의 변경에 해당한다.[91] 동일한 종류의 형벌의 경우에는 형벌범위의 상한이나 하한을 낮추는 것만으로도 가벼운 형벌에 해당한다.[92] 형벌범위를 상한은 높이고 하한은 낮춘 것으로 변경한 경우[93] 또는 형벌범위의 상한은 낮추고 하한은 높인 것으로 변경한 경우[94]에는 구체적인 상황에 따라 판단하여

---

89 대법원 1992.11.13. 선고 92도2194 판결(형의 경중의 비교는 원칙적으로 법정형을 표준으로 할 것이고 처단형이나 선고형에 의할 것이 아니며, 법정형의 경중을 비교함에 있어서 법정형 중 병과형 또는 선택형이 있을 때에는 이 중 가장 중한 형을 기준으로 하여 다른 형과 경중을 정하는 것이 원칙이다); 대법원 1983. 11. 8. 선고 83도2499 판결(행위시법인 구 변호사법(1982.12.31 개정전의 법률) 제54조에 규정된 형은 징역 3년이고 재판시법인 현행 변호사법 제78조에 규정된 형은 5년 이하의 징역 또는 1천만원 이하의 벌금으로서 신법에서는 벌금형의 선택이 가능하다 하더라도 법정형의 경중은 병과형 또는 선택형 중 가장 중한 형을 기준으로 하여 다른 형과 경중을 정하는 것이므로 행위시법인 구법의 형이 더 경하다).

90 대법원 2016.3.24. 선고 2016도836 판결(법정형으로 징역형만 규정하고 있던 구 형법 제324조(강요죄)가 개정되어 벌금형이 추가된 것이 종전의 조치가 과중하다는 데에서 나온 반성적 조치로서 형법 제1조 제2항의 '범죄 후 법률의 변경에 의하여 형이 구법보다 경한 때'에 해당한다).

91 BGHSt 12,155; Schönke/Schröder/Hecker, §2 Rn.28.

92 BGHSt 20,121; Schönke/Schröder/Hecker, §2 Rn.30.

93 판례는 행위시법인 구법에 규정된 형은 징역 3년이고 재판시법인 신법에 규정된 형은 5년 이하의 징역 또는 1천만원 이하의 벌금으로서 신법에서는 벌금형의 선택이 가능하다 하더라도 법정형의 경중은 병과형 또는 선택형 중 가장 중한 형을 기준으로 하여 다른 형과 경중을 정하는 것이므로 행위시법인 구법의 형이 더 경한 것으로 본다(대법원 1983.11.8. 선고 83도2499 판결). 그러나 구체적인 사건에서 피고인에게 부과되는 형종에 따라 개별적으로 판단하여야 한다.

94 판례와 일부에서는 법정형 중 중한 형을 기준으로 판단한다고 보아 구법은 10년 이하의 징역 또는 1천만원 이하의 벌금이었으나 이를 신법에서 3년 이하의 징역 또는 2천만원 이하의 벌금으로 변경한 경우, 중한 법정형인 징역형을 기준으로 하여 신법이 가벼운 법률에 해당하여 신법을 적용하여 벌금 1천 5백만원을 선고할 수 있는 것으로 본다(대법원 1992.11.13. 선고

야 한다. 즉 해당되는 사건에서 새로운 형벌범위의 상한이 문제되는지 하한이 문제되는지에 따라서 달리 판단하여야 한다. 벌금형의 경우는 노역장 유치일수가 자유형의 기간을 초과한다고 할지라도 언제나 자유형(징역, 금고)보다는 가벼운 법률의 변경으로 보아야 한다.[95]

III. 재판확정 후 법률의 변경

재판확정 후 법률의 변경으로 범죄를 구성하지 아니하거나 형이 구법보다 가벼워진 경우에 대한 고려 여부이다. 여기서 '재판확정 후'란 통상의 불복절차에 의하여 더 이상 판결의 효력을 다툴 수 없는 상태를 의미한다. 그 이외의 '법률변경', '범죄를 구성하지 아니하는 때', '형이 구법보다 가벼워진 때'는 앞의 경우와 동일한 개념이다.

행위자에게 재판이 확정된 후 법률이 변경되어 그 행위가 범죄를 구성하지 않도록 비범죄화한 경우일지라도 이미 확정된 판결의 기판력으로 인하여 행위자가 무죄로 될 수는 없다. 그러나 동일한 범죄를 범하였으나 아직 그 형이 확정되지 아니한 자는 처벌받지 않는다는 점에서 이미 확정판결을 받은 자는 미확정자와의 형평성을 고려하여 형의 집행을 면제한다(제1조 제3항).

재판확정 후 법률변경으로 인하여 형이 가벼워진 경우에는 법규상 별도의 고려는 존재하지 않는다. 여기에서 '재판확정 후'도 '범죄 후'라는 개념에 포함될 수 있으므로 제1조 제2항을 유추하여 신법을 적용할 수 있다고 해석할 수도 있다. 그러나 이러한 해석은 제1조 제3항을 두고 있는 취지를 무

92도2194 판결; 신동운, 형법총론, 62~63면). 이미 지적한 바와 같이 일부는 신법을 일부는 구법을 적용하는 것은 허용되지 아니하므로 징역형은 신법을 벌금형은 구법을 적용하는 것은 허용되지 않는다. 그러나 본조의 취지는 피고인에게 유리한 법령의 적용이므로 문제되는 것이 상한의 규정인지 하한의 규정인지에 따라 달라지므로 벌금형이 문제된 사안에서는 가벼운 법률로 변경된 것으로 볼 수 없다.

95 BGH MDR 1975,541; LK/Dannecker/Schuhr, § 2 Rn.138; Schönke/Schröder/Hecker, § 2 Rn.31.

의미하게 만드는 해석이며, 판결의 기판력에 대한 전면적인 부정이라는 점에서 동의할 수 없다. 다만 이 경우에도 동일한 죄를 범하였으나 재판이 확정되지 아니한 자와의 형평성을 고려할 필요는 있다. 여기에서 법정형의 변화가 선고형에 주었을 영향을 가석방 결정에 고려할 수 있다고 보는 견해도 있다.[96] 개인적으로는 이미 재판확정으로 수형자가 선고받은 형이 법률변경으로 가벼워진 형에 해당하는 형을 종료한 때에는 형의 집행을 면제하는 것이 적절하다. 예컨대 10년 이하의 법정형에 해당하는 범죄로 피고인이 7년의 형을 선고받아 형의 집행 중 해당 범죄의 처벌이 5년 이하의 징역형으로 법률이 변경된 경우에는 5년의 형이 집행되면 나머지 기간의 형을 면제하는 방법이다.

제4절 소급효금지의 원칙

I. 의 의

소급효금지의 원칙이란 범죄와 그 처벌은 행위 당시의 법률에 의해야 하고 행위 후에 법률을 제정하여 그 법률에 의해 이전의 행위를 처벌해서는 안 된다는 것이다. 즉, 법률시행 이전의 행위를 처벌하기 위한 소급입법은 금지(소급입법의 금지)되며, 동시에 법률시행 이전의 행위에까지 신법을 소급하여 적용하는 것은 금지(소급적용의 금지)된다는 것이다. 소급입법이나 신법의 소급효를 허용하게 되면 형법 법규가 갖는 의사결정기능이나 행위결정기능이 무의미하게 되기 때문이다. 소급효금지의 원칙은 법치국가의 일반원칙 중에서 형법에 특유한 원칙으로서 개인의 권리영역에 대한 불리한 침해는 예견가능하여야 할 뿐만 아니라 이에 대한 국민의 신뢰이익이 보호되어

---

96 이상돈, 형법강론, 32면.

야 한다는 것을 전제로 한다.[97]

소급효금지의 원칙은 실체법적인 요소인 범죄의 성립과 처벌에 관한 다양한 조건들에 대하여 적용된다. 따라서 개별적인 범죄의 구성요건을 소급하여 적용하거나 위법성조각사유·책임조각사유·인적처벌조각사유를 소급하여 그 적용을 제한하거나 폐지하는 경우 또는 객관적 처벌조건을 소급적으로 배제하는 경우와 같이 소급하여 행위자에게 불리하게 변경하는 것은 허용되지 아니한다. 따라서 예컨대 음주 또는 약물로 인한 심신장애 상태에서 성폭력범죄 또는 아동·청소년에 대한 성폭력범죄를 범한 때에는 형법 제10조 제1항, 제2항, 제11조를 적용하지 아니하도록 성폭력특별법과 아청법을 개정하면서, 부칙 규정을 두어 이들 규정은 개정법률이 시행 후에 행해진 범죄에 대해서만 적용토록 하였다.[98]

더 나아가 형법총칙과 관련하여 가벌적인 미수 또는 예비·음모의 범위를 확대하는 규정, 새로운 형태의 공범형태를 도입하여 처벌하는 규정을 신설하여 이를 소급적용하는 것도 허용되지 아니한다.[99]

형벌과 관련하여서는 새로운 종류의 형벌을 도입하여 이를 부과하거나, 법률개정 전에 행해진 행위에 대하여 개정법률에 따라 가중된 형벌을 적용하거나,[100] 범죄에 대하여 기존의 형벌에 부가적으로 불리한 효과를 부여하거나, 기타 자격상실 또는 자격정지, 몰수, 집행유예,[101] 선고유예, 가석방,[102] 형의 시효 등 형의 선고나 집행의 조건들에 대하여 행위자에게 불리하게 소급효를 적용하는 것은 금지된다. 특히 형식적 의미의 형벌유형에 해당하지

97 헌재결 2017.10.26, 2015헌바239.

98 김태명, 보안처분의 소급효 문제, 72~73면. 그러나 이 경우 부칙의 경과규정이 없더라도 당연히 소급효금지의 원칙에 따라 개정 후의 행위에 대하여만 개정법률의 효력이 인정된다.

99 심일수, 죄형법정원칙의 기능과 법원의 역할, 13면.

100 김태명, 보안처분의 소급효 문제, 74면; 대법원 2016.1.28. 선고 2015도15669 판결.

101 대법원 2008.3.27. 선고 2007도7874 판결.

102 이에 반해 개정형법(2010.4.15.)은 무기형의 가석방과 관련하여 이미 수용된 사람에게도 개정형법이 적용된다고 규정함으로써 소급효를 적용하였다.

않는 형사 제재가 신체의 자유를 박탈하거나 이에 준하는 정도로 신체의 자유를 제한하는 경우에는 소급효금지의 원칙이 적용된다. 이러한 의미에서 벌금을 납부하지 않는 경우 노역장에 유치하여 작업에 복무하게 하는 노역장유치의 경우, 노역장유치가 그 실질에서 신체의 자유를 박탈하는 것으로 징역형과 유사하므로 소급효금지의 원칙이 적용된다.[103]

부정기형과 관련하여 소년법이 개정되어 소년의 범위가 20세 미만에서 19세 미만으로 축소된 상황에서 소년법상의 부정기형의 적용대상인 소년인가의 여부에 대하여 문제가 된다. 여기에서 판례는 소년법의 개정 이전에 저지른 범행일지라도 사실심 판결선고시에 19세 이상인 때에는 부정기형을 선고할 수 없고 정기형을 선고하여야 한다고 본다는 점에서 부정기형의 적용대상에 대하여 소급효금지의 원칙을 부정한다.[104] 그러나 소년인 때에 죄를 범한 자가 재판 중에 성인이 되어 소년법에 따른 특례를 적용받지 못하고 통상의 성인으로 처벌을 받는 것은 사후입법에 의한 소급효에 해당하는 것이 아니라는 점에서 이는 소급효금지의 원칙에 어긋나는 것이 아니다.[105]

II. 적용예외

소급효금지의 원칙은 행위자에게 불리한 소급효를 금지함으로써 형법의 보장적 기능을 수행한다. 따라서 행위자에게 소급효를 적용하는 것이 유리한 경우에는 소급효금지원칙의 적용을 배제하여 소급하여 적용하는 것도 허용된다. 이러한 취지에서 우리 형법은 앞에서 언급한 행위시법주의를 보완하는 차원에서 "범죄 후 법률의 변경에 의하여 그 행위가 범죄를 구성하지 아니하거나 형이 구법보다 가벼운 때에는 신법에 의한다."(제1조 제2항)

---

103 헌재결 2017.10.26., 2015헌바239; 김태명, 보안처분의 소급효 문제, 74면; 양랑해, 노역장유치기간의 변경과 형벌불소급원칙, 동북아법연구, 제16권 제1호(2022), 293면 이하.

104 대법원 2009.5.28. 선고 2009도2682 판결.

105 동일한 취지로 김성돈, 형법총론, 83면.

라고 규정하여 소급효에서 가장 핵심인 행위시법이 아닌 재판시법을 적용하도록 하고 있다.

III. 문제영역

1. 절차법

1) 학설의 입장

소급효금지의 원칙이 실체법인 형법뿐만 아니라 절차법인 형사소송법에 대하여도 적용되는가이다. 이에 대하여는 절차법에 소급효의 적용이 전면적으로 가능하다는 견해(소급효 긍정설), 제한적으로 가능하다는 견해(제한적 소급효 긍정설), 소급효의 적용은 불가능하다는 견해(소급효 부정설)로 나뉘고 있다. ① 소급효 긍정설에 의하면 우리 헌법 및 형법에서 규정하고 있는 소급효금지의 원칙은 범죄의 성립과 처벌에 관한 실질적 의미의 형법에만 적용된다는 것이다. 따라서 형벌권을 실현하기 위한 절차법적 규정에는 소급효금지의 원칙이 적용되지 않는다고 한다.[106] ② 소급효 부정설에 의하면 헌법 및 형법 규정에서 '법률과 적법한 절차'라는 문언에는 '행위시의 법률과 적법한 절차'를 의미하는 것으로서, 일반 국민의 입장에서 예측가능성은 일정한 행위가 처벌되느냐의 문제이지 그것이 실체법적 사유인가 절차법적 사유인가의 문제가 아니라고 한다. 따라서 절차법의 경우에도 소급효금지의 원칙은 적용된다는 주장이다.[107] ③ 일종의 제한적 소급효 부정설로서, 소급효금지의 원칙은 원칙적으로 절차법인 형사소송법에도 적용되어야 하나, 다만 합목적성이 지배하는 순수한 절차규정까지 소급효금지를 적용할

106 통설: 박상기/전지연, 형법학, 20면; 신동운, 형법총론, 48면; 임웅, 형법총론, 29면. 독일의 경우에도 통설·판례의 입장임(BGHSt 46,310; Lackner/Kühl/Heger, § 1 Rn.4).

107 오영근, 형법총론, 34면.

필요는 없다는 견해이다.[108] 이에 따르면 공소시효나 방어권·인신구속 관련 규정과 같이 형벌권의 존부나 유·무죄의 판단에 중요한 영향을 미치는 형사소송법에는 소급효금지를 적용하여야 한다고 본다.

2) 판례의 입장

절차법과 관련하여 소급효가 문제되는 경우는 크게 공소시효의 정지·연장 조항을 소급하여 적용하는 경우와 친고죄의 경우를 비친고죄로 변경한 조항을 적용하는 경우이다.

(1) 진정소급과 부진정소급

소급입법은 새로운 입법으로 이미 종료된 사실관계 또는 법률관계에 작용케 하는 진정소급입법과 현재 진행중인 사실관계 또는 법률관계에 작용케 하는 부진정소급입법으로 나눌 수 있다. 헌법재판소는 부진정소급입법은 원칙적으로 허용되지만 소급효를 요구하는 공익상의 사유와 신뢰보호의 요청 사이의 교량과정에서 신뢰보호의 관점이 입법자의 형성권에 제한을 가하게 되는데 반하여, 기존의 법에 의하여 형성되어 이미 굳어진 개인의 법적 지위를 사후입법을 통하여 박탈하는 것 등을 내용으로 하는 진정소급입법은 개인의 신뢰보호와 법적 안정성을 내용으로 하는 법치국가원리에 의하여 특단의 사정이 없는 한 헌법적으로 허용되지 아니하는 것이 원칙이라고 본다. 다만 일반적으로 국민이 소급입법을 예상할 수 있었거나 법적 상태가 불확실하고 혼란스러워 보호할 만한 신뢰이익이 적은 경우와 소급입법에 의한 당사자의 손실이 없거나 아주 경미한 경우 그리고 신뢰보호의 요청에 우선하는 심히 중대한 공익상의 사유가 소급입법을 정당화하는 경우 등에는 예

108 이상돈, 형법강론, 15~16면.

외적으로 진정소급입법이 허용된다고 한다.[109]

(2) 공소시효

진정소급효와 부진정소급효를 긍정하는 헌법재판소의 입장은 공소시효의 경우에도 적용된다. 형벌불소급의 원칙은 '행위의 가벌성' 즉 형사소추가 '언제부터 어떠한 조건하에서' 가능한가의 문제에 관한 것이고, '얼마동안' 가능한가의 문제에 관한 것은 아니므로, 과거에 이미 행한 범죄에 대하여 공소시효를 정지시키는 법률이라 하더라도 그 사유만으로 헌법 제12조 제1항 및 제13조 제1항에 규정한 죄형법정주의의 파생원칙인 형벌불소급의 원칙에 언제나 위배되는 것으로 단정할 수는 없다고 보았다.[110]

대법원 역시 "5·18 민주화운동 등에 관한 특별법 제2조는 그 제1항에서 그 적용대상을 '1979년 12월 12일과 1980년 5월 18일을 전후하여 발생한 헌정질서파괴범죄의공소시효등에관한특례법 제2조의 헌정질서파괴범죄행위'라고 특정하고 있으므로, 그에 해당하는 범죄는 5·18 민주화운동 등에 관한 특별법의 시행 당시 이미 형사소송법 제249조에 의한 공소시효가 완성되었는지 여부에 관계없이 모두 그 적용대상이 됨이 명백하다고 할 것인데, 위 법률 조항에 대하여는 헌법재판소가 1996.2.16. 선고 96헌가2, 96헌마7, 13 사건에서 위 법률 조항이 헌법에 위반되지 아니한다는 합헌결정을 하였으므로, 위 법률 조항의 적용범위에 속하는 범죄에 대하여는 이를 그대로 적용할 수밖에 없다."[111]고 보아 공소시효에 관한 소급효를 인정하고 있다.

그리고 공소시효를 정지·연장·배제하는 특례조항을 신설하면서 소급적용에 관한 명시적인 경과규정을 두지 않은 경우 그 조항을 소급하여 적용할 수 있는지에 관해서는 보편타당한 일반원칙이 존재하지 않고, 적법절차원

109 헌재결 1999.7.22. 선고 97헌바76, 98헌바50·51·52·54·55(병합) 전원재판부.
110 헌재결 1996.2.16, 96헌가2, 96헌바7, 96헌바13 전원재판부.
111 대법원 1997.4.17. 선고 96도3376 전원합의체 판결.

칙과 소급금지원칙을 천명한 헌법 제12조 제1항과 제13조 제1항의 정신을 바탕으로 하여 법적 안정성과 신뢰보호원칙을 포함한 법치주의 이념을 훼손하지 않는 범위에서 신중히 판단해야 한다.[112]

따라서 법률을 통하여 피고인에게 불리한 내용의 공소시효 배제조항을 신설하면서 신법을 적용하도록 하는 경과규정을 두지 아니한 경우 그 공소시효 배제조항의 시적(時的) 적용범위에 관하여는 보편타당한 일반원칙이 존재하지 아니하므로 각국의 현실과 사정에 따라 그 적용범위를 달리 규율할 수 있다. 장애인에 대한 준강간죄의 공소시효가 진행되는 가운데 형사소송법이 개정되어 종전의 공소시효 기간을 연장하면서도 그 부칙 제3조에서 "이 법 시행 전에 범한 죄에 대하여는 종전의 규정을 적용한다."고 규정함으로써 소급효를 인정하지 아니한다는 원칙을 밝힌 점, 개정된 성폭력특별법에 소급적용에 관한 명시적인 경과규정이 없는 경우에는 일반법에 규정된 경과규정이 적용되어야 하는 점 등에 비추어 공소시효가 피고인에게 불리하게 변경되는 경우에는 피고인에게 유리한 종전 규정을 적용하여야 한다.[113]

아동학대범죄의 처벌 등에 관한 특례법 제34조는 '공소시효의 정지와 효력'이라는 제목으로 제1항에서 "아동학대범죄의 공소시효는 형사소송법 제252조에도 불구하고 해당 아동학대범죄의 피해아동이 성년에 달한 날부터 진행한다."라고 정하고, 부칙은 "이 법은 공포 후 8개월이 경과한 날부터 시행한다."라고 정하고 있다. 아동학대처벌법은 제34조 제1항의 소급적용에 관하여 명시적인 경과규정을 두고 있지는 않다. 그러나 이 규정의 문언과 취지, 아동학대처벌법의 입법목적, 공소시효를 정지하는 특례조항의 신설·소급에 관한 법리에 비추어 보면, 이 규정은 완성되지 않은 공소시효의 진행을

112 대법원 2021.2.25. 선고 2020도3694 판결; 대법원 2015.5.28. 선고 2015도1362, 2015전도19 판결.

113 대법원 2015.5.28. 선고 2015도1362, 2015전도19 판결.

일정한 요건에서 장래를 향하여 정지시키는 것으로서, 그 시행일 당시 범죄행위가 종료되었으나 아직 공소시효가 완성되지 않은 아동학대범죄에 대해서도 적용된다고 봄이 타당하다.[114]

(3) 친고죄·반의사불벌죄

절차법적 규정 가운데 친고죄의 범죄가 비친고죄로 변경되거나 반의사불벌죄가 일반 범죄로 변경되는 경우 이를 소급하여 적용할 수 있는가에 대하여 명시적인 판례는 없다.[115] 그러나 앞의 헌법재판소와 대법원의 입장에 의하면 부진정소급효는 원칙적으로 인정되고, 심히 중대한 공익상의 사유가 존재하고 피해자의 신뢰가 사소한 경우에는 진정소급효도 인정된다는 점에서 이러한 내용의 변경에 대한 소급효는 긍정된다고 볼 것이다.

3) 개인적 견해

절차법은 그 속성상 범죄의 성립여부와 무관할 뿐만 아니라 예측가능성을 침해하는 것도 아니라는 점에서 기본적으로는 소급효를 긍정할 수 있다. 그러나 여기서 절차법의 경우에는 소급효를 긍정하고, 실체법의 경우에는 소급효를 부정한다고 이해하는 것은 부적절하다. 즉 특정한 내용이 절차법인 형사소송법에 규정되어 있다는 이유로 소급효가 긍정되고, 실체법인 형법에 규정되어 있다는 이유로 소급효가 부정된다고 말할 수는 없다. 예컨대 공소시효와 관련하여 우리나라는 형사소송법(제249조)에 이를 규정하고 있으며, 일본(형사소송법 제250조)과 프랑스(형사소송법 제7조~제9조)의 경우에도 형사소송법에 공소시효의 기간과 기산점을 규정하고 있다. 그러나

114 대법원 2021.2.25. 선고 2020도3694 판결; 대법원 2016.9.28. 선고 2016도7273 판결.

115 독일 판례(BGHSt 20, 27; 46, 320f.; 50, 141)의 경우 친고죄를 비친고죄로 변경한 경우 소급효금지원칙의 적용은 부정된다고 보는 입장이다.

독일(§78 StGB), 스위스(§97), 오스트리아(§57), 중국(제87조)에서는 형법에 공소시효를 규정하고 있다. 또한 친고죄나 반의사불벌죄와 관련하여 특정 범죄가 친고죄나 반의사불벌죄에 해당하는가에 대하여는 형법에 규정되어 있으나, 고소나 자신의 의사표시 절차나 과정에 대하여는 형사소송법에 규정되어 있다. 따라서 소급효가 금지되는가의 여부는 해당 내용이 어떤 법률에 규정되어 있는가에 종속되는 것이 아니라 해당 내용이 범죄의 성립과 처벌에 관한 실질적인 내용인가의 여부에 달려 있다. 공소시효나 친고죄와 같은 규정은 직접적으로 범죄의 성립이나 그에 대한 처벌을 다투는 것이 아니라 검사가 공소를 제기할 수 있는 기간이나 조건을 문제삼는 것이라는 점에서 실질적인 범죄의 성립이나 처벌이 아닌 그 절차적인 문제가 되는 것이다. 따라서 행위시에 친고죄의 범죄를 비친고죄로 법률을 개정하여 개정 법률인 신법을 적용하거나, 공소시효를 연장하거나 공소시효를 폐지하는 신법을 적용하는 때에는 소급효금지의 원칙이 적용되지 않는다.

다만 이 경우에도 이미 고소기간이 종료되었거나 공소시효가 완성된 이후에 법률개정을 통하여 신법에 의한 소급적용을 하는 것은 금지된다(진정소급효의 금지).[116] 이미 고소기간이 종료 또는 공소시효가 완성된 이 후 소급입법에 의하여 고소기간의 연장이나 비친고죄 사건으로 변경, 공소시효의 연장이나 공소시효의 폐지를 적용하는 것은 기존의 법상태에 대한 법적 신뢰와 규범안정성의 보호라는 죄형법정주의의 기본원칙과도 충돌한다는 점에서 이를 허용하기는 어렵다.[117]

---

116 진정소급효를 제한적으로 인정한 것은 헌재결 1996.2.16, 96헌가2, 96헌바7·13(병합)(5.18.특별법).

117 여기에서 더 나아가 공소시효의 경우 부진정소급효도 금지하여야 한다는 입장은 김영환, 공소시효와 형벌불소급의 원칙, 자유적 법치국가, 370면; 김일수, 죄형법정원칙의 기능과 법원의 역할, 14~15면.

2. 보안처분

1) 보안처분의 의의

보안처분이란 특정범죄자(형법 제88조, 제92조, 제98조 등, 국가보안법 제4조, 제5조 등, 군형법 제5조 내지 제8조)에 대하여 형벌부과만으로는 형사제재로서의 목적달성이 부적합하거나 또는 법적 관점에서 형벌이 허용되지 않는 경우에 시행하는 처분으로서 범죄로부터 사회를 방위하고 범죄자를 재사회화하기 위한 처분이다. 현행 헌법(제12조 제1항)은 법률과 적법절차에 의하지 않고는 보안처분을 받지 않는다고 규정하고 있다(보안처분 법정주의).

보안처분은 형벌과 달리 과거 행위에 대한 책임으로서 부과되는 것이 아니라 범죄자의 과거 범행을 토대로 장래의 위험성을 예측하여 부과하는 처분이다. 그렇기 때문에 보안처분은 자칫 범죄자의 범죄행위보다 과도하게 내려질 수 있는 점이 문제되므로 비례성의 원칙에 따른 보안처분의 부과가 매우 중요하다. 즉 보안처분은 범죄행위 및 행위자의 위험성과 비례하는 정도에서 부과되어야 한다.

보안처분의 종류에는 자유박탈적 보안처분과 자유제한적 보안처분이 있다.[118] 자유박탈적 보안처분이란 일정한 시설에 격리수용하는 것을 내용으로 하는 보안처분이며(예: 치료감호), 자유제한적 보안처분이란 보호관찰과 같이 자유박탈이 아닌 자유제한의 정도에 이르는 보안처분(예: 보호관찰, 운전면허정지)을 말한다.

---

118 보안처분이 대상과 관련하여 보안처분을 구분하면 대인적 보안처분과 대물적 보안처분이 존재한다. 여기에서 대인적 보안처분은 사람에 대하여 선고되는 보안처분을 말하며(예: 치료감호, 보호관찰), 대물적 보안처분은 물건에 대한 보안처분을 말한다(예: 몰수, 법인의 해산명령).

2) 보안처분의 소급효

(1) 학설의 입장

보안처분에 대하여 소급효의 적용이 가능한가에 대하여는 이를 긍정하는 입장(긍정설), 부정하는 입장(부정설), 보안처분의 종류나 내용에 따라 긍정 또는 부정하는 입장(이분설) 등이 대립한다.

긍정설은 보안처분은 형벌이 아니라 장래의 위험성으로부터 행위자를 보호하고 사회를 방위하기 위한 것이므로, 과거의 범죄행위가 아닌 판결을 내리는 시점에서 위험성 등을 판단한다는 점에서 소급효를 긍정한다. 그리고 여기에서 보안처분은 자유박탈적 보안처분이든 자유제한적 보안처분이든 보안처분의 종류에 관계없이 소급효가 긍정된다고 이해한다.[119] 일부에서는 소급효금지원칙은 형벌에만 적용하고, 보안처분에는 소급효금지원칙이 적용되지 않는다고 주장하면서, 보안처분의 경우에는 소급효금지원칙 대신에 법치국가원칙으로부터 파생되었으나 자유로운 이익형량이 가능한 신뢰보호원칙과 비례성원칙을 심사하여야 한다고 주장하는 입장도 있다.[120]

부정설은 보안처분도 범죄에 대한 제재로서 자유를 박탈하거나 제한하고 있는 것이며, 자유를 박탈 내지는 제한하는 정도도 형벌 못지않다는 점에서 형벌과 마찬가지로 소급효를 금지하여야 한다고 본다. 부정설의 입장에서는 만일 보안처분에 대하여 소급적용을 허용하면 사실상 형벌불소급의 원칙의 의의가 상실된다고 본다.[121]

이분설에 의하면 보안처분은 범주가 넓고 그 태양이 다양하기 때문에 개별적인 보안처분의 경우에 맞게 소급효의 적용 여부를 판단하여야 한다고

---

119 신동운, 형법총론, 46면, 927면.

120 장진환, 보안처분과 소급효 금지원칙에 대한 새로운 접근, 형사법연구, 제34권 제4호(2022), 175~176면.

121 통설: 김성돈, 형법총론, 88면; 박상기/전지연, 형법학, 20~21면; 서보학, 전자장치 부착명령 소급규정의 위헌성, 경희법학, 제48권 제4호(2013), 112면; 오영근, 죄형법정주의에 대한 대법원판례의 성과, 47면; 임웅, 형법총론, 27면.

본다. 여기에서 소급효 적용 여부의 기준을 보안처분이 가지는 기본권을 제한하는 정도를 고려하여 개인의 자유에 대한 소극적 제한을 수반하는 보안처분의 경우에는 소급효를 긍정하고, 신체적인 자유를 박탈하는 효과를 수반하는 보안처분은 형벌과 동일한 결과를 초래하므로 소급효를 부정한다.[122] 또는 이와 유사하게 보호감호[123]와 같이 자유형적 성격이 강한 보안처분은 소급금지원칙이 적용되어야 하고, 보호관찰과 같이 자유형적 성격을 가지고 있다고 보기 어려운 보안처분에 대하여는 소급효금지의 원칙이 적용되지 않는다고 보기도 한다.[124]

(2) 판례의 입장

판례는 형벌의 경우에는 소급효를 금지하고 있지만 보안처분의 경우에는 일률적으로 소급효를 긍정하거나 부정하는 것이 아니라, 보안처분의 종류와 그 내용에 따라 소급효를 긍정한 경우와 부정한 경우가 구분된다. 여기에서 일부의 견해에서는 판례의 입장이 소급효금지원칙의 적용 여부를 시설내에서의 자유박탈이냐 사회내에서의 자유제한이냐를 가지고 판단하여, 전자의 경우에는 소급효를 금지하고 후자의 경우에는 소급효를 긍정하는 것으로 평가하기도 한다.[125] 그러나 이는 후술하는 판례의 내용을 살펴보면 판례의 정

---

122 이형국/김혜경, 형법총론, 49~50면.

123 보호감호는 구 사회보호법(2005년 폐지)에 규정되어 있던 보호처분 제도 중의 하나로, 상습범이나 집단범을 대상으로 형벌을 부과한 후, 재범 가능성이 있는 피고인에 대하여 교화 및 사회복귀를 위한 식업 훈련을 목적으로 보호감호시실 수용 처분을 내리는 것이다. 동법에는 보호처분의 종류로 보호감호, 치료감호, 보호관찰이 규정되어 있었다. 보호감호의 경우 이중처벌이라는 문제점 이외에도 과잉처벌의 문제점, 재범의 위험성 판단의 논란, 보호감호제도의 운영상 난제 등의 이유로 2005년 동법의 폐지로 보호감호제도는 더 이상 존재하지 않는다. 다른 보호처분이었던 치료감호는 치료감호 등에 관한 법률에 따라, 보호관찰은 보호관찰 등에 관한 법률에 따라 현재까지 실시·운영되고 있다.

124 손동권/김재윤, 형법총론, 2011, 40면; 이재홍, 보호관찰과 형벌불소급의 원칙, 형사판례연구 [7], 1999, 30면.

125 김성돈, 형법총론, 87면.

확한 입장이라고 이해하기는 어렵다.

판례는 보안처분 중에서 보호관찰을 받을 것에 대한 명령과 관련하여 보호관찰은 형벌이 아니라 보안처분의 성격을 갖는 것으로서, 과거의 불법에 대한 책임에 기초하고 있는 제재가 아니라 장래의 위험성으로부터 행위자를 보호하고 사회를 방위하기 위한 합목적적인 조치이므로, 그에 관하여 반드시 행위 이전에 규정되어 있어야 하는 것은 아니며, 재판시의 규정에 의하여 보호관찰을 받을 것을 명할 수 있다고 보아 소급효를 긍정하였다.[126] 범죄행위 당시에 없었던 위치추적 전자장치 부착명령을 출소예정자에게 소급 적용할 수 있도록 한 '특정 범죄자에 대한 위치추적 전자장치 부착 등에 관한 법률'과 관련하여 전자장치 부착은 전통적 의미의 형벌이 아니며, 이를 통하여 피부착자의 위치만 국가에 노출될 뿐 그 행동 자체를 통제하지 않는다는 점에서 비형벌적 보안처분에 해당되므로, 이를 소급적용하도록 한 것은 소급처벌금지원칙에 위배되지 아니한다고 보았다.[127] '특정 범죄자에 대한 위

126 대법원 1997.6.13. 선고 97도703 판결: "··· 보호관찰은 형벌이 아니라 보안처분의 성격을 갖는 것으로서, 과거의 불법에 대한 책임에 기초하고 있는 제재가 아니라 장래의 위험성으로부터 행위자를 보호하고 사회를 방위하기 위한 합목적적인 조치이므로, 그에 관하여 반드시 행위 이전에 규정되어 있어야 하는 것은 아니며, 재판시의 규정에 의하여 보호관찰을 받을 것을 명할 수 있다고 보아야 할 것이고, 이와 같은 해석이 형벌불소급의 원칙 내지 죄형법정주의에 위배되는 것이라고 볼 수 없다."

127 헌재결 2015.9.24. 2015헌바35: "전자장치 부착은 과거의 불법에 대한 응보가 아닌 장래의 재범 위험성을 방지하기 위한 보안처분에 해당되므로, 부착명령청구조항은 헌법 제13조 제1항 후단의 이중처벌금지원칙에 위배되지 아니한다. 전자장치 부착은 전통적 의미의 형벌이 아니며, 이를 통하여 피부착자의 위치만 국가에 노출될 뿐 그 행동 자체를 통제하지 않는다는 점에서 비형벌적 보안처분에 해당되므로, 이를 소급적용하도록 한 부칙경과조항은 헌법 제13조 제1항 전단의 소급처벌금지원칙에 위배되지 아니한다. 전자장치 부착명령의 소급적용은 성폭력범죄의 재범 방지 및 사회 보호에 있어 실질적인 효과를 나타내고 있는 점, 장래의 재범 위험성으로 인한 보안처분의 판단시기는 범죄의 행위시가 아닌 재판시가 될 수밖에 없으므로 부착명령 청구 당시 형 집행 종료일까지 6개월 이상 남은 출소예정자가 자신이 부착명령 대상자가 아니라는 기대를 가졌더라도 그 신뢰의 보호가치는 크지 아니한 점, 피부착자의 기본권 제한을 최소화하기 위하여 법률은 피부착자에 대한 수신자료의 열람·조회를 엄격히 제한하고 부착명령의 탄력적 집행을 위한 가해제 제도를 운영하고 있는 점 등을 고려할 때, 부칙경과조항은 과잉금지원칙에 반하여 피부착자의 인격권 등을 침해하지 아니한다." 이전의 동일한 취지의 헌법재판소 판단은 헌재결 2012.12.27, 2010헌가82, 2011헌바393(병합).

치추적 전자장치 부착 등에 관한 법률'이 개정되어 부착명령 기간을 연장하도록 규정한 것과 관련하여 전자감시제도는 범죄행위를 한 자에 대한 응보를 주된 목적으로 그 책임을 추궁하는 사후적 처분인 형벌과 구별되어 그 본질을 달리하는 것으로서 형벌에 관한 소급입법금지의 원칙이 그대로 적용되지 않으므로, 위 법률이 개정되어 부착명령 기간을 연장하도록 규정하고 있더라도 그것이 소급입법금지의 원칙에 반한다고 볼 수 없다고 이해하였다.[128] 개정된 아동·청소년의 성보호에 관한 법률이 공개명령제도가 시행된 2010.1.1. 이전에 범한 범죄에 대하여도 공개명령제도를 적용하도록 한 것이 소급입법금지 원칙에 반하는지 여부에 대하여, 공개명령제도는 범죄행위를 한 자에 대한 응보 등을 목적으로 그 책임을 추궁하는 사후적 처분인 형벌과 구별되어 그 본질을 달리하는 것으로서 형벌에 관한 소급입법금지의 원칙이 그대로 적용되지 않으므로 성폭력범죄자에 대한 신상정보 공개명령의 경우에는 소급적용하는 것이 소급효금지의 원칙에 반하지 않는 것[129]으로 파악한다.[130] 여기에서 더 나아가 형법상 사회봉사명령과 수강명령,[131] 아청법에 의한 취업제한명령,[132] 성폭력범죄자의 성충동 약물치료에 관한 법률상의 약물치료명령,[133] 아청법상의 성폭력 치료프로그램의 이수명령[134] 등을 보안처분이라고 하여 소급효를 인정한다.

이에 반하여 가정폭력범죄의 처벌 등에 관한 특례법상 사회봉사명령의 경우에는 가정폭력범죄 행위에 대하여 형사처벌 대신 부과되는 것으로서,

128 대법원 2010.12.23. 선고 2010도11996, 2010전도86 판결.

129 대법원 2011.3.24. 선고 2010도14393, 2010전도120 판결.

130 현재는 폐지된 구 사회보호법상의 보호감호와 관련하여 사회보호법 시행 이전에 동법 소정의 실형을 받고 동법 시행 이후 그 소정 각 죄를 범한 자는 보호감호 대상자가 되는 것이고, 이는 법률불소급의 원칙을 정하는 헌법에 반하는 것이 아니라고 하여 보호감호의 경우에도 소급효를 적용하였다(대법원 1982.2.9. 선고 81도2897, 81감도78 판결).

131 대법원 2008.4.11. 선고 2007도8373 판결.

132 대법원 2019.10.17. 선고 2019도4192 판결.

133 대법원 2014.2.27. 선고 2013도12301, 2013전도252,2013치도2 판결.

134 대법원 2014.8.20. 선고 2014도3390 판결.

가정폭력범죄를 범한 자에게 의무적 노동을 부과하고 여가시간을 박탈하여 실질적으로는 신체적 자유를 제한하게 되므로 형벌불소급의 원칙이 적용된다고 보아, 행위시법이 아닌 신법을 적용한 것이 위법하다고 보았다.[135] 또한 성폭력범죄의 처벌 등에 관한 특례법에 의하여 성폭력범죄를 범한 사람에 대하여 유죄판결을 선고하는 경우 재범예방에 필요한 수강명령 또는 성폭력 치료프로그램의 이수명령을 병과할 수 있는가에 대하여 동 병과 규정은 개정 법률 시행 후 최초로 성폭력범죄를 범한 사람부터 적용하도록 규정하여 소급적용을 부정하였다.[136] 이미 유죄판결이 확정된 아동·청소년 대상 성폭력범죄의 경우, 2012.12.18. 법률 제11556호로 전부 개정된 '성폭력범죄의 처벌 등에 관한 특례법' 부칙 제7조에 따른 소급적인 공개명령 및 고지명령의 대상이 되지 않는다.[137] 그리고 특정 범죄자에 대한 보호관찰 및 전자장

135 대법원 2008.7.24.자 2008어4 결정: "가정폭력범죄의 처벌 등에 관한 특례법이 정한 보호처분 중의 하나인 사회봉사명령은 가정폭력범죄를 범한 자에 대하여 환경의 조정과 성행의 교정을 목적으로 하는 것으로서 형벌 그 자체가 아니라 보안처분의 성격을 가지는 것이 사실이다. 그러나 한편으로 이는 가정폭력범죄 행위에 대하여 형사처벌 대신 부과되는 것으로서, 가정폭력범죄를 범한 자에게 의무적 노동을 부과하고 여가시간을 박탈하여 실질적으로는 신체적 자유를 제한하게 되므로, 이에 대하여는 원칙적으로 형벌불소급의 원칙에 따라 행위시법을 적용함이 상당하다."

136 대법원 2013.4.11. 선고 2013도1525 판결: 구 성폭력범죄의 처벌 등에 관한 특례법 제16조 제2항은 "법원이 성폭력범죄를 범한 사람에 대하여 형의 집행을 유예하는 경우에는 그 집행유예기간 내에서 일정 기간 보호관찰을 받을 것을 명하거나 사회봉사 또는 수강을 명할 수 있다."고 정하여 집행유예의 형을 선고하는 경우에 집행유예기간 내에서만 수강명령을 부과할 수 있도록 규정하고 있었다. 그런데 2011.4.7. 법률 제10567호로 개정된 성폭력범죄의 처벌 등에 관한 특례법 제16조 제2항은 "법원이 성폭력범죄를 범한 사람에 대하여 유죄판결(선고유예는 제외한다)을 선고하는 경우에는 300시간의 범위에서 재범예방에 필요한 수강명령 또는 성폭력 치료프로그램의 이수명령을 병과할 수 있다."고 정하였는데, 부칙(2011.4.7.) 제1항은 "이 법은 공포 후 6개월이 경과한 날부터 시행한다."고 규정하고, 제2항은 "제16조의 개정규정은 이 법 시행 후 최초로 성폭력범죄를 범한 사람부터 적용한다."고 규정하였으므로, 법원으로서는 개정 특례법이 시행된 2011.10.8. 이후에 성폭력범죄를 범한 사람에 대하여만 실형을 선고하는 경우에도 수강명령을 병과할 수 있다.

137 대법원 2014.10.31.자 2014모1166 결정: 2010.4.15. 법률 제10258호로 제정·공포된 '성폭력범죄의 처벌 등에 관한 특례법' 제37조 제1항, 부칙 제2조 제2항, 2012.12.18. 법률 제11556호로 전부 개정되어 2013.6.19. 시행된 '성폭력범죄의 처벌 등에 관한 특례법'(이하 '법률 제11556호 성폭력특례법'이라 한다) 부칙 제7조 제1항, 제2항, 2009.6.9. 법률 제9765호로 전부

치 부착 등에 관한 법률 제9조 제1항 단서에서 정한 전자장치 부착기간 하한 가중 규정이 같은 법 시행 전에 19세 미만의 사람에 대하여 특정범죄를 저지른 경우에는 소급적용되지 않는다고 보았다.[138]

(3) 개인적 견해

독일형법은 명문으로 보안처분의 경우 재판시법을 적용하도록 규정하고 있다(§2 Abs.6 StGB). 그러나 우리나라의 경우에는 독일형법과 같은 명문의 규정이 없다는 점에서 보안처분이라고 하여 소급하여 재판시법을 적용하는 것은 의문이 있다. 오히려 헌법 제12조 제1항은 " … 처벌, 보안처분 또는 강제노역"에 대하여 법률과 적법한 절차에 의할 것을 규정하고 있다는 점에서 보안처분도 형벌과 마찬가지 정도로 법률과 적법절차를 준수할 것을 요구한다는 점에서 보안처분의 경우에도 소급효금지의 원칙을 적용하는 것이 헌법정신에 부합한다.[139]

또한 형벌과 보안처분이 형식적으로는 엄격히 구별된다고 할 수 있으나 개인의 기본권이나 자유에 대한 침해를 가져온다는 점에서 커다란 차이가 없다. 여기에서 보안처분이 개인의 자유를 박탈하는가 제한하는가에 따라 소급적용의 여부를 판단하는 것은 매우 불명확한 기준에 의하여 소급적용 여부를 판단한다는 점에서 수긍하기 어렵다. 왜냐하면 보안처분은 어떠한

개정되어 2010.1.1. 시행된 '아동·청소년의 성보호에 관한 법률' 부칙 제3조 제2항(2010.7.23. 법률 제10391호로 신설된 것), 제3항(2010.7.23. 법률 제10391호로 신설된 것), 2012.12.18. 법률 제11572호로 전부 개정되어 2013.6.19. 시행된 '아동·청소년의 성보호에 관한 법률'(이하 '법률 제11572호 아동성보호법'이라 한다) 부칙 제5조 제2항, 제3항, 제8조의 내용 및 체계와 법률 개정 연혁 등에 비추어 보면, 이미 유죄판결이 확정된 아동·청소년 대상 성폭력범죄의 경우, 법률 제11572호 아동성보호법 부칙 제5조, 제8조가 규정하고 있는 공개명령의 전환이나 소급적인 고지명령의 대상이 될 수 있는지만 문제될 뿐 법률 제11556호 성폭력특례법 부칙 제7조에 따른 소급적인 공개명령 및 고지명령의 대상은 되지 않는다.

138 대법원 2013.7.26. 선고 2013도6220, 2013전도124 판결; 대법원 2013.7.25. 선고 2013도6181, 2013전도122 판결.

139 김태명, 보안처분의 소급효 문제, 83면; 오영근, 죄형법정주의에 대한 대법원판례의 성과, 46면.

종류의 보안처분이든 기본적으로 개인에 대한 일정한 제재적인 성격을 가진다는 점에서 모두 개인의 자유를 제한하는 것이기 때문이다.[140] 오히려 형벌과 보안처분에서 설정된 목표는 이질적인 것이 아니므로 양자의 차별화는 타당하지 않으며,[141] 보안처분이라는 우회적인 방법으로 형벌불소급의 원칙을 유명무실하게 할 위험성이 있으므로 보안처분도 소급효금지의 원칙을 적용하여 소급효를 부정하여야 한다.

3. 판례의 변경

1) 학설의 입장

소급효금지의 원칙은 범죄와 그에 대한 처벌은 행위 당시의 법률에 의하여야 하고 행위 후에 법률을 제정·개정하여 그 법률에 의해 소급하여 처벌해서는 안 된다는 점에서 소급효금지원칙의 대상이 되는 것은 법률이다. 여기서 법률이 아닌 판례가 피고인에게 불리하게 변경되어 사후적으로 처벌받게 되거나 가중처벌 받게 될 경우 이를 소급효금지원칙에 위반된다고 할 수 있는가가 문제된다. 즉, 행위 당시의 판례에 의하면 처벌대상이 되지 않았지만 행위 후 판례가 변경되어 처벌대상으로 된 경우 또는 행위 당시에는 가벼운 처벌대상이었으나 판례의 변경으로 무겁게 처벌되는 경우 새로운 판례에 따라 처벌하는 것이 소급효금지원칙에 반하지 않는가이다.[142]

140 비슷한 취지로 김성돈, 형법총론, 88면.

141 형법과 보안처분의 구분은 응보형론과 일반예방론의 관점에 기초한 이원주의적 사고에 입각하고 있으나, 이는 역사적 산물에 불과하며 양자가 중복적으로 시행될 경우 이를 구별하기도 어렵다고 보아 형벌과 보안처분이라는 구분에 따라 소급효금지의 원칙을 차별적으로 적용하는 것에 대한 비판은 윤상민, 형사제재와 소급효금지의 원칙, 법학연구, 제38집(2018), 215면.

142 이 문제에 대한 국내 학설사적 변화와 학설·판례의 입장에 대한 개괄적 설명은 조기영, 판례변경과 소급효금지의 원칙, 동북아법연구, 제11권 제1호(2017), 140~144면; 하태영, 피고인에게 불리한 판례변경과 소급효금지의 문제, 동아법학, 제38호(2006), 39면 이하.

(1) 소급효 부정설

피고인에게 불리하게 판례를 변경하는 경우 변경된 판례의 소급효를 부정하는 입장(소급효 부정설)이다.[143] 성문법 국가인 우리나라에서 판례는 법규범에 속하지는 않는다. 그러나 판례는 법령의 규정에 대한 유권적 해석을 통하여 법의 내용을 확정함으로써 사실상의 구속력을 가지고 있으며, 지속적인 판례는 이미 국민들 사이에 사실상 규범력이 있는 법규범으로 인식되고 있다. 따라서 법적 안정성과 예측가능성이라는 측면에서 기존의 판례에 대한 국민들의 신뢰를 보호하여야 한다는 점에서 피고인에게 불리하게 변경된 판례의 소급효는 허용되지 말아야 한다고 이해한다. 이러한 점에서 피고인에게 유리하게 변경된 판례는 그대로 적용되지만, 피고인에게 불리하게 변경된 판례는 이후의 사건에 대하여 적용하고 당해 사건의 피고인에게는 이전의 판례를 적용하여야 하는 것으로 본다.[144]

(2) 소급효 긍정설

소급효 긍정설에 의하면 판례는 구체적 사건에 대한 법적 판단에 지나지 않으며 일반적 구속력을 가지는 법률이 아니다. 즉, 상급법원의 판단은 당해 사건에 대해서만 하급심을 기속하므로(법원조직법 제8조), 대법원판례는 사실상의 구속력이 있다고 하더라도 법률상 구속력은 없다. 또한 소급효를 금지하는 것은 헌법 제13조 제1항에 규정한 바와 같이 '법률'에 의한 소급효를 금지하는 것이며, 판례는 법률이 아니므로 판례에 의한 소급효를 금지하는 것은 아니라는 점에서 소급효는 긍정된다.[145] 판례의 소급효를 긍정함으

143 배종대, 형법총론, 65면; 신동운, 형법총론, 53면; 정성근/박광민, 형법총론, 42면; 조기영, 판례변경과 소급효금지의 원칙, 동북아법연구, 제11권 제1호(2017), 133면.

144 판례에 대한 신뢰보호는 죄형법정주의에 의하는 것이 더 효과적이며, 피고인에게 불리한 판례는 적어도 당해 사건 이후의 사건에 대해서만 적용하는 판례변경 예고제가 타당하다는 견해도 있다(김일수, 죄형법정원칙의 기능과 법원의 역할, 16~17면; 이상돈, 형법강론, 16면).

145 다수설: 박상기/전지연, 형법학, 21면; 오영근, 형법총론, 35면; 오영근, 죄형법정주의에 대한 대법원판례의 성과, 44면; 이재상/장영민/강동범. 형법총론, 24면; 이형국/김혜경, 형법총론,

로써 구체적·개별적 사건에서 이전의 판례를 신뢰한 피고인에 대하여는 현행법 하에서는 사안에 따라 법률의 착오(금지착오)에서 정당한 이유를 고려할 수도 있을 것이며, 장래 입법적으로 형법 제1조를 개정하여 행위시의 판례를 준용하도록 개정할 것을 제안하기도 한다.[146]

또한 일부에서는 변경된 판례의 소급효는 원칙적으로 긍정되지만, 이전의 판례를 신뢰하였던 피고인에 대하여는 별도로 그의 예측가능성과 신뢰는 보호의 필요성이 있다고 판단한다. 이에 따라 기존의 판례가 지속적으로 확립된 판례이고, 판례의 변경이 자의적인 변경이 아니라고 평가받을 수 있는 경우에는 법치국가적 요청에 따라 소급적용을 부정하는 방안을 제시하기도 한다.[147]

(3) 금지착오원용설

금지착오원용설은 기본적으로 판례의 소급효를 긍정하면서, 다만 판례의 변경으로 인하여 형사처벌을 받게 되거나 가중된 형사처벌을 받게 되는 피고인을 고려하는 취지의 입장이다. 즉 이전의 판례를 신뢰하고 행위한 피고인은 자신의 행위가 위법하다는 점을 인식하지 못한 금지착오에 해당하고, 금지착오한 것에 대하여 정당한 이유가 있다고 보아 금지착오의 규정을 원용하자는 주장이다.[148]

53면. 독일의 경우 통설·판례의 입장이다(BVerfGE 18,224,240; Lackner/Kühl/Heger, § 1 Rn.4).

146 형법 제1조 제1항을 "범죄의 성립과 처벌은 행위시의 법률에 의한다. 대법원 전원합의체에 의하여 피고인에게 불리하게 종전의 판례를 변경하는 때에도 이 원칙이 준용된다."라고 개정하고, 제3항은 "재판확정후 법률의 변경 또는 대법원 전원합의체의 판례변경에 의하여 그 행위가 범죄를 구성하지 아니하는 때에는 형의 집행을 면제한다."라고 개정할 것을 제안하기도 한다(하태영, 피고인에게 불리한 판례변경과 소급효금지의 문제, 동아법학, 제38호(2006), 78면).

147 김성돈, 형법총론. 90~91면.

148 손동권/김재윤. 형법총론, 39면; 임웅, 형법총론, 31-32면; 천진호, 피고인에게 불리한 판례의 변경과 소급효금지원칙, 이재상교수화갑기념논문집(I), 2003, 19면; 허일태, 피고인에게 불

(4) 이분설

변경된 판례의 소급효를 인정할 수 있는가의 문제를 판례가 변경된 요인을 구분하여 차별적으로 취급하는 입장(이분설)이다. 이에 따르면 판례의 변경을 법적 견해의 변경으로 인한 판례변경과 객관적인 법상황의 변경에 기인한 판례변경을 구별한다.[149] 법적 견해의 변경으로 인한 판례변경의 경우에는 법관의 활동이 법률 밖에서의 자유로운 법발견 내지 법창조활동에 해당하여 소급적용이 금지되나, 법상황의 변경에 기인한 판례변경의 경우에는 법률 안에서 법해석 내지 법발견활동에 해당하여 소급적용이 문제되지 않아 소급효가 긍정된다고 한다.

2) 판례의 입장(소급효 긍정설)

판례는 "형사처벌의 근거가 되는 것은 법률이지 판례가 아니고, 형법 조항에 관한 판례의 변경은 그 법률조항의 내용을 확인하는 것에 지나지 아니하여 이로써 그 법률조항 자체가 변경된 것이라고 볼 수는 없으므로, 행위 당시의 판례에 의하면 처벌대상이 되지 아니하는 것으로 해석되었던 행위를 판례의 변경에 따라 확인된 내용의 형법 조항에 근거하여 처벌한다고 하여 그것이 헌법상 평등의 원칙과 형벌불소급의 원칙에 반한다고 할 수는 없다 할 것이다."[150]라고 하여 판례변경의 경우 소급효를 긍정하고 있다.

구 건축법 제57조의 양벌규정과 관련하여 이전의 판례는 동 규정을 행위자 처벌규정이라고 해석할 수 없는 것이므로 이 규정을 근거로 실제의 행위자를 처벌할 수 없다고 하였으나,[151] 본법의 양벌규정은 양벌규정에 의하여

리한 판례의 변경과 소급효금지원칙, 형사판례연구[9], 2001, 142면.

149 김일수/서보학, 형법총론, 45면; 김일수, 죄형법정원칙의 기능과 법원의 역할, 16면.

150 대법원 1999.9.17. 선고 97도3349 판결; 대법원 1999.7.15. 선고 95도2870 전원합의체 판결. 동일한 표현으로 판례의 소급효를 부정하는 헌법재판소의 입장은 헌재결 2014.5.29. 선고 2012헌바390, 2014헌바155(병합) 전원재판부.

151 대법원 1990.10.12. 선고 90도1219 판결; 1992.7.28. 선고 92도1163 판결; 1993.2.9. 선고 92

처벌할 수 있도록 한 행위자의 처벌규정임과 동시에 그 위반행위의 이익귀속주체인 업무주에 대한 처벌규정이라고 할 것이라고 변경하였다. 그리고 형사처벌의 근거가 되는 것은 법률이지 판례가 아니고, 구 건축법 제57조에 관한 판례의 변경은 그 법률조항의 내용을 확인하는 것에 지나지 아니하여 이로써 위 법률조항 자체가 변경된 것이라고 볼 수는 없으므로, 행위 당시의 판례에 의하면 처벌대상이 되지 아니하는 것으로 해석되었던 행위를 판례의 변경에 따라 확인된 내용의 위 법률조항에 근거하여 처벌한다고 하여 그것이 형벌불소급의 원칙에 반한다고 할 수는 없다고 하였다.[152]

이와 같이 판례를 변경하며 소급효를 적용하여 피고인에게 불리하게 변경된 판례를 해당 사건에 직접 적용하였다. 이에 따라 부부간에는 강간죄의 성립을 부정하여 왔던 이전의 판례[153]를 변경하여 부부 사이에도 강간죄의 성립을 인정한 판결을 그대로 적용하였다.[154] 또한 사기죄의 성립과 관련하여 처분행위가 인정되려면 피기망자에게 처분결과에 대한 인식이 있어야 한다는 기존의 판례[155]를 변경하여, 피기망자가 처분행위의 의미나 내용을 인식하지 못하였다고 하더라도 피기망자의 작위 또는 부작위가 직접 재산상 손해를 초래하는 재산적 처분행위로 평가되고, 이러한 작위 또는 부작위를 피기망자가 인식하고 한 것이라면 처분행위에 상응하는 처분의사는 인정된다. 다시 말하면 피기망자가 자신의 작위 또는 부작위에 따른 결과까지 인식하여야 처분의사를 인정할 수 있는 것은 아니라고 판단하였다.[156] 이에 따라 피고인이 토지의 소유자이자 매도인인 피해자 갑에게 토지거래허가 등에 필요한 서류라고 속여 근저당권설정계약서 등에 서명·날인하게 하고 인

도3207 판결.

152 대법원 1999.7.15. 선고 95도2870 전원합의체 판결.

153 대법원 1970.3.10. 선고 70도29 판결.

154 대법원 2013.5.16. 선고 2012도14788, 2012전도252 전원합의체 판결.

155 대법원 1987.10.26. 선고 87도1042 판결; 1999.7.9. 선고 99도1326 판결; 2011.4.14. 선고 2011도769 판결.

156 대법원 2017.2.16. 선고 2016도13362 전원합의체 판결.

감증명서를 교부받은 다음, 이를 이용하여 갑의 소유 토지에 피고인을 채무자로 한 근저당권을 을에게 설정하여 주고 돈을 차용하는 방법으로 재산상 이익을 취득하였다고 하여 기소된 사안에서 사기죄의 성립을 긍정하였다.

이에 반하여 대법원의 소수의견은 "대법원이 처벌법규의 해석을 통해 일정한 유형의 행위가 처벌의 대상이 되는지를 판단하면, 이러한 판단은 처벌법규와 어우러져 국민들이 준수할 행위 준칙으로서의 기능을 하게 된다. 특히 대법원이 특정 유형의 행위에 대하여 처벌의 대상이 아니라고 명시적인 견해를 밝힌 경우 그러한 판단을 신뢰하여 행동한 국민들은 법적으로 보호받아 마땅하다. 대법원이 확립된 판례를 통해 처벌의 대상이 아니라고 본 행위를 한 사람을 법령 개정 등의 사정변경 없이 처벌하는 것은 헌법상 형벌불소급의 원칙 및 평등의 원칙과 조화되기 어렵고, 대법원이 세워놓은 판단기준을 허물어 처벌의 영역을 확장하는 것은 국민들에게 행위준칙을 제공하는 역할을 포기하는 것과 다를 바 없다."[157]고 하여 판례의 소급효를 부정하고 있다.

3) 개인적 견해(소급효 긍정설)

판례는 법원의 재판의 형식 중의 하나인 판결이나 결정 그 자체가 아니라 특정한 재판에서 재판의 이유 중에 나타난 법원의 법률적 판단을 나타낸다. 이러한 법률적 판단으로서의 판례는 그 전제되는 사실을 고려하지 않고 일

157 대법원 2021.9.9. 선고 2017도19025 전원합의체 판결. 또한 동일한 취지로 판례의 소급효를 부정하는 것은 '대법원 1999.7.15. 선고 95도2870 전원합의체 판결'의 소수의견: "대법원의 소수의견은 종래 대법원판례가 구 건축법의 양벌규정이 행위자 처벌의 근거 규정이 될 수 없다고 일관되게 해석하여 옴으로써 국민의 법의식상 그러한 해석이 사실상 구속력이 있는 법률해석으로 자리잡게 되었다고 할 수 있음에도 불구하고 단지 다른 법률의 양벌규정과 해석을 같이 하려는 취지에서 국민에게 불이익한 방향으로 그 해석을 변경하고 그에 따라 종전 대법원판례들을 소급적으로 변경하려는 것은 형사법에서 국민에게 법적안정성과 예측가능성을 보장하기 위하여 소급입법 금지의 원칙을 선언하고 있는 헌법의 정신과도 상용될 수 없는 점 등에 비추어 구 건축법의 양벌규정 자체가 행위자 처벌의 근거 규정이 될 수는 없다."

반적 명제의 형태로 나타난다.[158] 그리고 이 명제는 이후의 사건을 재판함에 있어 선례가 되어 해당 명제를 원용하여 개별적·구체적 사건에 대한 판단을 내릴 수 있으며 이를 변경하여 새로운 명제로 대체할 수도 있고, 1개의 재판에서 1회만 표시된 법률적 판단도 판례라고 할 수 있다.[159]

대법원의 판례는 하급심을 사실상 기속하며, 특히 동일한 취지의 판례가 계속·반복되는 경우에는 해당 판례에 대한 수범자의 신뢰도 높아진다. 여기서 판례의 소급효를 긍정하는 경우에는 이러한 신뢰를 해치는 결과를 가져온다는 수범자의 신뢰보호를 위하여 판례의 경우에도 소급효를 부정하여야 한다고 볼 수도 있다.

그러나 헌법 제13조 제1항과 형법 제1조 제1항은 '법률'에 의한 소급효를 금지한다. 또한 형법의 연원과 관련하여 우리 형법에서 판례의 법원성이 인정되지 않는 점에서 판례는 일반적 구속력을 가지는 법률이 아니다. 더 나아가 법률에 대한 일반의 신뢰와 판례에 대한 신뢰가 동일한 정도라고 이해하기는 어렵다.[160] 다만 개별적인 사건에서 판례를 통하여 행위자가 가지고 있던 신뢰는 금지착오의 적용가능성을 통하여 보호받을 수 있다. 결국 판례의 변경은 유추해석이나 소급효 인정 등의 경우가 아닌 한 언제나 가능하고 허용되는 것으로서 소급입법과는 다르기 때문에 소급처벌 금지대상에 해당하지 않는다고 보아야 한다(소급효 긍정설).

---

158 예컨대 주거침입죄에서의 침입과 관련하여 "외부인이 공동거주자의 일부가 부재중에 주거 내에 현재하는 거주자의 현실적인 승낙을 받아 통상적인 출입방법에 따라 공동주거에 들어간 경우라면 그것이 부재중인 다른 거주자의 추정적 의사에 반하는 경우에도 주거침입죄가 성립하지 않는다"(대법원 2021.9.9. 선고 2020도12630 전원합의체 판결)라고 하여 명제적 형태로 표현한다.

159 김성돈, 판례의 의의와 판례변경판례의 소급효, 형사법연구, 제27권 제4호(2015), 95면; 최준혁, 지난 10년간(2011~2021) 대법원 형법판례의 변화; 총칙분야, 형사판례연구[31], 2023, 161면.

160 오영근, 죄형법정주의에 대한 대법원판례의 성과, 44면. 신뢰보호의 정도에 대하여 이를 구분하여 소급효를 논의하는 입장(김성돈, 판례의 의의와 판례변경판례의 소급효, 형사법연구, 제27권 제4호(2015), 107면 이하.

금지착오원용설은 소급효를 긍정한다는 전제에서 출발하여 행위시에 행위자는 판례에 의하면 자신의 행위가 처벌되지 않는다고 판단한 행위자의 신뢰를 보호할 필요가 있다는 점을 고려한 주장이다. 그러나 피고인이 판례를 신뢰한 것에 대하여는 개별사건에서 별도로 금지착오와 정당한 이유의 존재로 인하여 책임이 조각될 수 있는지의 여부가 문제되는 것이지 판례의 소급효에 대한 일반적 법리의 문제는 아니다. 따라서 금지착오원용설은 판례에 대하여 소급효금지원칙이 적용될 수 있는가에 대한 문제가 아니라, 소급효금지의 원칙이 적용되지 않으므로 소급효가 긍정된다는 전제하에, 해당 개별 사건에 대하여 금지착오를 인정하여 책임을 조각시킬 수도 있다는 취지의 주장이라고 보아야 한다. 이러한 해석에도 불구하고 금지착오원용설이 피고인에게 불리한 판례변경의 경우를 적절하게 해결하는 방안이라고 평가할 수 있는가에 대하여는 여전히 의문이다. 피고인들은 과연 이전의 판례의 입장을 인지하였는지 판례의 존부조차 인식하지 못하였는지, 이전 판례는 과연 일시적인 판례였는지 아니면 확고하고 지속적인 판례였는지 등 다양한 상황 변수들을 통하여 금지착오와 그에 대한 정당한 이유의 존부가 판단되어질 수 있을 것이다. 또한 일부에서는 행위자가 가지는 판례에 대한 신뢰와 인식은 형법 제16조의 금지착오에서 말하는 '법령'에 대한 착오에 해당하지 않으며, 행위 당시에 해당 행위는 '죄가 되지 않는 행위'에 해당한다고 할 수 있으므로 '죄가 되는 것으로 오인한 행위'에도 속하지 않는다고 하여 금지착오원용설을 비판한다.[161] 더 나아가 이전의 판례에 따라 단순 범죄로 처벌되었던 범죄가 가중하여 처벌되는 가중처벌 범죄로 판례가 변경되는 경우에는 금지착오원용설이 이를 해석하기가 용이하지 않다. 이러한 점에서 금지착오원용설은 변경된 판례가 소급효금지의 원칙이 적용되는가에 대한 일반적 법리문제가 아니라, 개별사건에서 범죄 성립여부에 대한 논이

161 김성돈, 형법총론, 91면.

과정에서 문제될 수 있는 사안에 불과하다.

이분설의 경우 판례변경이 법적 견해의 변경과 객관적 법상황의 변경을 구분하는 것은 한시법과 관련하여 이전 대법원 판례 입장인 동기설의 기준을 차용하는 것처럼 보인다. 그러나 이미 동기설이 폐기된 바와 같이 법적 견해의 변경과 법상황의 변경을 구분하는 것은 사실상 불가능하며, 판례를 변경한다는 것은 모두 이전까지 법원이 가지고 있던 법적 견해를 변경하는 것이다. 또한 법관의 활동은 법의 해석과 법발견에 그치며 법창조활동은 원칙적으로 허용되지 않는다는 점에서 이분설은 받아들이기 어렵다.

제5절 한시법과 추급효

I. 의의

한시법(限時法)이란 유효기간을 명시한 한시적 입법으로서 특별한 일시적 사정으로 인하여 임시적으로 제정된 법을 말한다(협의의 한시법). 이는 일정기간이 지나면 폐지될 법이므로 범죄 후 법이 폐지되었을 때 처벌을 할 수 있는지 여부가 문제된다. 이 밖에 유효기간을 정하지 않았지만 법령의 목적과 내용이 임시적인 성격을 지닌 법령을 포함하여 한시법(광의의 한시법 또는 임시법)이라고 보는 견해[162]도 있다. 그러나 한시법은 전자의 의미로 제한하는 것이 타당하다. 확정된 유효기간을 전제로 하는 것이 법률효력의 시간적 범위에 관한 불확실성을 해소할 수 있기 때문이다. 또한 추급효의 효력을 부인하는 경우에는 협의의 한시법과 광의의 한시법의 구별은 의미가 없다.

162 BGHSt 6,30,37; 18,12; Lackner/Kühl/Heger, § 2 Rn.8; Satzger, Jura 2006,746,750.

II. 효력

한시법의 유효기간이 경과하기 전에 범행을 한 경우에 유효기간이 경과한 다음에도 이를 처벌할 수 있는지 여부가 한시법의 효력, 즉 추급효(追及效)의 문제이다. 한시법의 효력에 관하여 형법이나 한시법 자체에 유효기간 중의 위법행위에 대하여 유효기간이 경과한 경우에도 추급효를 인정한다는 취지의 명시적인 규정이 있다면 문제가 되지 아니한다. 이에 관해서 형법이 명문규정을 두고 있지 않고 있으며,[163] 해당 한시법에도 이러한 취지의 규정이 없는 경우 문제가 된다.

1. 추급효긍정설

한시법의 유효기간 경과 후에도 한시법을 추급하여 적용하는 것을 인정하는 견해이다.[164] 이 견해는 한시법의 경우 추급효를 인정하는 다양한 근거를 제시한다. 첫째, 제1조 제2항을 적용하기 위하여 법률의 변경은 법률의 개정 내지는 폐지를 의미하나, 한시법의 실효는 유효기간을 정한 입법자의 의사가 변경없이 그대로 실현된 것에 불과하므로 범죄 후 법률의 변경에 해당하는 것이 아니라고 본다. 즉, 법령 자체가 명시적으로 예정한 유효기간의 경과에 따른 효력상실은 일반적인 법령의 개정이나 폐지 등과 같이 애초에 법령이 변경되었다고 보기 어렵고, 어떠한 형사법적 관점의 변화 내지 형사처벌에 관한 규범적 가치판단의 변경에 근거하였다고 볼 수도 없다는 것이다.[165] 둘째, 행위시에 존재한 행위의 불법성은 비록 법률이 효력을 상실하

163 독일 형법은 "일정기간에 한하여 유효한 법률이 실효한 경우에도 그 유효기간 중에 범한 범죄에 대하여는 이를 적용한다. 법률에 달리 규정하고 있는 경우에는 이를 적용하지 아니한다"(§2 Abs.4 StGB)라고 하여 한시법의 추급효를 명시적으로 인정하고 있다.

164 강구진, 형법의 시간적 적용범위에 관한 고찰, 권문택교수화갑기념논문집, 11면; 유기천, 형법학(총론강의), 37면.

165 대법원 2022.12.22. 선고 2020도16420 전원합의체 판결; 지은석, 형법 제1조 제2항에서 법률

였다고 하더라도 비난받아야 한다. 셋째, 추급효를 인정하지 않게 되면 한시법의 유효기간 종료가 가까워짐에 따라 위반행위가 급증하더라도 유효기간이 경과한 후 이를 사실상 처벌할 수 없게 된다. 법령의 유효기간 경과 후에 형사처벌 등의 제재가 유지되지 않는다면 유효기간 내에도 법령의 규범력과 실효성을 확보하기 어려울 것이므로 특별한 사정이 없는 한 유효기간 경과 전의 법령 위반행위는 유효기간 경과 후에도 그대로 처벌하려는 취지라고 보는 것이 합리적이라는 점에서 추급효를 인정하여야 한다는 입장이다.

2. 추급효부정설

이 견해는 추급효를 인정하지 않는 입장으로서[166] 형법이 행위자에게 유리한 법률변경의 경우에만 신법주의(재판시법주의)를 인정하고 있을 뿐(제1조 제2항), 행위자에게 불리한 한시법의 추급효를 인정하는 예외규정을 두고 있지 않은 점을 그 근거로 든다. 이에 따르면 법의 효력이 종료한 이후에도 행위시의 위반행위를 처벌한다는 예외규정이나 경과규정이 존재하는 경우에만 한시법의 추급효를 인정할 수 있다. 그러므로 재판시에는 유효기간의 경과로 효력을 상실한 한시법만 있을 뿐이므로 면소판결(형사소송법 제326조 제4호)을 선고하여야 한다고 보는 입장이다.

3. 제한적 동기설

한시법의 개념을 일시적 사실관계에 대처하기 위하여 유효기간이 정하여져 있는 법률에 국한하여 사용하고, 이 경우에는 한시법의 추급효를 인정

의 변경의 해석, 홍익법학, 제24권 제1호(2023), 219~220면.

166 통설: 김성돈, 형법총론, 107면; 박상기/전지연, 형법학, 27~281면; 신동운, 형법총론, 64면; 임웅, 형법총론, 83면.

하는 것이 타당하다는 견해이다.[167] 이것은 이전의 판례에서 한시법의 유형을 구분하지 않고 법적 견해의 변경인가 사회변화에 따른 사실관계의 변화로 인한 변경인가에 따라 구별하는 입장을 제한적으로 적용하여 한시법의 추급효를 긍정한 입장이다.[168] 그러나 동기설을 폐기한 새로운 판례의 입장에 따르면 법령이 개정 내지 폐지된 경우가 아니라, 스스로 유효기간을 구체적인 일자나 기간으로 특정하여 효력의 상실을 예정하고 있던 법령이 그 유효기간을 경과함으로써 더 이상 효력을 갖지 않게 된 경우 형법 제1조 제2항에서 말하는 법률의 변경에 해당한다고 볼 수 없다고 이해한다.[169] 따라서 한시법의 추급효와 관련하여 새로운 판례는 동기설이 아니라 형사법적 관점에 따라 추급효를 긍정하는 입장에 있다. 이러한 관점에서 본다면 이전의 동기설에서는 한시법의 추급효가 부정될 가능성이 존재하였으나, 새로운 판례는 한시법의 추급효가 일률적으로 긍정된다는 점에서 행위자에게 더 불리하게 작용하는 효과를 나타낸다.[170]

4. 결어

행위자에게 유리하게 형벌법규가 변경 내지 실효되었다는 점에서 보면 법령이 개정·폐지된 경우와 법령의 유효기간이 경과된 경우는 본질적으로

167 이재상/장영민/강동범, 형법총론, 47면.

168 대법원 2016.2.18. 선고 2015도18636 판결: "형법에서 정한 폭력범죄들에 대한 가중적 구성요건을 규정하고 있던 구 폭력행위처벌법 제2조 제1항을 삭제한 취지는, 그 가중적 구성요건의 표지인 상습적인 폭력행위가 가지는 일반적인 위험성을 고려하더라도 개별 범죄의 범행 경위, 구체적인 행위태양과 법익침해의 정도 등이 매우 다양함에도 불구하고 일률적으로 해당 범죄를 가중처벌하도록 한 종전의 조치가 부당하였거나 그 과형이 과중하다는 데에서 나온 반성적 조치라고 보아야 할 것이다. 따라서 이는 형법 제1조 제2항에서 정한 '범죄 후 법률의 변경에 의하여 그 행위가 범죄를 구성하지 아니하거나 형이 구법보다 경한 때'에 해당하므로, 위 규정에 따라 신법을 적용하여야 한다". 동일한 취지의 판결은 대법원 2010.3.11. 선고 2009도12930 판결; 대법원 2013.7.11. 선고 2013도4862, 2013전도101 판결.

169 대법원 2022.12.22. 선고 2020도16420 전원합의체 판결.

170 이승호, 형법 제1조 제2항의 적용 범위 문제, 69면.

차이가 없다.[171] 판례에서 말하는 '형사법적 관점의 변화'라는 측면에서 보면, 제1조 제2항이 존재함에도 불구하고 법령의 유효기간이 경과된 경우에도 추급효에 관한 명시적인 경과규정을 두지 않은 경우에는 원칙적으로 피고인을 더 이상 처벌하지 않겠다는 형사법적 관점이 반영된 것으로 볼 수도 있다.[172] 따라서 한시법의 경우 추급효를 인정하는 명시적인 규정이 없음에도 불구하고,[173] 제1조 제2항을 원천적으로 배제하는 추급효긍정설의 입장은 제1조 제2항의 명시적 규정에 반한다.

법률은 유효기간의 범위에서만 효력을 가지며, 특별한 규정이 없으면 폐지된 법률의 효력은 부정된다. 해당 법률이 처음부터 제한된 시간 내에서만 효력을 지니는 한시법이라는 특징을 가진다는 점을 고려하여야 한다고 볼 수 있으나, 이러한 고려는 경과규정 등을 통하여 해결할 수 있다.[174] 여기에서 적절한 경과규정이 누락되어 처벌의 공백이 발생할 수 있다는 현실적 고려는 사법의 영역이 아니라 입법의 영역이다. 오히려 한시법을 제정하면서 추급효를 인정하는 경과규정을 두지 않았다면 이는 입법의 흠결이 아니라 입법의 결정이다.[175]

---

171 위인규, 형법 제1조 제2항의 적용범위에 대한 고찰, 법학논총, 제44권 제2호(2024), 164면.

172 동일한 취지로 대법원 2022.12.22. 선고 2020도16420 전원합의체의 별개의견; 김일수, 죄형법정원칙의 기능과 법원의 역할, 18면.

173 독일 형법은 명시적으로 한시법의 경우 추급효를 인정하고 있다(§2 Abs.4 StGB).

174 다수의 한시법에서 유효기간 경과 후에도 벌칙규정을 적용한다는 경과규정을 두고 있다는 점에서, 한시법의 추급효가 인정된다면 한시법에서 경과규정을 별도로 둘 필요는 없다고 할 것이나, 경과규정을 별도로 둔 것은 한시법의 추급효를 부정하는 입법태도로 볼 수도 있다(위인규, 전게논문, 164면).

175 이승호, 형법 제1조 제2항의 적용 범위 문제, 70면.

제6절 백지형법

I. 의의

백지형법(白地刑法)이란 형벌의 종류와 한도만을 규정하고 구체적인 구성요건의 내용은 다른 법규에 위임하여 별도의 보충(보충규범 또는 충전규범)을 필요로 하는 형벌법규를 의미한다. 즉, 다른 형벌법규에 의하여 구성요건의 내용이 구체화 되지 않는 이상 적용이 불가능한 구성요건을 말하는 것이다. 예컨대 형법 제112조의 중립명령위반죄는 외국간의 교전에 있어 '중립에 관한 명령'에 위반한 경우에 성립하며, 여기에서 '중립에 관한 명령'이 구체적으로 무엇인지에 대하여는 외국간의 교전에서 대한민국 정부가 발하는 명령의 내용에 의하여 결정된다는 점에서 보충을 필요로 하는 규범이다. 백지형법은 구성요건의 내용이 전문적이거나 기술적인 내용을 포함할 경우에 불가피하게 관련 법규에 위임하여야 하기 때문에 발생한다.[176]

II. 백지형법의 시간적 적용범위

백지형법은 보충규범에 의하여 적용 여부가 결정되기 때문에 보충규범의 개폐는 곧 적용법조의 차이를 초래한다. 이에 따라 만일 백지형법의 보충규범이 개폐되어 재판시법에 의하면 처벌대상이 되지 않거나 형이 감경된 경우에 구법인 행위시법을 적용할 것인지 아니면 신법인 재판시법을 적용할 것인지 여부가 문제된다. 이는 보충규범의 개폐를 형법 제1조 제2항이 규정하고 있는 '법률의 변경'으로 볼 것인지 아니면 단순한 '법률의 내용' 변경으로 볼 것인지의 문제이다.

176 보충규범은 행정형법이나 경제형법의 영역과 같이 구체적이고 전문적인 내용을 다른 법률이나 명령 또는 고시와 같은 행정처분에도 위임하고 있다.

일부에서는 보충규범의 개폐를 구성요건의 내용 변경에 불과하다고 보아 형법 제1조 제1항에 의하여 행위시법을 적용하여야 한다고 이해한다(법률변경부정설).[177] 이에 반하여 다수의 견해는 보충규범의 개폐는 법률의 변경에 해당한다고 보아 형법 제1조 제2항을 적용하여야 한다고 본다(법률변경긍정설).[178] 이는 추급효를 부인하는 견해로서 보충규범이 변경되어 처벌대상에서 제외되면 면소판결을 하여야 한다고 본다. 또 다른 견해는 판례의 동기설과 같이 개폐된 보충규범의 내용 여하에 따라 행위시법이나 재판시법을 적용하여야 한다는 견해(동기설)이다.[179] 즉 구성요건 자체에 관한 변경인지(재판시법 적용) 아니면 사실면에서의 법규의 변경에 해당하는 것인지(행위시법 적용)에 따라 다르게 판단한다는 것이다.

백지형법이 보충규범의 충족을 필요로 하는 것은 행위의 특수성이나 상황의 가변성에서 비롯되는 것이다. 그리고 보충규범에 의하지 않고는 백지형법의 적용은 불가능하다. 그러므로 보충규범이 변경되는 것은 곧 법률의 변경에 해당한다고 보는 것이 타당하고(법률변경긍정설), 이러한 해석이 제1조 제2항의 정신과도 부합한다.

177 황산덕, 형법총론, 34~35면.

178 통설: 김성돈, 형법총론. 111면; 박상기/전지연, 형법학, 29면; 신동운, 형법총론, 66~67면; 오영근, 형법총론, 49면; 임웅, 형법총론, 84면.

179 이재상/장영민/강동범, 형법총론, 48면. 보충규범의 개폐가 구성요건 자체를 정하는 법규의 개폐에 해당하는 때에는 법률의 변경이 되지만 단순히 구성요건에 해당하는 사실면에 관한 법규의 변경에 해당하는 경우에는 법률의 변경에 해당하지 않는다는 견해는 손동권/김재윤, 형법총론, 53~54면.

제 2 편

형법의 지역적 적용범위

제1장 서론

형사사건이 발생한 경우 해당 형사사건에 대하여 자국의 형법을 적용하여 행위자를 처벌할 수 있는가 하는 문제를 보통 형법의 지역적 적용범위의 문제로 이해한다. 형법의 적용이 시간적으로 어느 시점부터 어느 시점까지의 행위에 형법이 적용되는가라는 문제를 형법의'시간적' 적용범위라고 표현한다. 이에 상응하게 어느 지역에서 발생한 범죄에 대하여 형법이 적용될 수 있는가의 문제를 일반적으로 '지역적' 또는 '장소적' 적용범위라고 표현한다.[1] 물론 이전에는 형법의 토지에 관한 효력 또는 공간적 효력범위라고 표현한 경우도 있으며,[2] 최근에는 '국제형법'(Internationales Strafrecht; Völkerstrafrecht)이라는 용어도 자주 사용되고 있다. 여기서 사용되는 국제형법이라는 표현은 독일에서는 Oehler의 연구[3] 이래로 아주 보편적으로 사용되어지는 용어이다.[4] 우리나라에서는 유기천 교수가 국제형법이라는 용어를 사용하였고,[5] 최근에는 국제형법이라는 용어가 자주 사용되고 있다.[6] 그러나 형법의 지역적 적용범위나 국제형법이라는 용어가 그 내용을 정확히 반영하여 표현하고 있는 것은 아니다.[7] 먼저 형법의 지역적 적용범

1 용어에 대하여는 김성규, 형법의 장소적 적용범위에 관한 규정의 내용과 한계, 형사법연구, 제18호(2002 겨울), 181면; 신동운, 형법총론, 71면; 정성근/박광민, 형법총론, 66면. 장소적 적용범위라는 용어의 부적절성에 대하여는 배종대, 형법총론, 92면 참조.

2 유기천, 형법학[총론강의], 32면.

3 Oehler, Internationales Strafrecht, 1.Aufl., 1973, 2.Aufl., 1983.

4 Kreß, Völkerstrafrecht und Weltrechtspflegeprinzip, ZStW 114(2002), 818; Satzger, Internationales und Europäisches Strafrecht, 9.Aufl., 2020; Werle, Völkerstrafrecht, 5.Aufl., 2020; Zieher, Das sog. internationale Strafrecht nach der Reform, 1977.

5 유기천, 형법학[총론강의], 32면.

6 예컨대 임웅, 형법총론, 85면; 조상제/천진호/류전철/이진국, 국제형법, 2011; 하태영, 국제형법: 세계주의의 도입여부, 형사법연구, 제22호(2004)).

7 비슷하게 박상기, 형법총론, 39면; 최준혁, 범죄지의 확정 및 그와 관련된 문제들, 법학연구, 제34권 제1호(2024), 519면.

위의 문제에서는 단지 어느 지역이나 장소만이 문제되는 것이 아니라 행위자의 국적이나 발생한 범죄의 보호법익과 같은 것도 문제되기 때문이다.[8] 또한 국제형법이라는 용어는 국제법의 한 분야로 이해하여, 국제형법을 인류 공동의 이익을 유지하기 위하여 보호되어야 할 법익을 침해하는 범죄행위를 규제하는 형벌법규로 이해할 수도 있다.[9] 이러한 의미에서 범죄가 발생한 경우 자국의 형법을 적용할 수 있느냐의 국내법적 문제를 '국제'형법으로 표현하는 것은 다소 부적절한 측면이 있다.[10] 이러한 용어상의 혼란을 피하기 위해 '형벌적용법'(Strafanwendungsrecht)이라는 용어를 사용하는 것도 좋을 듯 하다.[11]

형법의 지역적 적용범위에 대하여 우리 형법은 제2조에서 제6조까지에 이를 규정하고 있다. 그리고 이 규정들은 1953년 형법제정 당시 입법화된 이래 1991년 개정안과 2011년 개정안[12]이 제안되기는 하였으나 실제로 개정으로 이어진 경우는 없으며, 해당 조문들에 대한 논란과 개정을 위한 시도도 그다지 많지 아니하였다.[13] 다만 2011년 국제형사재판소의 관할범죄에 대하여 제한적 세계주의의 도입규정을 마련하였으며, 2013년에는 약취·유인 및 인신매매의 죄에 대하여 세계주의를 도입하는 규정을 마련하였다. 그

8 속인주의의 경우에는 행위자의 국적이, 보호주의의 경우에는 보호법익이 자국형법의 적용여부에 대한 기준이 된다.

9 김성천, 죄형법정주의와 국제형법상의 범죄구성요건, 중앙대학교 법학논문집, 제19집(1994), 217면.

10 이재상/장영민/강동범, 형법총론, 49면; 정성근/박광민, 형법총론, 56면.

11 Ambos, Internationales Strafrecht, S.1; Helmut Fuchs, S.44; Trechsel/Pieth, vor § 3/1; 김성규, 형법의 장소적 적용범위에 관한 규정의 내용과 한계, 형사법연구, 제18호(2002 겨울), 181면; 김성돈, 형법총론, 111면; 전지연, 형법의 지역적 적용범위에 관한 규정의 문제점과 개정방안에 관한 연구, 형사정책, 제24권 제1호(2012), 116면.

12 2011년의 개정안에는 형법의 지역적 적용범위에 관한 조문의 표제어를 속지주의, 속인주의, 보호주의 등으로 표기하고, 세계주의를 총칙편에 규정하는 개정안이었다(법무부, 형법(총칙) 일부개정법률안 제안이유서, 2011, 20~22면).

13 형법의 지역적 적용범위와 관련하여 그 동안 논란이 되었거나 개정안에서 문제 삼았던 영역은 폭발물이나 통화위조 등과 같은 특정 범죄에 대하여 세계주의를 도입할 것인가가 주요한 관심사였고, 그 밖의 문제는 거의 다루어지지 않았다.

러나 이러한 규정들은 기존의 형법의 적용범위에 관한 총칙의 일반규정이 아닌 각칙의 특정범죄의 조문이나 형사특별법을 통하여 세계주의를 적용한다는 취지로 해당 규정을 신설한 것이다.

이와 같이 형법의 적용범위 문제는 그 동안 형법개정의 대상과 학계에서의 논의대상에서 다소 벗어나 있었다. 그 이유는 남한의 입장에서 보면 지리적 국경이 휴전선이라는 군사적 완충지대였고, 이로 인하여 자동차나 기차와 같은 교통수단을 통하여 손쉽게 교류할 수 있는 상황이 아닌 관계로 형법의 적용이 거의 문제되지 않았기 때문이다.[14] 그러나 형법의 지역적 적용범위의 문제는 최근에 두 가지 관점에서 새로운 전기를 맞이하고 있다. 첫째는 국민들의 국가 간 이동이 확대되고, 물류나 정보의 국제적 거래가 폭발적으로 증가하였으며, 국가 간의 연합이나 결속 등으로 국가 간의 장벽이 해체되거나 완화됨에 따라 인신매매, 마약범죄, 무기밀매, 테러범죄 등의 전통적인 범죄들이 국제화되어 이에 대한 자국형법의 적용가능성과 적용필요성이 문제되었다. 둘째는 인터넷으로 표현되는 정보통신망의 구축으로 시공을 초월하는 새로운 범죄유형, 예컨대 사이버범죄나 모바일범죄들의 출현으로 형법의 지역적 적용범위를 새롭게 조명해 보는 계기가 마련되었다.

여기에서는 이러한 상황을 반영하여 우리 형법의 지역적 적용범위에 관한 규정들의 다양한 이론적 기초와 해석을 정리하고, 해당 규정들의 문제점을 지적하여 이를 개정하기 위한 새로운 개정방안을 마련하여 보고자 한다. 이를 위하여 본서에서 논의의 전개는 우선 형법의 지역적 적용범위에 관한 다양한 입법례를 설명한다. 특히 각국에서 취하고 있는 입법례인 속지주의, 속인주의, 보호주의, 세계주의, 형사대리처벌주의 등과 같은 지역적 적용범위의 입법방식과 그 법이론적 기초를 살펴본다. 그리고 우리나라의 형법은 이러한 입법례 중에서 어떠한 입법례를 취하고 있으며, 해당 입법례에 대한

14 최준혁, 범죄지의 확정 및 그와 관련된 문제들, 법학연구, 제34권 제1호(2024), 519면.

우리 형법 규정인 제2조에서부터 제7조까지의 내용을 전체적으로 살펴본다. 이어서 우리 형법의 지역적 적용범위에 관한 규정들이 가지고 있는 문제점들에 대하여 구체적으로 검토하여 본다. 여기에서는 특히 속지주의에서의 범죄지 확정과 기국주의의 문제점, 속인주의에서의 내국인의 시점과 절대적 속인주의의 문제점, 보호주의에서의 쌍방가벌성의 요구, 세계주의의 도입 필요성, 남북한의 특수한 상황에서 북한지역이나 북한주민에 대한 형법의 적용문제, 사이버범죄에서의 형법의 적용범위 문제, 외국에서 형을 집행받은 경우나 미결구금이 이루어진 경우 이에 대한 문제를 검토하고, 이를 개선하기 위한 개정방안을 마련하여 본다.

제2장 지역적 적용범위에 관한 입법방식

I. 속지주의

자기나라의 주권이 미치는 영역인 자국의 영역 내에서 발생한 모든 범죄에 대하여는 행위자나 피해자의 국적에 관계없이 자국의 형법을 적용한다는 원칙을 속지주의(Territorialitätsprinzip) 또는 영토주의(Gebietgrundsatz)라고 한다.[15] 속지주의는 오랜 기간 동안 거의 모든 나라에서 자국형법 적용의 준거로 사용되고 있다.

속지주의의 법이론적 기초는 자국형법은 자국의 주권이 미치는 영역 내에서 그 적용이 가능하다는 점에서 출발하고 있다. 그리고 자국의 주권이 미치는 범위로 자국의 형법의 적용을 제한하는 것은 부분적으로 타국의 주권

15 Ambos, Internationales Strafrecht, § 3 Rn.4(S.29f.).

에 대한 존중을 내포하고 있는 것이다.[16] 여기서 개별국가는 자국형법의 적용을 반드시 자국의 영토 내로만 국한하여야 하는 것은 아니고, 국제법적으로 승인되는 범위 내에서 그 적용범위를 확대할 수 있다. 예컨대 여기에 해당하는 대표적인 사건이 소위 로터스(Lotus)호 사건이다. 이 사건은 지중해의 공해상에서 프랑스 선박인 Lotus호가 선장의 과실로 인하여 튀르키예 국적의 선박과 충돌하여 선원 일부는 사망하고 다른 일부 선원은 구조되어 Lotus호에 승선하여 튀르키예의 영토인 이스탄불에 도착하여 이스탄불에서 선장은 튀르키예법에 따라 처벌된 사건이다.[17]

영향력원칙(Auswirkungsgrundsatz)은 이러한 속지주의의 확장의 하나의 방법이다. 즉 외국에서 실행된 행위가 내국에서 영향력을 미치는 경우에는 자국형법을 적용할 수 있도록 한다는 영향력원칙은 범죄지의 개념을 범죄를 행한 행위지뿐만 아니라 결과발생지도 포함하는 것으로 해석하여 속지주의를 확장하는 기능을 한다.[18]

공해상의 선박이나 항공기는 국적을 가진 국가의 배타적 관할권에 속한다는 국제법상의 원칙인 기국주의(Flaggenprinzip) 또한 공해상에서 자국의 선박이나 항공기 내에서 발생한 범죄에 자국의 형법을 적용하여 속지주의를 확장하는 방식이다.

II. 속인주의

자국의 영토가 아닌 국외에서 범죄가 발생하였을지라도 자국의 국민이 범행을 한 경우에는 자국의 형법을 적용하는 입장을 속인주의(Personalitätsprinzip)

16 Ambos, Internationales Strafrecht, §3 Rn.4(S.29f.).

17 Lotus호 사건에 대한 보다 상세한 설명은 Ambos, Internationales Strafrecht, §3 Rn.7(S.31).

18 Ambos, Internationales Strafrecht, §3 Rn.6; Valerius, Handbuch des Strafrechts, Bd.2, AT I, 2020, §31 Rn.18.

라고 한다. 일부에서는 속인주의를 적극적 속인주의(aktives Personalitätsprinzip)와 소극적 속인주의(passives Personalitätsprinzip)로 구별하여 표현하기도 한다. 여기서 적극적 속인주의는 자국민의 범죄에 대하여 형법을 적용하는 입장이고, 소극적 속인주의는 자국이나 자국민의 법익침해에 대하여 자국의 형법을 적용하는 입장이다.[19] 따라서 후자의 소극적 속인주의는 속인주의라는 용어보다는 보호주의라는 용어가 더 적절한 것으로 보이므로, 여기에서의 속인주의는 적극적 속인주의만을 의미한다. 이러한 의미에서 속인주의 입장에서 자국형법을 적용할 수 있는가의 여부는 범죄를 행한 자가 자국민인가의 여부에 달려 있다.[20]

속인주의는 국제법적 원칙인 자국 국민에 대한 '인적 주권'(Personalhoheit)의 원칙과 개별 국민의 모국의 법질서에 대한 기속에 기초하고 있으며,[21] 외국의 형법에서도 광범위하게 이 원칙이 채택되고 있다.[22] 속인주의 원칙이 특히 의미를 가지는 경우는 자국민이 국외에서 범죄를 범하고 귀국한 경우이다. 이 경우 일반적으로 자국민불인도원칙이 적용되어 해당 범죄인을 인도하지 아니하는 경우 자국의 형법으로 처벌함으로써 양국의 긴장을 해소할 수 있다. 그리고 속인주의는 자국의 인적 주권에 기초하므로 자국민이 해당 범죄로 인하여 범죄지 국가에서 이미 처벌을 받았다고 할지라도 자국에서의 처벌가능성은 여전히 존재한다.[23]

---

19 Ambos, Internationales Strafrecht, § 3 Rn.39, 69; Valerius, Handbuch des Strafrechts, Bd.2, AT I, 2020, § 31 Rn.21.

20 이러한 의미에서 속인주의를 국적주의라고 부르기도 한다.

21 Ambos, Internationales Strafrecht, § 3 Rn.39; Wessels/Beulke/Satzger, AT, 2/98.

22 Ambos, Internationales Strafrecht, § 3 Rn.39; Oehler, Internationales Strafrecht, S.468.

23 이에 따라 이미 외국에서 형을 집행 받은 경우와 관련하여 각국마다 다소 상이한 입장을 취하고 있다. 예컨대 일본의 경우에는 외국에서 받은 형을 필요적으로 고려하도록 하고 있으며(일본형법 제5조), 스위스의 경우에는 형을 집행 받은 경우 그 형을 면제하고, 일부만 집행 받은 경우에는 선고형에 이를 산입한다(스위스형법 제7조, 제5항). 구체적인 내용에 대하여는 아래의 제4장 제3절 "외국에서 집행 받은 형"의 부분을 참조.

III. 보호주의

보호주의(Schutzprinzip)는 범죄지나 행위자의 국적을 불문하고 자국 또는 자국민의 법익이 침해된 경우에는 자국형법을 적용한다는 원칙이다. 이 원칙은 속지주의나 속인주의에 포섭되지 않는 범죄행위에 대해 형법의 법익보호 기능을 보완하는 역할을 한다. 보호주의는 국가와 국가기관의 법익을 보호대상으로 하는 국가보호주의(Staatsschutzprinzip)와 자국민의 법익을 보호대상으로 하는 국민(개인)보호주의(Individualschutzprinzip)의 양자를 포함하고 있다. 이 중에 후자의 국민보호주의는 침해당하는 법익의 소유자가 지닌 국적에 따라서 결정된다는 점에서 앞에서 표현한 소극적 속인주의라고 부르기도 한다.

국가보호주의가 법리적으로 정당화되는 근거는 어떤 국가도 자신의 정치적 또는 군사적 주권에 대한 공격을 수수방관하는 국가는 없다는 사고에 기초하고 있다. 즉, 자국의 존립과 안전에 관한 국외의 범죄에 대하여 이를 범죄로 처벌하지 않는 경우에는 자국의 존립 의미가 없게 되므로 이를 자국형법을 통하여 보호하고자 하는 것이며, 이는 국제법적으로도 승인되어 있다.[24] 이에 반하여 개인보호주의의 법리적 기초는 국가보호주의보다 다소 약화된 보호가 요구된다. 왜냐하면 개인보호주의는 모국의 존립 여부와 관련되는 것이 아니라 본래 범죄가 수행되기 전에는 아무런 관련점이 없었던 국외의 범죄에 자국민의 법익이 침해되었다는 새로운 관점이 결부되어 있기 때문이다.

IV. 세계주의

범죄가 국외의 어디에서 발생하였는지, 또한 행위자나 피해자의 국적 여하를 불문하고 특정한 범죄의 경우에 자국 형법을 적용할 수 있다는 입장이

24 Ambos, Internationales Strafrecht, § 3 Rn.70.

세계주의(Weltrechtsprinzip; Universalitätsprinzip)이다. 세계주의에 기초하여 형사판결을 선고하는 국가는 대리형사사법주의(또는 대리처벌주의)와 같이 범죄지 국가를 대리하는 것이 아니라 독자적으로 자국의 형벌권을 행사하는 것이다.[25]

세계주의는 어떤 특정한 범죄를 처벌하는 국가는 해당 범죄의 실행이 단순한 법익을 침해하는 것이 아니라 '보편적으로 승인되는 특정한 법익'을 침해하였다는 점에 그 이론적 정당성이 존재하는 것이다. 문제는 '보편적으로 승인되는 특정한 법익'에 어떠한 법익이 여기에 해당하는가이다. 일반적으로는 국제법적인 조약들이나 국제관습법 또는 일반적으로 승인된 법원칙에 존재하는 보편적인 법익이 여기에 해당할 것이다. 이러한 의미에서 세계주의에 의하여 처벌의 대상이 되는 범죄는 우리 인간 공동의 가치체계를 근본에서부터 흔들어 놓기 때문에 범죄지 국가 뿐 아니라 범죄인의 국가나 피해자의 국가 그리고 더 나아가 국가공동체와 인류 전체에 관계된다. 따라서 근본적인 인권의 보호는 개별국가의 이익을 보호하는 것에 그치는 것이 아니라, 세계주의가 기초하고 있는 전체 국가 공동체의 이익을 보호하는 것이다. 구체적으로는 해적이나 인종학살, 인간성 말살에 대한 범죄, 항공기 테러나 인질범죄 등이 여기에 해당할 것이다.

다른 한편 세계주의가 '국내문제 불간섭원칙'을 침해하는 것은 아닌가 하는 문제가 제기된다. 그러나 일국이 세계주의의 범위내에서 자신의 형벌권을 외국에서의 범행에도 확대하는 것은 국가적 주권을 침해하는 것이 아니다.[26] 기본적인 인권에 대한 존중은 어떤 한 국가의 내적 문제가 아니라 모든 인류의 공통적인 문제이다. 모든 인류의 문제에 대하여는 국가적 주권이나 불가침권이 문제될 수 없기 때문이다.

25 전지연, 형법상 세계주의의 도입방안, 법학연구, 제21권 제4호, 2011, 308면; Ambos, Internationales Strafrecht, § 3 Rn.95.

26 Ambos, Internationales Strafrecht, § 3 Rn.96.

V. 기타 입법방식

1. 대리형사사법주의

대리형사사법주의(Grundsatz der stellvertretenden Strafrechtspflege) 또는 대리처벌주의는 범죄나 범죄인이 실질적으로는 외국과 보다 더 밀접한 관련이 있음에도 범죄인이 자국민이기 때문에 자국민불인도의 원칙이나 기타 사실상 또는 법률상의 이유로 범죄인을 인도하지 못하는 경우 자국이 그 외국을 대신하여 형법을 적용하여 처벌하는 원칙을 말한다.[27] 예를 들면 A국가에서 외국인 B가 A국의 국민을 살해한 다음 해당 외국인 B가 우리나라에 입국한 경우 대리형사사법주의를 취하고 있다면 B에 대하여 대한민국 형법을 적용하여 처벌할 수 있다는 것이다.[28]

독일형법은 제7조 제2항에서 "국외에서 행하여지는 기타의 범죄행위에 대해 행위지에서 그 범죄에 대한 처벌규정을 두고 있거나 또는 어떠한 형벌권이 미치지 않는 다음 각호의 1에 해당하는 경우에는 독일형법이 적용된다."라고 규정하고 있다. 그리고 여기서 어떠한 형벌권도 미치지 않는 경우의 예시로 "행위자가 행위 시에 외국인으로서 국내에서 체포되어 범죄의 유형에 따라 범죄인인도법에 의한 인도가 허용됨에도 불구하고 적절한 기간 내에 인도청구가 제기되지 않았거나, 거절되었거나 또는 인도의 이행이 불가능하여 인도되지 아니한 경우"[29]에는 독일형법이 적용되도록 하여 대리형

27 Ambos, Internationales Strafrecht, §3 Rn.117f.; SSW-Satzger, vor §3 Rn.5.

28 이상돈, 형법강론, 29면.

29 StGB § 7 Geltung für Auslandstaten in anderen Fällen
(2) Für andere Taten, die im Ausland begangen werden, gilt das deutsche Strafrecht, wenn die Tat am Tatort mit Strafe bedroht ist oder der Tatort keiner Strafgewalt unterliegt und wenn der Täer
1. zur Zeit der Tat Deutscher war oder es nach der Tat geworden ist oder
2. zur Zeit der Tat Ausläder war, im Inland betroffen und, obwohl das Auslieferungsgesetz seine Auslieferung nach der Art der Tat zuließ, nicht ausgeliefert wird, weil ein Auslieferungsersuchen innerhalb angemessener

사사법주의를 긍정하고 있다.[30]

우리나라의 경우 범죄인 인도법에서 범죄인이 대한민국 국민인 경우 임의적 인도거절사유로 규정하고 있으므로 자국민불인도 원칙을 인정하고 있다. 따라서 국외에서 범죄를 행한 후 우리나라의 국적을 취득한 경우 또는 우리나라에 체류하고 있는 외국인의 경우 이를 불인도하는 대신에 해당 범죄인을 대리형사사법주의를 채택하여 우리 형법으로 처벌하는 것도 검토해 볼 만하다.

2. 권한배분주의

권한배분주의(Kompetenzverteilungsprinzip)는 재판관할의 적극적인 충돌을 피할 목적과 같은 합목적성의 관점에 따라 관할 규정에 대한 국가 간의 합의에 기초하여 형법을 적용하는 원칙을 말한다. 일부 문헌에서는 이러한 권한배분주의를 형법적용의 독자적인 원칙으로 인정하고 있으며,[31] 거소주의(Domizilprinzip)[32] 역시 권한배분주의의 하나의 측면이라고 파악한다.[33]

그러나 권한배분주의는 두 가지 이유에서 문제가 될 수 있다.[34] 먼저 형벌권행사가 가능한지를 검토하는 과정에서 권한배분주의는 형법적용의 준거점과 관할충돌의 해결이라는 두 단계가 불필요하게 섞여 있다는 점이다. 다

Frist nicht gestellt oder abgelehnt wird oder die Auslieferung nicht ausfürbar ist.

30 오스트리아형법 역시 대리형사사법주의를 적용하고 있다(오스트리아형법 제65조 제1항). 이에 대하여는 Leukauf/Steininger, §65 Rn.1. 참조.

31 Oehler, Internationales Strafrecht, Rn.137; Satzger, Internationales und Europäisches Strafrecht, §4 Rn.18; LK/Werle/Jeßberger, vor §3 Rn.274.

32 범죄인이 자국의 국적을 소지한 경우 자국형법을 적용한다는 적극적 속인주의와 유사하게, 범죄인이 현재 자국에 거소를 둔 경우에 자국형법을 적용한다는 원칙을 말하며, 법인의 경우에는 법인 사무소의 소재지가 자국에 존재하는 경우 자국형법을 적용할 수 있다는 소재주의(Sitzprinzip)도 이와 유사한 입장이다.

33 조상제/천진호/류전철/이진국, 국제형법, 24면.

34 Ambos, Internationales Strafrecht, §3 Rn.130.

른 한편으로는 이중 형사소추나 이중처벌을 피하기 위하여 형법적 관할을 범죄자의 현재지나 단순한 합목적성의 고려와 관련시키는 국가 사이의 합의를 형법적용의 '원칙' 또는 '주의'로 포섭하는 것은 잘못된 생각이다. 왜냐하면 이와 같은 국가 간의 합의에서는 형벌적용법의 의미에서 준거점을 통하여 국가형벌권을 일방적으로 확장하는 것과 국가형벌권을 합법화시키는 것이 문제되는 것이 아니라, 양 국가간의 형사사법 부분의 협력을 증진하고 관할의 충돌을 피하는 것을 목적으로 하는 국제계약적인 권한규정이 문제되는 것이다. 따라서 권한배분주의는 형법적용의 준거점에 해당하는 기본원칙이라고 이해하기 보다는 기본원칙에 따라 자국형법이 적용되는 경우 타 국가와의 관할 충돌이나 합목적성의 취지에서 타 국가와의 협약을 통하여 자국형법의 적용을 제한하는 방식이다. 그리고 이러한 협약은 국가 간에 있어서 형법적용의 관할 충돌이 발생할 가능성이 크다는 점에서 관할 충돌을 해결함에 있어 매우 바람직한 방안이기는 하다.

제3장 형법의 지역적 적용범위

제1절 지역적 적용범위에 관한 형법의 규정

I. 기본원칙

형법의 지역적 적용범위와 관련하여 우리 형법은 제2조에서부터 제7조까지 다수의 조문을 두고 있다. 여기서 제2조는 속지주의를, 제3조는 속인주의를, 제4조는 대한민국 국적의 선박 또는 항공기에 대한 속지주의의 확장을, 제5조와 제6조는 보호주의를, 그리고 제7조는 외국에서 받은 형에 대한 집행을 규정하고 있다. 그리고 형법각칙의 제31장에 규정된 약취·유인 및 인신매매의 죄의 경우에는 제296조의2에 따라 세계주의를 채택하고 있다. 따라서 이 규정들로부터 우리 형법은 속지주의, 속인주의, 보호주의, 세계주의를 취하고 있다는 점에 대하여는 의문이 없다.

이와 같이 형법이 다양한 원칙들을 인정하고 있기 때문에 이 중에서 어느 원칙이 기본원칙인가에 대하여 논란이 될 수 있다. 연혁적인 측면에서 본다면 형법의 적용은 '국가에 대한 국민의 충성의무'가 바탕이 된 속인주의가 기본원칙이라고 할 수 있다.[35] 이에 반하여 일부에서는 속지주의가 기본원칙이며, 속인주의와 보호주의, 세계주의가 보충원칙이라고 해석하기도 한다.[36]

물론 이와 같은 논의의 결과가 특정 범죄에 대하여 우리 형법을 적용할 수 있는가의 문제에 대하여 차이를 나타내지는 않는다. 따라서 구체적 사건에서의 논의 실익은 크지 않으나, 적용범위의 규정들을 개정하거나 새로운 원칙을 입법하는 경우 형법의 적용범위를 어떠한 구조로 편성할 것인가에 대하여는 의미가 있다. 국가가 가지는 영토고권의 불가침성이나 형법의 적용범위에 관한 형법규정의 배열 순서 그리고 구체적 내용을[37] 고려한다면 우리 형법은 속지주의를 원칙으로 하여 속인주의, 보호주의, 세계주의를 가미하였다고 볼 수 있을 것이다.[38]

---

35 Wessels/Beulke, Strafrecht, AT, 2/68.

36 임웅, 형법총론, 87면.

37 형법 제2조의 속지주의는 대한민국영역 내에서 죄를 범한 내국인과 외국인에게 적용하고, 제3조의 속인주의는 대한민국영역 외에서 죄를 범한 내국인에게 적용하도록 규정하고 있다는 점에서, 내국인이 국내에서 죄를 범한 경우 형법을 적용하는 것은 속인주의가 아니라 속지주의에 따른 것이다.

38 북한형법은 공민원칙, 영역원칙, 현실원칙의 순으로 형법의 적용범위를 규정하고 있으며 그 내용에 있어서도 공민원칙을 기본으로 하고 있다. 북한형법의 적용범위와 관련하여 상세히는 아래의 "제4장 제1절 남북한 사이의 형법 적용"의 부분을 참조.

II. 지역적 적용범위 규정의 법적 성격

형법 제2조부터 제6조까지에 기술된 형법의 적용범위에 관한 규정들은 실체형법의 일부라는 점은 다수가 동의하며, 이에 따라 여기에도 형법 제1조의 시간적 적용범위나 죄형법정주의와 같은 형법의 일반원칙들이 적용되어야 한다.[39] 여기에서 더 나아가 본 규정들이 법적 구성요건에 속하는 것인지 아니면 객관적 처벌조건에 해당하는지에 대하여는 논란이 있다. 즉, 적용범위에 관한 규정의 법적 성격을 어떻게 이해하는가에 따라 고의의 인식대상에 포함되는지의 여부가 문제되는 것이다.

다수의 견해는 형법의 적용범위 문제는 불법구성요건의 검토 이전에 전제조건으로 객관적 처벌조건에 해당한다는 점에서 고의의 인식대상이 아니라는 입장이다.[40] 이에 반하여 일부에서는 형법의 적용범위 역시 불법구성요건의 내용이라는 점에서 이를 인식하여야 한다는 입장이다.[41] 형법의 적용범위에서 '대한민국영역내에서 죄를 범한'과 같은 경우 대한민국 영역이라는 부분은 수행하는 범죄의 불법을 근거지우는 특성을 가진다는 점에서 고의의 인식대상으로 평가할 수 있다. 이에 반하여 '행위지 동일규범 요구'에서 동일규범의 존재는 고의의 인식대상에 포함된다고 볼 수 없다. 따라서 형법의 적용범위에서 다루어지고 있는 요소에 따라 고의의 인식대상인지 개별적으로 판단하여야 할 것이다.[42]

---

39 독일의 통설: Fischer, vor § 3 Rn.30; Lackner/Kühl/Heger, § 3 Rn.10.

40 Ambos, Internationales Strafrecht, § 1 Rn.9; Fischer, vor § 3 Rn.30; Satzger, Jura 2010, 111; BGHSt 27,30,34.

41 NK/Böse, vor § 3 Rn.52; Pawlik, FS-Schroeder, S.361,373.

42 LK/Werle/Jeßberger, vor § 3 Rn.472ff.

제2절 속지주의(국내범)

I. 의의

형법 제2조는 '국내범'이라는 표제 하에 "본법은 대한민국영역 내에서 죄를 범한 내국인과 외국인에게 적용한다."라고 규정하여 속지주의를 채택하고 있다. 판례 역시 형법의 적용범위에 관하여 속지주의 원칙을 채택하고 있다는 점에 동의한다.[43] 그리고 여기서 '대한민국 영역 내'라는 의미는 대한민국 영토 내에서라는 의미이다. 영토에 대하여 우리 헌법은 명시적으로 한반도와 그 부속도서 전체를 대한민국 영토로 규정하고 있다.[44]

대한민국 영역 내에서 죄를 범한 한에서는 내국인이 죄를 범한 경우뿐만 아니라 외국인이 죄를 범한 경우에도 대한민국의 형법을 적용할 수 있다. 여기서 외국인의 경우 모국에서 해당 행위를 처벌하는지 불처벌 하는지에 관계없이 우리 형법을 적용하여 처벌할 수 있다. 이러한 의미에서 간통죄를 처벌하던 시기에[45] 대법원은 간통죄를 처벌하지 아니하는 국가의 국적을 가진 외국인 부부의 일방이 국내에서 간통을 행한 경우 우리 형법을 적용하여 처벌할 수 있다고 판단하였다. 즉 대법원은 "형법 제2조는 형법의 적용범위에 관하여 속지주의 원칙을 채택하고 있는바, 대한민국 영역 내에서 배우자 있는 자가 간통한 이상, 그 간통죄를 범한 자의 배우자가 간통죄를 처벌하지 아니하는 국가의 국적을 가진 외국인이라 하더라도 간통행위자의 간통죄 성립에는 아무런 영향이 없고, 그 외국인 배우자는 형사소송법의 규정에

43 대법원 1986.6.24. 선고 86도403(미문화원사건).

44 헌법 제3조: "대한민국의 영토는 한반도와 그 부속도서로 한다."

45 헌법재판소는 2015.2.26. 재판관 7:2의 의견으로, 간통 및 상간행위에 대하여 2년 이하의 징역에 처하도록 규정한 형법 제241조가 헌법에 위반된다는 결정(헌재결 2015.02.26., 2011헌가31 전원재판부)을 선고하였다. 따라서 간통죄의 규정은 본 판결선고와 동시에 효력을 잃었다.

따른 고소권이 있다"[46]고 하여 속지주의를 적용하여 우리 형법이 적용될 수 있다고 판결하였다.

II. 속지주의의 법리적 토대

속지주의는 영토주의 또는 영역주의라고도 말하며 범죄지를 형법적용의 준거점으로 삼는다. 여기서 속지주의가 인정되는 근거는 영토주권이다. 즉 범죄지의 국가는 자국의 주권이 미치는 영역 내에서 발생한 모든 범죄에 대하여 영토주권을 행사하여 이를 처벌할 수 있다는 것이다. 따라서 속지주의는 범죄지국가의 내적 주권의 표현이며, 여기서 행위자나 피해자의 국적이 어디인가 또는 침해된 법익의 소유자가 누구인가는 문제되지 않는다.[47] 속지주의는 범죄지국가의 영토 내에서의 범죄에 대하여 형사법적으로 대응하는 수단이라는 의미에서, 동 원칙은 형사정책적으로 매우 큰 의미가 있으며 국제법적으로도 승인되어 있다. 이러한 국제법적 승인은 비교법적 조사나 국제적인 자료조사를 통하여도 쉽게 확인될 수 있다. 즉 영미법계와 대륙법계에서의 법규정에서 뿐만 아니라 국제형사재판 실무에서도 속지주의는 오래전부터 형법적용의 출발점이었다.[48] 이와 같이 형법적용의 기본으로 인정되는 속지주의가 가지는 가장 큰 장점은 형벌권을 현실적인 주권영역인 영토로 제한함으로서 처음부터 국가 간의 충돌을 배제할 수 있다는 점이다.

물론 속지주의의 채택이 어떤 한 국가의 형법이 그 적용범위를 확대하는 것을 포기한다는 것을 의미하는 것은 아니다. 즉 속지주의를 취할 지라도 자국형법의 적용범위를 자국영토로만 국한함을 의미하는 것은 아니며 경우에 따라서는 그 적용범위를 확대할 수 있다. 이와 같은 적용범위의 확대가능성

---

46 대법원 2008.12.11. 선고 2008도3656 판결.

47 Ambos, Internationales Strafrecht, §3 Rn.4f.; LK/Werle/Jeßberger, vor §3 Rn.222; Schönke/Schröder/Eser/Weißer, vor §3 Rn.17.

48 Ambos, Internationales Strafrecht, §3 Rn.4f.

은 이미 국제법적으로도 승인되고, 오래전에 내려진 국제형법상의 중요판결 중 하나인 Lotus사건[49]에 대한 판결도 이를 확인시켜 주고 있다. Lotus사건의 개요는 다음과 같다[50]: 1926년 8월 26일 자정 직전에 지중해의 공해상에서 프랑스의 우편선 Lotus호와 튀르키예의 석탄운반선인 Boz Kourt호가 충돌하였다. 충돌원인은 Lotus호의 선장인 Demons의 항법상의 실수가 그 원인이었다. 이 충돌사고로 인하여 Lotus호는 상대적으로 경미한 손상만 입었으나 Boz Kourt호는 두 동강이 난 채로 침몰하였다. 이로 인해 튀르키예국적의 선원 8명이 사망하고, 10명의 선원들은 구조되어 Lotus호의 갑판에 승선하여 이스탄불로 향하였다. 이스탄불에 도착하여 Lotus호의 선장 Demons는 체포되어, 튀르키예법원으로부터 80일의 구금형과 벌금형을 선고받았다. 이에 대하여 프랑스정부는 Demons에 대한 튀르키예법원의 판결은 국제법을 위반한 것이라고 주장하며 튀르키예를 국제사법재판소에 제소하였다. 여기서 국제사법재판소는 "형법의 영토는 국제법상의 절대적인 원칙은 아니며, 또한 영토주권과 일치하여야 하는 것도 아니다. 그래서 거의 모든 입법들은 영토외부에서 일어난 가벌적인 행위들로 그 적용범위를 확대할 수 있다."[51] 라고 하여 튀르키예법원의 결정을 정당한 것으로 인정하였다.

이와 같이 속지주의 범위 내에서 영토의 범위나 영토개념을 확대하는 등의 방식을 통하여 형법의 적용범위를 확장할 수 있다.[52] 예를 들면 기국주의나 영향력원칙(Auswirkungsgrundsatz; effects principle)이 이와 같은 속

49 이 사건에 대한 쟁점과 문제점들에 대하여는 Ambos, Internationales Strafrecht, §3 Rn.6; 조상제/천진호/류전철/이진국, 국제형법, 13-16면 참조.

50 Ambos, Internationales Strafrecht, §3 Rn.7.을 참조함.

51 StIGHE 5, 71, 91 f.(StIGHE: Entscheidungen des Ständigen Internationalen Gerichtshof, 국제사법재판소 판결)

52 일부에서는 영토와 전혀 관계없는 새로운 요소, 예컨대 적극적 속인주의의 의미에서 행위자의 국적이나 소극적 속인주의의 의미에서 피해자의 국적과 같이 영토와 관계없이 국적을 관련시키는 방식을 속지주의의 확장방식으로 인정하기도 한다(Ambos, Internationales Strafrecht, §3 Rn.24). 이는 엄격히 말하면 속지주의가 아니라 새로운 형법적용의 원칙으로 보아야 한다.

지주의의 확장에 포함될 수 있을 것이다.

영향력원칙에 따르면 외국에서 실행된 행위가 국내에 영향력을 미치고, 그래서 형법적으로 말하자면 범죄의 실현에 요구되는 구성요건요소가 국내에서 실현되어, 특히 본래의 범행결과가 국내에서 발생한다는 것을 기초로 형벌권은 영토적으로 근거 지워질 수 있다. 전형적인 경우가 국경 너머로 고의로 총격을 가하는 경우와 같이 행위지와 결과발생지가 서로 일치하지 않는 범죄인 소위 이격범(Distanzdelikt)의 경우이다. 영향력원칙은 영토국가로서 결과발생지의 국가의 재판관할권을 기초지울 수 있는 것이다. 따라서 영향력원칙은 속지주의의 하위 경우라기보다는 속지주의의 확장으로 이해될 수 있다.[53]

이와 같은 영향력원칙은 Lotus사건에서 튀르키예의 관할을 인정하는 데 이용되어졌다.[54] 그러나 동 원칙의 적용은 Lotus사건과 같이 고의범이 아닌 과실에 의하여 결과를 야기하는 경우에는 생각해 볼 필요가 있다. 왜냐하면 일반적으로 주의의무를 위반하여 과실로 행위하는 자는 자신의 행동이 영향을 미칠 것이라는 점을 인식하지 못한다. 따라서 이와 같은 경우에 그 범행은 행위지의 법에 따라서 뿐만 아니라 결과발생지의 법에 따라서도 처벌되어야 한다(이중적 쌍방 처벌 필요성).[55]

---

53 Ambos, Internationales Strafrecht, §3 Rn.6. 이와 달리 Doehring, Völkerrecht, Rn.823은 영향력원칙을 넓은 의미에서 보호주의에 위치시키고 있다.

54 Lotus 사건에서 국제사법재판소는 튀르키예승무원의 사망이 튀르키예의 선박 내에서 발생하였다는 점을 인정하여 이는 튀르키예의 영토 내에서 결과가 발생한 것과 동일하다는 차원에서 튀르키예의 관할을 인정하였다(StIGHE 5, 71, 104f.).

55 결론에서는 동일한 것은 Kunig/Uerpmann, Jura 1994, 193. 다만 이들은 잘못하여 결과발생지의 법에 따른 처벌 대신에 범죄지의 법에 따른 처벌을 요구하고 있다. 그러나 사실 행위지와 결과발생지는 모두 법적으로 범죄지이며 두 곳 모두에서 이중적으로 동일한 처벌이 문제되는 것이다.

III. 입법례

일본형법은 제1조에서 '국내범'이라는 제목하에 "1. 이 법은 일본 국내에서 죄를 범한 모든 자에게 적용한다."라고 규정하여 우리나라의 형법과 동일한 제목으로, 그 내용에서도 유사하게 규정하고 있다. 여기에서 일본의 통설·판례[56]는 국내범의 경우 행위와 결과가 구성요건요소에 해당하므로 구성요건 해당 사실의 일부인 행위나 결과 중 하나라도 국내에서 발생하면 국내범으로 보는 입장(편재설)을 채택하고 있다. 따라서 행위지, 결과지, 중간영향지(미사일의 통과지점 등) 중 하나라도 일본 국내인 한 일본형법이 적용된다.

독일형법은 속지주의와 관련하여 비교적 상세하게 규정하고 있다. 즉, 독일형법 제3조(국내범에 대한 적용범위)는 "독일형법은 국내에서 범하여진 범죄에 대해 적용된다."라고 속지주의에 대한 일반적 내용을 규정하고, 여기서 더 나아가 범죄지의 확정과 관련하여 상세한 내용을 규정하고 있다. 즉 범죄의 장소인 범죄지는 "범죄는 정범이 행위를 하였거나 또는 부작위범의 경우에는 행위를 하였어야 하는 장소 또는 구성요건에 해당하는 결과가 발생하였거나 또는 행위자의 의사에 따라 결과가 발생하였어야 할 장소에서 행하여진 것이다(Abs.1). 공범의 범죄는 범죄가 행하여진 본범의 장소뿐만 아니라 공범이 행위한 장소 또는 부작위범의 경우에는 행위를 하였어야 할 장소나 공범의 의사에 따라 본범이 행해서야 하는 장소에서 행하여진 것이다. 국외범에 대한 공범이 국내에서 행위한 경우에는 그 행위가 행위지법에 의하여 처벌되지 않는 경우에도 공범에 대해 독일형법이 적용된다.(Abs.2)."(§9 StGB).

---

56 松原芳博, 刑法總論, 543면; 大判 明治 44年 6月 16日 刑録 17輯 1202頁.

IV. 속지주의(국내법)의 성립요건

1. 대한민국영역

1) '대한민국 영역 내'의 개념

대한민국 형법은 제2조에서 규정한 속지주의에 따라 '대한민국 영역 내에서 죄를 범한' 외국인과 내국인에게 적용된다. 일반적으로 영역 내지 국내개념은 외국의 개념과 상호 배제하는 관계에 있다. 예컨대 공해나 우주공간과 같이 어떠한 형벌권에도 속하지 않는 영역은 외국 또는 대한민국 영역 외에 속한다. 그리고 여기서 대한민국 영역 내라는 의미는 범죄지가 대한민국 영토이어야 한다는 의미이다. 영토는 국가가 원칙적으로 배타적인 국가권력을 행사할 수 있는 장소적 한계공간으로 국가법이 적용되는 공간적 범위를 의미하면서 통치권의 물적 대상을 의미한다.[57] 형법은 대한민국의 영역이나 영토에 대하여 아무런 정의 규정도 두고 있지 않다. 이와 같은 영토에 대하여 우리 헌법은 "대한민국의 영토는 한반도와 그 부속도서로 한다"(헌법 제3조)고 규정함으로써 대한민국의 영토를 명시적으로 한반도와 그 부속도서 전체로 선언하고 있다. 따라서 한반도와 그 부속도서 그리고 이를 포함하는 영해와 영공을 대한민국의 영역이라고 볼 수 있으며, 이 영역 내에서 죄를 범한 경우 우리 형법을 적용한다.

2) 북한지역

문제는 북한지역에서 발생한 범죄에 대하여 본조를 적용하여 우리 형법으로 처벌할 수 있는가이다. 즉, 북한지역도 본조에서 말하는 '대한민국 영역 내

57 그리고 이러한 공간에 대한 국가권력을 보통 영토고권 또는 영역권이라고도 한다.

에서 죄를 범한'에서 말하는 대한민국 영역 내에 포함되는가이다.[58]

(1) 적극설

이 견해는 북한지역에서 발생한 범죄도 남한의 형법을 적용하여 처벌할 수 있다는 입장으로, 주로 헌법 제3조의 영토조항을 그 근거로 제시한다. 즉, 제3조의 영토조항에 따라 북한지역도 대한민국 영토에 속하는 것으로 본다. 따라서 북한지역에서 발생한 범죄도 우리 형법이 적용되며, 해당 범죄인이 남한주민이든 북한주민이든 나아가 외국인이든 관계없이 우리 형법이 적용된다고 본다.[59]

대법원은 오래전 북한지역도 대한민국 영토의 일부이므로 당연히 남한형법의 적용대상 지역이지만, 단지 그곳에 재판권이 미치지 못할 뿐이라는 입장을 취하였다.[60] 또한 캐나다 국적의 피고인이 북한의 지령을 받고 국내에 잠입하여 활동하던 중 그 목적수행을 위하여 김포공항에서 대한항공 편으로 북경으로 출국 후 북경에서 평양으로 들어간 사건에서도, 피고인이 캐나다 국적의 외국인이라고 하더라도 형법 제2조, 제4조에 의하여 대한민국의 형벌법규가 적용되어야 할 것이고, 형법 제5조, 제6조에 정한 외국인의 국외범 문제로 다룰 것은 아니라고 판시하였다.[61]

(2) 소극설

북한지역은 현실적으로 남한의 통치권이 미치지 못하므로 남한형법이 적용되지 않고 적용될 가능성도 없기 때문에, 본조의 '대한민국 영역 내'라고

58 남북한 사이의 형법적용 문제에 대하여 상세히는 아래 "제4장 제1절 남북한 사이의 형법 적용"을 참조.

59 이재상/장영민/강동범, 형법총론, 50면; 정성근/박광민, 형법총론, 68면.

60 대법원 1957.9.20. 선고 4290형상228 판결.

61 대법원 1997.11.20. 선고 97도2021 판결(전원합의체).

할 수 없다는 입장이다.[62]

대법원의 일부 판례는 소극설에 가까운 입장을 취하였다. 대법원은 반공법 제5조 소정 반국가단체나 국외의 공산계열의 구성원 또는 그 지령을 받은 자와 통신 기타 연락을 한 자는 대한민국의 통치권이 실지로 미치는 영역에서 한 자임은 물론 우리나라 국민인 이상 제3국에서 그와 같은 행위를 하는 자를 가리키는 것으로 보았다. 따라서 외국인이 대한민국의 통치권이 행사되는 지역이 아닌 일본에서 소련을 거쳐 '반국가단체의 지배하에 있는 지역'(북한지역)으로 들어가고, 일본 기타 제3국에서 반국가단체의 구성원과 통신 기타 연락을 하거나 반국가단체를 이롭게 한 행위는 외국인의 국외범에 해당하여 반공법을 적용하여 처벌할 근거가 없다고 판단하였다.[63]

(3) 차별화설

북한지역에서 우리 형법이 적용될 수 있는가의 문제는 우리 헌법상 북한의 법적 지위를 어떻게 설정하는가에 달려 있다.[64] 우리 헌법상 북한은 국제법적으로 특수한 지위를 가지고 있으며, 국내법적으로는 이중적 지위를 가지고 있다고 해석된다.[65] 국내법적으로 남북한 관계에서 북한이 이중적 지위를 지니고 있다는 것은, 한편으로는 북한이 현실적으로 정치적 이념과 체제에 의하여 북한을 규범적으로 수용할 수 없는 대상이라는 지위와 다른 한편

---

62 김일수/서보학, 형법총론, 34면; 박상기, 형법총론, 39면; 배종대, 형법총론, 92면; 손동권/김재윤, 형법총론, 58면; 신동운, 형법총론, 73면.

63 대법원 1976.5.11. 선고 76도720 판결.

64 북한의 법적 지위에 관한 판례로는 대법원 2004.11.12. 선고 2004도4044; 대법원 2004.8.30. 선고 2004도3212; 대법원 2003.5.13. 선고 2003도604; 대법원 1999.12.28. 선고 99도4027; 대법원 1999.10.8. 선고 99도2437; 대법원 1998.7.28. 선고 98도1395; 헌재결 2005.6.30. 2005헌바114; 헌재결 2003.5.15. 2000헌마66; 헌재결 2000.7.20. 98헌바63; 헌재결 1997.1.16. 92헌바6, 26 및 93헌바34, 35. 등.

65 이와 같은 남북한의 법률관계를 이중적 지위를 통하여 설명하는 것은 이효원, 통일법의 이해, 91면 이하; 장기석, 실무상 제기되는 남북 형사법충돌문제, 남북교류협력법제 연구(III), 2009, 391-392면 참조.

으로는 남북한의 평화통일을 위하여 북한은 교류협력을 지향하면서 협력할 대상이라는 이중적 지위를 가진다는 것이다. 이에 따라 북한이 반국가단체로서 활동하는 규범 영역에서는 헌법 제3조와 국가보안법 등 국내법이 적용되고,[66] 남북교류협력 등 그에 부합되는 활동을 하면서 평화통일을 위한 대화와 협력의 동반자로서 활동하는 규범 영역에서는 북한의 실체를 규범적으로도 인정할 수 있다는 것이다.[67]

대법원은 "북한은 조국의 평화적 통일을 위한 대화와 협력의 동반자이나 동시에 남·북한 관계의 변화에도 불구하고, 적화통일노선을 고수하면서 우리의 자유민주주의 체제를 전복하고자 획책하는 반국가단체라는 성격도 아울러 가지고 있고, 반국가단체 등을 규율하는 국가보안법의 규범력이 상실되었다고 볼 수는 없다"[68]고 판단하는 점에서 차별화설에 서 있다고 볼 수 있다.

(4) 개인적 견해(차별화설)

헌법 제3조는 대한민국의 영토를 한반도와 그 부속도서로 규범적으로 확정하고 있다. 다른 한편 헌법 제4조에서 지적하는 바와 같이 대한민국은 평화통일을 지향하며, 이를 위하여 남북한 사이의 평화를 위한 남북한의 협력과 교류를 위한 정책을 수행하고 있다. 이러한 점에서 남한과 북한의 관계는 특수한 이중적 지위를 인정할 수 있다. 따라서 북한지역에서 발생하는 형사

---

66 이와 같은 취지에서 앞의 대법원 전원합의체의 판결(대법원 1997.11.20. 선고 97도2021 판결)인 국가보안법 사건의 경우 북한을 남한 영토의 일부로 파악하는 해석은 결론에서는 여기에서의 차별화설과 일치한다.

67 여기에서 내국인과 외국인을 구별하여 한국인의 경우 북한지역은 국내이므로 국내형법을 적용하고, 외국인의 경우 북한지역이 대한민국의 통치권이 실제로 미치지 않고 있다는 점을 고려하여 외국으로 취급하는 견해(이상돈, 형법강론, 30면)도 있다.

68 대법원 1992.8.14. 선고 92도1211 판결; 대법원 1999.12.28. 선고 99도4027 판결; 대법원 2003.5.13. 선고 2003도604 판결; 대법원 2003.9.23. 선고 2001도4328 판결; 대법원 2008.4.17. 선고 2003도758 판결(전원합의체).

사건에 대하여 남한형법의 속지주의에 근거하여 처벌할 수 있는가는 해당 범죄가 북한과의 협력을 위한 교류과정에서 발생하였는가 아니면 남북한 사이의 협력 교류와 관계없이 발생하였는가에 따라 달라질 것이다.

북한지역에서 발생한 국가보안법 위반사건이나 일반적 형사사건에 해당하는 범죄는 본조에 따라 남한형법을 적용할 수 있다. 이에 반해 개성공업지구나 금강산관광지구에서의 범죄는 남북한 교류과정에서 일어난 범죄로 판단되는 경우 남한입장에서는 외국 지역에 준하여 취급하게 되고, 개성공업지구나 금강산관광지구에서 남한주민이 범죄를 저지르거나 하는 경우에도 해당 범죄가 정치이념이나 체제에 관련한 범죄가 아닌 한에는 '범죄지'에 해당하지 않기 때문에 본조는 적용되지 아니한다.[69]

3) 외교공관

대한민국의 영역 내와 관련하여 소위 치외법권 지역을 대한민국 영역 내로 볼 것인가가 문제된다. 서울에 있는 미국문화원내에서 대한민국 대학생이 죄를 범한 사건과 관련하여 대법원은 "재판권의 장소적 효력에 관하여 형법 제2조는 "본법은 대한민국의 영역 내에서 죄를 범한 내국인과 외국인에게 적용한다"고 규정하여 속지주의를 채택하는 한편 같은 법 제3조에 "본법은 대한민국의 영역 외에서 죄를 범한 내국인에게 적용한다"고 규정함으로써 속인주의도 아울러 채택하고 있다. 따라서 설사 논지가 주장하는 바와 같이 국제협정이나 관행에 의하여 서울에 있는 미국문화원이 치외법권 지역이고 그곳을 미국영토의 연장으로 본다 하더라도 그곳에서 죄를 범한 피고인들에 대하여 우리 법원에 먼저 공소가 제기되고 미국이 자국의 재판권을 지금까지도 주장하지 않고 있는 바에야 속인주의를 함께 채택하고 있는 우리나라의 재판권은 피고인들에게도 당연히 미친다 할 것이다. 또 미국문화

69 그럼에도 불구하고 남한주민이 동 지역에서 범죄를 범한 경우에는 속인주의는 적용된다.

원측이 피고인들에 대한 처벌을 바라지 않았다고 하여 그 재판권이 배제되는 것도 아니다. 논지는 이유없다."[70]고 판단하였다.

일부에서는 이와 동일한 취지로 치외법권의 개념은 부정하더라도 원칙적으로 우리나라의 통치권 내지는 재판권이 미치지 않는 지역의 개념은 여전히 긍정되어야 하며, 여기서 재판권의 개념은 넓은 의미에서 형법의 적용범위와 관계되는 것으로 보아야 하는 것으로 이해한다. 이에 따라 우리나라에 소재한 외국의 대사관이나 영사관 내에서의 범죄에 대하여는 속지주의가 적용되지 않는 것으로 파악한다.[71]

그러나 이러한 해석은 소위 치외법권 지역에 대한 잘못된 해석에 기초하고 있다.[72] 엄밀히 말하면 치외법권(治外法權) 지역은 존재하지 않으며 외국의 대사관이나 기타 관련 기관에 대하여 주재국의 법이 적용되나 외교상의 관례에 따라 해당 기관의 담당자들에 대하여 외교면제의 특권을 부여하고 있는 것이다.[73] 따라서 중국인이 중국 북경시에 소재한 대한민국 영사관 내에서 여권신청서류 1부를 위조한 경우 "중국 북경시에 소재한 대한민국 영사관 내부는 여전히 중국의 영토에 속할 뿐 이를 대한민국의 영토로서 그 영역에 해당한다고 볼 수 없을 뿐 아니라. . ."[74]라고 이해하여 속지주의의 적용을 배제한 판례의 입장은 타당하다.

더 나아가 대한민국 영역 외에 있는 대한민국의 선박 또는 항공기 내에서 발생한 범죄의 경우에도 기국주의를 채택하여 대한민국의 형법을 적용한다. 이는 대한민국의 선박 또는 항공기 내를 대한민국의 영토와 동일시하여 영

---

70 대법원 1986.6.24. 선고 86도403 판결. 이에 대한 평석은 신양균, 외교공관에서의 범죄행위에 대한 재판권, 형사판례연구[2], 1994, 1면 이하 참조.

71 손동권/김재윤, 형법총론, 59면.

72 동일한 지적으로 신양균, 외교공관에서의 범죄행위에 대한 재판권, 형사판례연구[2], 1994, 10~12면; 오영근, 형법총론, 52면.

73 이상돈, 형법강론, 30면.

74 대법원 2006.9.22. 선고 2006도5010 판결.

토의 범위를 확장한 것이다.[75]

2. 범죄지의 확정

1) 범죄지 일반

형법이 적용되는 '대한민국 영역 내에서 죄를 범한' 경우에서 '죄를 범한' 곳이 대한민국 영역 내라는 의미는 범행장소인 '범죄지' 또는 '범행지'가 대한민국 영역 내라고 해석한다는 점에서는 학설[76]과 판례[77] 모두 일치한다. 그리고 범죄지가 대한민국 영역인 한에 범죄인이 내국인이든 외국인이든 대한민국의 형법을 적용함에 있어 문제되지 아니한다. 따라서 간통죄를 처벌하던 구 형법에 따르면[78] 대한민국 영역 내에서 배우자 있는 자가 간통한 이상, 그 간통죄를 범한 자의 배우자가 간통죄를 처벌하지 아니하는 국가의 국적을 가진 외국인이라 하더라도 간통행위자의 간통죄 성립에는 아무런 영향이 없고, 그 외국인 배우자는 형사소송법의 규정에 따른 고소권이 있다.[79]

문제는 범죄지가 구체적으로 무엇을 의미하는가에 대하여 우리 형법상으로는 입법적인 정의나 설명은 존재하지 않는다.[80] 그러나 범죄의 출현형태도 다양하고, 범죄의 종류나 범행의 단계 역시 단순하지 않으며, 다수인이 참가하는 경우도 있으므로 범죄지를 확정하는 것이 그리 단순한 작업은 아니다.

범죄의 구성요건사실이 모두 국내에서 이루어진 경우에는 범죄지의 결정

---

75 기국주의에 대하여 상세히는 아래의 "IV. 기국주의" 부분을 참조.

76 조상제/천진호/류전철/이진국, 국제형법, 33면.

77 대법원 1998.11.27. 선고 98도2734 판결.

78 구 형법은 제241조에서 간통죄를 친고죄로 하여 처벌하도록 하였다. 그러나 간통죄 규정은 2015년 헌법재판소에서 위헌결정(헌재결 2015.2.26. 선고 2009헌바17 등)이 내려지고, 이에 따라 형법에서 삭제되었다.

79 대법원 2008.12.11. 선고 2008도3656 판결.

80 독일(§9), 오스트리아(§67), 스위스(Art.8) 등 다수의 국가가 형법에서 범죄지의 개념을 명시하고 있으나, 우리나라와 일본형법은 그에 대한 명문의 규정이 없다.

에 아무런 문제도 없다. 문제는 구성요건사실의 일부는 국내에 행해지고 일부는 국외에서 행해진 경우이다. 예컨대 범죄를 실행하는 행위지는 국내이나 범죄의 결과가 발생하는 곳이 외국이거나, 반대로 실행행위지는 외국인데 범행의 결과발생지가 국내인 경우이다.[81] 이와 같이 행위지와 결과발생지가 다른 장소에서 일어나는 경우를 보통 이격범(Distanzdelikte)이라고 하며,[82] 그 중에서 위의 사례와 같이 행위지와 결과발생지가 국내와 국외로 나누어지는 경우를 국제적 이격범(Internationale Distanzdelikte)이라고 한다.[83] 여기서 속지주의를 적용하여 처벌하기 위하여는 범죄지를 확정하여야 하며, 이를 위해 그 기준이 필요하다.

범죄지의 확정과 관련해서는 오래전부터 ① 범죄의 실행행위를 하는 곳을 범죄지로 보는 입장(행위지설; Tätigkeitstheorie),[84] ② 범죄의 결과가 발생하는 장소를 범죄지로 보는 입장(결과지설; Erfolgstheorie),[85] ③ 범죄의 실행행위를 하는 곳이나 결과가 발생하는 장소뿐만 아니라 범죄의 중간현상이 일어나는 모든 곳을 범죄지로 인정하는 입장(복합지설, 편재설; Ubiquitätstheorie)[86]이 존재하였다.[87]

범죄지의 해석에 대한 다양한 입장에 대하여 다수의 국가들은 이를 입법적으로 해결하여 범죄지의 개념을 명문화하고 있다.

독일형법은 제9조에 '범죄지'(Ort der Tat)라는 표제 하에 명문으로 '행위자가 행위한 장소나 부작위범의 경우 행위 하였어야만 했던 장소 또는 구성

---

81 여기에서의 실행행위는 다수의 행위가 결합한 결합범이나 연속범, 계속범 등 단일한 범행의 일부 행위가 이루어진 장소도 실행행위지로 범죄지에 포함된다(Lackner/Kühl/Heger, §9 Rn.2; BGH NStZ 2016,414).

82 Schönke/Schröder/Eser/Weißer, §9 Rn.3.

83 Schönke/Schröder/Eser/Weißer, §9 Rn.12ff.

84 Frank, Das Strafgesetzbuch für das Deutsche Reich, 18.Aufl., 1931, § 3 Anm. IV 3.

85 v. Liszt, Lehrbuch des deutschen Strafrechts, 10.Aufl., 1900, 116면.

86 Oehler, Internationales Strafrecht, S.206ff.

87 범죄지의 확정과 관련한 역사적 논의과정에 대해서는 최준혁, 범죄지의 확정 및 그와 관련된 문제들, 법학연구, 제34권 제1호(2024), 526~528면 참조.

요건적 결과가 발생한 장소나 행위자의 표상에 따라 구성요건적 결과가 발생했을 것으로 예상되는 장소'를 범죄지로 규정하여 복합지설을 따르고 있다.[88] 그리고 제2항에서는 공범의 경우 범죄지에 대한 내용까지 비교적 상세하게 규정하고 있다.[89]

스위스형법 역시 독일과 비슷하게 범죄지의 개념에 대하여 "중죄와 경죄는 행위자가 동죄를 실행하거나 또는 의무에 위반하여 부작위한 곳 그리고 결과가 발생한 곳에서 범해진 것으로 본다."(제8조 제1항)고 규정하고 있으며, 미수의 경우에는 "미수는 행위자가 실행에 착수하고 본인의 생각에 따라 결과가 발생했을 장소에서 범해진 것으로 본다."(동조 제2항)고 하여[90] 마찬가지로 복합지설을 택하고 있다.[91]

일본형법은 제1조에서 '국내범'이라는 제목하에 "1. 이 법은 일본 국내에서 죄를 범한 모든 자에게 적용한다."라고 규정하여 우리나라의 형법과 동일

---

88 따라서 독일에서 범죄지에 대한 행위지설이나 결과발생지설 등의 논의는 법역사적인 의미만 가지고 있다. 과거의 학설논의에 대한 개괄적인 설명은 Jescheck/Weigend, Lehrbuch, AT, § 18IV1.

89 § 9 Ort der Tat
(1) Eine Tat ist an jedem Ort begangen, an dem der Täter gehandelt hat oder im Falle des Unterlassens hätte handeln müssen oder an dem der zum Tatbestand gehörende Erfolg eingetreten ist oder nach der Vorstellung des Täters eintreten sollte.
(2) Die Teilnahme ist sowohl an dem Ort begangen, an dem die Tat begangen ist, als auch an jedem Ort, an dem der Teilnehmer gehandelt hat oder im Falle des Unterlassens hätte handeln müssen oder an dem nach seiner Vorstellung die Tat begangen werden sollte. Hat der Teilnehmer an einer Auslandstat im Inland gehandelt, so gilt für die Teilnahme das deutsche Strafrecht, auch wenn die Tat nach dem Recht des Tatorts nicht mit Strafe bedroht ist.

90 Art. 8 Begehungsort
1 Ein Verbrechen oder Vergehen gilt als da begangen, wo der Täter es ausführt oder pflichtwidrig untätig bleibt, und da, wo der Erfolg eingetreten ist.
2 Der Versuch gilt als da begangen, wo der Täter ihn ausführt, und da, wo nach seiner Vorstellung der Erfolg hätte eintreten sollen.

91 Stratenwerth/Wohlers, Schweizerisches Strafgesetzbuch, Handkommentar, Art.8 Rn.1.

한 제목으로, 그 내용에서도 유사하게 규정하고 있다. 여기에서 일본의 통설·판례[92]는 국내범의 경우 행위와 결과가 구성요건요소에 해당하므로 구성요건 해당 사실의 일부인 행위나 결과 중 하나라도 국내에서 발생하면 국내범으로 보는 입장(편재설)을 채택하고 있다. 따라서 행위지, 결과지, 중간영향지(미사일의 통과지점 등) 중 하나라도 일본 국내인 한 일본형법이 적용된다.

그 밖에도 프랑스,[93] 오스트리아,[94] 중국[95]의 경우에도 편재설(복합지설)을 입법적으로 규정하고 있다는 점에서, 많은 국가들이 범죄지의 개념을 명문화하고 있으며, 범죄지의 개념에서도 복합지설을 채택하고 있음을 알 수 있다.

그러나 우리 형법상 범죄지에 대한 명문의 개념규정은 존재하지 않는다.[96] 따라서 일부의 견해에서는 범죄지를 '실행행위를 한 장소'만을 의미하며, 범행의 중간현상이나 결과가 발생한 장소는 포함되지 않는다고 주장하기도 한다.[97] 그러나 형법 제2조는 명문으로 대한민국 영역 내에서 '죄를 범한'이라고 표현하고 있으므로 이를 실행행위지라고 제한할 이유가 없으며, 오히려 구성요건요소로서의 주요내용인 결과를 고려하여야 할 것이다. 따라서 범죄지는 실행행위 뿐만 아니라 결과의 어느 것이든 대한민국 영역 내에서 발생하면 충분하다고 보는 편재설이 타당하다.[98] 판례의 경우에도 "형법

---

92 松原芳博, 刑法總論, 543면; 大判 明治 44年 6月 16日 刑録 17輯 1202頁.

93 프랑스형법 제113-2조(속지주의) 제2항: "범죄 구성사실 중의 일부가 프랑스 영토 내에서 발생한 경우에는 프랑스 영토 내에서 범죄가 행하여진 것으로 간주한다."

94 오스트리아형법 제67조 제2항: "행위자가 행위하였거나 행위하였어야 할 장소 또는 구성요건에 해당하는 결과의 전부 또는 일부가 발생하였거나 행위자의 표상에 따르면 발생하였을 장소에서 범죄가 수행된 것이다."

95 중국형법 제6조 제3항: "범죄행위 또는 결과가 중화인민공화국의 영역 내에서 발생한 것이 있는 경우에는 중화인민공화국의 영역 내에서 죄를 범한 것으로 본다."

96 명문의 규정이 없다는 점은 일본형법과 동일하다.

97 정성근/박광민, 형법총론, 2003, 83면. 최근의 개정판에서는 범죄지에 관한 개념을 복합지설로 변경하였다(정성근/박광민, 형법총론(전정3판), 2020, 68면).

98 통설: 권오걸, 형법총론, 56면; 김일수/서보학, 형법총론, 34면; 박상기, 형법총론, 42면; 배종대, 형법총론, 92면; 신동운, 형법총론, 73면; 이상돈, 형법강의, 52면; 이영란, 형법학(총론강

제2조의 범죄지라 함은 범죄구성사실(행위와 결과)의 전부 또는 일부가 영역 내에서 범하여지기만 하면 된다고 볼 것”[99]이라고 판시하여 명시적으로 편재설의 입장을 취하고 있다.[100]

따라서 예컨대 중국인 갑이 북경에 있으면서 서울에 머무르고 있는 일본인 친구 을을 살해할 의도로 편지 폭탄(letter bomb)을 을에게 보내어 서울에서 을이 이를 개봉하다가 폭발하여 사망한 경우 실행행위지의 의미에서 범죄지는 중국이나 결과발생지는 대한민국 영역 내이므로 우리 형법을 적용할 수 있다. 또한 외국인이 대한민국 공무원에게 알선한다는 명목으로 금품을 수수하는 행위가 대한민국 영역 내에서 이루어진 경우, 비록 금품수수의 명목이 된 알선행위를 하는 장소가 대한민국 영역 외라 하더라도 대한민국 영역 내에서 죄를 범한 것(변호사법위반)이라고 보아 대한민국 형법을 적용하여야 한다.[101]

이와 같이 편재설의 입장을 취하는 경우에는 범죄지의 개념이 확대되어 우리 형법의 적용범위가 확장되어 결과지와 중간결과발생지의 문제는 해결될 수 있다. 그럼에도 불구하고 다음과 같은 다양한 범죄유형의 경우에는 범죄지의 확정에서 문제가 발생할 수 있다.

2) 미수·예비의 경우

미수범의 경우 범죄의 실행행위를 한 장소가 범죄지라는 점에는 의문이 없다. 그러나 미수범의 경우에는 구성요건적 결과가 발생하지는 않았지만

의), 55면; 이재상/장영민/강동범, 형법총론, 50면; 이형국/김혜경, 형법총론, 72면; 임웅, 형법총론, 87면; 주석형법/김대휘, 총칙1, 87면. 편재설을 취하면서 중간결과발생지나 중간기착지의 경우 범죄지를 부정하는 입장은 성낙현, 형법총론, 45면. 독일의 경우에도 편재설이 통설·판례의 입장임(Lackner/Kühl/Heger, §9 Rn.2; BGHSt 44,52; 51,29,31).

99 대법원 1998.11.27. 선고 98도2734 판결.

100 대법원 2020.7.9. 선고 2018도5519 판결.

101 대법원 2000. 4. 21. 선고 99도3403 판결.

결과가 발생하리라고 예상되었던 장소 역시 범죄지로 고려된다.[102] 따라서 예컨대 국내에 있는 일본인 을을 살해할 목적으로 중국에서 중국인 갑이 편지폭탄을 우송하였으나 중간에 편지가 분실된 경우나 배달되기는 하였으나 폭탄이 기능을 하지 않아 아무런 일도 발생하지 않은 경우에도 갑에게 우리 형법을 적용하여 처벌할 수 있다.

문제는 예비·음모행위를 한 장소 역시 본 범죄의 범죄지로 볼 수 있는가이다. 우리 대법원은 공모공동정범의 경우 공모지도 범죄지로 인정하고 있다. 즉 외국인인 피고인이 서울 강남의 한 호텔 커피숍에서 내국인 피고인들과 공모한 후, 공모한 바에 따라 홍콩 소재 호텔에서 홍콩인으로부터 히로뽕 3kg을 미화 24,000달러에 매수한 사건에서, 형법 제2조를 적용함에 있어서 공모공동정범의 경우 공모지도 범죄지로 보아야 할 것이라는 이유로 외국인을 형법 제2조의 국내범으로 보고 있다.[103]

그러나 이와 같은 대법원의 입장에는 동의하기 어렵다. 예비·음모의 경우에는 미수범과 같이 결과발생의 위험성이 야기되었다고 볼 수 없고, 또한 실행의 착수 이전이므로 예비·음모행위의 실행행위성을 인정할 수 없다. 따라서 예비지와 음모지는 본 범죄와 관련해서는 범죄지에 포함되지 않으므로 속지주의에 따른 형법적용은 부정된다고 해석하는 것이 타당하다. 이러한 의미에서 전술한 히로뽕사건에서 "형법 제2조의 범죄지라 함은 범죄구성사실(행위와 결과)의 전부 또는 일부가 영역 내에서 범하여지기만 하면 된다고 볼 것이고, ... 다만 이때의 행위라 함은 범죄의사가 외부적으로 표현된 상태로서 주관적·내부적인 의사와 객관적·외부적인 표현(동작)을 그 요소로 하는 것으로서 단지 범죄행위를 공모한 것만으로는 행위가 있다고 볼 수

---

102 BGHSt 44,54, Satzger, Das deutsche Strafanwendungsrecht(§§3ff. StGB) – Teil 1, Jura 2010, 112; Schönke/Schröder/Eser/Weißer, §9 Rn.9.

103 대법원 1998.11.27. 선고 98도2734 판결. 이에 동의하는 입장은 신동운, 형법총론, 74면; 정성근/박광민, 형법총론, 68면.

없고, 그 공모가 범죄행위의 일부를 이루는 것이라고는 볼 수 없으므로 결국 공모가 국내에서 행하여졌다는 것은 범죄구성사실이 국내에서 이루어진 것으로는 볼 수 없다"[104]는 이유로 외국인 피고인의 경우 외국인의 국외범에 해당한다고 판단한 원심의 판단이 적절하다. 이와 같이 예비지나 음모지는 범죄지에 해당하지 않기 때문에 외국인이 국내에서 살인을 모의한 후 모의한 대로 외국에서 살해행위를 하여 결과를 발생시킨 경우 속지주의에 따라 우리 형법을 적용하여 살인죄로 처벌할 수는 없다(살인예비·음모죄는 처벌 가능). 또한 외국인이 국내에서 강간을 준비하고 이를 국외에서 실현한 경우에 강간죄의 예비지는 국내이나 이는 범죄지에 해당하지 않기 때문에 속지주의에 의한 형법의 적용은 부정된다.[105]

다만 예비·음모행위 자체가 형법에 의하여 독립적으로 처벌되는 경우에는 해당 예비·음모범죄의 실행행위를 자국 영토 내에서 행한 것이므로 범죄지에 해당한다고 볼 것이다.[106] 따라서 외국인 갑과 을이 외국인을 살해하기로 국내에서 공모한 다음 공모한 바에 따라 국외에서 피해자를 살해한 경우 대한민국은 살인죄(미수 포함)의 범죄지에 해당하지 않는다. 그러나 음모지가 국내이므로 살인예비·음모죄의 범죄지에 해당하므로 대한민국 형법 규정인 살인음모죄를 적용할 수 있다.

3) 부작위범의 경우

작위범의 경우 행위지와 결과발생지가 범죄지로 인정되는 것과 마찬가지

---

104 서울고판 1998.8.11, 98노1316.

105 전지연, 형법의 적용범위에서 속지주의의 준거점으로서 범죄지, 법학연구, 제20권 제3호(2010), 49면 이하. 동일한 입장은 김성규, 형법의 장소적 적용범위에 관한 규정의 내용과 한계, 형사법연구, 제18호(2002 겨울), 193면; 김성천/김형준, 형법총론, 55-56면; 박정근, 범죄의 국제화추세와 형법의 장소적 적용범위, 법학논문집, 중앙대학교 법학연구소, 제16집(1991), 64면; Lackner/Kühl/Heger, §9 Rn.2; BGH StV 2019,601. .

106 BGHSt 39,88,89; Fischer, §9 Rn.3; MK-Ambos/Ruegenberg, §9 Rn.9.

로 부작위범의 경우에도 행위지와 결과발생지가 범죄지로 고려될 수 있다.

첫째, 부작위범에서 범죄지로서 행위지의 확정에 대하여는 다소 논란이 있다. 일부에서는 부작위범에서의 행위지는 해당 부작위범이 구성요건적 결과발생을 방지할 행위를 하였어야만 하는 장소인 결과발생방지지만 행위지에 해당하는 것으로 이해하거나[107] 또는 부작위하는 동안에 행위자가 체류하였던 장소인 체류지만 행위지에 해당하는 것으로 이해[108]하기도 한다. 그러나 부작위범의 행위지는 결과발생방지지 뿐만 아니라 체류지 역시 행위지에 해당한다.[109]

둘째, 행위지 이외에도 구성요건적 결과가 발생한 장소도 범죄지에 해당하므로 당연히 부작위범의 결과가 발생한 결과지도 범죄지에 해당한다.

4) 위험범의 경우

위험범의 경우 행위지가 범죄지가 되는 것에는 문제가 없다. 그러나 여기에서 더 나아가 구성요건적 결과가 발생하는 결과발생지도 범죄지가 되는가에 대하여는 의문이 있다. 왜냐하면 위험범의 경우에는 이미 해당 행위에 내재하는 특별한 위험을 근거로 처벌한다는 점에서 위험범은 결과발생과는 관계가 없기 때문이다. 여기서 결과발생지가 범죄지로 인정될 수 있는가에 대하여 구체적 위험범과 추상적 위험범을 구분하여 검토할 필요가 있다.

---

107 Walter, JuS 2006, 871. 이와 비슷하게 신동운, 형법총론, 73면.

108 Jakobs, AT, 5/24.

109 Lackner/Kühl/Heger, §9 Rn.2; LK/Werle/Jeßberger, §9 Rn.19; MK/Ambos, §9 Rn.14; Satzger, Jura 2010, 112; Schönke/Schröder/Eser/Weißer, §9 Rn.5. 체류하는 장소의 경우 범죄지를 부정하는 견해는 Walter, JuS 2006, 870,871. 작위의무가 이행되어야 했던 장소를 범죄지로 보는 입장은 신동운, 형법총론, 73면.

(1) 구체적 위험범의 경우

구체적 위험범은 구체적인 위험상황의 실제적 발생이 구성요건요소로 입법자에 의하여 이미 예정되어 있는 그러한 종류의 위험범을 말한다. 그리고 이러한 구체적 위험범에서 범죄지 판단은 큰 문제는 없다. 여기에서는 구체적 위험을 야기하는 사람이나 물건이 존재하는 장소가 구체적 위험범의 결과발생지로 판단될 수 있기 때문이다.[110] 예컨대 타인의 물건을 소훼하여 공공의 위험을 발생하게 한 경우에는 해당 소훼된 물건의 소재지가 결과발생지로서 형법 제167조(일반물건에의 방화)의 범죄지에 해당한다고 볼 수 있다.

(2) 추상적 위험범의 경우

추상적 위험범의 경우에는 상황이 분명하지 아니하다. 추상적 위험범의 경우 행위자가 전형적으로 특별한 위험을 지니는 그러한 행태들을 실행하면 입법자는 문제되는 위험이 현실화되었는지 여부와 관계없이 이미 해당 행태에 내재하는 위험성으로 인하여 처벌하도록 한 것이다. 예를 들면 대한민국 기업이 직원채용을 공고하고, 이에 따라 지원자는 미국에서 지원서와 함께 미국기업에서의 경력서를 제출하였다. 인사담당 직원은 경력서의 내용을 확인하기 위하여 미국의 해당 기업에 문의하자, 미국소재의 담당자가 지원자와 결탁하여 위조의 경력확인서를 보내왔다. 이 경우 미국의 담당자에게 우리 형법상의 업무방해죄를 적용할 수 있는가이다.

이와 같은 경우에는 통상 단순 거동범이 문제되며, 위험은 단순히 법률규정에 따른 행위 자체의 이행으로서 이미 그 안에 내포되어 있다. 따라서 이러한 경우에는 구성요건에 해당하는 결과라는 것조차 필요하지 아니하다.[111]

---

110 BGH NJW 1991,2498; Rath, JA 2006, 437; Satzger, Das deutsche Strafanwendungsrecht(§ § 3 ff. StGB) - Teil 1, Jura 2010, 112.

111 동일한 취지로 Jescheck/Weigend, AT, § 18IV2a; A. Meyer, Gefährdungsdelikte, S.185;

앞의 사례에서 보면 업무방해죄는 추상적 위험범에 해당하여 결과의 발생은 구성요건요소에 해당하는 것이 아니다. 따라서 국내에서의 결과지 개념이 존재하지 않기 때문에 대한민국 영역 내에서의 범죄에 해당하지 않는다.

일부에서는 이러한 해석에 반대하여 형법의 적용범위에서 결과지는 일반적 범죄이론과는 달리 독자적으로 해석될 수 있다고 이해한다.[112] 입법자가 구체적 위험의 발생보다 하위의 것인 추상적 위험을 처벌하려고 하였다는 것은 해당 행동이 국내의 법익에 대하여 법적으로 부인되는 침해위험을 야기한 경우에는 형법을 적용하는 것에 반대하는 것은 아니라는 것이다. 이러한 의미에서 추상적 위험범의 결과지는 위험이 보호법익의 침해로 나타나는 모든 곳이 범죄지에 해당한다는 것이다.[113] 이와 같은 견해에 의하면 앞의 업무방해사례는 대한민국에서 구성요건적 위험이 현실화될 수 있기 때문에 결과지의 측면에서의 범죄지는 대한민국 영역 내이다. 따라서 대한민국의 형법을 적용하는 것이 가능하다고 해석한다.

그러나 이와 같은 견해에는 다음과 같은 점에서 동의하기 어렵다.

첫째, 전술한 바와 같이 구체적 위험범과 추상적 위험범이 상이한 구조를 지니고 있다는 점과 모순된다. 구체적 위험범의 경우에는 구체적인 위험의 발생이라는 것이 범죄의 구성요소이다. 그러나 추상적 위험범의 경우에

SSW/Satzger, §9 Rn.7; 박희영, 인터넷에서 추상적 위험범의 장소적 적용범위, 비교형사법연구, 제6권 제2호(2004), 13면 이하. 이와 다른 견해는 LK-Werle/Jeßberger, §9 Rn.32f.

112 독일에서의 일부 판례는 추상적 위험범의 경우에도 제한적으로 범죄지의 개념을 확장하고 있다. 예를 들면 호주에 거주하는 호주인이 연구소를 만들어서 유태인학살을 부인하는 여러 글을 호주에 위치한 자신의 연구소 서버를 통해 인터넷에 올렸다. 이 사건에 대하여 독일연방법원은 외국인이 독일형법 제130조(국민선동) 제1항 또는 제3항에 해당하는 컨텐츠를 외국의 서버를 통해 인터넷에 유포한 경우 독일의 인터넷 사용자들이 그 컨텐츠에 접근할 수 있었고 그 컨텐츠 내용이 독일의 공공의 평화를 훼손함에 구체적으로 적합한 경우 독일형법상의 범죄지로 볼 수 있다고 판단하였다(BGH NStZ 2001, 305).

113 Hecker, Europäisches Strafrecht, §2 Rn.42f.; Walter, JuS 2006, 872; LK-Werle/Jeßberger, §9 Rn.32ff.; 주승희, 사이버범죄와 국제형법, 형사정책연구, 제16권 제3호(2005 가을), 127면 이하.

는 특정 행위로 인하여 처벌되는 것이며 위험의 현실화는 필요 없다는 점에서 위험의 발생은 범죄의 구성요소에 해당하지 않는다. 따라서 범죄의 구성요소에도 포함되지 않는 사항을 '죄를 범한' 곳인 범죄지로 파악하는 것은 타당하지 않다.[114]

둘째, 형법 제5조와 제6조에 보호주의 규정이 존재하고, 해당 보호주의 규정들이 의미하는 바는 입법자는 국외에서 행해진 범죄는 (결과가 국내에서 발생한 것이 아닌 한) 국내의 특정한 법익에 대한 침해가 존재하는 경우에만 형법을 적용하려고 하였던 것이다. 앞의 업무방해 사례에서 미국에서 위조된 확인서를 보낸 업무방해 행위는 당연히 대한민국 기업의 업무를 침해할 위험성을 띄고 있다. 그러나 위험범이 항상 결과지를 범죄지로 가지고 있다면 형법 제5조에 규정된 문서·통화·인장 등의 죄의 경우에는[115] 어쨌든 언제나 결과지로서의 범죄지로 국내가 범죄지로 인정되었을 것이다. 그렇다면 형법 제5조의 입법은 과잉이며 입법적으로 결함을 가지고 있는 것이다.[116] 그리고 이러한 추상적 위험범의 범죄지의 확정문제는 특히 인터넷상의 위험범에서 문제가 된다.[117]

셋째, 추상적 위험범에서 결과지를 포함하는 견해는 실제상의 결론에서도 수긍하기 곤란하다. 즉, 추상적 위험범은 범죄지가 도처에서 인정될 수

---

114 BGH NStZ 2015, 81(피고인이 체코에 위치한 컴퓨터로 유튜브에 음악관련 플랫폼을 개설하고 나찌스당의 상징인 하겐크로이츠의 그림을 올려 놓고 해당 플랫폼을 3개월 동안 관리하였으며, 그 기간 독일에 거주하는 독일인들도 이를 열람할 수 있었다. 연방법원은 위헌조직의 상징을 외국의 인터넷에 올렸다면 그 내용을 독일에서 불러올 수 있다고 하더라도 국내범으로 볼 수 없다고 판결하였다).

115 해당 범죄들이 추상적 위험범이라는 점에서는 견해가 거의 일치한다((대법원 1998.4.10. 선고 98도164; 김성돈, 형법각론, 655면; 이재상/장영민/강동범, 형법각론, 573면; BGHSt 9,45; Fischer, §267 Rn.2).

116 보다 상세한 비판은 전지연, 형법의 적용범위에서 속지주의의 준거점으로서 범죄지, 법학연구, 제20권 제3호(2010), 51-52면 참조. 동일한 취지의 지적은 松原芳博, 刑法總論, 第3版(2022), 日本評論社, 544面 각주 4); SSW/Satzger, §9 Rn.7; ders., Das deutsche Strafanwendungsrecht(§§3ff. StGB) – Teil 1, Jura 2010, 113.

117 전지연, 사이버범죄론, 33-51면.

있고, 따라서 우리 형법은 엄청난 적용범위의 확대를 가져오게 된다. 특히 환경범죄와 같은 경우 추상적 위험범에 해당하기 때문에 외국에서 행해진 환경침해행위에 대하여 우리 형법이 적용될 수 있다고 한다면, 환경범죄가 가지고 있는 구성요건의 행정종속성 등으로 인하여 행정법적 그리고 국제법적으로 많은 복잡한 문제점들을 야기할 것이다. 결국 추상적 위험범의 경우 범죄지는 행위지만 범죄지에 해당하고 결과발생지는 범죄지에 해당한다고 볼 수 없다.

다만 예외적으로 추상적 위험범의 구성요건이 단순한 위험한 행위 이상의 것을 요구하는 경우도 있을 수 있다. 즉 범행을 통하여 나타나는 외부세계의 확실한 변화가 필연적인 중간결과(Zwischenerfolg)로서 요구되어지는 경우에는 이와 같은 '중간결과' 역시 범죄지를 근거지우는 역할을 할 수 있다.[118] 예컨대 형법 제164조 등과 같은 방화죄의 경우에는 불을 놓아 중간결과로서 현주건조물이나 건조물 또는 물건 등을 소훼하여야 한다. 따라서 소훼되는 해당 건조물이나 물건이 소재하는 장소 역시 범죄지로 인정되는 결과지에 해당한다고 볼 수 있다.

5) 통과범의 경우

통과범(Transitdelikt)은 범행객체가 외국의 행위지에서 외국의 결과지로 이송되는 과정에서 우리나라의 영토를 통과하는 형태의 이격범(Distanzdelikt)이다. 예컨대 중국인 갑이 일본인 을을 살해하기 위하여 북경에서 편지폭탄을 보내고 항공우송되는 과정에서 해당 편지폭탄이 인천공항을 경유하여 동경으로 우송되었고, 이를 수령한 을이 개봉 중에 폭발하여 사망한 경우 중국인 갑에게 대한민국의 형법을 적용하여 처벌할 수 있

118 Schönke/Schröder/Eisele, vor § 13 Rn.130; SSW/Satzger, § 9 Rn.7. 이러한 결론에 다소 부정적인 입장은 Kudlich/Berberich, NStZ 2019, 636.

는가이다.

이와 같은 사례유형에서는 행위지와 결과지 모두 국외이며, 대한민국은 단지 인과과정의 일부가 발생한 곳이므로 대한민국이 범죄지로 인정될 수 없다.[119] 이에 반해 경유지의 경우에도 범죄지로 인정하려는 입장이 있다. 이 입장에 의하면 범죄지가 '구성요건에 속하는 요소'들이 일어난 장소를 의미한다면, 결과범의 경우 행위지나 결과지뿐만 아니라 인과과정이 진행된 장소도 범죄지에 해당한다고 볼 수 있다는 것이다.[120] 그러나 이러한 해석은 현실적으로는 다소 불합리하다. 왜냐하면 만일 이렇게 해석한다면 통과범의 경우 해당 범행객체를 싣고 비행기나 선박이 통과하였던 모든 국가가 범죄지로 인정되어야 하기 때문이다. 오히려 범죄지는 '행위지'나 '구성요건요소에 속하는 결과를 발생시킨 장소'로 제한하여 해석하여야 할 것이다. 따라서 단순한 통과범의 경우 우리 형법을 적용할 수는 없다.

다만 행위지나 '구성요건요소에 속하는 결과가 발생한 장소'가 범죄지에 해당하므로 구성요건에서 대한민국 영역을 통과하는 것 자체가 범죄행위나 결과로 기술되어 있는 경우에는 통과지도 우리 형법을 적용할 수 있다.[121] 예를 들면 마약류 관리에 관한 법률 제3조 제3호에 의하면 "헤로인, 그 염류 또는 이를 함유하는 것을 소지, 소유, 관리, 수입, 제조, 매매, 매매의 알선, 수수, 운반, 사용, 투약하거나 투약하기 위하여 제공하는 행위"를 금하고 있으며, 이를 위반한 경우에는 1년 이상의 유기징역에 처하도록 하고 있다(동법 제59조 제1항 제3호). 따라서 마약류를 우리나라에서 제조하거나 사용하지 않을지라도 우리나라를 경유하여 운송되는 경우에는 마약류를 운반하는 행위로 동법의 적용이 가능한 범죄지에 해당된다.

---

119 NK/Lemke, §9 Rn.12; Satzger, Das deutsche Strafanwendungsrecht(§§3ff. StGB) – Teil 1, Jura 2010, 114; Werle/Jeßberger, JuS 2001, 39.

120 김성규, 형법의 장소적 적용범위에 관한 규정의 내용과 한계, 형사법연구, 제18호(2002), 192면.

121 독일형법에서 동일하게 해석하는 것은 Dölling/Duttge/Rössner/Hartmann, §9 Rn.2; Schönke/Schröder/Eser/Weißer, §9 Rn.6, 6d.

6) 다수 참가자의 경우

(1) 공동정범의 경우

공동정범의 형식으로 범죄를 실현한 경우 범죄지확정, 특히 범죄의 행위지 확정에 다소 논란이 있다. 예를 들면 갑과 을은 공동으로 A에게 살해를 위협할 편지를 써서 보내기로 공모하였다. 공모한 대로 갑은 서울에서, 을은 동경에서 북경에 체류하고 있는 A에게 각자 협박의 편지를 보내고, A는 북경에서 해당 편지들을 수령한 경우이다.

이와 같은 경우 일부 견해에 따르면[122] 각각의 공동정범자는 각자에 따라 자기 자신이 행위한 장소만 범죄지로 인정된다고 한다. 즉 이 견해에 의하면 앞의 협박편지 사례에서 갑과 을의 범죄행위지는 개별적으로 고려되는 결과, 갑의 범죄행위지는 서울인 대한민국인 반면에, 을의 범죄행위지는 동경이므로 국내가 아닌 외국이라고 한다.

그러나 공동정범자의 일부만이 행위한 장소일지라도 각각의 장소는 모든 공동정범자에게 범죄지를 근거지우는 기능을 한다.[123] 이렇게 해석하는 것이 공동정범의 귀속방식과 합치하는 것이며, 공동정범자를 전체로 관찰하는 결과인 것이다. 따라서 협박편지사례의 경우 갑과 을 각자의 행위장소는 다르지만 그 가운데 공동정범자인 갑이 대한민국영역에서 행위를 하였으므로 을에게도 대한민국이 범죄지가 되고, 그에 따라 우리 형법을 적용하여 협박죄로 처벌할 수 있다고 본다.

---

122 SK/Hoyer, §9 Rn.5; Heinrich, Weber-FS, S.107; Oehler, Internationales Strafrecht, Rn.361.

123 통설: Lackner/Kühl/Heger, §9 Rn.2; LK/Werle/Jeßberger, §9 Rn.13; MK/Ambos/Ruegenberg, §9 Rn.10; Satzger, Jura 2010, 114. 또한 독일의 경우 판례도 동일한 입장이다(BGHSt 39,88,90; BGH NJW 2002,3486).

(2) 간접정범의 경우

간접정범의 범죄지 확정에서도 공동정범과 유사한 구조를 띄고 있으므로, 그 해결 또한 유사하다. 예컨대 한국인 갑이 동경에 사는 일본인 A를 살해할 생각으로 편지폭탄을 완성한 후, 편지를 보내려고 하다가 다소 마음이 흔들려 일단 그대로 책상서랍에 넣어 두고 휴가 중에 며칠 더 생각하기로 하였다. 태국에서 휴가를 보내던 갑은 결심을 굳히고 편지폭탄인줄 알지 못하는 직장동료인 을에게 전화를 걸어 자신의 서랍에 있는 편지를 보내달라고 부탁하였다. 사정을 알지 못하는 을은 업무상 편지로 알고 이를 A에게 우송하고, 동경에서 편지를 수령한 A는 개봉 중 폭발하여 사망한 경우이다.

이와 같이 다른 사람을 도구로 이용하여 행위하는 경우에도 귀속의 원리가 적용되어야 한다. 따라서 도구로 이용되는 피이용자의 행위지 역시 간접정범자의 행위지로 인정되어야 한다.[124] 앞의 편지폭탄 사례에서 갑은 그 자신이 국내에서 행위 하지도 않았으며, 범행결과도 국내에서 발생하지 않았다. 그러나 고의 없이 행위하는 도구인 피이용자 을이 국내에서 행위 하였으므로 배후인인 갑에게도 국내를 범행지로 인정할 수 있다.

(3) 공범의 경우

공범의 경우 범죄지는 다수의 장소가 범죄지로 된다. 공범에게는 자신이 행위한 행위지가 범죄지일 뿐 아니라 정범의 모든 범죄지 역시 공범자에게는 범죄지로 인정된다. 따라서 공범의 범죄지는 정범의 범죄지뿐만 아니라 공범이 실행행위를 하였던 곳이나 실행행위를 했어야 하였던 곳, 공범의 결과가 발생한 곳이나 발생하리라고 예상되었던 곳 모두 범죄지에 해당한

---

124 동일한 취지로 BGH wistra 1991,135; BGH NStZ 2019,742; LK/Werle/Jeßberger, §9 Rn.14; SSW/Satzger, StGB, §9 Rn.10; 신동운, 형법총론, 74면. 이와 다른 견해는 SK/Hoyer, §9 Rn.5.

다.[125] 판례의 경우에도 공범의 경우 정범의 행위지뿐만 아니라 공범의 행위지도 범죄지로 볼 수 있는 것으로 해석한다.[126]

예를 들면 갑이 동경에서 을을 만나 상속을 받으려면 숙부를 가능한 한 빠른 시간 내에 살해하라고 교사하였다. 을은 갑의 말대로 숙부를 살해하기로 하고, 숙부와 함께 여름휴가를 하기로 하였다. 인천공항에서 비행기를 기다리던 중 약간의 독약을 숙부의 커피에 타고, 기내에서 다시 포도주에 독약을 다시 탔다. 그 결과 마닐라 공항에 도착하여 호텔로 이동하던 중 약효가 나타나 승용차 안에서 사망한 경우 공범자인 갑에게는 여러 장소가 범죄지로 인정될 수 있다. 먼저 자신이 공범(교사)행위를 한 장소인 일본이 범죄지(공범행위지)로 인정되고, 더 나아가 정범이 행위한 장소(정범행위지)인 대한민국과 정범의 결과발생지(정범결과지)인 필리핀 모두가 공범의 범죄지로 인정된다.

문제는 국외범에 가담한 공범자가 국내에서 행위하였으나, 정범인 국외범의 범죄지에서 해당 정범의 범행이 불처벌되는 경우에도 공범자에게 우리 형법을 적용할 수 있는가이다.[127] 예를 들면 대한민국에 거주하고 있는 사우디아라비아인 갑은 고국에 있는 결혼한 친구 을로부터 그의 부인 A가 전혀 말을 듣지 않아 걱정이라는 연락을 받았다. 갑은 도저히 말로 되지 않으면 최후의 선택으로 부인을 징계한다는 취지로 가볍게 A를 구타하여 자신의 말을 듣도록 하여 보라고 권하였다. 부인에 대한 징계차원의 가벼운 구타

125 동일한 취지로 김성규, 형법의 장소적 적용범위에 관한 규정의 내용과 한계, 형사법연구, 제18호(2002), 193면; 김일수/서보학, 형법총론, 34면; 박상기, 형법총론, 39면; 신동운, 형법총론, 74면. 독일형법은 명문으로 공범의 범행지를 범행지로 인정하고 있다(§9 Abs.2 StGB).

126 대법원 1998.11.27. 선고 98도2734 판결. 일본 판례도 국내의 실행행위를 국외에서 공모, 교사, 방조한 자의 경우(最決 平成 6年 12月 9日 刑集 48巻 8号 576頁)와 국외의 실행행위를 국내에서 공모, 교사, 방조한 자의 경우(東京地判 昭和 56年 3月 30日 刑月 13巻 3号 299頁) 모두 국내범으로서 일본형법의 적용을 받는다고 보았다.

127 이에 대한 상세한 연구는 김성규, 속지주의의 적용에 있어서 외국 관련 공범의 범죄지와 가벌성, 비교형사법연구, 제10권 제2호(2008.12), 1면 이하.

행위는 코란에서도 인정되고, 사우디아라비아 최고법원도 허용된다고 판단하고 있었다. 갑의 충고에 따라 을은 부인에 대하여 가벼운 구타를 행한 경우 갑에게 우리 형법을 적용하여 처벌할 수 있는가이다.

공범에 관한 범죄지 확정의 일반론에 따르는 경우에는 공범이 행위한 행위지도 범죄지에 해당한다고 하고, 여기에 정범의 불처벌 여부에 대한 제한이 없으므로 우리 형법이 적용된다고 볼 수 있다.[128] 따라서 갑은 을의 A에 대한 폭행죄의 교사범으로 처벌될 수 있다. 여기서 정범인 을의 범행은 우리 형법의 적용을 받지 않고(범죄지가 대한민국이 아니고, 내국인이 범죄에 참가한 경우도 아니므로), 따라서 우리 형법의 관점에서는 처벌되지 않는다고 하여도 갑의 형법적용가능성 여부가 달라지지 않는다.

물론 이와 같이 해석하는 경우에는 다소 의문이 있을 수 있다. 본범(정범)의 범행에 대해 자국 형법을 적용할 수 없는 경우임에도 불구하고 왜 국내에서 범행에 가담한 공범은 자국 형법에 따라 처벌되어야 하는가이다. 통설에 따르면 공범의 불법은 적어도 정범의 불법에 종속되기 때문에,[129] 이미 일부에서는 이러한 점에 대한 비판이 지적되었다.[130] 즉 자국 형법이 적용되지 않는 본범의 범행에 대한 공범을 처벌하는 것은 공범의 (제한적) 종속원칙에 반한다는 것이다. 이러한 점에서 다수의 사람들은 여기서 공범의 범죄지에 대한 제한을 가하고 있다. 즉 범죄지에서 처벌되지 않고 그리고 자국 형법을 적용할 수 없는 범행의 경우에는 결과적으로 공범(성립)이 불가능한 것으로 판단하였다.[131]

---

128 독일형법은 명시적으로 외국에서 수행될 범행에 독일 내에서 공범행위를 한 경우에 해당 범행이 실행된 외국에서는 불처벌인 경우에도 독일형법에 따라 공범으로 처벌될 수 있도록 규정하고 있다(독일형법 제9조 제2항).

129 박상기, 형법총론, 379면; 배종대, 형법총론, 411면; Schönke/Schröder/Heine/Weißer, vor § 25 Rn.15f.

130 이에 대해서는 Satzger, Jura 2008, 516f.

131 Oehler, Internationales Strafrecht, Rn.360; LK/Werle/Jeßberger, § 9 Rn.52; NK-Lemke, § 9 Rn.128f.

그러나 이와 같은 비판은 공범에 대한 처벌이 공범종속성원칙과 조화될 수 없는 경우에만 타당하다고 할 수 있다. 형법이 본범의 행위에 대한 직접적인 형법상의 평가는 아닐지라도 법질서의 관점에서 본범의 행태를 '불법'한 것으로 판단하였다는 점을 고려하면, 공범에 자국 형법을 적용하는 것이 전체적으로 종속성원칙과 어긋나는 것은 아니다. 국내에서의 공범행위의 불법을 외국에서의 범행에 대한 자국의 불법판단에서 끌어오는 것이다. 따라서 공범자의 행위에 대한 형법적 판단을 함에 있어 자국의 불법판단이 범죄지에서의 불처벌보다 우선순위에 있다고 보는 것이 정당화될 수 있는 것이다. 이것은 속인주의의 관점에서 자국민이 국외에서 범죄를 범한 경우 해당 범죄가 외국에서 불처벌되는 경우에도 자국 형법을 적용하는 것이 정당화되는 것과 유사하다고 볼 수 있다. 또한 국제법적인 관점에서도 자국의 불법판단을 우선적으로 고려하는 것이 자국 형법을 외부적으로 확대하는 것은 아니다. 왜냐하면 이것이 다른 국가의 주권에 대한 허용될 수 없는 침해로 인식되지는 않기 때문이다. 즉 단지 외국에서 행위하여 (그래서 불처벌되는) 본범의 추적이 문제되는 것이 아니라, 국내에서 그러므로 해당 국가와 충분한 관련점을 가지고 행위하는 공범의 형법적 평가가 문제되는 것이기 때문이다.[132]

V. 기국주의

1. 의의

제4조에 의하면 "본법은 대한민국영역외에 있는 대한민국의 선박 또는 항공기내에서 죄를 범한 외국인에게 적용한다"고 규정하고 있다. 이는 형법 제2조(국내범)에서 규정한 속지주의를 확장하여 대한민국 영역 이에 있는

132 이러한 의미로 Satzger, Das deutsche Strafanwendungsrecht(§§3ff. StGB) - Teil 1, Jura 2010, 115.

대한민국의 선박 또는 항공기 내에서 죄를 범한 외국인에게 우리 형법을 적용하도록 규정한 것이다. 선박 또는 항공기는 특정 국가의 국기를 달고 운행한다는 점에서 해당 선박 또는 항공기가 달고 있는 국기에 따라 적용범위가 결정된다는 의미에서 기국주의라고 한다.

2. 입법례

일본형법은 제1조에 '국내범'이라는 제목하에 제1항에 "이 법은 일본 국내에서 죄를 범한 모든 자에게 적용한다."라고 규정하여 속지주의를 표방하고 있으며, 제2항에서 "일본 국외에 있는 일본 선박 또는 일본 항공기 내에서 죄를 범한 자에 대해서도 전항과 동일하게 한다."라고 하여 기국주의를 선언하고 있다.

독일형법 역시 제4조에서 '독일 선박 및 항공기 내의 범죄에 대한 적용범위'라는 표제하에 "독일연방공화국의 연방국기 또는 국적표지를 게양할 권한이 있는 선박 또는 항공기 내에서 범하여진 범죄에 대하여 행위지법에 독립하여 독일형법이 적용된다."라고 하여 기국주의를 택하고 있다.

그 밖에도 프랑스,[133] 오스트리아,[134] 튀르키예,[135] 중국[136] 등 거의 모든 나

133 **프랑스형법 제113-3조(선박에 대한 기국주의)** 프랑스 국기를 게양한 선박 내에서 행하여지거나 동 선박에 대하여 행하여진 범죄에 대하여는 선박의 위치와 관계없이 프랑스 형벌법규를 적용하며, 프랑스 해군의 선박 내에서 행하여지거나 동 선박에 대하여 행하여진 범죄에 대하여는 선박의 위치에 관계없이 프랑스 형벌법규만을 적용한다.

프랑스형법 제113-4조(항공기에 대한 기국주의) 프랑스에 등록된 항공기 내에서 행하여지거나 동 항공기에 대하여 행하여진 범죄에 대하여는 항공기의 위치와 관계없이 프랑스 형벌법규를 적용하며, 프랑스 군항공기 내에서 행하여지거나 또는 동 군항공기에 대하여 행하여진 범죄에 대하여는 항공기의 위치와 관계없이 프랑스 형벌법규만을 적용한다.

134 **오스트리아형법 제63조(기국주의)** 오스트리아형법은 오스트리아 국적의 선박 또는 항공기에서 행해진 행위에 대해서는 선박 또는 항공기의 위치와 관계없이 적용된다.

135 **튀르키예형법 제8조 제2항 b)** 공해나 공해의 직접적 상공에 있는 튀르키예 선박이나 항공기 내에서 범죄행위가 발생한 경우에는 그 범죄는 튀르키예 내에서 범하여진 것으로 인정한다.

136 **중국형법 제6조 제2항** 중화인민공화국의 선박이나 항공기 내에서 죄를 범한 경우에는 본법을 적용한다.

라에서 기국주의를 채택하고 있다.[137]

3. 국외에 있는 내국선박 등에서 외국인이 범한 죄(기국주의)

1) 대한민국의 선박 또는 항공기

본조에서 '대한민국의 선박 또는 항공기내에서' 죄를 범한 경우란 대한민국 국적의 선박이나 항공기 내에서 죄를 범한 경우를 의미한다. 구체적으로 대한민국 국적의 선박이나 항공기인가의 여부에 대하여는 관련 법률에 따라 결정된다. 종래 선박의 국적을 부여하는 표준으로서 선박의 제조지주의, 소유자주의, 승무원주의의 세가지 요건을 삼았으나, 현재에는 그 요건을 완화하여 선박의 소유자주의를 채용하고 있다. 소유자주의의 경우에도 자국민소유권 및 선원주의, 자국민소유권주의, 소유권분유 및 선원주의, 자국민소유권분유주의, 등록주의가 있다. 우리나라의 경우 자국민소유권분유주의를 채택하고 있으며, 이에 따라 ① 국유 또는 공유의 선박, ② 대한민국 국민이 소유하는 선박, ③ 대한민국의 법률에 따라 설립된 상사법인(商事法人)이 소유하는 선박, ④ 대한민국에 주된 사무소를 둔 제3호 외의 법인으로서 그 대표자(공동대표인 경우에는 그 전원)가 대한민국 국민인 경우에 그 법인이 소유하는 선박은 대한민국 선박에 해당한다(선박법 제2조). 선박에 대한 등록은 먼저 법원에 있는 선박등기부에 선박을 등기한 후, 해양수산청과 같은 등록관청 등록을 함으로써 대한민국 국적의 선박이 된다. 항공기의 경우에도 선박과 유사하게 항공기의 소유자나 임차인이 항공기를 국토교통부장관에게 등록함으로써 대한민국 국적의 항공기가 된다.

---

137 스위스의 경우 형법에 속지주의에 대한 규정은 존재하나 기국주의에 대한 별도의 규정은 존재하지 않는다. 그러나 '스위스국기 게양하 선박운항법'과 '스위스국기 게양하 항공기법'이라는 개별법에 기국주의의 내용을 기술하고 있다(Trechsel/Vest, in: Trechsel/Pieth(Hrsg.), Schweizerisches Strafgesetzbuch, 3.Aufl., 2018, Vor Art.3 Rn.6).

대한민국의 선박 또는 항공기'내에서' 죄를 범한 경우 본조가 적용되므로 대한민국 선박 또는 항공기내에서 죄를 범한 것이 아니라 선박 또는 항공기에 대하여 죄를 범한 경우에는 본조에 따른 형법적용이 아니라 보호주의(제5조, 제6조)에 따른 형법적용이 고려될 수 있다.

2) '대한민국영역외에 있는' 내국의 선박 또는 항공기

본조는 '대한민국영역외에 있는' 대한민국의 선박이나 항공기내에서 죄를 범한 외국인에게 적용한다. 여기에서 '대한민국영역외에 있는'의 의미에 대하여는 견해가 대립한다. 다수의 견해는'대한민국영역외에 있는'의 의미를 대한민국 영역 외인 한 공해상이건 외국 영토 내이건 묻지 않는다고 해석한다.[138] 이에 반하여 소수의 견해는 '대한민국영역외에 있는'이라는 의미는 타국의 영해나 영공에 속하지 않는 곳, 즉 공해와 공해상의 직접적 상공만을 의미한다고 이해한다.[139] 타 국가의 영해나 영공을 운항중인 자국의 선박이나 항공기 내에서 범죄가 발생한 경우 다수설은 자국형법을 적용할 수 있다고 이해하나, 소수설은 자국형법을 적용할 수 없다고 이해한다.

소수설에서는 기국주의는 어느 국가의 형벌권도 미치지 않는 공해상에서 범죄가 발생한 경우 속지주의적 관점에서 처벌의 흠결을 메우기 위하여 범죄지를 자국의 선박이나 항공기내로 확대하였다는 것이다. 따라서 공해상이 아닌 타 국가 영토내의 선박이나 항공기는 이미 타 국가의 속지주의 영역에 해당하므로 별도로 속지주의의 관련점이 필요하지 않다고 이해한다.[140]

그러나 소수설의 입장에는 동의하기 어렵다.

첫째, 기국주의는 공해상에서 발생하는 범죄에 대한 가벌성의 흠결을 보

138 이상돈, 형법강론, 29면; 이재상/장영민/강동범, 형법총론, 51면; 정성근/박광민, 형법총론, 69면.

139 조상제/천진호/류전철/이진국, 국제형법, 41-42면.

140 조상제/천진호/류전철/이진국, 국제형법, 42면.

정하려는 취지에서만 인정되는 것이 아니다. 오히려 타 국가의 영토내에 있는 자국의 선박이나 항공기내에서 범죄가 발생한 경우 범죄지국가에서 해당 범죄를 처벌하려고 하지 않는 경우, 자국형법을 적용하여 자국 국적의 선박이나 항공기의 승객들(해당 승객들의 국적과 관계없이)을 보호하려는 취지도 병존하고 있는 것이다.[141]

둘째, 본조의 표현에서도 명시적으로 '대한민국영역외에 있는'선박과 항공기라고 하고 있으므로, 여기서의 대한민국의 영역 외인 한 타국의 영토이든 공해상이든 관계가 없는 것으로 보아야 한다. 만일 공해상의 경우로 국한하고자 하였다면 '대한민국 영역 외에 있는'의 표현이 아닌 '공해상에 있는' 또는 '공해상을 운항중인'이라고 표현하였을 것이다. 이러한 의미에서 독일형법은 '범죄지법에 관계없이' 자국의 선박이나 항공기 내에서 발생한 범죄에 자국형법이 적용된다고 표현하여 범죄지에 타 국가의 형법이 적용될 수 있음을 전제로 하고 있다.[142] 또한 오스트리아형법의 경우에도 "오스트리아형법은 오스트리아 국적의 선박 또는 항공기에서 행해진 행위에 대해서는 선박 또는 항공기의 위치와 관계없이 적용된다"[143]라고 규정하여 공해상이든 타국의 영해상이든 관계가 없다.

4. 개정필요성

제4조는 대한민국의 선박 또는 항공기 내에서 죄를 범한 '외국인'에게 적용함으로서 제한적으로 적용된다. 본래 기국주의는 자국 국적인 선박이나 항공기 내에서 발생한 범죄로 충분하며 범죄인의 국적은 고려되지 않는

141 Ambos, Internationales Strafrecht, § 3 Rn.26f.
142 독일형법 제4조; BGH NStZ 09,464, Lackner/Kühl/Heger, § 4 Rn.1; MK/Ambos, § 4 Rn.1; Schönke/Schröder/Eser/Weißer, § 4 Rn.7; SSW/Satzger, vor § 4 Rn.1
143 오스트리아형법 제63조(기국주의); Helmut Fuchs, S.50.

다.[144] 그러나 본조는 외국인의 경우에만 적용함으로서 내국인인 경우에는 기국주의를 적용하여 우리 형법을 적용할 수 없다. 물론 내국인에게는 형법 제3조의 속인주의에 따라 대한민국 형법을 적용할 수 있다. 그러나 이는 본래 기국주의의 취지에 적절한 입법은 아니다. 또한 제3조의 경우 절대적 속인주의가 가지고 있는 문제점으로 인하여 제한적 속인주의로 개정이 이루어지는 경우에는 형법적용 여부가 불명확하여질 가능성도 있다. 따라서 외국인으로 제한한 본조는 내국인을 포함하도록 개정되어야 한다.

제3절 속인주의(내국인의 국외범)

I. 의의

형법은 제3조에서 '내국인의 국외범'이라는 표제 하에 "본법은 대한민국 영역 외에서 죄를 범한 내국인에게 적용한다"라고 규정하여, 내국인이 외국에서 죄를 범한 경우 우리 형법을 적용하여 처벌하도록 규정하고 있다. 이와 같이 내국인이 국외에서 죄를 범한 경우 자국 형법을 적용하여 처벌하는 것을 속인주의, 국적주의 또는 적극적 속인주의라고 말한다. 일반적으로 속인주의라고 말하면 이러한 적극적 속인주의를 의미하며, 속인주의는 속지주의와 함께 대부분의 국가에서 자국 형법의 일반적 적용원칙이나 보완원칙으로 인정하고 있다.[145]

속인주의를 통하여 대한민국 영역 외에서 죄를 범한 대한민국 국민에게도 형법을 적용함으로써 형법의 적용범위가 확대되어 처벌의 결함을 피할

144 Ambos, Internationales Strafrecht, §3 Rn.26.

145 개별 국가에서 형법의 적용범위에 대한 다양한 원칙들의 수용여부와 입법방식에 대하여 상세히는 Ambos, Internationales Strafrecht, §3 Rn.39ff.; Oehler, Internationales Strafrecht, S.130ff.; Satzger, Internationales und Europäisches Strafrecht, 4/3 이하 참조.

수 있다. 그러나 구체적인 경우에는 처벌의 과잉이나 처벌의 정당성에 의문이 제기될 수 있다. 예를 들면 대한민국 국민 갑이 동남아시아의 휴양지에서 여름휴가를 보내며, 갑은 체류국가의 법에 따라 출입이 허용된 카지노에서 게임을 하던 중 잭팟을 터트려 약 50억원에 가까운 돈을 따게 되어, 동행하였던 다른 한국인 여행객들에 의하여 국내에 알려지게 되었다. 여행에서 돌아온 갑은 수사기관으로부터 출두하여 달라는 요청을 받았다(소위 잭팟사례).[146] 이와 같은 경우 갑을 도박죄로 처벌할 필요가 있으며, 과연 도박죄로 처벌하는 것이 적절하며 정당한가는 여전히 의문이다.

II. 속인주의의 종류

1. 적극적 속인주의·소극적 속인주의

형법의 적용범위와 관련하여 사람이나 국민이 기준이 되어 형법의 적용범위가 결정되는 입법방식을 '속인주의'(Personalitätsprinzip, principle of nationality)라고 하며, 여기에는 기본적으로 두 가지 방식으로 자국의 형법을 적용하는 입장이 존재한다. 하나는 자국민이 범죄를 범한 경우 자국 형법을 적용한다는 의미에서의 적극적 속인주의와 다른 하나는 자국민의 법익이 침해된 경우에 자국 형법을 적용한다는 소극적 속인주의이다.

여기서 소극적 속인주의는 자국의 국민이 범행주체로 되는 것이 아니라 이국에서 자국민의 법익이 침해되는 것을 방지하기 위하여 자국이 형법을 적용하여 보호한다는 취지이다. 이러한 의미에서 소극적 속인주의라는 표현보다는 '자국민에 대한 보호주의' 또는 '개인보호주의'(Individualschutzprinzip)[147]

146 이 사례는 대법원이 이미 해당 행위지를 도박죄로 처벌하였던 사건인 '대법원 2004.4.23. 선고 2002도2518 판결'과 '대법원 2001.9.25. 선고 99도3337 판결' 사건과 유사한 사례이다.

147 Jescheck/Weigend, Strafrecht, AT, S.169; Wessels/Beulke/Satzger, AT, S.26.

라고 표현하는 것이 적절할 것으로 보인다.[148] 따라서 일반적으로 속인주의라고 말하면 적극적 속인주의를 의미한다.

2. 절대적 (적극적) 속인주의·제한적 (적극적) 속인주의

속인주의의 입장을 취하여 국외에서의 자국민에 대하여 자국형법을 적용하면서 이를 무제한적으로 인정할 것인가 아니면 일정한 제한 하에 이를 인정할 것인가와 관련하여 속인주의가 나누어진다. 전자를 보통 절대적 적극적 속인주의라고 말하고, 후자를 제한적 적극적 속인주의라고 말한다. 그리고 제한적 속인주의에서 자국민에게 형법을 적용하기 위하여 제한을 하는 방식은 매우 다양하다.

1) 절대적 속인주의

절대적 속인주의는 국외에 있는 자국민에 대하여 자국형법을 적용하며, 여기서 행위지 국가에서 해당 행위의 처벌여부나 범죄의 종류 여부를 묻지 아니한다. 따라서 자국민이 국외에서 범행을 한 경우 행위지에서 해당 행위를 처벌하는 규범이 존재하지 아니한 경우에도 자국민을 처벌한다. 절대적 속인주의는 자국민에게 어디에 있는지에 관계없이 자국 국가의 형벌권에 복종할 것을 요구한다. 그 결과 자국민인 한, 그가 세계에 어디 있든지 관계없이 심지어 무인도나 대기권 밖에 있더라도 위성처럼 그를 감시하는 존재로 부상하여, 자국 형법은 자국민을 자국 형법의 명령과 금지에 복종하도록 하는 전지전능한 존재가 된다.[149] 그러나 이와 같은 절대적 속인주의에 따라

148 여기서 자국민의 법익이 아니라 자국의 국가적 법익 등을 보호하기 위하여 자국 형법을 적용하는 것 역시 보호주의의 한 유형이고, 이와 같이 자국의 국가법익을 보호하기 위하여 자국 형법을 적용하는 것을 특별히 '국가보호주의'(Staatsschutzgrundsatz) 또는 '현실주의'(Realprinzip)라고 부른다(이에 대하여는 아래의 "제4절 보호주의" 부분을 참조).

149 Oehler, Internationales Strafrecht, S.456; 김성돈, 속인주의와 형법 제3조의 재음미, 성균

자국 형법을 적용하는 경우에는 타 국가의 법과 영토국가의 주권이 충돌하게 된다. 즉 외국인이 보통 자신이 자발적으로 들어간 접수국 또는 영토국가의 법질서를 고려하여야만 하고, 또한 속지주의에 따라 영토국가의 형벌권에 복종하여야만 하는 경우에 자신이 현재 체류하고 있는 접수국에서는 전혀 처벌되지 않는 행위에 대하여 모국이 그를 처벌하게 된다. 앞에서 언급하였던 잭팟사례가 여기에 해당한다. 이와 같은 절대적 속인주의에는 문제가 있다는 점에는 거의 일치하고 있으나, 동 원칙을 적용하는 것이 허용되는가와 그 정당성이 인정될 수 있는가에 대하여는 의견이 대립하고 있다.[150]

2) 제한적 속인주의

제한적 속인주의는 국외에서 자국민이 범행을 하였다는 요건 이외에 부가적 요건을 필요로 한다. 이러한 부가적 요건으로 국외에서의 해당 범죄가 행위지국의 법률에 의하여도 형사처벌 된다는 요건을 요구(동일 처벌규범의 요구)하거나 또는 자국민이 국외에서 수행한 범죄가 특별히 자국의 형법규정에 열거된 특정한 범죄에 해당할 것을 요구하는 경우(열거주의)도 있다. 외국에서 자국민의 범죄를 열거하여 처벌하는 경우 해당 범죄의 종류는 사실상 모국과 행위지 국가의 모두에서 처벌되는 범죄의 경우가 대부분이다. 이러한 점에서 보면 형법적용을 범죄의 종류를 제한적으로 열거하여 기술하는 것이 행위지에서의 동일 처벌규범은 요구하는 것 보다 범죄의 종류에서 더 제한적이다. 따라서 열거주의가 행위지국에서도 이를 처벌하는 규범이 존재한다는 제한적 속인주의보다 형법의 적용범위에서는 더 좁다.[151]

관법학, 제17권 제2호(2005), 349면.

150 이에 대하여는 아래의 "V. 절대적 속인주의의 문제점과 해결방안" 참조.

151 일본의 경우에는 이와 같은 열거주의를 취하고 있으며, 대상범죄는 현주건조물방화관련범죄, 문서위조범죄, 살인과 상해의 죄, 낙태죄, 체포와 감금죄, 절도, 강도, 사기죄, 공갈죄, 횡령죄, 장물죄 등이 여기에 해당한다(일본형법 제3조 참조).

제한적 속인주의는 국제법적으로 특별한 문제점이 제기되지 않는다. 왜냐하면 행위자의 국적을 넘어서 동일한 행위지 규범이 요구되기 때문에 모국은 외국의 법질서에 대한 존중을 표명한 것이다.[152] 적극적 속인주의가 광범위하게 승인되는 다른 요소들과 결합되는 경우, 예컨대 국외에서 자국민이 자국민에 대한 법익침해나 자국의 법익침해와 같은 보호주의의 내용이나 요소들과 결합되어야 자국형법을 적용하는 경우 속인주의는 어쨌든 제한되는 것이고 이와 같은 경우에도 국제법적으로는 문제가 되지 않는다.[153] 제한적 속인주의는 또한 국제적 연대사상에 기초하고 있으며, 소추국가가 자국의 국민으로부터 외국의 법익을 보호하고 따라서 범행지 국가의 형사사법 부담을 경감시키는 역할을 담당하기도 한다.[154]

국가의 형벌권을 확장하기 위하여 범죄를 범한 '사람'에 연결시키는 것은 국제법적 의미에서 충분한 관련점을 필요로 한다. 모국은 구체적인 사건에서 그와 같은 관련점이 존재한다는 것을 명백히 해명하여야 한다. 보통 그러한 연결점은 국가주의적인 국적의 부여를 통하여 만들어지거나, 경우에 따라서는 행위자의 거소에 의하여 연결되기도 한다. 적극적 속인주의의 이러한 변형[155]을 거소주의(Domizilprinzip)라고 표현하기도 한다.[156] 거소주의는 형벌권의 연결점이 국적이나 거소에 선택적으로 일어나는 경우 예컨대 국적이 자국이거나 또는 자국에 거주하는 경우에 자국형법을 적용하는 경우에는 적극적 속인주의가 확장되는 것이다.[157] 이에 반하여 국적과 거소가 중첩적으로 연결되어야 하는 경우, 즉 국외에서의 범죄일지라도 자국에

152 LK-Gribbohm, 11.Aufl., vor § 3 Rn.133; MK-Ambos, vor § 3 Rn.37.

153 MK-Ambos, vor § 3 Rn.37.

154 Oehler, Internationales Strafrecht, S.458; LK-Gribbohm, 11.Aufl., vor § 3 Rn.133; Satzger, Internationales und Europäisches Strafrecht, 4/7.

155 LK-Gribbohm, 11.Aufl., vor § 3 Rn.134. 다른 견해는 Oehler, Internationales Strafrecht, S.137은 이것을 부정하며, 권한분배원칙(Kompetenzverteilungsprinzip)으로 파악하고 있다.

156 Vgl. Jescheck/Weigend, AT, S.169.

157 Ambos, Internationales Strafrecht, § 3 Rn.43f.

거소가 있는 자국민에 의하여 범죄가 실행된 경우와 같이 구체적인 국제법적 연결점이 확실히 제한이 되고 있는 경우에도 국제법적으로 문제가 되지 않을 것이다.

더 나아가 자연인이 아닌 법인의 경우 자국형법을 적용할 것인가의 문제에 대하여 법인의 이름이나 법인의 이익을 위하여 범행이 수행된 경우에는 '소재지주의'(Sitzprinzip)에 따라 법인의 소재지가 연결점이 되고, 따라서 형벌권은 법인의 '소재지역'으로 확대된다. 이 원칙은 특히 최근의 국제법적 협약들에 자주 명시적으로 등장한다고 한다. 그러나 여전히 통설에 의하면 법인은 범행의 주체가 될 수 없고, 따라서 직접적으로는 적극적 속인주의의 대상이 되지 아니한다. 그러나 사물논리적으로 법인의 '적극적 속인'이 문제가 되고, 이러한 의미로 소재지주의를 적극적 속인주의의 하위사례로 표현할 수 있다.[158]

III. 속인주의의 법리적 기초

속인주의는 범행지가 국외일지라도 자국민이 범죄를 범한 경우 자국의 형법을 적용한다. 이와 같이 자국민이 외국에서 행한 범죄에 대하여 자국형법을 적용하는 것은 국제법적 원칙인 자국 국민에 대한 '인적 주권'(Personalhoheit des Staates)의 원칙에 기초하고 있다.[159] 그리고 적극적 속인주의는 국제법적으로도 승인되어 있으며, 외국의 형법 적용범위에서도 광범위하게 이 원칙이 채택되고 있다.[160] 특히 우리나라나 독일, 라틴아메리카에 있는 다수의 국가에서와 같이 자국민의 인도를 금지하는 법률체계를 가지고 있는 국가에서는 더욱 더 속인주의를 인정하여야 할 실무적인

---

158 Ambos, Internationales Strafrecht, § 3 Rn.42.

159 Wessels/Beulke/Satzger, AT, S.26.

160 국가별 적극적 속인주의의 입법적 채택 상황에 대하여는 MK/Ambos, vor § 3 Rn.36 Fn.242) ; Oehler, Internationales Strafrecht, S.468 참조.

필요성이 존재한다.[161] 자국민이 국외에서 죄를 범한 후 국내로 돌아오는 경우 범죄지국은 자국 영토 내에서의 범죄를 처벌하기 위하여 범인을 인도할 것을 요구할 수 있다. 여기서 모국은 자국민 불인도원칙에 따라 자국민의 인도를 거부하는 경우 적어도 자국형법을 적용하여 자국민을 처벌할 가능성이 있어야 양국간의 긴장이나 충돌을 해소할 수 있을 것이다. 이러한 점에서 속인주의는 그 의미를 가진다.[162] 또한 일부에서는 자국민의 동일한 행태의 불법을 행하였음에도 불구하고 범죄지가 다르다는 이유로 양자를 차별하는 것은 헌법상의 평등의 원칙에 반할 수도 있다는 점에서 속인주의가 정당성을 가진다고 한다.[163]

그리고 자국민이 이미 국외에서 해당 범죄로 인하여 처벌을 받은 경우 이를 어떠한 방식으로 고려할 것인가에 대하여는 각국의 입법적인 태도에 달려있다. 적극적 속인주의를 취하면서 외국에서 이미 형사처벌을 받았던 경우 자국형법의 적용을 배제한다든가, 형사소추상의 소추를 제한한다든가, 외국에서 받은 형의 전부나 일부를 필요적으로[164] 또는 임의적으로 고려하거나,[165] 전혀 고려하지 않고 자국 형법을 적용하는 등 다양한 방식의 입법이 존재한다. 우리나라의 경우에는 죄를 지어 외국에서 형의 전부 또는 일부가

---

161 독일의 경우 기본법 제16조 제2항의 제1문은 "독일인은 국외로 인도되지 아니한다"(Kein Deutscher darf an das Ausland ausgeliefert werden, Art.16 Abs.2 GG)이라고 규정하여 명시적으로 자국민의 인도를 금지하고 있다. 이에 반하여 우리나라의 경우에는 범죄인이 대한민국 국민인 경우 인도하지 아니할 수 있다고 규정하여(범죄인 인도법 제9조 제1호) 자국민의 불인도원칙을 명시하고 있기는 하나 반드시 불인도하여야 하는 것이 아니라 임의적이라는 점에서 차이가 있다.

162 井田 良, 講義刑法學 總論, 2008, 有斐閣, 64면.

163 배종대, 형법총론, 93면.

164 일본에서는 형법 제5조에 "외국에서 확정재판을 받은 자라도 동일한 행위에 대하여 다시 처벌하여도 무방하다. 단, 범인이 이미 외국에서 선고된 형의 전부 또는 일부의 집행을 받은 때에는 형의 집행을 감경 또는 면제한다"고 규정하여 외국의 형의 집행을 필요적으로 고려하도록 하고 있다.

165 스위스의 경우에는 외국에서 형의 집행을 종료하거나 면제된 경우에는 더 이상 소추되지 아니하고, 외국에서 유죄판결의 선고를 받아 형의 일부만이 집행된 경우에는 법원은 집행된 부분을 선고형에 산정하도록 하고 있다(스위스형법 제4항, 제5항).

집행된 사람에 대해서는 그 집행된 형의 전부 또는 일부를 선고하는 형에 산입한다(형법 제7조).[166]

IV. 형법 제3조의 해석론

1. 내국인의 판단

1) 내국인의 의미

속인주의에 따라 형법은 대한민국 영역 외에서 죄를 범한 '내국인'에게 적용되므로 내국인의 여부에 대하여 명확한 기준이 존재하여야 한다. 여기서 내국인은 대한민국 국석을 가진 사람이라는 점에는 의문이 없다.[167]

국적에 관해서는 민법·헌법 또는 단행법(單行法)으로 규정하고 있는데 우리나라의 경우 국적법에서 규정하고 있다(헌법 제2조). 국적법은 1948년 12월 20일 법률 제16호로 제정되었으며, 3차례의 일부 개정을 거친 후 1997년 12월 13일 전문개정되어 현재 시행되고 있다. 현행 국적법은 국적의 취득에 관하여, 부모의 국적에 따라 결정하는 속인주의를 채택하고 있다(국적법 제2조). 출생이라는 선천적 국적취득 외에 혼인, 인지(認知)·귀화·수반취득(隋伴取得)·국적회복과 같은 후천적 취득도 있다(제3조 이하).

개정전의 국적법은 부계혈통주의를 채택하고 있었으나 현행 국적법은 부모양계혈통주이로 전환하였다(제2조 제1항 제1호). 즉, 대한민국 국민의 처가 된 외국인에게 대한민국 국석을 부여하던 제도를 폐지하고, 대한민국 국민과 혼인한 외국인은 남녀 모두 혼인 후 국내에 2년이상 거주하는 등 일정요건을 갖추고 법무부장관의 귀화허가를 받아야 하도록 했고, 남편이 대한민국 국적을 취득하면 그 처도 자동으로 대한민국 국민이 되는 수반취득 조

166 외국에서 집행된 형의 산입에 대하여는 아래의 제4장 제3절 참조.
167 이영란, 형법학, 56면; 이재상/장영민/강동범, 형법총론, 51면; 임웅, 형법총론, 87면.

항과 처의 단독귀화를 금지하는 조항을 삭제해 혼인한 여성에게 독자적인 국적선택권을 보장했으며(종전 제4조 제2호 및 제8조 제1항 삭제), 국적선택제도를 신설해 이중국적자가 일정한 기간 내에 대한민국 국적을 선택하지 아니한 경우에는 우리 국적을 상실하도록 했다.

이와 같이 내국인의 여부는 국적법에 의하여 대한민국 국민으로 인정되어야 한다. 더 나아가 북한주민이나 중국의 조선족을 대한민국 국민으로 볼 수 있는가가 문제된다.[168]

2) 내국인의 시기

내국인인가의 여부를 어느 시점을 기준으로 결정하는가이다. 이것에 대하여는 행위시를 기준으로 내국인의 여부를 판단하는 입장, 소추시를 기준으로 판단하는 입장, 행위시나 소추시 가운데 어느 한 시점이라도 내국인이면 된다는 입장으로 구분된다.[169]

행위시를 기준으로 내국인의 여부를 판단하는 경우에는 국외에서 범죄를 범한 후 대한민국의 국적을 취득하는 경우 범죄인을 불처벌할 위험이 있다. 왜냐하면 이 경우 행위시에는 자국민이 아니었으므로 자국형법을 적용하지 못하고, 또한 소추시점에는 자국민이 되어 범죄지 국가에서 범죄인에 대한 인도를 요청하는 경우에는 원칙적으로 자국민불인도원칙에 따라 인도하지 아니하는 경우에는 해당 범죄인이 불처벌될 수 있기 때문이다.

이에 반하여 소추시를 기준으로 하여 내국인의 여부를 판단하는 경우에는 국외에서 범죄를 범하고 자국민이 된 범죄인을 처벌할 수 있다는 점에서는 합리적인 방안이다. 그러나 소추시를 기준으로 하는 경우 외국인이 외국에서 행한 행위가 그곳에서는 범죄로 되지 않음에도 불구하고 내국인이 된

168 이에 대하여는 "제4장 제1절 남북한 사이의 형법 적용 IV." 부분을 참조.
169 Ambos, Internationales Strafrecht, § 3 Rn48; NK/Böse, vor § 3 Rn18.

이후 자국형법을 적용하여 처벌할 수 있다는 점에서 불합리하다. 또한 범행 후에 내국인이 된 경우 자국형법을 적용하여 처벌하는 것이 죄형법정주의 원칙에 위반되는 것은 아닌가라는 새로운 문제가 제기된다.[170] 행위시에 내국인인 경우뿐 아니라 행위시에는 외국인이더라도 소추시에 내국인이면 내국인으로 판단하는 입장[171]역시 외국인이 외국에서 범행을 한 후 도피하여 내국인이 된 경우 범죄인에 대한 불처벌의 결함을 피할 수 있다. 그러나 이 입장 역시 소추시를 기준으로 하는 입장에서 제기되는 문제점은 여전히 남는다.

우리 형법은 소추시나 범행 후 내국인이 된 경우에도 형법을 적용할 수 있다는 명문의 규정을 두고 있지 않다. 따라서 내국인의 여부에 대한 판단은 행위시를 기준으로 하여야 할 것이다.[172] 행위시를 기준으로 판단하는 경우 발생할 수 있는 처벌의 결함을 피하기 위하여 소추시에도 내국인인 경우 자국형법을 적용하도록 명문화하는 방안을 마련할 수도 있다. 그러나 소추시를 기준으로 내국인을 긍정하는 경우에는 전술한 바와 같이 과잉처벌가능성이나 죄형법정주의와의 충돌가능성이 발생할 수 있다. 따라서 대한민국 국적을 취득한 범죄인이 범한 범죄가 중대한 범죄인 경우에는 행위시점에 우리 형법을 적용 가능하도록 세계주의 입법방식을 채택하는 것이 타당할 것이다. 이를 통하여 형법의 행위시법원칙이 관철될 수 있고 중대한 범죄임에도 행위자가 불처벌되는 결함을 회피할 수 있을 것이다.

2. 절대적 속인주의의 채택(?)

형법 제3조의 규정이 적극적 속인주의를 규정하고 있다는 점에는 의문이

---

170 죄형법정주의에 위반되는 것은 아니라고 해석하는 것은 BGHSt 20,22,23; SSW/Satzger, § 7 Rn.10.

171 독일은 이러한 입장을 취하고 있다(독일형법 제7조 제2항 참조).

172 통설: 김일수/서보학, 형법총론, 34면; 김형만, 형법총론, 30면; 배종대, 형법총론, 94면; 이재상/장영민/강동범, 형법총론, 51면; 임웅, 형법총론, 87면; 정성근/박광민, 형법총론, 69면.

없다. 그러나 여기서 더 나아가 제3조의 규정이 절대적 속인주의를 입법화한 것이며 제한적 속인주의의 해석가능성은 없는가이다. 이것은 특히 절대적 속인주의의 경우 국제법적인 관점에서 그 허용가능성에 대하여 의문이 제기되고 있으며, 현실적으로도 과연 이러한 절대적 속인주의에 따른 형법적용이 타당한가가 문제되기 때문이다.

1) 학설의 입장

(1) 절대적 적극적 속인주의

학설상 형법 제3조의 입법례에 대한 장단점에 대한 다소의 지적은 있으나, 그 해석에 있어서는 절대적 적극적 속인주의를 규정한 것이라는 점에는 거의 일치하고 있다.[173] "외국에서 그 행위가 범죄로 인정되지 않더라도 한국형법에 의하여 범죄가 되는 이상 형법이 적용"[174]된다고 하거나, "문제된 범죄행위가 대한민국 국민이 체재하는 외국에서도 범죄로 되는가 하는 점은 형법 제3조의 적용에 있어서 고려할 필요가 없다"[175]고 하여 그 점을 분명히 하고 있다.

형법 제3조를 제정함에 있어 세계 각국의 형법, 특히 독일형법, 일본형법, 일본 개정형법가안을 참고하였다. 당시 일본형법은 속인주의가 적용되는 특정 범죄를 열거하는 열거주의 방식을 취하고 있는 반면, 독일형법은 절대적 속인주의를 취하고 있었다.[176] 여기서 우리 형법은 제정 과정에서 "··· 이것은(제3조) 사람에게 대한, 즉 속인주의라는 이 원칙이 미[쳐]가는 데 우리 대

173 류동훈, 형법 제3조(속인주의) 문제의 본질과 법익론적 해결방안, 형사법연구, 제30권 제3호(2018), 7~8면; 신동운, 형법총론, 34면, 75면. 주장자들에 대해서는 구길모, 형법의 적용범위에 관한 고찰 – 해외원정도박에 대한 속인주의 적용 논의를 중심으로 -, 안암법학, 제49권, 2016, 133면; 김성돈, 속인주의와 형법 제3조의 재음미, 성균관법학, 제17권 제2호(2005), 352~353면 참조.

174 박상기, 형법총론, 40면.

175 신동운, 형법총론, 75면.

176 류동훈, 형법 제3조(속인주의) 문제의 본질과 법익론적 해결방안, 형사법연구, 제30권 제3호(2018), 7~8면.

한민국 국민인 이상에는 비록 대한민국 영역 외에서 한발이라도 [벗어] 나가는 경우가 있[더]라도 우리의 형법의 적용을 받는다 이러한 것입니다."[177] 라고 하여 입법자의 의사 역시 절대적 적극적 속인주의를 취하고 있다.[178]

(2) 절대적 속인주의에 대한 비판

제3조의 내국인의 국외범에 대한 속인주의 규정이 절대적 속인주의를 규정하였다는 점은 인정되나 이러한 입법방식은 현재와 같이 국제화된 사회에서 적절한 것인가에 대하여는 의문이 제기된다. 즉, "이 같은 원칙을 엄격히 적용할 때 국제화된 오늘의 사회현실에서 이를 통해 형법의 임무와 기능이 달성될 수 있을지 의문이다"[179]고 하거나, "법규는 시간과 장소를 떠나 타당성을 가실 수 없는 것임에도 불구하고 장소적 제한을 철폐하고 사람에 따라 어떤 종류의 행위든 벌한다는 것은 입법론상 재고의 여지가 있다"[180]고 하며 형법 제3조 입법의 과잉적 성격을 지적하는 입장도 있다.

여기에서 더 나아가 일부에서는 제3조의 속인주의 규정이 헌법에 위반된다는 주장도 제기된다. 즉, 제3조의 절대적 속인주의는 국외에서 활동하는 내국인의 기본권을 지나치게 제한하는 결과를 초래하여 헌법 제10조가 규정하는 행복추구권의 한 내용인 일반적 행동자유권을 침해하고, 헌법 제37조 제2항의 과잉금지원칙에 위배될 가능성이 있다는 입장이다. 이에 따르면 입법적으로 쌍방가벌주의나 열거주의 등 기본권을 최소로 침해할 수 있는 방법이 있음에도 불구하고, 이를 고려하지 아니한 채 처벌하지 않아도 되는 경우를 절대적 적극적 속인주의를 적용하여 우리 형법으로 모두 처벌하는 것은 기본권의 제한입법에서 최소침해성 원칙에 위반된다고 주장한다.[181]

177 신동운(편저), 형법 제·개정 자료집, 제15회 국회정기회의속기록 제56호(1953.4.17.), 133면.
178 고봉진, 형법 제3조(내국인의 국외범) 해석론, 서울법학, 제27권 제1호, 2019, 82면.
179 김일수/서보학, 형법총론, 34면.
180 유기천, 형법학(총론강의), 33~34면.
181 김태수, 형법 제3조의 문제점과 해결방안, 형사법연구, 제24권 제1호, 2012, 8면.

(3) 절대적 속인주의의 옹호

일부의 견해에서 절대적 속인주의의 입법에 대하여 "법률의 타당성이 시간적, 지역적 요소뿐만 아니라 사람, 즉 국민과 관계를 맺을 수밖에 없는 점을 고려하면 큰 문제가 아니고, 속인주의의 폐쇄성, 비현실성에 대한 염려는 해당 국가의 속지주의에 의해 우리 재판권이 먼저 행사될 가능성이 사실상 희박하므로 이론적 우려에 지나지 않는다"[182]고 하여 이를 긍정적으로 평가하기도 한다. 또한 쌍방가벌주의를 취하는 경우에는 국가보안법이 적용될 수 없는 상황에 이를 수 있기 때문에 처벌필요성이 있음에도 불구하고 처벌의 공백이 발생하는 문제점이 있다는 점에서 남북분단이라는 특수한 상황에서 쌍방가벌주의의 도입은 어려울 것으로 판단하기도 한다. 그리고 열거주의를 취하는 경우 처벌의 공백은 더욱 크게 나타날 수 있다고 주장하기도 한다.[183]

2) 판례의 입장

판례의 태도 역시 형법 제3조가 속인주의를 규정하고 있다는 점은 명시적으로 긍정하나, 절대적 속인주의의 입장인가에 대하여는 다소 불명확하다. 그러나 속인주의에 관한 대법원의 판례에서의 표현을 살펴보면 결론적으로는 절대적 적극적 속인주의의 입장을 취하고 있다는 점에 동의할 수 있다. 예컨대 대한민국 국민인 피고인이 미국의 네바다 주에 있는 카지노에서 도박하였다는 공소사실에 대하여 "형법 제3조는 '본법은 대한민국 영역 외에서 죄를 범한 내국인에게 적용한다.'고 하여 형법의 적용범위에 관한 속인주의를 규정하고 있고, 또한 국가정책적 견지에서 도박죄의 보호법익보다

182 배종대, 형법총론, 106면.

183 구길모, 형법의 적용범위에 관한 고찰 – 해외원정도박에 대한 속인주의 적용 논의를 중심으로 -, 안암법학, 제49권, 2016, 139~140면.

좀 더 높은 국가이익을 위하여 예외적으로 내국인의 출입을 허용하는 폐광지역 개발지원에 관한 특별법 등에 따라 카지노에 출입하는 것은 법령에 의한 행위로 위법성이 조각된다고 할 것이나, 도박죄를 처벌하지 않는 외국 카지노에서의 도박이라는 사정만으로 그 위법성이 조각된다고 할 수 없다."[184] 고 하여 해당 국가에서는 불처벌되는 행위일지라도 피고인을 도박죄로 처벌할 수 있다고 하였다. 또한 이와 유사한 다른 도박사건에서 동일하게 해석하고 있다.[185]

내국인이 국외에서 행위지국에서 허용된 도박장소(카지노)를 개설한 사건과 관련하여서도, 대법원은 형법 제3조에 따라 우리나라 형법에 의하여 처벌이 가능하고, 설령 행위지국의 법령에 의하여 허용되는 것이라고 하더라도, 형법 제20조에서 정하고 있는 '법령에 의한 행위' 또는 '사회상규에 위배되지 아니하는 행위'에 해당한다고 볼 수 없으므로, 위법성이 조각되지 아니한다고 보았다.[186]

그리고 대학생들이 미국문화원을 점거하고 시위하는 과정에서 발생한 폭행 등에 대하여 대법원은 " . . . 따라서 설사 논지가 주장하는 바와 같이 국제협정이나 관행에 의하여 서울에 있는 미국문화원이 치외법권 지역이고 그곳을 미국영토의 연장으로 본다 하더라도 그곳에서 죄를 범한 피고인들에 대하여 우리 법원에 먼저 공소가 제기되고 미국이 자국의 재판권을 지금까지도 주장하지 않고 있는 바에야 속인주의를 함께 채택하고 있는 우리나라의

184 대법원 2004.4.23. 선고 2002도2518 판결.

185 대법원 2001.9.25. 선고 99도3337 판결: "형법 제3조는 '본법은 대한민국 영역 외에서 죄를 범한 내국인에게 적용한다.'고 하여 형법의 적용 범위에 관한 속인주의를 규정하고 있는바, 필리핀국에서 카지노의 외국인 출입이 허용되어 있다 하여도, 형법 제3조에 따라, 필리핀국에서 도박을 한 피고인에게 우리나라 형법이 당연히 적용된다."

186 대법원 2018.8.30. 선고 2018도10042 판결. 이 사건에 대하여 내국인이 국외에서 행위지국의 허가를 받고 카지노사업을 수행한 도박장소 개설행위에 대하여는 국내법에서 보호하고자 하는 법익을 침해하지 않아 사회상규에 위반되지 않는 행위로 위법성이 조각되는 것으로 보아야 한다고 해석하기도 한다(신동운, 형법총론(제14판), 2022, 76면).

재판권은 피고인들에게도 당연히 미친다 할 것이다. 또 미국문화원측이 피고인들에 대한 처벌을 바라지 않았다고 하여 그 재판권이 배제되는 것도 아니다"[187]라고 하여 미국이나 미국문화원 측의 처벌의사나 처벌여부에 관계없이 우리 형법을 적용하여 처벌하였다.

다만 판례는 절대적 속인주의에 의하여 해외에 거주하는 대한민국 국민의 기본권이 심각하게 침해될 수 있다는 점에서 개별 범죄의 해석에 제한을 가하기도 한다. 예컨대 내국인이 국외에서 무면허의료행위를 한 의료법위반행위에 대하여 의료법상 무면허의료행위는 국내에서 의료인 아닌 자가 의료행위를 하는 것을 처벌하려는 구성요건으로 국외에서의 행위는 규범의 보호범위에 포함되지 않는다고 이해한다.[188]

결론적으로 우리 학설과 판례 모두 형법 제3조의 규정을 절대적 속인주의로 해석한다는 점에서 거의 일치하고 있다.

3. 제한적 속인주의로 해석가능성

형법 제3조가 절대적 적극적 속인주의를 취하고 있다는 학설과 판례의 입장에 기본적으로 동의한다. 다만 이러한 입법적 태도가 적절한지에 대하여는 동의할 수 없다는 점에서, 본조의 규정을 절대적 속인주의가 아니라 제한적 속인주의를 채택한 것으로 해석할 수 있는 가능성을 검토한다.

1) 행위지법에 의한 '죄를 범한'

형법 제3조의 규정인 "본법은 대한민국 영역 외에서 죄를 범한 내국인에게 적용한다"는 아주 단순한 규정이다. 따라서 동 조문이 절대적 속인주의

187 대법원 1986.6.24. 선고 86도403 판결.

188 대법원 2020.4.29. 선고 2019도19130 판결. 또한 동일한 취지로 국외에서 안마업을 하는 경우 불처벌한 사례는 대법원 2018.2.8. 선고 2014도10051 판결 참조.

가 아니라 제한적 속인주의를 채택한 것으로 해석하려면 동 조문의 '죄를 범한'을 해석함에 있어 특수한 해석방법이 있을 수 있다. 형법 제3조의 속인주의에서 '죄를 범한'을 자국형법에 의한 '죄를 범한'이 아니라 행위지의 형법에 의한 '죄를 범한'으로 해석하는 방법이다. 이와 같이 해석하면 우리 대한민국 국민이 외국에서 해당 국가의 범죄를 범한 경우 이를 처벌하는 것으로 해석할 수 있다.[189] 역으로 대한민국에서는 범죄에 해당하나 행위지에서는 범죄로 인정되지 아니한 행위는 내국인이 해당 범죄를 범하였다고 하더라도 대한민국 형법을 적용할 수 없게 된다. 그러나 이러한 해석은 대한민국 형법을 적용하는 것이 아니라 행위지국의 형법을 적용하는 것이며, 이는 대한민국 법원이 외국법을 기초로 국민의 처벌 여부를 판단한다는 점에서 부적절한 해석이다.

2) 쌍방가벌성에 의한 '죄를 범한'

제3조의 '죄를 범한'을 우리나라와 행위지국 두 국가 모두의 입장에서 '죄를 범한'이라고 해석하여, 양 국가 모두에서 처벌을 하여야 '죄를 범한'이라고 해석하는 방법이다.[190] 이와 같이 해석하는 경우에는 쌍방가벌성이라는 요건 하에서 적극적 속인주의가 인정된다는 점에서 제한적 속인주의를 채택한 것이 되어 실제 사건에서의 구체적 타당성이나 국제법적인 차원에서 큰 문제는 없을 것이다. 그러나 우리 형법규정의 해석으로서는 이러한 내용을 포함하고 있다고 해석하기 어렵다.[191] 왜냐하면 우리 형법은 행위지에서의 법률규정에 따라 형법의 적용이 문제된 경우에는 미리 이를 명시적으

189 국외에서의 도박행위는 처음부터 도박죄의 구성요건 보호범위 밖에 있다고 보아 도박죄의 구성요건을 부정하여야 한다고 이해하기도 한다(松原芳博, 刑法總論, 545面).

190 이는 결국 제6조의 단서 규정을 유추적용하자는 주장(김태수, 형법 제3조의 문제점과 해결방안, 형사법연구, 제24권 제1호, 2012, 11면)과 사실상 동일하다.

191 비슷한 취지로 김성돈, 속인주의와 형법 제3조의 재음미, 성균관법학, 제17권 제2호(2005), 357면.

로 규정하고 있기 때문이다. 즉 형법 제6조에서 보는 바와 같이 대한민국이나 대한민국 국민에 대하여 죄를 범한 외국인에게 적용한다고 규정하면서 "단 행위지의 법률에 의하여 범죄를 구성하지 아니하거나 소추 또는 형의 집행을 면제할 경우에는 예외로 한다"(형법 제6조 단서)고 하여 행위지에서 죄가 되지 아니하면 우리 형법을 적용하지 아니함을 명시하고 있다. 따라서 여기서의 '죄를 범한'을 행위지의 법률에 의한 죄를 포함하는 것이었다면 형법 제6조의 단서와 같이 형법 제3조의 경우에도 단서의 규정을 두었을 것이다.[192] 이러한 의미에서 '죄를 범한'은 우리 형법에 의한 죄를 범한 것을 의미하기 때문에 행위지법에 의한 제한은 없으므로 형법 제3조를 제한적 속인주의로 해석할 수는 없다.[193]

또한 우리 형법의 제정과정을 살펴보더라도 형법 제3조의 규정은 문제되는 행위가 행위지법에 의할 때 범죄가 되는지의 문제를 전혀 고려하지 않고 만들어진 것이다. 형법의 제정과정에 특히 참고하였던 일본의 경우에도 이미 일본형법 제3조에 "본법은 제국 외에서 왼쪽에 기재한 죄를 범한 제국 신민에게 이를 적용한다"고 하여 제1호부터 제16호까지 자국민이 외국에서 범한 죄 가운데 일본형법을 적용할 수 있는 죄를 구체적으로 기술하여 놓고 있었다.[194] 이와 같은 일본형법의 열거적 적용에도 불구하고, 우리 형법은 제3조를 제정할 당시 입법자는 국회의 논의과정에서 "우리 대한민국 국민인 이상에는 비록 대한민국 영역 외에서 한발이라도 [벗어] 나가는 경우가 있[더]라도 우리의 형법의 적용을 받는다"[195]라고 하여 명확히 절대적 속인주의로 결정하였던 것이다.

---

192 제3조의 문장을 '목적론적 축소'하여 제6조와 같은 단서의 규정을 포함하는 것으로 해석하는 것에 대하여 부정하는 입장에 대한 상세한 논증은 고봉진, 형법 제3조(내국인의 국외범) 해석론, 서울법학, 제27권 제1호, 2019, 88~91면 참조.

193 형법 제7조를 근거로 절대적 속인주의를 취하고 있다는 주장에 대하여는 김성규, 형법의 장소적 적용범위에 관한 규정의 내용과 한계, 형사법연구, 제18호(2002), 199면 참조.

194 김성돈, 속인주의와 형법 제3조의 재음미, 성균관법학, 제17권 제2호(2005), 354면 주) 21 참조.

195 신동운(편저), 형법 제·개정 자료집, 제15회 국회정기회의속기록 제56호(1953.4.17.), 133면.

3) 기타 해석론

제3조가 규정하고 있는 절대적 속인주의의 문제점을 해결하기 위하여 해석론으로 제3조의 적용범위를 축소하기 위한 다양한 해석론들이 제기되기도 한다.

(1) 법익구별설

일부에서는 법익을 대한민국 형법의 보호대상이 되는 법익과 보호대상에서 제외되는 법익으로 구별할 필요가 있다고 보면서, 형법 제2조 이하의 원칙만 갖추면 더 이상 제한없이 대한민국 형법의 보호대상이 되는 법익을 일반적 법익이라고 부르고, 우리나라의 법익인 경우에만 대한민국 형법의 보호대상이 되는 법익을 제한적 법익이라고 부른다.[196] 여기에서 제3조의 내국인의 국외범은 해당 국외범이 범하는 범죄가 우리 형법의 보호대상이 되는가 여부에 따라 달라진다고 해석한다. 그러나 이는 제3조의 규정이 법익에 대한 구별을 명시하지 않고 있는 이상 문언에 반하는 주장이라고 보아야 한다.[197]

(2) 기소유예설

대한민국 형법은 처벌하지만 행위지법에 따르면 범죄가 되지 않거나 벌하지 않는 경우에는 검사의 기소편의주의를 이용하여 기소유예의 처분을 하자는 견해도 있다.[198] 그러나 기소를 유예한다는 주장은 국외에서 행한 내국

---

196 김성천/김형준, 형법총론, 제6판, 소진, 2014, 51~52면. 보호법익과 관련하여 예컨대, 도박이 허용되는 국외에서 내국인이 도박을 한 경우 이러한 도박행위는 우리나라의 공공의 근로의식을 위태화하지 않는다는 점에서 도박죄의 법익침해가 없다고 보아 불법도박죄로 처벌할 수 없다고 주장하기도 한다(이정원, 외국 카지노에서의 도박행위의 위법성 – 대법원 2004.4.23. 2002도2518 -, 비교형사법연구, 제8권 제2호, 2006, 449면).

197 구길모, 형법의 적용범위에 관한 고찰 – 해외원정도박에 대한 속인주의 적용 논의를 중심으로 -, 안암법학, 제49권, 2016, 136면.

198 임무영, 도박죄에 있어서 내국인의 국외범 처벌에 대한 타당성 검토, 저스티스, 제72호, 한국법학원, 2003, 254면.

인의 행위가 대한민국의 형법이 적용되고 범죄가 성립하여 처벌될 수 있다는 것을 전제로 한다. 따라서 이는 형법 제3조의 해석론이라기 보다는 검찰의 기소유예방침에 대한 하나의 기준으로 기능할 수 있을 뿐이다.[199] 이는 결국 구체적인 사건에서 실질적인 구속력을 가진다고 보기 어렵고 경우에 따라서는 형평성의 문제도 제기된다는 점에서 제3조의 문제점을 해결하기 위한 제도적인 대안이라고 할 수 없다.

(3) 위법성조각설(정당행위설)

위법성조각사유를 통해 형법 제3조의 적용을 해당 범죄의 위법성 단계에서 제한하는 방식을 제안하는 견해도 있다.[200] 정당행위로 인정하는 입장도 세부적으로 살펴보면 그 논증에서 다소 차이가 있다. 한편에서는 외국에서 허용된 내국인의 행위는 행위지에서 법령이나 사회상규에 의하여 당연히 허용되는 행위로서 국내법이 보호하고자 하는 법익을 침해하지 아니하여 우리나라의 국가안전보장, 질서유지 또는 공공복리와는 무관한 경우에는 형법 제20조의 정당행위 규정을 유추 적용하여 위법성이 조각되는 것으로 해석하는 것이 헌법정신에 부합하는 해석이라고 보았다.[201] 즉, 외국에서 허용된 행위를 처벌하는 것은 내국인의 기본권을 제한하는 것이므로 이를 제한하기 위해서는 국가안전보장, 질서유지, 공공복리에 의한 이익과 개인의 기본권 보장의 이익을 형량하여 결정하며, 특히 대한민국이나 대한민국 사회에 대한 법익의 침해가 존재하지 않는 경우에는 정당행위로 위법성을 조각시켜야 한다는 것이다. 다른 한편에서는 정당행위에 '법령에 의한 행위'는

199 구길모, 형법의 적용범위에 관한 고찰 – 해외원정도박에 대한 속인주의 적용 논의를 중심으로 -, 안암법학, 제49권, 2016, 136면.

200 고봉진, 형법 제3조(내국인의 국외범) 해석론, 서울법학, 제27권 제1호, 2019, 94~95면; 구길모, 형법의 적용범위에 관한 고찰 – 해외원정도박에 대한 속인주의 적용 논의를 중심으로 -, 안암법학, 제49권, 2016, 143면.

201 서울고법 2018.6.14. 선고 2017노2802 판결; 고봉진, 형법 제3조(내국인의 국외범) 해석론, 서울법학, 제27권 제1호, 2019, 95면.

대한민국 법령이 아니라 행위지의 법령에 따른 행위로 위법성이 조각될 수 있다는 것이다. 대한민국에서의 행위에 대하여 대한민국 형법을 적용할 때 해석상 형법 이외에 민법, 행정법, 형사특별법 등이 당연히 고려되어야 하는 것처럼, 별도의 조항이 없더라도 국외에서의 행위에 대하여 대한민국 형법을 적용할 때의 '법령'에는 국외에서의 행정법이나 형사법 등이 고려되어야 한다는 것이다. 따라서 해당 국가에서 허용된 행위는 '법령에 의한' 행위에 해당하여 정당행위로서 위법성이 조각된다고 해석한다.[202]

그러나 정당행위로 위법성이 조각된다는 해석은 엄격히 말하면 형법 제3조가 절대적 속인주의를 취하고 있는가의 여부에 대한 법리라고 보기는 어렵다. 왜냐하면 정당행위라는 위법성조각사유에 따라 해결이 달라진다고 하는 것은 기본적으로 형법의 적용범위 문제에서 형법 제3조가 적용되는 것을 의미하고, 다만 개별적인 사례에 따라 위법성조각사유로서 정당행위가 검토될 수 있다는 것을 뜻하기 때문이다. 또한 법령에 의한 행위에서 법령을 대한민국의 법령이 아니라 외국에서의 법령으로 이해하는 것은 앞에서 언급한 "행위지법에 의하여 죄를 범한"으로 해석하는 것과 동일하다. 이러한 해석은 대한민국 형법을 적용하는 것이 아니라 행위지국의 형법을 적용하는 것이며, 이는 대한민국 법원이 외국법을 기초로 국민의 처벌 여부를 판단한다는 점에서 부적절한 해석이다. 외국에서 허용되는 행위를 하는 내국인을 처벌할 수 있는가의 문제는 현행법 하의 해석론으로는 형법 제3조의 적용이 긍정되고, 다만 해당 행위가 위반하고 있는 규범의 보호범위론 또는 규범의 보호목적론이 적용될 수 있을 것으로 생각된다. 예컨대 대한민국 국민이 일본에서 자동차를 운행 중 일본 도로교통법에 따라 좌측통행을 한 경우, 대한민국 국민인 행위자는 '불특정 다수인이 통행하는 도로'에서 우측통행이라는 통행방법을 위반하여 대한민국의 도로교통법 위반이 될 수 있다. 그러나

202 구길모, 형법의 적용범위에 관한 고찰 – 해외원정도박에 대한 속인주의 적용 논의를 중심으로 -, 안암법학, 제49권, 2016, 143면, 148면.

대한민국의 도로교통법은 대한민국이라는 영역내의 도로에서 사고를 방지하고 원활한 교통을 위함을 그 보호목적이나 보호범위로 한다는 점에서 규범의 보호범위나 보호목적을 일탈한 것이라는 점에서 대한민국 도로교통법상 구성요건을 충족한다고 볼 수 없을 것이다.[203]

V. 절대적 속인주의의 문제점과 해결방안

1. 형법 제3조(절대적 속인주의)의 문제점

1) 체재국의 속지주의와 충돌

형법 제3조는 행위지국에서 해당 행위를 처벌하는가의 여부나 범죄의 종류 여부를 묻지 않고 국외에 있는 자국민에 대하여 자국형법을 적용한다. 따라서 잭팟사례의 경우와 같이 대한민국 국민이 필리핀 카지노나 미국 라스베가스에서 도박한 경우 행위지인 미국이나 필리핀에서 도박행위를 처벌하는 규범이 존재하지 않음에도 우리 형법을 적용하여 대한민국 국민을 처벌할 수 있다고 한다. 그러나 자국민을 처벌하는 경우에는 자국의 형법질서와 체재국가의 주권(그리고 법질서)이 충돌한다. 행위자 자신이 자발적으로 체재국에 들어간 상황에서는 체재국의 법질서를 고려하여야만 하고, 따라서 속지주의에 따라 체재국의 형벌권에 복종하여야 한다. 그럼에도 불구하고

---

203 이외에도 체재국에서 불처벌인 행위에 대하여 자국형법을 적용하여 처벌하는 경우 행위자에게 금지착오의 가능성을 검토하여 볼 수도 있다. 그러나 금지착오에서 정당한 이유가 있는지 여부는 행위자에게 자기 행위의 위법의 가능성에 대해 심사숙고하거나 조회할 수 있는 계기가 있어 자신의 지적능력을 다하여 이를 회피하기 위한 진지한 노력을 다하였더라면 스스로의 행위에 대하여 위법성을 인식할 수 있는 가능성이 있었음에도 이를 다하지 못한 결과 자기 행위의 위법성을 인식하지 못한 것인지 여부에 따라 판단하여야 한다는 것이 판례의 입장이다(대법원 2006.3.24. 선고 2005도3717 판결). 따라서 내국인의 국외범에게 정당한 이유를 인정할 수 있는 경우는 매우 제한적일 수 밖에 없을 것이다(동일한 취지로 류동훈, 형법 제3조(속인주의) 문제의 본질과 법익론적 해결방안, 형사법연구, 제30권 제3호(2018), 11면).

자신이 현재 체류하고 있는 국가에서는 전혀 처벌되지 않는 행위에 대하여 모국이 행위자를 처벌한다면 이는 부적절하다.[204] 왜냐하면 자국의 형벌권을 행사하려는 모국은 해당 행위를 처벌하지 않는 것으로 결정한 체재국의 주권적 결정을 완전히 도외시함으로써 체재국의 법질서를 무시하는 것이기 때문이다. 따라서 형법 제3조와 같은 절대적 속인주의는 체재국의 주권적 결정을 전혀 고려하지 아니한 채 자국민에 대하여 어디에 있든지 관계없이 '모국에 대한 충성의무'를 이행할 것을 요구하는 것이다.[205] 그리고 여기서는 외국의 영토 내에서 일어나는 사건에 대하여는 원칙적으로 간섭하지 않겠다는 불간섭원칙을 고려하기 보다는 자국의 형법적 가치표상을 외국에서도 관철하는 것이 더 중요하다고 생각하는 것이다. 그러나 이와 같이 자국민은 자국의 국가의사에 완전히 복종하여야 한다는 형법적 국가표상을 관철하려는 것은 타국가의 주권적 결정에 대한 존중이 결여되어 있으므로[206] 국제법적으로 승인되어 질 수 없다.[207] 또한 자국의 형법표상을 관철하려는 시도는 적극적 속인주의의 현대적 취지에도 어긋난다. 왜냐하면 오늘날 적극적 속인주의가 기초하고 있는 근본사상은 국제적인 연대성, 즉 자국민이 국외에서 범죄를 범하고 귀국한 경우 자국민을 불인도하는 원칙에 따라 행위지국으로 인도할 수 없으므로 이 경우 자국형법을 적용하여 처벌한다는 것이다.[208] 따라서 행위지국에서도 범죄로 처벌되지 아니하는 것을 자국민이라는 이유로 처벌하는 것은 이러한 연대성에 벗어난다. 결국 형법 제3조는 국제법적인 측면이나 적극적 속인주의 근본사상에서 동의하기 어려운 입법태도를 나타내고 있는 것이다.

---

204 비슷한 취지로 김태수, 형법 제3조의 문제점과 해결방안, 형사법연구, 제24권 제1호, 2012, 10면.

205 LK/Werle/Jeßberger, vor § 3 Rn.253; Oehler, Internationales Strafrecht, S.142.

206 MK/Ambos, vor § 3 Rn.36f.; NK/Böse, § 9 Rn18

207 LK/Werle/Jeßberger, vor § 3 Rn.253f.; MK/Ambos, vor § 3 Rn.36; Oehler, Internationales Strafrecht, S.142.

208 Jescheck/Weigend, Strafrecht, AT, S.196.

2) 죄형법정주의의 공허화

형법 제3조와 같이 절대적 속인주의를 취하는 경우 행위지국에서는 범죄가 되지 않는 경우에도 자국의 형법이 적용된다. 이와 같은 자국법의 적용은 행위자의 입장에서 보면 행위자 자신이 준수해야 한다고 생각하는 형벌규범과 일치하지 아니할 수 있다. 일반적으로 행위자는 행위 당시에 자신의 국적에 해당하는 모국의 형벌규범에 의한 위하가 아니라 오히려 자신이 현재 소재하고 있는 행위지국의 형벌규범에 의한 위하를 받아들인다. 특히 해당 범죄가 행정형법에 해당하는 범죄이거나 또는 해당 범죄의 불법내용이 사소한 범죄인 경우에는 더욱 그렇다.

예컨대 우리나라 여행객이 외국여행을 하는 중에 출입이 허용된 호텔이나 관광지의 카지노에서 게임을 하는 경우 해당 여행객은 도박이 금지되어 있다는 사실은 알고 있으나 행위지에서 출입이 허용되므로 사실상 범죄의식 없이 도박게임을 한다. 또한 대마초가 법적으로 허용되는 국가에 체재하는 사람 역시 행위지에서 해당 행위를 벌하지 아니하므로 아무런 심적 장애 없이 대마초의 흡연행위를 하게 된다.

그럼에도 불구하고 행위지국과 가치관을 달리하는 자국의 형법을 가지고 행위지국에서 해당 행위를 처벌하려고 하는 것은 비합리적이다. 법률 없으면 형벌을 부과할 수 없고, 범죄와 형벌은 미리 법률로 규정되어 있어야 한다는 죄형법정주의는 일정한 국가의 근저를 이루는 가치관에 기초하고 있다. 이러한 이유로 행위시에 행위자가 구체적인 형벌법규를 인식하지 못하였다고 할지라도 해당 형벌규범은 이미 일반적으로 인식되고 있다고 보아 행위자를 구속할 수 있는 것이다. 행위자는 반드시 행위지국의 가치관에 따라 결정된 행위지국의 법질서에 따라야 하고, 따라서 행위자의 입장에서는 해당 행위가 행위지국에서 범죄에 해당하는 것 아닌가 하는 점이 의사결정의 중요한 요인이 된다.[209] 여기서 형법 제3조의 절대적 속인주의를 통해 상이한 가치관을 나타내는 자국형법을 적용하려고 하는 경우에는 행위자의 입장에서는 범죄를 제어하는 동기가 매우 약한 상태에 있음에도 불구하고 처벌된다는 문제가 있는 것이다.[210]

2. 해결방안

절대적 속인주의의 이와 같은 문제점을 해소하기 위한 방안으로서 무조건적인 자국형법의 적용이 아니라 일정한 제한 하에 자국형법을 적용하는 제한적 적극적 속인주의 방안을 생각할 수 있다. 여기에서는 특히 쌍방가벌주의와 열거주의의 방식이 존재한다.

1) 쌍방가벌주의

(1) 동일한 처벌규범의 존재

형법 제3조의 이와 같은 문제를 해결하기 위해서는 결국 행위지법을 고려하여 자국의 형법을 적용하는 방안이 존재한다. 즉 행위지국의 경우에도 해당 행위를 처벌하는 동일한 규범이 존재하는 경우(lex loci)에 자국형법을

---

209 자국형법에 죄와 형이 법정화되어 있고, 타국형법은 해당 행위를 죄와 형으로 정하지 않았을 뿐이라는 점에서 각국의 서로 다른 결단일 뿐이라고 한다. 타국의 형법이 죄와 형으로 규정하지 않은 행위에 대해 자국형법이 죄와 형으로 규정한 것을 두고 죄형법정주의를 공허화한다고 비판하는 것은 국가 주권의 상대성을 전제하는 것으로 설득력이 부족하다는 주장도 있다(류농훈, 형법 제3조(속인주의) 문제의 본질과 법익론적 해결방안, 형사법연구, 제30권 제3호(2018), 10면). 여기서 해당 행위를 죄로 하고 이를 형법적으로 처벌하도록 결정하였다는 자국의 결정을 문제삼는 것이 아니라, 이러한 결정을 국외에서도 모든 경우에 관철시키려는 태도가 행위자의 범죄억지력을 통하여 범죄를 예방한다는 죄형법정주의의 근본정신을 몽요케 한다는 취지이다.

210 비슷한 취지로 김성규, 적극적 속인주의에 관한 형법 제3조의 문제점과 그 해결방안, 비교형사법연구, 제9권 제1호(2007), 6~7면; 김태수, 형법 제3조의 문제점과 해결방안, 형사법연구, 제24권 제1호(2012), 11면.

적용하는 것이며, 이를 쌍방가벌주의라고 부르기도 한다.

쌍방가벌주의는 행위시점에[211] 형사법적 처벌이나 이와 유사한 처벌[212]이 존재하는 경우에는 이와 같은 처벌규정이 존재하는 것으로 인정된다.[213] 여기에서는 현대 형사법에서 인정되는 형사법적 형벌과 행정법적 질서벌 사이의 구분이 기초가 된다. 그리고 쌍방가벌성에서 가벌성의 종류를 순수한 형벌행위로 제한하는 것은[214] 동일한 규범을 요구하는 의미와 목적, 즉 형법의 확장을 제한하여 행위지에서도 순수한 형사법적으로 처벌되는 경우들로 제한한다는 점에 근거를 두고 있다.

(2) 처벌규정의 동일성판단

(가) 범죄행위의 동일성

문제는 쌍방가벌성이 존재하는 행위는 어느 정도로 일치하여야 하는가이다. 기본적으로 행위지국에서도 해당 행위에 대한 처벌조문이 존재하여야 한다. 다만 해당 행위지국의 형벌구성요건은 자국의 형벌구성요건과 일치할 필요도 없으며,[215] 동일한 보호범위나 보호목적을 따라야 할 필요도 없다.[216] 또한 행위지국의 죄수론이나 경합규정 역시 중요하지 않다.[217] 동일한 행위지규범의 요구는 구성요건의 동일성(Tatbestandsidentität)의 의미가

---

211 행위의 시점이 아닌 사후적인 처벌규정은 소급효금지의 원칙에 따라 고려할 수 없다(RGSt 55,267; Fischer, §7 Rn.7; Schönke/Schröder/Eser/Weißer, §7 Rn.12).

212 그러나 단순히 어떤 형법외적인 징벌이 아닌 것을 의미한다(BGHSt 2,160,161; BGHSt 8,349,356 f.; 21,277,278; Tröndle, JR 1977,2).

213 Vgl. BGHSt 27,5,8 f.; sowie MK/Ambos, §7 Rn.5 Fn.11.

214 E 1962, BT-Drs. 4/650, 112 f. 이하 참조. 또한 이와 비슷한 논지는 Scholten, Das Erfordernis der Tatortstrafbarkeit in §7 StGB, S.142ff.

215 RGSt 5,424,425; 54,249.

216 RGSt 5,424; BGHSt 2,160,161; BGH NJW 1954,1086; LK/Gribbohm, §7 Rn.22; Schönke/Schröder/Eser/Weißer, §7 Rn.4.

217 RGSt 42,330,333 f.; LK/Gribbohm, §7 Rn.22; Schönke/Schröder/Eser/Weißer, §7 Rn.4f.

아니라 범죄행위의 동일성(Tatidentität)의 의미로 이해될 수 있으며,[218] 행위지국의 전체 법질서, 특히 특별형법을 포함하는 것이다.[219] 또한 행위지국의 기술되지 아니한 형벌규정들도 여기에 포함될 수 있다. 왜냐하면 예컨대 영미법국가와 같은 국가의 보통법(common law)에서는 법률주의원칙(lex scripta)이 적용되지 않기 때문이다.[220] 어떤 특정한 범죄행위가 행위지국에서 처벌되는가 아닌가에 대하여는 해당 행위지국의 형법에 대한 검토가 요구된다. 그러나 실제로 적용되는 형법은 자국의 형법이 적용되는 것이다. 왜냐하면 동일한 행위지규범을 검토하는 것은 당연히 직접 자국 형법에로 환원되는 자국의 형벌권을 개시하는 데에 이용되는 것이기 때문이다.[221] 따라서 자국의 처벌조각사유는 해당 처벌조각사유들이 행위지국의 법질서에서는 인정되지 않는 경우일지라도 자국인에 대한 국외에서의 범행이나 자국인의 국외에서의 범행에는 적용된다는 결론에 이르게 된다.[222]

(나) 정당화사유와 책임조각사유

행위지에서 해당 행위가 처벌되는지의 여부는 때때로 어떤 구성요건을 이유로 처벌하는지를 확정하는 것 이상을 요구할 수도 있다. 구성요건해당성은 단지 동일한 행위지규범을 요구하는 것의 최소한의 성립요건에 불과하다. 광범위하게 삼단계적 범죄체계론에 따른 행위지에서의 범행에 대한 실체법적 처벌, 소송법적 소추가능성 그리고 사실적 소추는 구별되어져야만 한다. 그러나 이와 같은 확장적 성립요건들이 동일한 정도로 고려되는 것도 아니며, 또한 예외 없이 타당한 것도 아니다.

행위지국에서의 실실적 처벌조각사유들, 예컨대 정당화사유나 책임조각

218 유사한 취지로 Niemöller, NStZ 1993,173.
219 Scholten, Das Erfordernis der Tatortstrafbarkeit in §7 StGB, S.128.
220 Scholten, Das Erfordernis der Tatortstrafbarkeit in §7 StGB, S.130.
221 Heinrich, Das passive Personalitätsprinzip im deutschen Strafrecht, S.80.
222 동의하는 것은 LK/Gribbohm, §3 Rn.4. 반대하는 견해는 NK/Lemke, §3 Rn.5.

사유들과 같은 조각사유들은 자국형법을 적용함에 있어서도 고려되어야 하며, 이 점에 대하여는 거의 논란이 없다.[223] 왜냐하면 행위지의 형법이 구체적인 행위를 실질적으로 불법한 것으로 평가를 하여 그래서 어떤 정당화되는 내용이 인정되지 않고, 또한 행위자에게 책임비난이 행하여질 수 있는 경우에만 해당 구체적인 행위는 처벌되는 것이라고 할 수 있기 때문이다. 또한 기타 실질적 처벌조각사유들이 고려될 수 있는 지 문제가 될 수 있으나,[224] 결론적으로 처벌조각사유들 역시 고려된다고 할 수 있다. 왜냐하면 범행의 단순한 구성요건해당성만으로도 충분할 것이라고 하는 경우에는 동일한 행위지규범 요구의 한계설정기능은 전체적으로 무의미하게 된다.[225] 그 이유는 한편으로는 단순히 행위동일성만을 인정하는 경우에는 행위동일성은 일반적으로 존재하기 때문에 큰 의미가 없기 때문이다. 또한 다른 한편으로는 어떤 특정한 행동을 허용되는 것으로 확정하거나 아니면 적어도 책임비난을 철회하는 그와 같은 행위지국의 주권적인 결정은 무시되는 것이고, 따라서 침해하지 말아야 할 불간섭원칙을 침해하는 것이다.[226]

(다) 소추요건

'동일한 규범'의 범위에 형사소송법상 소추에 필요한 요건도 동일할 것을 요하는가에 대하여는 부분적으로 논란이 있다. 독일의 판례는 여기서의 동일한 규범은 실체법적 법률상황이 문제되는 것이라는 이유로 소송법적 소추장애는 고려되지 않는다고 하고 있다.[227] 그러나 이러한 판례의 견해는 독일

---

223 BGHSt 2,160,161; MK/Ambos, §7 Rn.10 Fn.37. 참조.

224 Scholten, Das Erfordernis der Tatortstrafbarkeit in §7 StGB, S.147.

225 Heinrich, Das passive Personalitätsprinzip im deutschen Strafrecht, S.96f.; Scholten, Das Erfordernis der Tatortstrafbarkeit in §7 StGB, S.146f.

226 따라서 유럽이사회(Council of Euorpe) 역시 단순한 범죄적 공격으로 제한하는 것을 순수한 의미에서 대표성(representation)의 개념으로부터의 출발이라는 것으로 여기고 있다.

227 BGH NStZ-RR 2000,361; MK/Ambos, §7 Rn.12. Fn.45.

의 문언상 명확한 것도 아니며 해당 법조문의 생성역사에 의하여 지지될 수 있는 것은 아니라고 한다. 문언은 소추장애가 존재하는 행위가 실제로 형벌에 의하여 위협받는(mit Strafe bedroht) 행위인가 하는 문제에 대하여는 적어도 개방되어 있다는 것이다.[228] 연혁적으로도 소송법적 소추장애의 고려가 원칙적으로 인정되었으며, 규정의 상태에 대해서는 견해가 일치하지 않고 경우에 따라서는 형사소송법적 규정으로도 충분한 것으로 여기기도 하였다.[229]

결론적으로 자국이 행위지국의 소추장애를 무시하는 경우에는 이것은 행위지국가의 주권적 결정을 무시하는 것과 동일하게 되는 것이다. 왜냐하면 그와 같은 조치를 통하여 행위지국가는 자신의 영토 외에서도 소추를 포기한다는 것을 명확히 한 것이기 때문이다. 따라서 이와 같은 경우에 국가적 소추장애를 고려하는 것이 국제법적 관점에서 보다 합리적인 것이다.[230]

2) 열거주의

절대적 속인주의를 극복하는 방법으로 해당 범죄가 비교적 중대한 범죄이거나 해당 국가에서 필요적으로 처벌할 범죄라고 고려되는 범죄들을 명시적으로 나열하여 해당 범죄들에 대해서만 적극적 속인주의를 적용하는 방식으로 이를 열거주의라고 한다.[231] 어떤 범죄를 열거주의 대상범죄로 고려할 것인가에 대하여 내국인의 국외범에 대하여 도로교통 관련 법령 등과 같이

---

228 Heinrich, Das passive Personalitätsprinzip im deutschen Strafrecht, S.88; Scholten, Das Erfordernis der Tatortstrafbarkeit in §7 StGB, S.154f.; LK/Gribbohm, §7 Rn.33.

229 Scholten, Das Erfordernis der Tatortstrafbarkeit in §7 StGB, S.155f.; LK/Gribbohm, §7 Rn.33.

230 Henrich, Das passive Personalitätsprinzip im deutschen Strafrecht, S.99; Oehler, Internationales Strafrecht, S.149 참소. 이와 다른 견해는 Scholten, Das Erfordernis der Tatortstrafbarkeit in §7 StGB, S.165; LK/Gribbohm, §7 Rn.38.

231 본조의 개정방안으로 우선적으로는 열거주의를, 차선책으로 동일규범주의를 주장하는 입장은 류동훈, 형법 제3조(속인주의) 문제의 본질과 법익론적 해결, 형사법연구, 제30권 제3호(2018), 23~25면.

속지성이 강한 규범에 대한 위반행위는 대상범죄에서 제외하고, 생명과 신체에 대한 죄, 자유에 대한 죄 기타 속지성에 좌우되지 않는 보편적인 윤리에 반하는 것으로 생각될 수 있는 죄를 대상범죄로 한정하자는 주장도 존재한다.[232] 열거주의 방식을 채택하는 국가들 사이에서도 적극적 속인주의의 대상범죄와 관련하여 부분적으로 차이를 나타내고 있다.

(1) 독일의 경우 열거주의와 쌍방가벌주의가 복합적으로 적용된다. 먼저 독일인이 외국에서 범한 행위 중 특정한 범죄에 대해서는 행위지법에서의 처벌여부와 관계없이 독일형법이 적용된다. 여기서 인정되는 특정한 범죄는 민주적 법치국가에 대한 위해범으로 제89조의 경우, 국방에 대한 범죄로 제90조a 제1항 및 제90조b, 제109조a, 제109조d와 제109조h의 경우, 성적자기결정권을 침해한 범죄로 제174조 제1항 및 제3항, 제176조 내지 제176조b 및 제182조의 경우, 낙태죄(제218조)의 경우, 독일인 공무원 또는 공무상 특별한 의무를 지는 자가 재직기간 중 또는 직무와 관련하여 행한 범죄의 경우, 의원매수에 관한 범죄(제108조e)의 경우, 장기관련행위(장기이식법 제18조)의 경우이다.[233] 또한 행위자가 행위 시에 독일인이었거나 행위 후에 독일인이 된 경우, 국외에서 행하여지는 기타의 범죄행위에 대해 행위지에서 그 범죄에 대한 처벌규정을 두고 있거나 또는 어떠한 형벌권이 미치지 않는 경우에는 독일형법이 적용된다.[234] 이러한 의미에서 독일형법은 독일인이 국외에서 법률에 규정한 특정한 종류의 범죄를 범하였거나 독일인이 국외에서 범죄를 범하였고 행위지에서 그 범죄에 대한 처벌규정을 두고 있는 경우(쌍방가벌주의)에 독일형법을 적용하는 방식으로 속인주의를 제

---

232 김성규, 적극적 속인주의에 관한 형법 제3조의 문제점과 그 해결방안, 비교형사법연구, 제9권 제1호(2007), 19면.

233 독일형법 제5조.

234 독일형법 제7조 제2항 제1호.

한하여 적용한다.

(2) 오스트리아의 경우 오스트리아인이 외국에서 행한 다음의 행위에 대하여는 행위지의 형법과 관계없이 오스트리아형법이 적용된다: 형사미성년자에 대한 중한 성범죄(제206조), 형사미성년자에 대한 성범죄(제207조), 제207조a 제1항과 제2항의 아동음란물제조, 제207조b 제2항과 제3항의 미성년자성매매 및 미성년자에 대한 성매매 및 음란물공연 조장(제215조a)의 경우, 대량살상무기의 제조 및 확산(제177조a을 범한 때)의 경우, 오스트리아인이 오스트리아인에게 행한 범행으로서 양자가 주소 또는 일상의 거소를 국내에 두고 있을 때, 테러단체(제278조b)와 테러행위(제278조c) 및 그와 연관된 제128조 내지 제131조, 제144조, 제145조, 제223조, 제224조로 처벌되는 행위의 경우, 테러에 대한 경제지원(제278조d)의 경우이다.[235] 또한 행위자가 행위 당시 오스트리아인이었거나 오스트리아국적을 사후적으로 취득하였거나 형사소송이 개시될 당시 오스트리아국적을 보유하고 있는 자로서 앞에서 적시한 행위 중 외국에서 행해진 행위에 대해서는 행위지의 법률로 처벌되는 때에 한하여 오스트리아형법이 적용된다.[236]

(3) 일본의 경우에는 속인주의를 적용하면서 국민의 국외범과 공무원의 국외범을 구분하여 규정하고 있다. 먼저 일본국민이 일본국외에서 특정한 죄를 범한 경우 일본형법을 적용하도록 규정하고 있다.[237] 여기에 해당하는 범죄는 1. 제108조(현주건조물방화) 및 제109조 제1항(비현주건조물 등 방화)의 죄, 이들의 규정의 예에 의하여 처단하여야 할 죄 및 이들 죄의 미수죄, 2. 제119조(현주건조물 등 침해)의 죄, 3. 제159조 내지 제161조(사문

235 오스트리아형법 제64조 제1항.

236 오스트리아형법 제65조 제1항 제1호.

237 일본형법 제3조.

서 위조 등, 허위진단서 등 작성, 위조사문서 등 행사) 및 전조 제5호에 규정하는 전자적 기록 이외의 전자적 기록에 관한 제161조의2의 죄, 4. 제167조(사인위조 및 부정사용 등)의 죄 및 동조 제2항의 죄의 미수죄, 5. 제176조 내지 제179조(강제추행, 강간, 준강제추행 및 준강간, 집단강간 등, 미수죄), 제181조(강제추행 등 치사상) 및 제184조(중혼)의 죄, 6. 제199조(살인)의 죄 및 그 미수죄, 7. 제204조(상해) 및 제205조(상해치사)의 죄, 8. 제214조 내지 제216조(업무상낙태 및 동 치사상, 부동의 낙태, 부동의 낙태치사상)의 죄, 9. 제218조(보호책임자유기 등)의 죄 및 동조의 죄에 관한 제219조(유기 등 치사상)의 죄, 10. 제220조(체포 및 감금) 및 제221조(체포 등 치사상)의 죄, 11. 제224조 내지 제228조(미성년자 약취 및 유괴, 영리목적 등 약취 및 유괴, 몸값 목적 약취 등, 국외 이송 목적 약취 및 유괴, 인신매매, 피약취자 등 국외이송, 수수 등, 미수죄)의 죄, 12. 제230조(명예훼손)의 죄, 13. 제235조 내지 제236조(절도, 부동산침탈, 강도), 제238조 내지 제241조(사후강도, 혼취강도, 강도치사상, 강도강간 및 동 치사) 및 제243조(미수죄)의 죄, 14. 제246조 내지 제250조(사기, 전자계산기사용사기, 배임, 준사기, 공갈, 미수죄)의 죄, 15. 제253조(업무상횡령)의 죄, 16. 제256조 제2항(도품 양수 등)의 죄가 있다.

그리고 일본국의 공무원이 일본국외에서 1. 제101조(간수자 등에 의한 도주원조)의 죄 및 그 미수죄, 2. 제156조(허위공문서작성 등)의 죄, 3. 제193조(공무원직권남용), 제195조 제2항(특별공무원 폭행·능욕) 및 제197조 내지 제197조의4(수뢰, 수탁수뢰 및 사전수뢰, 제3자뇌물공여, 가중수뢰 및 사후수뢰, 알선수뢰)의 죄 및 제195조 제2항의 죄에 관한 제196조(특별공무원직권남용 등 치사상)의 죄에 대해서는 일본형법을 적용하도록 규정하고 있다.[238]

238 일본형법 제4조.

(4) 중국형법은 이상의 열거방식과 달리 절대적 속인주의를 제한하는 방식으로 법정형을 고려하는 방식을 적용한다. 즉 중화인민공화국 공민이 중화인민공화국 영역 외에서 중국형법에 규정된 죄를 범한 경우에는 원칙적으로 중국형법을 적용하여 처벌한다. 이러한 의미에서 절대적 속인주의에 가깝다. 다만 중국형법이 규정한 최고형이 3년 이하의 유기징역인 경우에는 추궁하지 않을 수 있도록 규정하여 법정형을 기준으로 절대적 속인주의를 완화하는 방식을 택하고 있다. 그리고 중화인민공화국의 국가공무원과 군인이 중화인민공화국 영역 외에서 중국형법에 규정된 죄를 범한 경우에는 중국형법을 적용하여 처벌하도록 규정하고 있다.[239]

3. 절대적 속인주의의 완화방안 검토

1) 쌍방가벌주의 검토

쌍방가벌주의는 행위지법을 고려하여 자국형법의 적용을 제한하는 방안이다. 즉 자국민이 국외에서 범죄를 범한 경우 행위지국의 경우에도 해당 행위를 처벌하는 '동일한 규범이 존재하는 경우(lex loci)'에 한하여 자국형법을 적용하는 방법이다. 쌍방가벌주의에 의하면 행위시에 행위지국에도 해당 행위나 유사한 행위를 형사법적으로 처벌하는 규정(비형사법적 처벌규정은 포함되지 아니한다)이 존재하여야 한다. 쌍방가벌성을 요구하는 방식은 자국민을 처벌하기 위하여 자국형법과 행위지국 형법에서 모두 해당 행위를 형사범으로 처벌하는 규정을 두고 있는 것을 확인하면 되고, 형벌이 위하력이나 책임원칙의 측면에서도 적절한 방안일 수 있다. 입법하는 방식에서도 쌍방가벌성의 요구는 개별적인 범죄들에 대하여 처벌가능여부를 기술하지 않고 비교적 단순하게 입법할 수 있다는 점에서도 장점이 있다. 그러나 쌍방

239 중국형법 제7조.

가벌성의 요구는 행위지국가의 형법이나 형사특별법의 규정들 그리고 경우에 따라서는 형사소송법의 규정들에 대한 충분한 이해와 지식을 바탕으로 하여야 한다.[240] 왜냐하면 양 국가의 처벌규정과 관련한 법체계나 처벌규정의 세부적인 내용을 알아야 자국과 행위지국에 동일한 처벌규범의 존재여부를 확정할 수 있기 때문이다. 또한 자국의 입장에서는 해당 범죄를 처벌하여야 할 사회적·문화적 필요성이 존재함에도 불구하고 행위지국에서는 처벌규정이 없다는 이유로, 즉 쌍방가벌성이 부존재한다는 이유로 이를 불처벌하는 경우 해당 범죄의 예방이라는 자국형법의 규정은 공허화될 위험이 있다. 왜냐하면 쌍방가벌성을 요구하면 자국민은 자국에서 해당 범죄행위를 실행하지 않고 해당 범죄행위를 처벌하지 않는 국가에 체재하면서 이를 수행함으로써 자국형법을 무력화시킬 수 있기 때문이다.

2) 열거주의 검토

열거주의는 해당 범죄가 비교적 중대한 범죄이거나 해당 국가에서 필요적으로 처벌할 범죄라고 고려되는 범죄들을 명시적으로 나열하여 해당 범죄들에 대해서만 적극적 속인주의를 적용한다. 특정한 범죄로 제한하여 속인주의를 채택하기 때문에 여기에 포섭되는 특정한 범죄가 어떠한 범죄인가에 대하여는 개별적인 범죄들을 모두 검토하여야 한다. 그리고 검토의 결과 확정된 처벌 대상범죄를 열거하는 열거주의방식은 명확성이라는 측면에서 자국민의 국외범죄의 예방이나 그 운용에 큰 어려움은 없을 것이다.

그러나 열거주의는 몇 가지 점에서 논란이 될 수 있다.

첫째, 적극적 속인주의에 의하여 처벌대상이 되는 범죄는 특히 중대한 법익 침해를 수반하는 범죄나 법정형이 높은 범죄들을 중심으로 대상범죄들

240 MK/Ambos, §7 Rn.6; 김성규, 적극적 속인주의에 관한 형법 제3조의 문제점과 그 해결방안, 비교형사법연구, 제9권 제1호(2007), 19면.

이 열거될 것이다. 여기에서 열거되는 대상범죄들은 그 처벌상 중대한 범죄로 이미 사회적 위험성이 크다고 판단되므로, 타 국가에서도 이미 처벌하도록 규정하고 있을 것이다. 따라서 쌍방가벌주의의 범위를 초과하지 못할 가능성이 크다.

둘째, 중대한 범죄에 해당하지 아니하거나 기타 이유로 속인주의의 대상범죄에 포함되지 않는 범죄의 경우 국내에서의 동 범죄에 대한 처벌을 회피할 목적으로 국외에서 범죄를 범하는 소위 '범죄지 쇼핑'을 할 우려가 있다.[241] 예컨대 도박이나 성매매와 같은 범죄가 속인주의의 대상에서 제외되면 해외에 출국하여 도박이나 성매매를 하는 경우에도 불처벌하는 국민의 법감정에 반할 수 있다.[242]

셋째, 속인주의의 대상범죄를 선정하여 이를 열거하는 과정에서 형법을 포함하여 모든 형사특별법의 범죄들도 고려하여 이를 열거하여야 한다. 그리고 이미 열거한 범죄의 개폐 여부, 새로운 신설 범죄의 대상범죄의 포함 여부 등 형사법들의 다양한 변경사항 등을 수시로 반영하여야 한다는 점에서 입법적인 부담이 매우 크다고 판단된다.

4. 개정안

형법 제3조의 절대적 적극적 속인주의의 규정을 제한적 적극적 속인주의를 내용으로 개정할 것을 제안한다. 형법상의 책임원칙의 조화나 국제법적 이론적 기초에 충실할 수 있다는 점에서 쌍방가벌주의가 입법적으로 더 적절하다.[243] 그러나 쌍방가벌주의만을 채택하는 경우에는 내국인이 국외에서

241 독일의 경우 낙태를 허용하는 주변 국가로 이동하여 낙태를 하는 행위인 소위 낙태여행(Abtreibungstour)은 처벌하기 위하여 낙태죄를 속인주의 대상범죄로 열거하고 있다(Ambos, Internationales Strafrecht, §3 Rn59).

242 김태수, 형법 제3조의 문제점과 해결방안, 형사법연구, 제24권 제1호, 2012, 17면.

243 동일한 취지로 쌍방가벌성의 입법론을 지지하는 견해는 김성돈, 형법총론, 117면.

대한민국의 중대한 법익을 침해하는 경우에도 해당 행위지국에서 해당 행위를 처벌하는 규정이 존재하지 않으면 불처벌된다는 문제가 야기될 수 있다. 따라서 쌍방가벌주의를 원칙으로 하며 열거주의를 가미하는 형태의 복합적인 속인주의의 규정을 마련하는 것이 적절할 것으로 판단된다. 여기서 개정의 방향은 쌍방가벌주의의 조문화와 관련하여서는 동일한 행위지 규범을 요구하여, 해당 행위를 행위지국에서도 범죄로 하여 처벌하며, 소추가 가능한 행위이고 형의 집행을 면제하지 아니하는 행위로 제한하는 규정을 마련한다. 이와 같은 내용은 우리 형법이 취하고 있는 보호주의 규정인 형법 제6조의 규정의 단서에 상응하는 방식으로 개정한다. 그리고 동일한 행위지 규범이 존재하지 않는 경우에도 처벌하여야 할 범죄는 열거주의의 형태로 형법 제5조의 각호에 기재된 범죄를 열거하는 형식으로 개정할 것을 제안한다. 이를 기초로 제안하는 구체적 개정안은 다음과 같다.

형법 제3조(내국인의 국외범) ① 본법은 대한민국 영역 외에서 죄를 범한 내국인에게 적용한다. 단 행위지의 법률에 의하여 범죄를 구성하지 아니하거나 소추 또는 형의 집행을 면제할 경우에는 예외로 한다.

② 본법은 대한민국 영역 외에서 형법 제5조 각호에 기재한 죄를 범한 내국인에게 적용한다.

제4절 보호주의

I. 의의

보호주의(Schutzgrundsatz, protective principle)에 의하면 범행이 국외의 어디에서 발생하였는지 그리고 어느 국가의 국민에 의하여 범해졌는지에 관계없이, 자국과 자국민의 법익을 침해하거나 위태화하는 범죄의 경우 자국형법을 적용한다. 이와 같이 보호주의는 국외에서의 외국인에 의한 범죄에 대하여 자국형법을 적용함으로써 자국의 형벌권을 확장하는 역할을 한다. 여기서 자국의 국가적 법익을 보호하는 것을 국가보호주의(Staatsschutzprinzip) 또는 실질주의(Realprinzip)라고 하며, 자국민의 개인적 법익을 보호하는 것을 개인보호주의(Individualschutzprinzip) 또는 소극적 속인주의(passives Personalitätsprinzip)라고 한다.

형법은 대한민국 영역 외에서 내란의 죄, 외환의 죄, 국기에 관한 죄, 통화에 관한 죄, 유가증권·우표와 인지에 관한 죄, 문서에 관한 죄(제225조 내지 제230조), 인장에 관한 죄 중 공인 등의 위조·부정사용죄(제238조)를 범한 외국인에게 대한민국 형법을 적용한다(제5조)고 규정하여 국가보호주의를 채택하고 있다. 따라서 전술한 범죄를 범한 외국인은 행위지법에서 해당 행위를 처벌하는지의 여부와 관계없이 형법을 적용할 수 있다.

또한 대한민국 영역 외에서 대한민국 또는 대한민국 국민에게 죄를 범한 외국인에게도 형법을 적용할 수 있다(제6조)고 하여 개인보호주의도 긍정한다. 그러나 특정 국가가 자국이나 자국민의 법익을 보호할 의무를 진다고 할지라도 범죄지 국가에서 불처벌인 행위까지 자국형법을 적용하여 외국인을 처벌하는 것은 외국인의 불법인식에 문제가 있으며, 외국의 주권에 대한 침해가 될 수 있다.[244] 따라서 행위지의 법률에 의하여 범죄를 구성하지 아니하거나 소추 또는 형의 집행을 면제할 경우에는 우리 형법을 적용할 수 없도록 쌍방가벌주의를 취하고 있다(제6조 단서).

---

244 Ambos, Internationales Strafrecht, § 3 Rn.73f.; 김성규, 형법의 장소적 적용범위에 관한 규정의 내용과 한계, 형사법연구, 제18호(2002 겨울), 200-201면.

II. 보호주의의 법리적 기초

1. 국가보호주의

국가보호주의는 내란죄나 외환죄와 같이 국가나 국가기관의 존립과 안전을 침해하거나 위협하는 범죄에 대하여 자국형법을 적용하는 원칙으로, 이것은 국제관습법적으로 승인되어 있으며, 외국의 법제에서도 광범위하게 인정되고 있다.[245] 국가보호주의가 별다른 의심이나 반론없이 긍정되는 이유는 어떤 국가도 자신의 정치적 또는 군사적 주권에 대한 공격을 수수방관하는 국가는 없다는 비교적 단순하고 합리적인 사고에 기초하고 있다.[246] 그리고 국가보호주의는 행위지 국가에서 해당 범행이 형벌권의 부재로 처벌되지 않거나 또는 정치적인 이유로 형사소추되지 않거나 하는 문제와 관계없이 적용된다. 여기서 외국인의 국외범을 처벌하거나 형사소추함에 있어 쌍방가벌성원칙을 적용하여 행위지국가에서도 해당 행위를 처벌하여야 할 것을 요구하는 경우에는 아주 우스운 결과가 발생할 것이다. 예컨대 A국의 정보요원이 A국에서 B국의 기밀을 탐지하거나 수집하는 행위는 B국의 입장에서는 범죄행위에 해당하지만 A국의 입장에서는 범죄가 부정되거나 정당한 행위로 인정되기 때문이다. 따라서 국가보호주의의 경우에는 그 출발부터 쌍방가벌성이나 동일한 행위지규범을 요구할 필요가 없는 것이다.

그렇다고 하여 역으로 자국의 법익이 침해받는 국가가 정당방위권을 원용하여 모든 예상 가능한 '국내적 법익'에 대한 공격을 방어하기 위하여 자국의 형벌권을 행위지국가의 주권영역에 까지 무제한적으로 확대하는 것은 허용되지 않는다. 여기서 고려되는 국내적 법익은 단지 국가의 안전과 존립

245 Ambos, Internationales Strafrecht, § 3 Rn.72f.; MK/Ambos, vor § 3 Rn.40 m.w.N. in Fn.264, 265.

246 이를 "국가의 자기보호"(Selbstschutz des Staates)라고 표현한다(Schönke/Schröder/Eser/Weißer, vor § 3 Rn.32).

을 침해하거나 위태롭게 하는 그러한 침해의 경우에만 자국형법을 적용할 수 있다(좁은 의미에서의 국가보호주의). 그렇지 아니한 경우에도 자국형법을 적용하는 것은 불간섭원칙이나 속지주의원칙에 위배되는 것이고, 따라서 그러한 국가보호주의는 정당화되어질 수 없다.[247]

2. 개인보호주의(소극적 속인주의)

외국에서 외국인이 행한 자국민에 대한 범행에 대하여 자국형법을 적용하려는 개인보호주의 입장은 결국 자국 형벌권을 국외로 확장한다는 의미에서 국제법적으로 많은 비판이 존재한다.[248] 그럼에도 불구하고 많은 나라들이 이러한 입법적 태도를 취하고 있으며,[249] 우리 형법의 경우에도 제6조에서 개인보호주의를 채택하고 있다.

이러한 개인보호주의의 입법태도가 정당화되는 것은 외국에서의 자국민에 대한 범행이 해당 행위지국가에서는 잘 알려지지 않는 경우가 발생할 수 있으며, 또한 해당 행위지 국가는 해당 사건을 소추할 이익이 그리 크지 않다고 생각할 가능성이 있으므로 해당 범죄의 소추에 소극적일 수 있기 때문이다.[250] 이러한 점에서 개인보호주의의 입장은 자국민이 행위지법에 의하여 충분히 보호를 받지 못하는 경우에 외국인의 국외범에도 자국의 형법을 보충적으로 적용하려는 생각에 기초하고 있는 것이다.[251]

그러나 다른 한편 개인보호주의의 입법은 실질주의(국가보호주의)에서와 같이 모국의 안전과 존립이 문제되는 것이 아니라 단지 아주 그보다 훨씬

---

247 Ambos, Internationales Strafrecht, § 3 Rn.71.

248 Schönke/Schröder/Eser/Weißer, vor § 3 Rn.22; NK/Böse, vor § 3 Rn.20.

249 Oehler, Internationales Strafrecht, S.413ff. 특히 개별 국가에서 동 원칙의 채택에 대하여는 S.420ff.

250 Oehler, Internationales Strafrecht, S.421.

251 김종구, 형법(刑法)의 역외적용(域外適用)과 소극적 속인주의(屬人主義) -일본의 법제와 비교법적 관점에서-, 법조, 제54권 제12호, 2005, 149면.

사소한 소추이익이 주장될 수 있을 것으로 보인다. 또한 자국과 타 국가 영토와의 결부는 자국의 국민에 대한 공격(법익침해)에 의하여 비로소 만들어지는 것이다. 적극적 속인주의에서는 자국민의 행위라는 점에서 자국과 외국과의 관련성이 항상 존재하는 것이나, 개인보호주의에서의 자국민에 대한 공격이라는 관련점은 범죄가 수행되기 이전에는 전혀 존재하지 아니한다. 결국 외국에서 외국인 범죄자 자신이 자국 국민이 아닌 외국인을 공격하였다는 것을, 그것으로 인하여 공격당한 외국인의 모국법에 지배되어야 한다는 것을 전혀 알지 못하고 또한 이러한 법을 전혀 알지 못하는 외국인 범죄자에게까지 자국의 형법을 확장시킨다. 여기에서 나타나는 책임주의원칙과의 충돌은 '동일한 행위지규범의 요구(쌍방가벌성의 요구)'에 의하여 비로소 완화될 수 있다.[252] 왜냐하면 일탈적인 행위가 범행지에서도 역시 처벌받는 행위이어야만 해당 행위자는 적어도 자신의 동의 없이도 그에게 타국의 법질서에 지배되는 것이 아닌 것이다. 그가 자신의 범행지국가의 내국인에 대하여 범행을 행한 경우일지라도 그는 또한 처벌되어야 하는 것이다. 그가 단지 자신의 피해자의 국적이 외국이라는 것에 대하여 착오하고, 따라서 부가적으로 적용할 법률에 대하여 착오한 경우 이는 단지 무해한 것이다. 왜냐하면 그는 자신의 행동이 자국의 법에 따라 처벌될 수 있는 경우에만 처벌되어야 하기 때문이다.[253]

이와 같은 쌍방가벌주의의 요청을 통하여 책임원칙에 상응한다고 할지라도 소극적 속인주의에 반대하는 국제법적 사고가 완전히 제거되는 것은 아니다. 왜냐하면 모국은 범죄지국가에서 자신의 국민에게 행해진 범죄의 경우 형벌권의 행사를 통하여 자신의 주권범위를 확장하는 것이다. 여기서

252 이에 동의하는 것은 Oehler, Internationales Strafrecht, Rn.127f., 666f.; NK/Böse, vor § 3 Rn.20; LK/Werle/Jeßberger, vor § 3 Rn.228; 김종구, 형법(刑法)의 역외적용(域外適用)과 소극적 속인주의(屬人主義) -일본의 법제와 비교법적 관점에서-, 법조, 제54권 제12호, 2005, 150면.

253 착오문제에 대하여는 Ambos, Internationales Strafrecht, § 1 Rn.9.

국외의 범죄자에게 자국의 형법에 종속케 한다는 점에서 쌍방가벌성을 요청한다고 하여 바뀌는 것은 아무것도 없다는 점이다. 이것은 외국의 형사사법에 대한 불신을 보여줄 뿐만 아니라 관할권의 충돌을 유발할 뿐이다. 물론 행위지국가의 법질서를 처벌의 기초로서 인정하고 동일한 행위지규범이 없는 경우에는 형벌권의 확장을 인정하지 않는 것과 같은 방식을 수용함으로써 자국이 자국민에 대한 국외범에게 무조건적으로 개입하는 것은 아니라는 점을 보여준다. 여기서 쌍방가벌성의 요청을 승인하는 것은 정치적인 이유 뿐 아니라 법적인 근거에서도 허용되고 절대적 소극적 속인주의는 국제법에 위반된다는 것 이상의 것이 국제법적으로 추론되는 것은 아니다.[254]

소극적 속인주의는 적극적 속인주의와 마찬가지로 거소주의(Domizilprinzip)와 연결될 수 있다. 개인보호주의를 적용함에 쌍방가벌성의 요구과 주소주의를 대체적인 관련점으로 인정하는 경우에는 자국의 형벌권을 확장적으로 적용하게 되고, 이 둘을 누적적 관련점으로 인정하는 경우에는 자국형벌권을 제한적으로 적용하는 효과를 나타낸다.[255]

국가보호주의의 의미에서 국가보호나 개인보호주의의 의미에서 자국민의 보호는 때때로 서로 융합되어 있다. 이에 대한 좋은 예는 외교관에 대한 범행에서 모국의 형벌권을 행사하는 것이다. 여기서의 형벌권은 국가보호의 측면에서도 개인보호의 측면에서도 근거될 수 있다. 왜냐하면 외교관은 한편으로는 모국의 공적인 대표자일 뿐 아니라 다른 한편으로는 자국의 국민이기도 하기 때문이다. 이와 같은 경우에는 불간섭원칙을 물러나게 하는 외교관의 모국에 대한 이중적 관련성이 존재한다고 말할 수 있다.[256]

---

254 이렇게 해석하는 것이 다수의 견해이다(NK/Böse, vor § 3 Rn.20).

255 Ambos, Internationales Strafrecht, § 3 Rn.75.

256 Ambos, Internationales Strafrecht, § 3 Rn.74.

III. 보호주의에 대한 입법례

1. 독일

일반적으로 외국인의 국외범은 대상 법익에 따라 자국 국가적 법익을 보호하는 국가보호주의와 자국국민의 개인적 법익을 보호하는 개인보호주의를 구별하여 규정한다. 그러나 독일의 경우에는 법익의 종류에 따라 이를 구별하여 규정한 것이 아니라, 행위지에서도 동일한 처벌규범이 필요한 경우의 국외범(독일형법 제7조 제1항)과 동일한 처벌규범을 필요로 하지 않는 국외범(독일형법 제5조)의 두 경우를 나누어 규정하고 있다.[257]

1) 쌍방가벌성(lex loci)의 불요구

독일형법은 제5조에서 국외에서 행하여진 특정한 종류의 범죄에 대하여는 행위지법에 독립하여 독일형법을 적용하도록 규정하여, 특정범죄에 대한 국외범의 경우 동일한 행위지규범이 존재할 것을 요구하지 않는다. 즉 국외범이 내란의 죄(제81조 내지 제83조), 민주적 법치국가의 위험범,[258] 간첩 및 외환의 죄(제94조 내지 제100a조), 국방에 대한 죄,[259] 국내에 주소 또는 거소를 두고 있는 독일인에 대한 정치적 약취, 유인 및 정치적 무고(제234a조, 제241a조), 국내에 주소 또는 거소를 두고 있는 자에 대한 미성년자 약취, 유인(제235조 제2항 제2호), 독일형법의 장소적 적용범위 내에 소재한 사업소나 동 적용범위 내에 본사를 두고 있는 사업체 또는 독일형법의 장소

---

257 독일에서 보호주의의 입법과정과 내용에 대하여 상세히는 Ambos, Internationales Strafrecht, § 3 Rn.75ff., S.59-63; MK/Ambos, § 5 Rn.1ff.; SSW/Satzger, § 5 Rn.1ff. 참조.

258 민주적 법치국가 위험범 중 a) 행위자가 독일인이고 그 생활근거를 이 법의 장소적 적용범위 내에 두고 있는 경우의 제89조, 제90a조 제1항 및 제90b조, b) 제90조 및 제90a조 제2항.

259 국방에 대한 죄 중 a) 제109조 , 제109e조 내지 제109g조, b) 행위자가 독일인이고 그 생활근거를 이 법의 장소적 적용범위 내에 두고 있는 경우의 제109a조, 제109d조 및 제109h조.

적 적용범위 내에 본사를 두고 있는 사업체에 종속되어 그 사업체와 기업결합을 형성하고 있는 국외 소재 사업체의 영업 또는 업무상 비밀침해,[260] 성적 자기결정권에 대한 죄[261] 행위자가 행위 시에 독일인이고 그 생활근거를 독일형법의 장소적 적용범위 내에 두고 있는 경우의 낙태죄(제218조), 독일형법의 장소적 적용범위 내의 법원 또는 선서나 선서에 대체되는 보증을 행하게 할 권한이 있는 기타 독일 관청에 계속 중인 소송절차에서 행한 선서 없는 허위진술, 선서위반 및 선서에 대체되는 허위보증(제153조 내지 제156조), 환경범죄 중 독일의 배타적 경제수역 내에서 범한 제324조, 제326조, 제330조 및 제330a조, 다만 국제법상 해양보호협정에 의하여 범죄로써 그 형사소추가 허용된 경우에 한한다. 행위 당시 독일인이고 특히 중한 환경범죄(제330조)와 관계하여 제328조 제2항 제3호와 제4호, 같은 조 제4항 제4호와 제5호의 범죄, 독일인의 공직자 또는 공무상 특별한 의무를 지는 자가 재직기간 중 또는 직무와 관련하여 행한 범죄, 외국인이 공직자 또는 공무상 특별한 의무를 지는 자로서 행한 범죄, 공직자, 공무에 특별한 의무를 지닌 자 또는 연방국방부의 군인에 대하여 그 직무수행 중 또는 그 직무에 관련하여 행한 범죄를 범한 경우에는 행위지법에 관계없이 독일형법을 적용하여 처벌할 수 있다. 이와 같이 독일형법이 적용될 수 있는 국외범은 국가적 법익을 중대하게 침해하는 범죄와 개인적 법익 가운에 중요한 보호법익의 경우 그리고 기업비밀의 침해와 같은 경제적 피해가 클 것으로 예상되는 범죄에 대하여 행위지법과 무관하게 자국형법을 적용할 수 있게 규정하고 있다.

---

260 이 경우는 주로 독일의 국민경제를 보호하는 것을 목표로 하는 것이며, 여기서 해당 기업의 재산관계는 중요하지 않다(Ambos, Internationales Strafrecht, §3 Rn.83; Henrich, Das passive Personalitätsprinzip im deutschen Strafrecht, S.42; Schönke/Schröder/Eser/Weißer, §5 Rn.19).

261 성적 자기결정권을 침해하는 범죄 중 형법 제174조 제1항, 제2항 및 제3항, 제176조부터 제178조의 죄 그리고 제182조의 죄의 경우로서 행위 당시 행위자가 독일인인 경우에 적용된다.

2) 쌍방가벌성의 요구

독일형법 제7조 제1항에 의하면 독일인에 대하여 행해진 국외범죄는, 해당 범행이 범죄지에서도 처벌되는 행위이거나 또는 범행지에 어떠한 형벌권도 미치지 않는 경우에는 독일형법이 적용된다. 따라서 형법 제5조의 규정과 달리 독일국민에 대하여 행하여진 모든 국외범에 대하여는 쌍방가벌성의 요구 하에 독일형법이 적용가능하다. 독일형법을 이렇게 확장하는 것은 오직 자신의 국민에 대한 역외에서의 보호사상에 근거하고 있다.[262] 다만 동일한 행위지규범의 요구를 통하여 소극적 속인주의를 제한함으로써 이러한 규정들이 국제법의 규범에 상응한다. 여기서 제7조 제1항의 성립요건들은 결국 국외범이고, '독일인'에 대하여 죄를 범하였을 것이고, 범죄지에서도 처벌하는 행위이거나(동일한 행위지규범의 존재; 쌍방가벌성) 그렇지 않으면 범죄에 어떠한 형벌권도 미치지 않는 경우이어야 한다.

여기에서 국외범은 법익의 소유자가 특정한 독일인이거나 특정가능한[263] 개별 독일인의 법익을 침해하거나 공격한 경우에만 해당 국외범은 독일인에 대하여 범행을 한 것이다. 따라서 개인적 법익을 보호하는 모든 구성요건들이 여기에 포함된다. 이에 반하여 여기서 독일 일반을 법적으로 보호하는 구성요건들로는 충분하지 않다.[264] 다만 일반법익을 보호하는 범죄들은 적어도 개인적 법익이 함께 보호되는 경우, 예컨대 형법 제107조 이하의 규정에서와 같은 선거위조범죄에서 개인적인 선거권을 보호하는 것[265]과 같은 경우만이 여기에 해당한다.

---

262 이러한 해석이 통설의 입장이다(Ambos, Internationales Strafrecht, §3 Rn.76; NK/Böse, §7 Rn.2). 특히 이에 대한 상세한 설명은 Scholten, Das Erfordernis der Tatortstrafbarkeit in §7 StGB, S.108 참조.

263 BGHSt 18,283,284; Fischer, §7 Rn.6.

264 Ambos, Internationales Strafrecht, §3 Rn.77; Fischer, §7 Rn.4; Schönke/Schröder/Eser/Weißer, §7 Rn.11.

265 BGHSt 39,54,60; Schönke/Schröder/Eser/Weißer, §7 Rn.11.

형법 제7조 제1항에 의하여 누가 독일인으로 보호되는가에 대하여는 내국인의 개념(Inländerbegriff)에 따라 확정되어진다.[266] 여기서 독일인의 개념에 독일의 법인은 적용된다고 보기 곤란하나,[267] 이에 반하여 배아의 경우에는 적용된다고 볼 것이다.[268] 여기에서는 1차적으로 피해자보호가 우선시되기 때문이다. 게다가 새로운 국적법에 따라 배아가 독일에서 출생하는 경우에는 자동적으로 독일국적을 취득한다. 그리고 독일인은 행위시에 독일인에 대하여 죄를 범한 경우를 의미하므로[269] 새로 국적을 취득한 자는 제7조 제1항에 의하여 보호되지 아니한다.

2. 스위스

스위스형법은 보호주의의 입법에 대하여 두 가지 상이한 방식으로 규정하고 있다.

(1) 첫째, 국가보호주의의 관점에서 국가적 법익을 침해하거나 위협하는 국외범은 형법 제4조에 의하여 처벌된다. 즉 형법 제4조는 명시적으로 외국에서 범한 국가와 국가방위에 대한 죄의 경우에 형법을 적용하여 처벌하도록 규정하고 있다. 형법 제4조의 규정이 국가보호주의를 입법화하였다는 점에는 의문이 없으며, 동 규정에 의하여 보호되는 국가적 법익의 대상 범죄는 2002년 형법개정을 통하여 포괄적 규정으로 대체되었다고 한다.[270]

해당 범죄에 어떠한 범죄가 포함되는가에 대하여는 구체적으로 형법 제

266 Schönke/Schröder/Eser/Weißer, §7 Rn.5.

267 MK/Ambos, §7 Rn.23; LK/Werle/Jeßberger, §7 Rn.62.

268 결론에서 동일한 것은 Ambos, Internationales Strafrecht, §3 Rn.78; Mitsch, Jura 1989, 195; Schönke/Schröder/Eser/Weißer, §7 Rn.6. 반대하는 견해는 Heinrich, Das passive Personalitätsprinzip im deutschen Strafrecht, S.114; Oehler, Internationales Strafrecht, Rn.677.

269 NK/Böse, § 7 Rn.3; Fischer, §7 Rn.2.

270 Stratenwerth/Wohlers, Schweizerisches Strafgesetzbuch, Art.4 Rn.1.

13장의 '국가와 국가방위에 대한 중죄와 경죄'(Verbrechen und Vergehen gegen den Staat und die Landesverteidigung)[271]에 규정되어 있는 모든 범죄가 국가보호주의의 대상범죄에 포함된다. 따라서 내란죄(제265조), 간첩죄(제267조), 헌법질서에 대한 공격죄(제275조), 군사적 안전침해죄(제276조) 등의 범죄가 여기에 해당한다. 다만 행위자가 해당 범죄로 인하여 외국에서 유죄의 판결을 선고 받고 외국에서 형의 전부 또는 그 형의 일부의 집행을 받은 경우 법원은 이미 집행된 형을 선고형에 산정하도록 하고 있다(제4조 제2항).

(2) 둘째, 스위스형법은 개인보호주의나 소극적 속인주의와 같은 국외에서의 스위스 국민의 법익에 대한 침해를 보호하는 규정을 독자적인 별도의 조문으로 가지고 있지는 않다. 그 대신 국외범의 경우 형법적용에 대한 규정을 두고, 이 규정에 의하여 자국민에 대한 법익침해의 경우 자국 형법을 적용할 수 있도록 규정하고 있다. 즉 외국에서 중죄나 경죄를 범하고 그것이 국가보호주의규정(제4조)이나 제5조와 제6조의 규정을 적용할 수 없는 경우에도 자국 형법을 적용할 수 있도록 하고 있다(제7조). 여기에서는 원칙적으로 행위자와 피해자가 스위스 국민인가의 여부는 문제되지 아니한다.[272] 다만 이와 같은 국외범의 규정은 ① 해당 범죄가 행위지에서도 처벌되거나 또는 행위지에 형벌권이 미치지 아니하고, ② 행위자가 스위스에 체류하거나 동죄로 인하여 스위스로 송환되고, ③ 그리고 스위스법에 따라 동죄에 대하여 범죄인인도가 허용되지만 그럼에도 불구하고 행위자가 송환되지 아니한 경우에 자국 형법을 적용할 수 있다.

---

271 스위스형법에서 중죄(Verbrechen)와 경죄(Vergehen)의 구분은 범죄에 따라 처해지는 형의 경중에 따라 중죄와 경죄로 구분되며, 중죄는 3년 이상의 자유형에 처해지는 범죄를, 경죄는 3년 미만의 자유형 또는 벌금형에 처해지는 범죄를 의미한다(형법 제10조). 이에 반해 독일에서 중죄와 경죄의 구별은 1년 이상의 자유형을 중죄로, 1년 미만의 자유형과 벌금형을 경죄로 구분한다(독일형법 제12조 제1항, 제2항). 스위스형법에서 구체적인 경우 중죄와 경죄의 구별은 Stratenwerth/Wohlers, Schweizerisches Strafgesetzbuch, Art.10 Rn.2,3 참조.

272 Stratenwerth/Wohlers, Schweizerisches Strafgesetzbuch, Art.7 Rn.3.

그리고 국제협약상 스위스가 의무적으로 소추하여야 하는 죄를 외국에서 범한 자를 처벌하고(제6조), 더 나아가 외국에서 범한 미성년자에 대한 죄(제5조)의 경우[273]에는 해당 범죄인이 스위스에 체류하고 외국에 송환되지 아니한 경우 스위스형법을 적용하여 처벌하도록 규정하여 광범위하게 세계주의를 인정함으로써, 사실상 자국민의 법익에 대한 침해에 대하여 자국 형법의 적용가능성을 열어 두고 있다.

3. 오스트리아

오스트리아형법의 경우 보호주의나 그와 유사한 표제(국가보호주의 또는 개인보호주의 등)로 자국의 국가적 법익이나 자국민의 법익침해에 대하여 자국 형법을 적용하는 규정을 두고 있지는 않다. 그리고 국외범에서 국가적 법익과 개인적 법익에 대한 보호를 차별화하여 규정하고 있지도 않다. 오히려 양자를 하나의 규정에 포섭하여 국외범의 경우 행위지의 법률과 관계없이(소위 쌍방가벌성의 포기) 오스트리아형법을 적용할 수 있음을 제64조에 명시하고 있다. 다만 여기서 국외범의 모든 경우를 처벌하는 것이 아니라, 특정한 종류의 범죄에 해당하는 경우에만 이를 처벌하고 있다. 여기에 그 대상이 되는 국외범의 경우는 제64조 제1항의 제1호부터 제5호에 해당하는 범죄로, ① 외국을 위한 영업비밀 또는 경영비밀의 탐지(제124조), 내란(제242조), 내란예비(제244조), 반국가단체조직(제246조), 최고국가기관에 대한 죄(제249조 내지 제251조), 간섭(제252조 내지 제258조)과 연방군에 대한 죄(제259조, 제260조), ② 오스트리아의 공무원 또는 공직자에 내

273 구체적으로 이에 해당하는 경우는 ① 만18세 미만인 자에 대한 인신매매(제182조), 성적 강요(제189조), 강간(제190조), 판단능력을 결여한 자 또는 항거불능자와의 동침 등 행위(제191조) 또는 성매매알선 등 행위(제195조), ② 만14세 미만인 아동과의 성적 행위(제187조), ③ 물건이나 그 상영물이 아동과의 성적 행위를 그 내용으로 하는 특수음란물제조 등 행위(제197조 제3호)의 경우가 여기에 해당하는 범죄이다.

하여 직무수행 중 또는 직무수행을 이유로 한 범행 (또는 오스트리아 공무원 또는 공직자로서 행한 범죄)[274], ③ 형사소송법의 수사절차와 오스트리아의 법원 또는 행정관청에 계속 중인 절차에서 위증(제288조)과 선서하에 행한 또는 선서로써 확인한 행정관청에서의 허위증언(제289조), ④ 공갈적 약취(제102조), 외국세력에로 인도(제103조), 노예매매(제104조), 인신매매(제104조a), 성매매자국외이송(제217조), 화폐와 특별히 보호되는 유가증권에 대한 위조(제232조), 범죄단체조직(제278조a) 및 마약법 제28조a, 제31조a, 제32조 제3항으로 처벌되는 행위로써 범행을 통해 오스트리아 이익이 침해되었거나 행위자가 이송될 수 없을 때, ⑤ 항공기납치(제185조)와 그와 관련하여 범해진 생명, 신체, 자유에 대한 범행 또는 항공교통의 고의적 위태화(제186조)의 범죄들이 여기의 보호범죄에 해당한다.

결국 오스트리아형법의 경우 보호주의에 의하여 보호되는 법익을 국가적 법익과 개인적 법익을 구분하여 조문화하지는 않았다. 그러나 한편으로는 오스트리아의 국가안전과 공무원에 대한 국외범의 경우를 처벌하여 국가보호주의를 수용하고 있으며, 다른 한편으로는 영업비밀이나 인신매매 등의 범죄와 항공기납치와 그와 관련되는 교통범죄의 경우 국외범을 처벌하여 개인보호주의도 인정하고 있다. 다만 두 가지 점에서 특색이 있다고 판단된다. 첫째는 국가보호주의나 개인보호주의의 내용에 있어 양 경우 모두 행위지에서 해당 규범이 처벌되는지에 대하여는 문제 삼지 않고 있다는 점에서, 즉 쌍방가벌성을 포기하였다는 점에서 그 특징이 있다.[275] 둘째로는 개인보호주의 규정에서 보호되는 개인적 법익의 범위가 포괄적으로 기술되어 있지 아니하며, 그 대상 범죄도 상대적으로 적은 것이 그 특징이다.

274 괄호안의 범죄는 보호주의가 아니라 적극적 속인주의에 의하여 오스트리아형법이 적용되는 경우에 해당한다(Helmut Fuchs, AT I, Rn.26).

275 Helmut Fuchs, AT I, Rn.28.

4. 일본

보호주의의 입법과 관련하여 일본은 국가보호주의와 개인보호주의를 구분하여 규정하고 있다. 그리고 가장 특징적인 점은 국가보호주의 규정이나 개인보호주의 규정 모두 국외에서 범죄를 범한 것으로 충분하고, 여기에서 더 나아가 행위지에서의 쌍방가벌성이나 범죄인의 자국 내 체류 등과 같은 기타의 어떠한 관련점도 요구하지 않고 있다.

1) 국가보호주의

먼저 국가보호주의의 입장에서 일본형법 제2조는'모든 자의 국외범'이라는 표제 하에 일본 국외에서 특정한 일본의 국가적 법익을 침해하는 범죄의 경우 일본형법을 적용함을 명시하고 있다. 여기에 해당하는 구체적인 범죄는 ① 제77조 내지 제79조(내란, 예비 및 음모, 내란 등 방조)의 죄, ② 제81조(외환유치), 제82조(외환원조), 제87조(미수) 및 제88조(예비 및 음모)의 죄, ③ 제148조(통화위조 및 행사 등)의 죄 및 그 미수죄, ④ 제154조(조서위조 등), 제155조(공문서위조 등), 제157조(공정증서원본부실기재 등), 제158조(위조공문서행사 등) 및 공무소 또는 공무원에 의하여 작성되어야 할 전자적 기록에 관한 제161조의2(전자적 기록 부정작출 및 공용)의 죄, ⑤ 제162조(유가증권위조 등) 및 제163조(위조유가증권행사 등)의 죄, ⑥ 제163조의2부터 제163조의5(지불용 카드, 전자적 기록 부정작성 및 동행사)의 죄, ⑦ 제164조 내지 제166조(옥쇄위조 및 부정사용 등, 공인위조 및 부정사용 등, 공기호위조 및 부정사용 등)의 죄 및 제164조 제2항, 제165조 제2항 및 제166조 제2항의 죄의 미수죄이다.[276] 그리고 여기서 열거된 죄의 교

276 형법 제정시에는 황실에 관한 죄도 국가보호주의의 대상범죄에 포함되었으나, 동 범죄는 1947년 형법개정에 의하여 삭제되었다.

사범과 방조범도 제2조에 의한 국외범의 처벌대상이 된다.[277]

여기서 이러한 국외범의 처벌규정은 일본 국외에서 전술한 범죄를 범한 모든 자에 대하여 적용되기 때문에 외국인뿐만 아니라 일본 국민이 일본국외에서 전술한 범죄를 범한 경우에도 적용된다. 이러한 의미에서 해당 규정이 적극적 속인주의의 내용도 부분적으로 포함한다고 볼 수 있다. 그러나 적극적 속인주의는 원칙적으로 자국민이 범죄를 범하는 한 원칙적으로 그 범죄의 종류에 제한이 없으며, 일본형법 제3조에'국민의 국외범'이라는 표제로 " . . . 이 법률은 일본 국외에서 다음에 정한 죄를 범한 일본 국민에게 적용한다"라고 하여 속인주의의 규정을 명문화하고 있다.[278] 따라서 여기에서의 범죄를 일본 국민이 국외에서 범하는 경우 해당 일본 국민에게 일본형법을 적용하여 처벌하는 것은 속인주의에 기초한 것이 아니라 본조의 국가보호주의에 근거한다고 보는 것이 타당하다.

2) 개인보호주의

개인보호주의의 측면과 관련하여 일본형법은 제3조의2[279]에서 일본 외에서 일본 국민에 대하여 특정한 범죄를 범한 일본 국민 이외의 자에게 일본형법을 적용하도록 하고 있다. 이와 같은 일본형법 제3조의2의 규정은 일본국외에서 일본국민이 생명이나 신체에 대한 범죄로 인하여 중대한 침해를 입은 경우 일본형법을 적용할 수 없다면 국외에 있는 일본국민의 보호라는 관

---

277 장규원/강동욱, 형법총칙 비교법 자료집, 92면.

278 속인주의의 대상이 되는 범죄는 현주건조물방화와 침해죄, 사문서위조 등의 죄, 강간과 강제추행 등의 죄, 살인죄, 상해죄, 업무상 낙태 등의 죄, 체포·감금죄, 약취·유인죄, 명예훼손죄, 절도와 강도 등의 죄, 횡령과 배임의 죄 등 거의 대부분의 개인적 법익에 대한 죄가 여기에 해당한다(형법 제3조 제1호 내지 제16호 참조).

279 이 규정은 1947년의 형법개정에서 삭제되었다가, 2003년의 형법개정으로 다시 부활된 규정이다(장규원/강동욱, 형법총칙 비교법 자료집, 2007, 한국형사정책연구원, 97면). 동 규정의 개정배경에 대하여 상세히는 김종구, 형법(刑法)의 역외적용(域外適用)과 소극적 속인주의(屬人主義) -일본의 법제와 비교법적 관점에서-, 법조, 제54권 제12호, 2005, 152면 이하 참조.

점에서 부적절하며, 대부분의 국가에서도 소극적 속인주의를 통하여 자국민의 법익을 보호한다는 점에서 이를 개정한 것으로 평가된다.[280]

여기서 '일본 국민'이란 일본의 국적을 가진 사람을 의미한다. 일본 국민에 대한 범죄는 일본 국민이 당해 범죄의 피해자, 즉 본죄에 대상이 된 범죄의 보호법익의 주체나 구성요건의 내용으로 되어 있는 수단 내지 행위객체로 된 사람을 의미한다.[281] 개인보호주의의 대상이 되는 범죄는 구체적으로 ① 제176조 내지 제179조(강제추행, 강간, 준강제추행 및 준강간, 집단강간 등, 미수죄) 및 제181조(강제추행 등 치사상)의 죄, ② 제199조(살인)의 죄 및 그 미수죄, ③ 제204조(상해) 및 제205조(상해치사)의 죄, ④ 제220조(체포 및 감금) 및 제221조(체포 등 치사상)의 죄, ⑤ 제224조 내지 제228조(미성년자약취 및 유괴, 영리목적 등 약취 및 유괴, 몸값목적 약취 등, 국외이송목적 약취 등, 인신매매, 피약취자 국외이송, 수수 등, 미수죄)의 죄, ⑥ 제236조(강도) 및 제238조 내지 제241조(사후강도, 혼취강도, 강도치사상, 강도강간 및 동 치사)의 죄 및 이러한 죄의 미수죄이다.

이와 같은 일본형법 제3조의2의 취지에 의하면 일본형법은 개인보호주의를 취하고 있으며, 여기서 고려되는 개인적 법익은 형법상의 개인적 법익 가운데 중대한 개인적 법익에 속하는 영역인 개인의 생명, 신체 그리고 성적 자기결정권과 같은 경우임을 인식할 수 있다. 다만 그 범위가 전술한 독일, 스위스, 오스트리아 등과 비교하여 비교적 넓은 범위로 개인적 법익을 보호하는 범죄를 그 대상으로 하고 있음을 알 수 있다.[282]

---

280 김종구, 형법(刑法)의 역외적용(域外適用)과 소극적 속인주의(屬人主義) -일본의 법제와 비교법적 관점에서-, 법조, 제54권 제12호, 2005, 152~153면.

281 井田 良, 講義刑法學 總論, 2008, 有斐閣, 64면.

282 중화인민공화국의 경우 형법 제8조는 "외국인이 중화인민공화국 영역 외에서 중화인민공화국의 국가와 국민에 대하여 죄를 범하고, 본법의 규정에 따라 그 최저형이 3년 이상의 유기징역에 해당되는 경우, 본법을 적용할 수 있다. 다만 범죄지의 법률에 의하여 처벌되지 아니하는 경우에는 그러하지 아니하다."라고 규정하고 있다. 여기서 중화인민공화국은 국가적 법익과 개인적 법익을 구별하지 아니하고 두 경우 모두 쌍방가벌성을 요구함으로서 중화인민공

IV. 형법 제5조·제6조의 보호주의 해석론

1. 형법상 보호주의 일반론

보호주의는 범죄지나 행위자의 국적을 불문하고 자국 또는 자국민의 법익이 침해된 경우에는 자국형법을 적용한다는 원칙이다. 따라서 이 원칙은 속지주의나 속인주의에 포섭되지 않는 범죄행위에 대해 형법의 법익 보호기능을 보완하는 역할을 한다. 보호주의에 관하여 우리 형법은 제5조와 제6조의 두 개의 규정을 가지고 있으며, 여기서 일반적으로 제5조를 국가보호주의의 규정으로, 제6조를 개인보호주의 또는 소극적 속인주의 규정으로 이해하고 있다.[283] 따라서 대한민국 형법은 국가보호주의와 개인보호주의의 입장을 모두 채택하고 있다. 다만 국가보호주의와 관련하여서는 대한민국 영역 외에서 내란의 죄 등을 범한 외국인에게 우리의 형법을 적용할 수 있으며(형법 제5조), 여기에서 해당 범죄가 행위지법에 의하여 처벌되는가는 불문한다. 이에 반하여 개인보호주의와 관련하여서는 대한민국 또는 대한민국 국민에 대하여 죄를 범한 경우 대한민국 형법을 적용하나, 행위지의 법률에 의하여 범죄를 구성하지 아니하거나[284] 소추 또는 형의 집행을 면제할 경우에는 우리의 형법을 적용할 수 없도록 하는 '동일한 행위지규범의 요구' 또는 쌍방가벌주의를 취하고 있다(형법 제6조).

다만 보호주의는 '대한민국영역외에서' 대한민국 또는 대한민국 국민에 대하여 죄를 범한 외국인에게 적용하도록 규정하고 있다. 여기에서 대한민국의 영역은 한반도와 그 부속도서이므로(헌법 제3조) 대한민국 영역 외란

화국에 대한 국가적 안전이나 존립을 침해하는 국외범의 경우 이를 자국 형법으로 처벌할 수 없다는 문제가 제기된다.

283 박상기, 형법총론, 44~45면; 이재상/장영민/강동범, 형법총론, 51면; 정성근/박광민, 형법총론, 70면.

284 여기서 행위지 법률에 의하여 범죄를 구성하는지는 엄격한 증명에 의하여 검사가 이를 증명하여야 한다(대법원 2011.8.25. 선고 2011도6507 판결).

이를 제외한 장소를 의미한다.[285] 대한민국의 영역 외의 곳이면 타국의 영역이든 공해상이든 문제되지 아니한다.

2. 형법 제5조의 의미

형법 제5조는 대한민국 영역 외에서 내란의 죄, 외환의 죄, 국기에 관한 죄, 통화에 관한 죄, 유가증권·우표와 인지에 관한 죄, 문서에 관한 죄(제225조 내지 제230조), 인장에 관한 죄 중 공인 등의 위조·부정사용죄(제238조)를 범한 외국인에게 우리 형법을 적용한다. 이에 따라 외국인이 대한민국 영역 외에서 앞의 범죄를 범한 경우에만 우리 형법을 적용하며, 전술한 범죄 이외의 죄를 범한 경우에는 형법 제5조에 의한 형법의 적용은 가능하지 않다.

다음과 같은 판례에서 다루었던 사건을 생각할 수 있다: 캐나다 시민권자인 갑이 캐나다 브리티시 콜롬비아주 밴쿠버시에 있는 사무실에서 캐나다 브리티시 콜롬비아주 금융감독원(BCSC)의 로고가 찍힌 종이에 BCSC 수석검사 A 명의의 사실증명에 관한 문서 1장을 위조하여 대한민국 국민에게 교부한 사건이다. 이 사건에서 캐나다 시민인 갑이 A 명의의 문서를 위조하여 교부한 것은 사문서위조 및 동행사에 해당한다.[286] 그러나 형법 제234조의 사문서위조 및 동행사죄는 형법 제5조 제1호 내지 제7호에 열거된 죄에 해당하지 않기 때문에 형법 제5조에 의한 대한민국 형법의 적용은 불가능하다.[287] 또한 중국 국적자가 중국에서 대한민국 주식회사의 인장을 위조한 경우에도 공인이 아닌 사인의 위조에 불과하여 형법 제5조에 언급된 범죄에 해당하지 아니하므로 외국인의 국외범으로서 그에 대하여 우리나라는

285 대한민국의 영역에 대한 상세한 내용은 앞의 "제2절 속지주의"의 부분을 참조

286 외국의 공문서인 경우에도 우리 형법의 입장에서는 사문서에 불과하다(동일한 취지로 이재상/장영민/강동범, 형법각론, 32/26, 581면).

287 대법원 2011.8.25. 선고 2011도6507 판결.

재판권이 없다.[288]

3. 형법 제6조의 의미

1) 대한민국에 대한 범죄

형법 제6조는 대한민국 영역 외에서 대한민국 또는 대한민국 국민에 대하여 제5조에 기재한 이외의 죄를 범한 외국인에게 적용하도록 규정하고 있다. 다만 행위지의 법률에 의하여 범죄를 구성하지 아니하거나 소추 또는 형의 집행을 면제할 경우에는 예외로 한다.

여기서 국외에서 제5조에 규정된 내란죄, 외환죄 또는 통화나 공문서 관련 범죄 이외의 국가적 법익이나 사회적 법익을 보호하는 범죄를 범한 외국인에 대하여 '대한민국에' 대하여 범죄를 범한 것으로 이해하여 대한민국 형법을 적용할 수 있는 것은 아닌가라는 의문이 제기된다.[289] 예컨대 외국인이 국외에서 사문서를 위조한 경우 공문서에 해당하지 아니하므로 제5조에 의하여 형법을 적용하는 것은 불가능하지만, 제6조의 규정에 따른 '대한민국'에 대하여 죄를 범한 것으로 이해하여 형법의 적용이 가능한 것 아닌가 하는 의문이다. 이러한 해석이 가능하다면 결국 국가적 법익과 사회적 법익을 보호하는 모든 범죄의 경우에도 해당 행위지에서 처벌규정이 존재하는 한에는 외국인의 국외범에게 대한민국 형법을 적용하는 것이 가능하다는 결론에 이른다.

그러나 이러한 해석에는 동의하기 어렵다. 형법 제6조의 규정은 개인보호주의의 규정으로 이해하여야 하며, 여기서 '대한민국'에 대하여는 대한민국이 개인적인 보호법익의 주체가 되어 대한민국의 법익이 직접적으로 침해되

---

288 대법원 2002.11.26. 선고 2002도4929 판결. 이에 대하여 본 판례의 취지와 해석에 비판적인 것은 신동운, 형법총론, 77면.

289 이와 같은 방식으로 해석하는 것이 적절하다고 파악하는 입장은 신동운, 형법총론, 77면.

거나 위태롭게 되는 경우를 말한다. 예컨대 대한민국의 재산이나 소유권에 대한 침해가 존재하는 경우를 말한다. 즉 제6조의 '대한민국 또는 대한민국 국민에 대하여 죄를 범한'의 의미는 '대한민국'이 보호법익의 주체로서 직접적인 피해자가 되는 경우를 의미한다. 따라서 여기서의 대한민국을 대한민국 국가 자체의 일반적 법익을 침해하거나 대한민국의 사회적 법익을 침해하거나 위태화하는 범죄가 포섭된다고 이해하기는 어렵다. 이러한 취지에서 판례가 " . . . 형법 제234조의 위조사문서행사죄는 형법 제5조 제1호 내지 제7호에 열거된 죄에 해당하지 않고, 위조사문서행사를 형법 제6조의 대한민국 또는 대한민국 국민의 법익을 직접적으로 침해하는 행위라고 볼 수도 없으므로 피고인의 행위에 대하여는 우리나라에 재판권이 없는데도, . . ."[290] 라고 해석하는 것은 적절하다고 판단된다. 또한 유사한 사례로 중국인이 중국 북경시에 소재한 대한민국 영사관 내에서 타인 명의의 여권발급신청서 1장을 위조하였다는 취지의 공소사실에 대하여 "중국 북경시에 소재한 대한민국 영사관 내부는 여전히 중국의 영토에 속할 뿐 이를 대한민국의 영토로서 그 영역에 해당한다고 볼 수 없을 뿐 아니라, 사문서위조죄가 형법 제6조의 대한민국 또는 대한민국 국민에 대하여 범한 죄에 해당하지 아니함은 명백하다."라는 대법원의 판결도 이해할 수 있다.[291]

2) 대한민국 국민에 대한 범죄

형법 제6조에 따르면 '대한민국 국민에 대하여' 죄를 범한 외국인에게 우리 형법을 적용할 수 있다. 즉 국외범은 법익의 소유자가 특정한 대한민국 국민이거나 특정가능한[292] 대한민국 국민의 법익을 침해하거나 공격한 경우에

290 대법원 2011.8.25. 선고 2011도6507 판결.
291 대법원 2006.9.22. 선고 2006도5010 판결.
292 미수범이나 부작위범의 경우와 미필적 고의의 경우에도 대한민국 형법을 적용하려고 한다면 특정가능하여야 할 것이다.

만 해당 국외범은 대한민국 국민에 대하여 범행을 한 것이다.[293] 따라서 개인적 법익을 보호하는 모든 구성요건들이 여기에 포함된다. 여기서 일반인의 법익이나 사회적 법익을 보호하기 위한 범죄는 원칙적으로 여기에 해당하지 않고,[294] 개인의 법익과 함께 보호되는 경우에만 고려될 수 있다.

또한 개인적 법익인 한에는 법익의 소유권자가 반드시 범행장소에 현존할 필요는 없다.[295] 예컨대 대한민국 국민이 국외에 별장을 소유한 상황에서 외국인이 해당 별장에 침입한 경우 해당 별장에 소유권자가 현존하고 있었든지 아닌지는 관계없이 대한민국 국민의 법익이 침해되었으므로 대한민국 국민에 대하여 죄를 범한 경우에 해당한다.

여기서 누가 형법 제6조의 대한민국 국민으로 보호되는가에 대하여는 대한민국 국민의 개념에 따라 확정되어진다. 대한민국의 국민이 되는 요건은 법률로 정하고 있으며(헌법 제2조 제1항), 이에 따라 국적법에 의하면 출생과 동시에 대한민국 국적을 취득한다(국적법 제2조 제1항). 배아나 태아의 경우에는 법률상의 사람(인)에 해당하지 않고 아직 출생하지도 아니하였으므로 국적을 취득하지 못하여 대한민국 국민에 해당하지 않는다. 그러나 적극적 속인주의의 의미에서는 범죄의 행위주체라는 측면에서 국적법에 의한

---

293 조선족 중국인인 피고인들(6명)은 외국선적의 참치잡이 원양어선 페스카마(PESCA MAR) 15호에 승선하여 남태평양 해상에서 근무하던 중 한국인 선원들이 피고인들에 대하여 조업 거부 등을 이유로 징계 의결을 하고 피고인들을 하선시키기 위하여 사모아로 회항하게 되자, 자신들의 의사에 반하여 하선당하는 데 불만을 품은 나머지 선장, 갑판장 등 한국인 선원 7명과 인도네시아인 선원 3명, 조선족 중국인 선원 1명 등 선원 11명을 살해하였다. 이 사건은 외국선적의 배에서 외국인이 대한민국 국민에 대해 범행을 한 경우로서 범행장소는 외국의 선적에 해당하여 대한민국 형법 제4조(기국주의)에 따른 대한민국 형법을 적용할 수는 없으나, 본조의 대한민국 국민에 대한 범죄로 우리 형법이 적용되었다(대법원 1997.7.25. 선고 97도1142 판결).

294 BGHSt 39,49,54; MK/Ambos, §7 Rn.25; NK/Böse, §7 Rn.5; LK/Werle/Jeßberger, §7 Rn.69.

295 동일한 취지의 해석은 MK/Ambos, §7 Rn.25; NK/Böse, §7 Rn.5; LK/Werle/Jeßberger, §7 Rn.69. 이에 반하여 소유자가 범죄지에 현존하는 것을 요건으로 하는 입장은 Oehler, Internationales Strafrecht, Rn.677.

국민으로 국한되는 것으로 해석할 수 있다. 이에 반해 개인보호주의의 측면에서는 대한민국 국민의 해석을 보호의 대상으로 이해할 수 있으므로[296] 여기서 배아나 태아의 경우도 대한민국 국민에 포섭되는 것으로 해석하는 것이 적절하다고 판단된다.

대한민국 국민의 개념을 확대하여 여기서 법인도 대한민국 국민의 범위에 포섭할 수 있는가에 대하여는 논란이 될 수 있다. 그러나 대한민국 국민의 용어에서 이를 법인을 포함하는 것으로 해석하는 것은 '국민'이라는 명문의 표현에 반한다. 또한 법인을 포함한다고 해석하는 경우에는 해당 법인이 어떠한 상황에 있는 경우에 대한민국 법인이라고 해석할 수 있는지에 대하여도 명확한 기준이 설정되어야 하기 때문이다.[297] 결론적으로 피고인에게 불리한 해석에 의하여 형벌권이 확대되는 것은 죄형법정주의에 어긋난다는 점에서 여기서의 대한민국 국민은 자연인에 한하며 법인은 포함되지 않는다고 해석하는 것이 타당하다.[298] 법인을 포함하고자 한다면 규정의 표현을 '대한민국 국민이나 법인에 대하여'라고 명시하거나 법인의 법익이 보호되는 범죄를 명시하여 규정하는 것이 적절하다.

3) 쌍방가벌주의

행위지국에서도 해당 행위를 처벌하는 동일한 규범이 존재하는 경우에 자국 형법을 적용하는 입장을 쌍방가벌주의라고 한다. 우리 형법은 개인보호주의를 규정한 제6조의 단서에서 "행위지의 법률에 의하여 범죄를 구성하지 아니하거나 소추 또는 형의 집행을 면제할 경우에는"이라고 규정하여

296 Ambos, Internationales Strafrecht, § 3 Rn.78, 60면; Mitsch, Jura 1989, 195; Schönke/Schröder/Eser/Weißer, § 7 Rn.11.

297 Ambos, Internationales Strafrecht, § 3 Rn.78; MK/Ambos, § 7 Rn.23. 법인이 포함된다고 해석하는 견해는 Schönke/Schröder/Eser/Weißer, § 7 Rn.11.

298 이에 대한 보다 상세한 논의와 결론에서 동일한 논증은 Heinrich, Das passive Personalitätsprinzip im deutschen Strafrecht, S.108-113 참조.

대한민국 형법의 적용을 배제하는 입법적 태도를 통하여 쌍방가벌주의를 취하고 있다.

(1) 범죄를 구성하지 않는 경우(동일한 처벌규범의 부존재)

행위가 행위지에서 범죄를 구성하지 않는 경우에는 대한민국 형법을 적용할 수 없다. 따라서 행위지와 대한민국 모두에서 해당 행위를 범죄로 처벌하여야 한다. 이러한 쌍방가벌주의는 행위시점에[299] 형사법적 처벌이나 이와 유사한 처벌[300]이 존재하는 경우에는 이와 같은 처벌규정이 존재하는 것으로 인정된다.[301] 여기에서는 현대 형사법에서 인정되는 형사법적 형벌과 행정법적 질서벌 사이의 구분이 기초가 된다. 그리고 쌍방가벌성에서 가벌성의 종류를 순수한 형벌행위로 제한하는 것은[302] 동일한 규범을 요구하는 의미와 목적, 즉 형법의 확장을 제한하여 행위지에서도 순수한 형사법적으로 처벌되는 경우들로 제한한다는 점에 근거를 두고 있는 것이다.

가) 범죄행위의 동일성

문제는 쌍방가벌성이 존재하는 행위는 어느 정도로 일치하여야 하는가이다. 기본적으로 행위지국에서도 해당 행위에 대한 처벌조문이 존재하여야 한다. 다만 해당 행위지국의 형벌구성요건은 자국의 형벌구성요건과 정확히 일치할 필요도 없으며,[303] 동일한 보호범위나 보호목적을 따라야 할 필요도 없다.[304] 예컨대 행위지에서는 컴퓨터사용사기죄로 처벌하나 동일한 행위를

299 행위의 시점이 아닌 사후적인 처벌규정은 소급효금지의 원칙에 따라 고려할 수 없다(RGSt 55,267; Fischer, § 7 Rn.7; Schönke/Schröder/Eser/Weißer, § 7 Rn.12.).

300 그러나 단순히 어떤 형법외적인 징벌이 아닌 것을 의미한다(BGHSt 2,160,161; BGHSt 8,349,356 f.; 21,277,278; Tröndle, JR 1977,2).

301 Vgl. BGHSt 27,5,8 f.; 동일한 취지로 MK/Ambos, § 7 Rn.5 Fn.11.

302 E 1962, BT-Drs. 4/650, 112 f. 이하 참조. 또한 이와 비슷한 논지는 Scholten, Das Erfordernis der Tatortstrafbarkeit in § 7 StGB, S.142ff.

303 RGSt 5,424,425; 54,249.

304 RGSt 5,424; BGHSt 2,160,161; BGH NJW 1954,1086; LK/Werle/Jeßberger, § 7 Rn.22;

자국에서는 절도죄로 처벌하는 경우 또는 행위지에서는 횡령죄로 처벌하나 자국에서는 이를 배임죄로 처벌하는 경우이다.

또한 행위지국의 죄수론이나 경합규정 역시 중요하지 않다.[305] 동일한 행위지규범의 요구는 구성요건의 동일성(Tatbestandsidentität)의 의미가 아니라 범죄행위의 동일성(Tatidentität)의 의미로 이해될 수 있으며,[306] 행위지국의 전체 법질서, 특히 특별형법을 포함하는 것이다.[307] 또한 행위지국의 기술되지 아니한 형벌규정들도 여기에 포함될 수 있다. 왜냐하면 예컨대 영미법국가와 같은 국가의 보통법(common law)에서는 법률주의원칙(lex scripta)이 적용되지 않기 때문이다.[308] 어떤 특정한 범죄행위가 행위지국에서 처벌되는가 아닌가에 대하여는 해당 행위지국의 형법에 대한 검토가 요구된다. 그러나 실제로 적용되는 형법은 자국의 형법이 적용되는 것이다. 형법은 왜냐하면 동일한 행위지규범을 검토하는 것은 당연히 직접 자국형법에로 환원되는 자국의 형벌권을 개시하는 데에 이용되는 것이기 때문이다.[309] 따라서 자국의 처벌조각사유는 해당 처벌조각사유들이 행위지국의 법질서에서는 인정되지 않는 경우일지라도 자국인에 대한 국외에서의 범행이나 자국인의 국외에서의 범행에는 적용된다는 결론에 이르게 된다.[310]

나) 정당화사유와 책임조각사유

행위지에서 해당 행위가 처벌되는지의 여부는 때때로 어떤 구성요건을 이유로 처벌하는지를 확정하는 것 이상을 요구할 수도 있다. 구성요건해당

Schönke/Schröder/Eser/Weißer, §7 Rn.4.

305 RGSt 42,330,333 f.; LK/Werle/Jeßberger, §7 Rn.32; Schönke/Schröder/Eser/Weißer, §7 Rn.4.

306 유사한 취지로 Niemöller, NStZ 1993,173.

307 Scholten, Das Erfordernis der Tatortstrafbarkeit in §7 StGB, S.128.

308 Scholten, Das Erfordernis der Tatortstrafbarkeit in §7 StGB, S.130.

309 Heinrich, Das passive Personalitätsprinzip im deutschen Strafrecht, S.80.

310 동의하는 것은 LK/Werle/Jeßberger, §3 Rn.4. 반대하는 견해는 NK/Lemke, §3 Rn.5.

성은 단지 동일한 행위지규범을 요구하는 것의 최소한의 성립요건에 불과하다. 광범위하게 삼단계적 범죄체계론에 따른 행위지에서의 범행에 대한 실체법적 처벌, 소송법적 소추가능성 그리고 사실적 소추는 구별되어져야만 한다. 그러나 이와 같은 확장적 성립요건들이 동일한 정도로 고려되는 것도 아니며, 또한 예외 없이 타당한 것도 아니다.

행위지국에서의 실질적 처벌조각사유들, 예컨대 정당화사유나 책임조각사유들과 같은 조각사유들은 자국형법을 적용함에 있어서도 고려되어야 하며, 이 점에 대하여는 거의 논란이 없다.[311] 왜냐하면 행위지의 형법이 구체적인 행위를 실질적으로 불법한 것으로 평가를 하여 어떤 정당화되는 내용이 인정되지 않고, 또한 행위자에게 책임비난이 행하여질 수 있는 경우에만 해당 구체적인 행위는 처벌되는 것이라고 할 수 있기 때문이다. 또한 기타 실질적 처벌조각사유들이 고려될 수 있는지 문제가 될 수 있으나,[312] 결론적으로 처벌조각사유들 역시 고려된다고 할 수 있다. 왜냐하면 범행의 단순한 구성요건해당성만으로도 충분할 것이라고 하는 경우에는 동일한 행위지규범 요구의 한계설정기능은 전체적으로 무의미하게 된다.[313] 그 이유는 한편으로는 단순히 행위동일성만을 인정하는 경우에는 행위동일성은 일반적으로 존재하기 때문에 큰 의미가 없기 때문이다. 또한 다른 한편으로는 어떤 특정한 행동을 허용되는 것으로 확정하거나 아니면 적어도 책임비난을 철회하는 그와 같은 행위지국의 주권적인 결정은 무시되는 것이고, 따라서 불간섭원칙을 침해하는 것이다.[314]

---

311 BGHSt 2,160,161; MK/Ambos, §7 Rn.10 Fn.37); Fischer, §7 Rn.7a; Schönke/Schröder/Eser/Weißer, §7 Rn.3.

312 Scholten, Das Erfordernis der Tatortstrafbarkeit in §7 StGB, S.147.

313 Heinrich, Das passive Personalitätsprinzip im deutschen Strafrecht, S.96-97; Scholten, Das Erfordernis der Tatortstrafbarkeit in §7 StGB, S.146-147.

314 따라서 유럽이사회(Council of Euorpe) 역시 단순한 범죄적 공격으로 제한하는 것을 순수한 의미에서 대표성(representation)의 개념으로부터의 출발이라는 것으로 여기고 있다.

(2) 소추를 면제하는 경우

행위지에서 해당 행위에 대하여 소추를 면제하는 경우에는 자국형법을 적용하지 아니한다. 쌍방가벌주의에서 형사소송법상 소추요건도 동일한 행위지규범으로 인정할 수 있는가에 대하여는 논란이 있으며,[315] 다수는 형사소추의 요건들도 처벌하기 위한 전제조건이라는 점에서 동일한 행위지규범에 포함되는 것으로 이해한다.[316] 따라서 범죄행위에 대하여 행위지에서 공소시효가 종료하였다거나 친고죄나 반의사불벌죄에 해당하나 이러한 소송조건을 갖추지 못한 경우에는 형법을 적용하지 못한다.

'동일한 규범'의 범위에 형사소송법상 소추에 필요한 요건도 동일할 것을 요하는가에 대하여는 부분적으로 논란이 있다. 독일의 판례는 여기서의 동일한 규범은 실체법적 법률상황이 문제되는 것이라는 이유로 소송법적 소추장애는 고려되지 않는다고 하고 있다.[317] 그러나 이러한 판례의 견해는 독일의 문언상 명확한 것도 아니며 해당 법조문의 생성역사에 의하여 지지될 수 있는 것은 아니라고 한다. 문언은 소추장애가 존재하는 행위가 실제로 형벌에 의하여 위협받는(mit Strafe bedroht) 행위인가 하는 문제에 대하여는 적어도 개방되어 있다는 것이다.[318] 연혁적으로도 소송법적 소추장애의 고려가 원칙적으로 인정되었으며, 규정의 상태에 대해서는 견해가 일치하지 않고 경우에 따라서는 형사소송법적 규정으로도 충분한 것으로 여기기도 하였다.[319]

---

315 이를 부정하는 입장은 BGH NStZ-RR 2000,361; MK/Ambos, § 7 Rn.12. Fn.45.

316 Heinrich, Das passive Personalitätsprinzip im deutschen Strafrecht, S.88; Scholten, Das Erfordernis der Tatortstrafbarkeit in § 7 StGB, S.154-155; LK/Werle/Jeßberger, § 7 Rn.33.

317 BGH NStZ-RR 2000,361; MK-Ambos, § 7 Rn.12. Fn.45.

318 Heinrich, Das passive Personalitätsprinzip im deutschen Strafrecht, S.88; Scholten, Das Erfordernis der Tatortstrafbarkeit in § 7 StGB, S.154-155; LK/Gribbohm, § 7 Rn.33.

319 Scholten, Das Erfordernis der Tatortstrafbarkeit in § 7 StGB, S.155-156; LK/Gribbohm, § 7 Rn.33.

결론적으로 자국이 행위지국의 소추장애를 무시하는 경우에는 이것은 행위지국가의 주권적 결정을 무시하는 것과 동일하게 되는 것이다. 왜냐하면 그와 같은 조치를 통하여 행위지국가는 자신의 영토 외에서도 소추를 포기한다는 것을 명확히 한 것이기 때문이다. 따라서 이와 같은 경우에 국가적 소추장애를 고려하는 것이 국제법적 관점에서 보다 합리적인 것이다.[320]

(3) 형의 집행을 면제하는 경우

단서에서는 행위지에서 '형의 집행을 면제'할 경우에도 형법을 적용하지 아니하도록 규정하고 있다. 원칙적으로 형의 면제와 형의 집행의 면제는 구분된다. 형의 면제는 범죄가 성립하여 형벌권은 발생하였으나 일정한 사유로 인하여 판결로 형을 과하지 않는 경우를 의미하고, 형의 집행의 면제는 확정재판 후 특별한 사정(예컨대 재판확정 후 법률의 폐지: 형법 제1조 제3항)으로 인하여 이후의 형의 집행을 면제하는 것을 말한다.

단서는 형의 집행을 면제할 경우라고 규정하였지만 여기에서는 형의 집행을 면제할 경우 뿐만 아니라 형을 면제할 경우도 포함하는 것으로 해석하여야 한다. 형의 면제는 유죄에 해당하므로 범죄를 구성하는 경우이지만 실질적으로 행위지에서 이를 처벌하지 않는다. 이러한 점에서 형의 면제는 형의 집행을 면제하는 경우보다 행위지의 형법규범 특성을 반영한다는 점에서 형을 면제하는 경우 이를 고려하는 것이 타당하다.

독일의 경우 행위지에서도 형벌로 위협하는 경우에 형법을 적용할 수 있다는 표현을 사용하여, 이러한 형벌면제사유(Straffreistellungsgründe)를 동일한 행위지 규범으로 인정할 것인가에 대하여는 논란이 된다.[321] 그러나

---

320 Heinrich, Das passive Personalitätsprinzip im deutschen Strafrecht, S.99; Oehler, Internationales Strafrecht, S.149 참조. 이와 다른 견해는 Scholten, Das Erfordernis der Tatortstrafbarkeit in §7 StGB, S.165; LK/Gribbohm, §7 Rn.38.

321 Ambos, Internationales Strafrecht, §3 Rn.49ff.; Schönke/Schröder/Eser/Weißer, §7 Rn.5; LK/Werle/Jeßberger, §7 Rn.37f. 이에 반하여 판례(BGHSt 42,279)는 제한적인 입

우리 형법은 형의 집행을 면제하는 경우라고 규정하고 있으므로, 행위지에서 인적처벌조각사유와 같은 형을 면제하는 사유가 존재하는 경우 형법을 적용할 수 없다고 해석된다.

V. 형법상 보호주의의 문제점과 개정방안

1. 국가보호주의 규정의 문제점과 개정방안

형법 제5조는 '외국인의 국외범'이라는 표제 하에 대한민국 영역 외에서 내란의 죄, 외환의 죄, 국기에 관한 죄, 통화에 관한 죄, 유가증권, 우표와 인지에 관한 죄, 문서에 관한 죄 중 제225조 내지 제230조, 인장에 관한 죄 중 제238조의 죄를 범한 외국인에게 우리 형법을 적용할 수 있도록 규정하고 있다. 그리고 해당 범죄의 경우에는 쌍방가벌성을 요구하지 않고 있으며, 이것은 자국의 존립과 안전을 위태롭게 하는 국외범의 경우 이를 행위지법을 고려하여 처벌여부를 판단한다는 것은 적절하지 못하므로 국가보호주의의 취지에 어긋나는 것이 아니다. 이러한 의미에서 국가보호주의를 주권침해범죄로 이해하기도 한다.[322] 따라서 국가보호주의와 관련하여 쌍방가벌주의를 채택하지 않은 것은 문제될 것은 없다.

1) 순수한 국가보호주의

형법 제5조의 규정을 순수한 국가보호주의의 규정으로 이해하기는 어렵다. 왜냐하면 동 규정에는 국외범죄의 대상이 되는 범죄의 종류가 단순히 국가적 법익을 보호하는 내란이나 외환, 국기에 관한 죄 이외에도 통화나 유가증권 등의 관련범죄, 공문서와 공인 관련 범죄들과 같은 사회적 법익을 보

장을 취하고 있다.

322 이상돈, 형법강의, 53면.

호하는 범죄들이 포함되어 있기 때문이다. 보호주의의 내용이 국내외의 법익을 보호하고, 해당 보호법익의 종류에 따라 국가보호주의 개인보호주의를 구별하는 입장에서는 형법 제5조의 규정은 국가적 법익뿐만 아니라 사회적 법익 역시 포섭하고 있다. 따라서 엄격한 의미에서는 동 규정은 국가보호주의의 규정이 아니라 국가·사회보호주의 규정으로 이해하여야 할 것이다.

2) 형법 제5조의 정당화

형법 제5조의 국가보호주의 규정이 외국인의 국외범이 단순히 국가적 법익을 침해하는 경우를 넘어 사회적 법익을 침해하는 경우에도 대한민국 형법을 적용하는 것이 정당화될 수 있는가이다. 국가적 법익을 보호하는 국가보호주의는 자국의 존립이나 안전을 침해하거나 위태롭게 하는 범죄에 대하여는 행위지국가의 처벌여부(소위 쌍방가벌성 요구)나 기타의 제한 없이 자국 형법을 적용하는 것이 정당화될 수 있다. 그러나 자국의 사회적 법익을 보호하기 위하여 동 규정과 같이 쌍방가벌성과 같은 제한 없이 자국 형법을 적용하는 것이 정당화될 수 있는지에 대하여는 문제가 제기될 수 있다.

사회적 법익을 보호하는 모든 종류의 범죄에 대하여 쌍방가벌성과 같은 제한 없이 외국인의 국외범에 자국 형법을 적용한다면 이는 자국의 사회적 가치질서를 모든 국가의 국민들에 강요하는 결과가 된다. 도박, 문서위변조·부정행사, 성풍속 등의 사회적 법익을 보호하는 범죄로 외국인의 국외범을 처벌하는 것은 자국과 행위지국 간의 문화적 차이나 해당 국가의 입법적 의사결정을 무시하고 자국 형법의 무차별적인 적용을 가능하게 한다는 점에서 이를 수긍하기 어렵다. 그러나 국외의 외국인 범죄자가 주로 해당국의 사회에 직접적인 영향력을 끼칠 의도로 행하여지는 국외범의 경우에는 해당국가에서는 이를 방위하고 행위자를 처벌할 충분할 필요성이 있다고 판단된다. 예를 들면 음란한 영상·화상의 배포나 도박사이트의 개설 등과 같은 범죄의 경우 해당 범죄는 위험범에 해당된다. 위험범은 행위지가 범죄지로 인정되므로 국외에서 행하여지는 해당 위험범죄를 속지주의로 처벌하기 곤란하다. 따라서 이러한 사이버범죄의 경우에도 자국에로의 영향력 행사와 같은 관련점을 근거로 자국 형법을 적용하려는 시도가 행해진다.[323] 따라서 사회적 법익을 보호하는 범죄의 경우에도 모든 국외범이 아니라 자국에 직접 영향력을 끼치는 것으로 평가될 수 있는 범죄유형이나 종류를 제한적으로 기술하여 이를 처벌하는 것은 정당화될 수 있을 것으로 평가된다. 이러한 의미에서 우리 형법 제5조가 사회적 법익을 침해하는 범죄 중에서 사회의 윤리가치나 일반문화가치가 아니라 통화에 관한 죄, 유가증권에 관한 죄, 문서에 관한 죄 중 제225조 내지 제230조, 인장에 관한 죄 중 제238조의 죄와 같이 사회의 거래의 질서를 중대하게 위태롭게 할 수 있으며, 해당 범죄 자체가 처음부터 대한민국 국민이나 대한민국의 거래질서에 영향을 끼칠 수 있는 범죄로 제한하고 있다는 점에서 동 규정의 입장에 동의할 수 있다.

3) 형법 제5조 열거범죄의 적절성

형법 제5조에서 규정하고 있는 범죄의 종류로 제한하여 보호주의를 적용하는 것이 적절한가에 대한 의문이다. 우선적으로 국가보호주의의 취지에서 본다면 내란죄와 외환죄의 경우는 문제가 없으나 국기에 관한 죄의 경우에도 자국 형법을 적용하는 것은 다소 문제가 있다. 외국에서 외국인들이 대한민국에 대한 시위의 방법으로 대한민국 국기를 훼손하거나 소각하는 경우 대한민국 형법을 적용하는 것이 필요충분한가이다. 국기나 국장에 대한 모독이나 비방이 국가의 존립이나 안전을 침해하거나 위태롭게 하는 행위에 상응한다고 보기 어렵다. 내란죄의 경우 최소한 5년 이하의 징역 또는 금고에(제87조), 외환유치의 경우 사형 또는 무기징역에(제92조), 간첩의 경우

323 이에 대하여는 아래의 제4장 제2절 참조.

사형, 무기 또는 7년 이상의 징역(제98조 제1항)에 처한다. 이에 반해 국기나 국장에 대한 모독의 경우에는 5년 이하의 징역이나 금고 또는 700만원 이하의 벌금에 해당하며(제105조), 국기나 국장에 대한 비방의 경우에는 1년 이하의 징역이나 금고 또는 200만원 이하의 벌금에 해당한다(제106조). 이와 같이 국기·국장에 대한 범죄는 일반 내란이나 외환의 죄, 기타 국가적 법익의 침해범죄와 비교하여 법정형에서 너무 큰 차이를 나타내고 있다. 국가보호주의를 취하고 있는 국가에서도 내란이나 외환 또는 간첩의 죄와 같이 국가의 존립이나 안전을 중대하게 위태롭게 하는 범죄를 보호주의로 보호하고 있다(예컨대 독일, 일본, 오스트리아 등).[324] 이에 반하여 스위스의 경우에는 국기에 관한 죄를 국가보호주의의 대상범죄로 포섭하고 있으나, 여기서 국기에 관한 죄의 구성요건은 스위스 관청에 의하여 부착된 국기나 국장에 국한된다는 점에서 제한적이다(스위스형법 제4조, 제270조).[325] 따라서 국가보호주의의 대상범죄에서 국기·국장에 관한 죄를 삭제하는 것이 적절할 것으로 판단된다.

공문서와 공인 등의 경우에 한하여 외국인의 국외범을 처벌하고, 사문서나 사인 등에 대한 외국인의 국외범은 대한민국 형법을 적용하지 못하는 것으로 해석하고 있다.[326] 여기서 사문서나 사인 등에 대한 국외범에 대하여 대한민국 형법을 적용할 것인가에 대한 논의가 필요하다.[327] 개인적으로는 국가보호주의의 범위를 확대하는 것은 최소한에 그쳐야 한다는 점에서 현재의 규정으로 충분하다고 본다. 오히려 사문서나 사인 등의 범죄보다는 국외에서 외국인이 대한민국 기업의 영업비밀을 취득하는 등의 행위에 대한민

324 앞의 "제3장 형법의 지역적 적용범위 제4절 보호주의"의 입법례 참조.

325 Stratenwerth/Wohlers, Schweizerisches Strafgesetzbuch, Art.270 Rn.1.

326 사문서의 경우는 대법원 2011.8.25. 선고 2011도6507 판결과 대법원 2006.9.22. 선고 2006도5010 판결, 사인(私印)의 경우는 대법원 2002.11.26. 선고 2002도4929 판결이 이러한 입장을 분명히 하고 있다.

327 일본의 경우도 대한민국 형법과 같이 공문서와 공전자기록에 한하여 보호주의를 취하고 있으며, 사문서와 사전자기록의 경우는 보호주의의 대상 범죄에 포함하지 않고 있다.

국 형법을 적용할 수 있는 조치가 필요하다. 외국인이 국외에서 영업비밀을 취득하는 경우 개인보호주의 관점에서 자국 국민에 대한 법익침해로 자국 형법을 적용할 수 있다고 해석할 수도 있다. 그러나 전술한 바와 같이 기업이라는 법인의 법익침해를 대한민국 또는 대한민국 국민에 대하여 죄를 범한 것으로 해석하기 어렵다. 또한 설사 이를 대한민국 국민에 대한 죄를 범한 것으로 인정하는 경우에도 대한민국 형법을 적용하기 위해서는 쌍방가벌성의 요건이 필요하므로 행위지국가에서 이에 대한 처벌규정이 존재하여야 한다는 점에서 제한적이다.

2. 개인보호주의에서 쌍방가벌성

1) 쌍방가벌성의 요구와 문제점

형법 제6조에 의한 개인보호주의규정은 행위지국가에서도 동일한 처벌규범이 존재하는 경우에 한하여 대한민국 형법을 적용할 수 있음을 명시하고 있다. 문제는 개인보호주의의 경우에 이러한 쌍방가벌주의를 취하는 것이 규범적으로 정당한가, 그리고 현실적으로 적절한가이다.

일반적으로 자국민의 법익을 침해한 국외범에게 자국의 형벌권을 확대하여 자국형법으로 처벌하는 것은 다소 문제가 있다. 국외범의 입장에서 보면 행위자 자신은 자국에서 외국인에 대하여 범죄를 수행한 경우이다. 여기서 행위자가 피해자 국가의 형법에 따라 처벌된다면 행위자는 자신이 전혀 알지도 못하는 외국의 법률에 의하여 처벌되는 것이다. 더 나아가 행위자가 범죄의 피해자가 외국인인지 알지 못하였던 경우나 해당 행위가 자국에서는 범죄가 아님에도 불구하고 피해자의 국가에서는 이를 처벌한다는 이유에서 행위자를 해당 피해자 국가의 법률에 따라 처벌한다는 것은 불합리하다. 따라서 이러한 불합리나 책임주의원칙과의 충돌을 피하기 위하여 자국 형법을 적용함에 행위지에서도 해당 행위를 범죄로 처벌하는 등의 동일한 행위지규범의 요구와 같은 쌍방가벌성을 요구하는 것이다.[328] 쌍방가벌성의 요구를 통하여 행위자는 자국에서도 처벌되는 범죄행위를 외국인에 대하여 행하였음으로, 행위자가 행위의 불법성을 인식하였다는 점을 긍정하여 피해자 국가에서도 행위자를 처벌하는 것이 이론적으로 정당화될 수 있는 것이다.

그러나 현실적인 측면에서 보면 쌍방가벌성을 요구하는 것은 적절하지 못한 점도 있다. 우선 쌍방가벌성을 요구하는 경우 행위지국가의 규범과 자국 형법의 규범이 어느 정도로 일치하여야 쌍방가벌성이 존재한다고 볼 수 있는가하는 문제가 제기된다. 즉 쌍방가벌성이 존재하는가를 확정하는 것이 용이하지 아니하다.[329] 또한 쌍방가벌성을 요구하는 경우 자국 형법을 적용하려는 피해자 국가의 재판기관은 해당 사건과 관련한 행위지국가의 법에 대하여 충분한 이해와 지식을 가지고 있어야 한다. 행위지국가의 형사실체법과 절차법에 대한 올바른 이해와 조사, 관련 형사사법의 실무에 대한 정확한 파악 그리고 행위지 국가와 자국형법 적용국가의 해당 범죄유형에 대한 일치 여부, 관련범죄의 형사소송법적 특징 등 다양한 측면에서 비교검토가 필요하다. 또한 쌍방가벌성의 요구는 행위지법과 자국형법을 비교하여 양 국가의 형법에서 해당 행위를 모두 처벌하면 자국형법을 적용하여 처벌한다. 국민의 개인적 법익을 보호하는 범죄는 생명, 신체, 의사결정의 자유, 재산을 침해하는 범죄들로 모든 국가에서 해당 행위를 처벌하고 있기 때문에 행위지법과 자국 형법이 처벌의 측면에서는 거의 부합한다. 따라서 자국민의 사소한 법익을 침해한 국외범도 자국 형법을 적용하여 처벌할 수 있다는 결과에 이른다.

328 Oehler, Internationales Strafrecht, Rn.127f., 666 f.; LK/Werle/Jeßberger, vor § 3 Rn.130; MK/Ambos, vor § 3 Rn.43; 김성규, 형법의 장소적 적용범위에 관한 규정의 내용과 한계, 형사법연구, 제18호(2002 겨울), 200면.

329 처벌규정의 동일성판단에 대한 상세한 설명은 Ambos, Internationales Strafrecht, § 3 Rn.48ff.; Heinrich, Das passive Personalitätsprinzip im deutschen Strafrecht, S.79-106 참조.

이것은 행위지법에 따라 행위지국가도 형사재판권을 행사할 수 있는 상황에서 국외범에게 자국 형법을 적용하여 처벌하는 것은 형사재판권의 충돌을 가져온다. 그리고 이것은 특히 행위지국가에 대한 불신이나 행위지국가의 형사사법에 대한 불신을 전제로 한다는 점에서 양국의 갈등을 불러일으킬 소지를 안고 있다. 따라서 보호주의를 적용하기 위한 전제로서 쌍방가벌성의 요구가 현실적인 측면에서 가장 바람직한 방식은 아니라고 판단된다.

2) 개정방안

쌍방가벌성 요구의 문제점을 해소하고 행위지법을 고려한다는 입장에서는 단순한 동일한 행위지규범을 요구하기 보다는 특정한 종류의 범죄들로 한정하여 개인보호주의를 인정하는 방안이다. 예컨대 일본형법[330]이나 오스트리아형법[331]의 경우와 같이 개인적 법익을 침해하는 범죄 가운데 특정한 종류의 범죄로 제한하여 자국민에 대한 국외범을 처벌하는 방식이다. 이러한 방식은 개인보호주의의 대상범죄를 특정함으로써 명확성을 유지할 수 있다는 점에서 장점을 지니고 있으며, 여기에 속하는 대상범죄는 모든 국가에서 처벌하는 범죄 가운데 개인의 중대한 법익을 침해하는 범죄나 국외범을 처벌할 필요성이 큰 범죄를 제한하여 나열식으로 기술하면 된다. 즉 대한민국 형법상 국가보호주의에 의하여 처벌되는 대상범죄를 내란죄, 외환죄, 통화죄, 유가증권죄, 공문서에 관한 죄 등으로 제한하는 것처럼 개인보호주의에 의하여 국외범이 처벌되는 범죄를 형법규정에 명시하는 것이다. 여기에 해당하는 범죄로 고려할 수 있는 것은 살인관련범죄, 상해죄, 체포감금죄, 약

---

330 일본의 경우 쌍방가벌성과 관계없이 국외범이 자국민에 대하여 생명, 신체, 성적 자기결정권능을 침해하는 범죄의 경우 자국 형법을 적용한다(일본형법 제3조의2).

331 오스트리아의 경우 영업비밀 또는 경영비밀의 탈지(제124조), 내란(제242조), 인신매매(제104조a), 화폐와 특별히 보호되는 유가증권에 대한 위조(제232조), 항공기납치(제185조) 등과 관련한 범죄들의 경우 오스트리아형법을 적용하도록 규정하고 있다(오스트리아형법 제64조).

취유인의 죄, 성적 자기결정권을 침해하는 범죄, 강도관련범죄 그리고 영업비밀침해범죄를 그 예로 들 수 있다.

그러나 이와 같이 중요범죄에 대한 열거방식을 통하여 개인보호주의를 채택하는 것은 입법적으로 쉬운 일이 아니다. 대상범죄를 특정하여야 하며, 특히 대한민국 형법과 같이 특별형법이 많은 상황에서 모든 형사특별법을 검토하여 대상범죄를 특정하는 것은 매우 어려운 작업이다. 더 나아가 형법 개정 등을 통하여 신종범죄의 창설이나 기존 범죄의 개폐 등을 하는 경우 대상범죄의 여부에 대한 지속적인 검토작업을 수행하여야 한다는 점에서 입법과정에 적지 않은 부담이 된다.

이러한 점에서 현재 형법의 입장과 같이 쌍방가벌주의를 인정하면서 외국 재판권과의 충돌을 피하기 위하여 부가적인 요소를 요구하는 방안이 있다. 예컨대 거소주의를 병행하거나 국외범이 현재 국내에 존재할 것을 부가요건으로 하는 방안이 적절할 것으로 판단된다.

제5절 세계주의

I. 의의

세계주의는 행위자의 국적이나 범죄행위가 발생한 지역을 불문하고 세계공동의 이익에 반한다고 판단될 경우에는 자국 형법을 적용하는 원칙을 말한다.[332] 이 원칙을 채택하는 경우에는 한 국가는 자국과 전혀 관련이 없는 외국인의 국외범에 대하여도 자국 형법을 적용할 수 있게 된다. 형법의 적용범위와 관련한 다양한 입법례 가운데 대한민국 형법은 이제까지 총칙부분에서 세계주의방식의 입법을 채택하지 아니하였다. 그러나 국가 간의 물리적 장

332 Ambos, Internationales Strafrecht, §3 Rn.92; Hecker, Europäisches Strafrecht, S.46.

벽의 해체와 사회의 다양한 부문의 국제화에 부응하여 대한민국 형법의 적용범위도 국제사회에서 대한민국의 지위에 상응하게 개정할 것을 요구한다. 이러한 상황에서 1992년 형법개정안, 2008년 형사법학회의 개정안, 2011년 형법개정안에서 같이 몇 차례 세계주의의 도입을 위한 시도가 있었다.

II. 세계주의의 법리적 토대

1. 세계주의의 법리적 기초

세계주의는 범죄지가 어디인지를 불문하고 또한 범죄자나 피해자의 국적 여하를 불문하고 자국 형법을 적용한다. 그리고 여기서 해당 범죄가 범죄지에서도 범죄로 처벌될 것(동일한 행위지규범: lex loci)이 요구되지 않을 뿐 아니라 범죄지 국가가 세계주의 대상사건을 재판하는 국가에 대하여 어떠한 영향력도 행사할 수 없다. 또한 대상사건을 재판하여 판결하는 국가는 대리형사사법주의[333]와 같이 범죄지 국가를 대리하여 사건을 처리하는 것이 아니라 독자적으로 자국의 형벌권을 행사하는 것이다.

외국인의 국외범에 대하여 자국 형법을 적용하여 형벌권을 행사하는 것은 자국 형벌권을 외국영토나 외국국민까지로 확대한다는 점에서 국제법상의 불간섭원칙(Nichteinmischungsgrundsatz)을 침해할 위험성이 존재한다.

그러나 세계주의는 기본적으로 자국 형법의 적용에서 범죄지 또는 행위자나 피해자의 국적 등과 같은 전통적인 준거점들과는 다른 준거점을 지향한다. 왜냐하면 세계주의 입장에서 소추국가는 단순히 자국이나 자국민의

333 대리형사사법주의는 범죄나 범죄인이 실질적으로는 외국과 보다 더 밀접한 관련이 있음에도 범죄인이 자국민이기 때문에 자국민불인도의 원칙이나 기타 사실상 또는 법률상의 이유로 범죄인을 인도하지 못하는 경우 자국이 그 외국을 대신하여 형법을 적용하여 처벌하는 원칙을 말한다(Ambos, Internationales Strafrecht, § 3 Rn.117f.).

이익을 위해서 활동하는 것일 뿐만 아니라 국제사회와의 연대성 차원에서 국가공동체 전체의 이익을 위하여 활동하는 것이기 때문이다.[334] 이러한 점에서 보호주의와 세계주의가 구별된다. 즉 보호주의는 자국이나 자국민의 이익보호라는 관점에 기초하고 있으나, 세계주의에서는 자국 또는 자국민의 이익보호라는 제한을 받지 않고 외국의 이익보호를 위하여도 자국 형법을 적용한다는 점에서 차이가 있다.[335] 이와 같이 형벌권이 확장되는 근거는 현실적인 측면과 규범적(가치관계적)인 측면의 두 가지 측면에서 정당화될 수 있다.

첫째, 현실적인 측면에서 일국이 자국영토 이외의 지역에서 발생한 범죄를 처벌함으로써 다른 국가의 공통적인 안전이나 이익을 방어하는 역할을 한다는 점에서 정당화될 수 있다. 이러한 가장 전통적인 예로 해적행위를 들 수 있으며, 해적행위를 처벌함으로써 모든 국가에게 이익이 존재하는 것이다. 둘째, 규범적인 측면에서 일정한 범행은 보편적으로 승인되는 특정한 법익을 침해하기 때문에 일국이 해당 범행을 처벌하는 것이 정당화될 수 있다. 왜냐하면 보편적으로 승인되는 법익을 침해하는 범죄는 우리의 공동의 가치체계를 근본에서부터 흔들어 놓기 때문에 범죄지국가 뿐 아니라 범죄인의 국가나 피해자의 국가 그리고 더 나아가 국가공동체와 인류 전체에 관계되는 것이기 때문이다.[336] 이러한 규범적인 측면은 특히 인간의 가장 기본적인 인권을 보호함에 그 의미가 있으며, 이와 같은 인권들은 개별국가의 이익을 보호하는 것에 그치는 것이 아니다. 오히려 소추국가는 전체 국가공동체를 위하여 활동하는 것이다.[337]

334 배종대, 형법총론, 96면.

335 이러한 취지로 유기천, 형법(총론강의), 33면.

336 Schönke/Schröder/Eser/Weißer, vor § 3 Rn.25; 조상제/천진호/류전철/이진국, 국제형법, 22면.

337 동일한 취지로 Ambos, Internationales Strafrecht, § 3 Rn.92; Hecker, Europäisches Strafrecht, S.47.

따라서 세계주의가 국가공동체를 위한 자국 형법의 적용이라는 측면에서 보면, 자국민이나 자국영토 내에서 일어난 세계주의 대상범죄에 대하여 소추국이 행위자를 처벌하는 것은 불간섭원칙(Nichteinmischungsgrundsatz)을 침해하는 것이 아니다.[338] 즉 기본적인 인권에 대한 존중은 어떤 한 국가의 내적 문제가 아니라 모든 인류의 공통적인 문제이기 때문이다. 모든 인류의 문제에 대하여는 국가적 주권이나 불가침권이 문제가 될 수 없다. 이러한 의미에서 일국이 세계주의 범위 내에서 자국의 형벌권을 외국에서 범하여진 범행으로 확대하는 것은 국가적 주권을 침해하는 것이 아니다.[339]

2. 세계주의 대상 범죄

세계주의에서 가장 중요한 문제는 세계주의에 의하여 보호되는 법익을 확정하는 것과 이와 같은 보호법익을 포섭하는 범죄를 확정하는 것이다.[340] 세계주의의 대상범죄를 확정하는 방법은 보통 국제법적인 조약들이나 국제관습법 또는 일반적으로 승인된 법원칙에 존재하는 보편적 법익들을 승인하는 방법을 고려할 수 있다.

세계주의에 포섭되는 범죄들의 범위는 한편으로는 국제범죄의 증가에 따라, 다른 한편으로는 범죄방지를 위하여 국제사회에서의 연대성을 강화하여야 할 필요성이 인식되면서 점차 확대되는 경향에 있다. 그럼에도 불구하고 현재 세계주의에 포섭되어야 하는 범죄유형으로 국제사회에서 승인되고 있는 범죄들은 다음과 같다.

첫째, 실제적인 불법내용이 인간의 공동적 내지는 보편적으로 승인된 보

338 김선복, 형법상의 세계주의, 인문사회과학연구, 제15권 제2호, 2014, 395~396면.

339 Ambos, Internationales Strafrecht, §3 Rn.93; Hecker, Europäisches Strafrecht, S.47.

340 세계적으로 대부분의 국가에서 범죄로 인정되어 처벌되는 범죄유형(예컨대 살인죄, 상해죄 등)과 세계주의에 기초하여 세계적으로 처벌가능한 범죄사이의 구별에 대하여 상세한 것은 Fletcher, Journal of International Criminal Justice, 3(2005), 24f.

호법익을 침해하는 범죄들과 범죄의 수행이 인간의 평화와 안전을 침해하거나 위협하는 종류의 범죄들이다. 이와 같은 범죄들에는 구체적으로 고전적 국제범죄인 해적행위나 인종학살, 인간성에 대한 범죄 그리고 국제(형법)적 판례나 국가실무에서도 인정되는 국제적 또는 지역적인 무력충돌 범죄들과 같이 소위 국제형법적 '핵심범죄(core crimes, Kernverbrechen)'[341]들이 여기에 해당한다.

둘째, 핵심범죄 이외에 광의의 세계주의에 해당하는 범죄로 조약에 의하여 보호되는 범죄(treaty crimes)들을 들 수 있다. 이러한 전형적인 사례로서 (국제적인) 테러리즘에 해당하는 범죄를 들 수 있다. 테러범죄는 일차적으로 수많은 다양한 반테러조약들(예컨대 인질이나 항공기납치 또는 특별한 사람들의 보호를 위한 조약들)에 포섭되어 있다.[342] 따라서 상당히 많은 조약국들이 국제적인 테러에 대한 처벌을 국내법적으로 보편적인 법원리로 승인하고 있으며, 해당 국가가 이러한 국제적인 테러를 처벌하지 않는 경우에는 조약상 해당 피의자를 인도하는 원칙이 인정되고 있다. 그리고 이와 같은 반테러조약들은 유엔안전보장이사회나 총회의 결정들과 관련하여 테러와 투쟁하기 위한 것으로 읽혀질 수 있고 부분적으로는 그와 같은 결정들에 환원될 수 있다. 여기서 특별히 주목을 끄는 것은 안보리의 결정들이다. 왜냐하면 그러한 결정들이 회원국들을 구속하기 때문이다(Art. 25 UNS). 이와 같은 결정들이 국가형벌권에 대한 어떤 구체적인 진술을 포함하고 있지 않을 지라도 이러한 결정들은 테러는 전세계적으로 소추되어야만 한다는 국가공동체의 일반적인 법적 확신을 표현한 것이다. 2001년 9.11.사건을 기초로 하여 국제적인 반테러동맹의 결성과 이것과 결부되어진 테러와의 군

341 국제형법적 핵심범죄의 개념과 종류에 대하여 상세히는 Ambos, Internationales Strafrecht, §3 Rn.95, §7 Rn.117 참조.

342 이에 반하여 테러범죄가 세계주의 대상범죄로 인정될 수 있을 것인가에 대하여 다소 회의적인 것은 조상제/천진호/류전철/이진국, 국제형법, 23면.

사적 투쟁이 이러한 법적 확신이며, 따라서 국제관습법적 의무의 발생이나 적어도 국제적 테러범죄에 대한 소추권능이 발생하는 것이라고 말할 수 있을 것이다. 여기서 테러 범행의 불법내용이 국제적인 핵심범죄에 상응하지는 않을 수 있으나, 테러범죄가 점점 핵심범죄에 가까워지고 점점 더 대량적이고 체계적으로 수행되어지고 있다.[343] 예컨대 9.11.테러(뉴욕)나 2004년 3월(마드리드) 또는 2005년 7월(런던)의 경우와 같이 대중테러적인 범행이 문제되는 경우에는 핵심범죄에 상응하는 불법내용이 실현된다는 점에는 의심이 없고, 게다가 이러한 범죄는 인도에 반하는 범죄나 전쟁범죄에 해당한다는 견해도 주장되고 있다.[344]

셋째, 몇몇 범죄들의 경우에 해당 범죄가 세계주의에 해당하는 범죄들인가가 매우 의문스러운 경우가 있다. 예컨대 마약범죄의 경우로, 마약범죄들은 포괄적으로 해당 국제형법적인 조약을 통하여 범죄화 되어 있을지라도,[345] 각 국가의 마약정책과 형사법적 입법에 있어 매우 편차가 심하다. 국제적 조약에 의하여 포섭되는 마약관련 범행은 마약의 단순한 소지로부터 국내의 유통을 넘어 국경을 초월하는 대량거래에 까지 세계주의에 해당하는 것으로 보고 있다. 이러한 점에서 보면 국가공동체는 수사공조나 국제형사사법공조와 같은 국제적인 조약들을 통하여 적어도 국제적인 마약거래를 공동으로 그리고 국경을 초월하여 투쟁한다는 국가공동체의 의사를 표현하고 있다. 따라서 이와 같은 국제적인 거래에 해당하는 범죄들은 세계주의에 포섭되는 것이다. 또한 이와 유사한 취지로 국제적인 차원에서 이루어지는 돈세탁의 처벌도 전 세계적으로 실행되고, 그 결과 세계주의에 해당하는 것이며, 그것이 또한 조직범죄의 형태로 나타나는 경우에도 마찬가지이

343 Ambos, Internationales Strafrecht, § 3 Rn.95.

344 Ambos, Internationales Strafrecht, § 7 Rn.275; Werle, Völkerstrafrecht, Rn.122ff.

345 예컨대 "Das Wiener Übereinkommen gegen den unerlaubten Verkehr mit Suchstoffen etc. v.20.12.1988, BGBl. II 1993, S.1136."을 둘 수 있다.

다.[346] 이상과 같은 범죄 이외에도 세계주의의 대상범죄로 경제질서를 침해하는 범죄(통화·유가증권위조죄 등), 환경범죄 드리고 문화재범죄 등이 언급되고 있다.[347]

3. 준거점의 필요 여부(절대적·제한적 세계주의)

어떤 특정한 범행이 세계주의에 포섭되는 범행인가에 대한 결정은 각 국가들이 해당 범행을 처벌한다는 점에서 공통적이라는 점(소위 동일한 범죄지규범)에 있는 것이 아니라, 국제법적 연원에 존재하는 객관적 준거점이 존재하는가에 달려있다.[348] 여기서 좁은 의미에서의 세계주의와 넓은 의미에서의 세계주의가 구별될 수 있다.

1) 절대적 세계주의

절대적 또는 진정 세계주의(absolutes bzw. echtes Weltrechtsprinzip)는 외국인의 국외범을 아무런 조건이나 제한없이 소추하여 처벌할 수 있다는 입장으로, 좁은 의미에서의 세계주의라고 부르기도 한다. 국제적 조약법이나 국제관습법들이 일반적으로 특정한 제한없이 무조건적으로 세계주의적인 조치들을 취하는 것을 허용한다는 점에서 절대적 세계주의를 취하는 경우가 많다. 약취·유인 및 인신매매의 죄와 관련하여 우리 형법은 "제287조부터 제292조 및 제294조는 대한민국 영역 밖에서 죄를 범한 외국인에게도 적용한다"(제296조의2)라고 하여 인신매매 등의 범죄에 대하여, 그리고 국민보호와 공공안전을 위한 테러방지법에서 테러단체 등의 구성죄를 대한민국 영역 밖에서 저지른 외국인에게도 국내법을 적용하도록 하여(제19조)

346 돈세탁과 관련한 조약의 구체적 내용에 대하여는 MK/Neuheuser, § 261 Rn.17ff.
347 하태영, 국제형법(세계주의의 도입여부), 형사법연구, 제22호(2004), 31-32면 참조.
348 Ambos, Internationales Strafrecht, § 3 Rn.96f.

절대적 세계주의의 입장을 취하고 있다. 또한 독일형법의 경우에도 인신매매죄, 마약범죄, 항공기나 선박에 대한 공격범죄, 아동 포르노그래피나 폭력적 포르노그래피와 같은 하드 포르노그레피의 유포 등의 범죄에 대하여 절대적 속인주의를 취하고 있다.[349]

2) 제한적 세계주의

이에 반하여 넓은 의미에서의 세계주의를 조건부 또는 제한적 세계주의(bedingtes bzw. eingeschränktes Weltrechtsprinzip iwS)라고 하며, 제한적 세계주의의 경우에는 형사법적 조치들을 행하기 위하여는 범죄혐의자가 재판국가의 영토 내에 존재하여야 한다는 것과 같은 특별한 다른 준거점을 요구하게 된다. 예를 들면 국제형사재판소 관할 범죄의 처벌 등에 관한 법률의 경우 "이 법은 대한민국 영역 밖에서 집단살해죄등을 범하고 대한민국 영역 안에 있는 외국인에게 적용한다."(제3조 제5항)라고 하여 집단살해죄를 범한 외국인에게 동법을 적용하여 처벌하기 위해서는 해당 외국인이 대한민국 영역 안에 있어야 한다. 오스트리아형법(제64조 제1항 제5호)의 경우 외국인인 행위자가 항공기납치와 그와 관련된 생명, 신체, 자유에 관한 범행과 항공교통의 고의적 위태화 범죄의 경우 행위자가 자국에 거주하고 외국에 인도되지 않는 경우에만 오스트리아형법을 적용하는 방식으로 제한적 세계주의를 취하고 있다.[350] 이와 같은 행위자의 자국내 거주(체류)나 외국의 불인도 조건과 같은 제한 하에 세계주의를 취하고 있는 것은 자국이 형사소추할 의무를 부담하거나 또는 범죄인을 인도할 의무가 포함되어 있는 국제형법적 협정들이 그 전형적인 경우이다. 형사소추국가의 영토 내에 존재한다는 것은 좁은 의미에서의 세계주의의 존재에 대하여는 어떠한 구성

349 Ambos, Internationales Strafrecht, § 3 Rn.102.
350 Helmut Fuchs, AT I, 5/29.

요소도 아니며, 단지 소추조치를 실무적으로 실행할 수 있다는 단순한 사실적인 자료에 불과하다.[351]

III. 세계주의에 대한 입법례

1. 독일

독일은 형법 제6조에 "국제적으로 보호되는 법익에 대한 국외범"(Auslandstaten gegen international geschützte Rechtsgüter)이라는 표제 하에 세계주의를 표방하고 있다. 여기서 형법 제6조에서 규정하는 세계주의의 구체적인 범죄를 살펴보면 제1호는 삭제되었으며,[352] 제2호에 핵에너지·폭발물 및 방사선에 관한 범죄가 규정되어 있다. 이러한 범죄들은 특정한 범위나 지역에 국한하여 그 결과가 미치는 것이 아니라 국경을 초월하여 주민들과 지역에 위험을 가져올 수 있기 때문에 세계주의의 대상범죄로 포섭하였다.[353] 제3호에는 항공기와 선박의 운항방해나 파괴행위(독일형법 제316조c)가, 제4호에는 성적 착취 및 노동착취 목적의 인신매매 및 인신매매조장행위(독일형법 제232조 내지 제233조a)가, 제5호에는 향정신성의약품의 권한 없는 유통행위가, 제6호에는 특정한 경우에서의 음란물의 배포행위가, 제7호에는 통화 및 유가증권 위조, 보증기능이 있는 지불카드 및 유로수표의 위조 및 그에 대한 예비행위가,[354] 제8호에는 보조금사기(독일형법

---

351 Ambos, Internationales Strafrecht, § 3 Rn.97.

352 제1호의 범죄는 인종학살범을 포섭하는 규정이었으며, 실제로 보스니아내전과 관련하여 인종학살범을 처벌하는 규정으로 사용되었다(BVerfG NStZ 2000,71; BGHSt 45,64 m. Anm. Hilgendorf, JR 2001,82). 그러나 이후 국제형법전(Völkerstrafgesetzbuch)의 도입으로 동 조항은 삭제되었다. 상세히는 Hecker, Europäisches Strafrecht, S.47; Schönke/Schröder/Eser/Weißer, § 6 Rn.1. 참조.

353 MK/Ambos, § 6 Rn.10; Ambos, Internationales Strafrecht, § 3 Rn.102; Zieher, Das sog. Internationale Strafrecht nach der Reform, S.147-148.

354 2001년 12월 31일 이후에는 유로수표거래의 폐지로 인하여 유로수표의 위조범죄 등은 사실

제264조)행위가 세계주의범죄로 규정되어 있다. 제9호의 경우에는 마치 백지적인 성격을 가진 일반조항이 규정되었다. 즉 제9호에 의하면 범죄가 국외에서 행하여진 경우일지라도 동 범죄가 독일연방공화국에 대하여 기속력 있는 국가간의 조약에 근거하여 형사소추되는 범죄의 경우에는 독일형법을 적용할 수 있도록 규정되어 있다. 제9호의 경우에서 국제형법적인 유일한 연결점은 국제조약으로 확정되고 독일연방공화국에 대하여 기속력 있는 소추의무가 존재한다는 점에 있다.[355] 기속력은 국가간의 조약이 국내적으로 인준된다는 것을 전제로 한다. 그리고 이와 같은 사건들의 경우에 독일의 형벌권을 발동하기 위하여 더 이상의 연결점은 필요하지 아니하다.[356] 이러한 의미에서 유럽공동체에 손해를 발생케 하는 국외에서 행해진 보조금사기의 경우에도 이를 처벌할 수 있으며, 외국국적의 국민이 유럽연합재판소에서 증인으로 위증을 행한 경우에도 이를 독일형법(제153조)에 따라 처벌할 수 있다.[357] 다만 국외에서 행해진 국경을 초월하는 환경침해범죄의 경우에도 제6조 제9호의 규정에 의하여 독일형법을 적용할 수 있는가의 문제는 아직 명확히 해명되어 있지는 않다.[358]

형법 이외에도 "국제형법전" (Völkerstrafgesetzbuch)을 도입하여 인종학살범을 포섭하는 반인류범죄를 세계주의의 대상으로 삼고 있다.[359]

상 그 의미가 없게 되었다(SSW/Satzger, §6 Rn.10. 참조).

355 SSW/Satzger, §6 Rn.12.

356 동일한 취지로 BGHSt 46,292,307; MK/Ambos, §6 Rn.20; Hecker, Europäisches Strafrecht, S.48.

357 Hecker, Europäisches Strafrecht, S.49.

358 이러한 논란에 대하여 상세히는 Hecker, ZStW 115(2003), 884ff. 참조.

359 상세한 내용은 Ambos, Internationales Strafrecht, §3 Rn.99ff.; Satzger, Internationales und Europäisches Strafrecht, §5 Rn.77ff. 특히 "국제형법전"의 내용에 대하여는 Werle/Jeßberger, Völkerstrafrecht, 참조.

2. 일본

일본의 경우 형법 제4조의2에 '조약에 의한 국외범'이라는 표제로 세계주의를 명문으로 규정하고 있다. 이 규정에 따라 형법각칙의 죄가 일본 국외에서 범하여졌더라도 조약에 의하여 자국에서 처벌하여야 할 경우에는 범죄자의 국적 여하를 불문하고 일본형법이 적용된다(일본형법 제4조의2). 이는 국외범에 관한 규정들 가운데, 세계주의 내지 국제주의의 사고방식에 기초하여 범죄자의 국적 여하를 불문하고 범죄의 방지 및 처벌에 관하여 국제적 협력이 필요한 범죄의 국외범을 처벌하고자 하는 규정이다.[360] 이와 같은 형법 제4조의2의 규정은 1987년의 형법일부개정에 의하여 신설되었으며, 이를 신설하였던 이유는 외교관과 같이 국제적으로 보호받는 자에 대한 범죄의 방지와 처벌에 관한 조약과 인질행위에 관한 국제조약의 체결에 따라 국외범을 처벌할 필요성이 제기된 것이라고 한다. 그 후 핵물질의 방호에 관한 조약 등에서는 조약상 국외범을 처벌할 수 있도록 의무화하는 것에 관하여 그 전부 또는 일부를 일본형법 제4조의2에 의하도록 하였다고 한다.[361] 여기서 일본형법은 조약에 의하여 국외범의 처벌이 의무화되는 범죄들 가운데 일본형법 제2조 내지 제4조로써는 처벌할 수 없는 것[362]에 대하여, 일일이 열거하는 번잡을 피하면서 장래 조약체결의 편의를 고려하여 포괄적인 형법의 적용을 인정하고 있다.[363] 따라서 제4조의2의 규정이 형법의 장소적 적용범위에 관한 규정이라는 점에는 논란이 없지만 형법에서는 이례적으로 백지위임 규정에 해당한다.[364] 이 규정의 대상이 되고 있는 것으로는 「인질

---

360 法務省 刑事局 編, 法制審議會·改正刑法草案の 解說, 1974, 37면 이하 참조.

361 古田佑紀, 大塚仁·河上和雄·佐藤文哉 編, 大コンメンタール刑法, 第1卷, 1991, 85면.

362 일본형법 제2조는 모든 국외범에 대한 처벌로 (국가)보호주의를 규정하였으며, 제3조는 국민의 국외범으로 속인주의를, 제3조의2는 자국민 이외의 자에 의한 국외범으로 (국민)보호주의를, 제4조는 공무원의 국외범으로 속인주의를 규정하고 있다.

363 井田 良, 講義刑法學 總論, 64-65면.

364 松原芳博, 刑法總論, 546면.

강요행위등처벌법」 제5조, 「폭력행위등처벌법」 제1조의2 제3항 등이 있다.

3. 오스트리아

오스트리아형법은 제64조에 '행위지의 법률과 무관하게 처벌되는 국외에서 행하여진 범행'이라는 표제 하에 행위지법에 따른 가벌성의 유무와 상관없이 자국 형법의 적용을 인정하는 국외범의 규정을 두고 있다. 이 규정은 국외범에 관한 자국 형법의 적용으로서 각호에 따라 국가보호주의, 속인주의 그리고 세계주의의 내용을 포함하고 있다. 구체적으로 제64조 제1항에 열거되어 있는 범죄 중에서 국가보호주의를 내용으로 하는 범죄는 내란, 반역 등의 범죄(제1호), 오스트리아의 공무원이나 공직자에 대한 범죄(제2호의 전단, 제2호 후단의 경우는 오스트리아 공무원이 행한 범죄로 적극적 속인주의를 규정하고 있다), 오스트리아의 법원 등에 대한 위증죄 등(제3호)이다. 또한 속인주의에 해당하는 국외범은 형사미성년자에 대한 성범죄 등을 범한 오스트리아인(제4a호), 대량살상무기의 제조 및 확산의 죄를 범한 오스트리아인(제4b호), 테러단체나 테러행위와 연관된 범죄행위자로서 오스트리아인 이거나 이었던 자의 행위(제9호), 테러에 대한 경제지원을 한 자로서 오스트리아인 이거나 이었던 자(제10호)이다.[365]

오스트리아형법상 세계주의 범죄는 제64조 제1항에 규정된 범죄들 가운데 공갈적 약취, 인신매매, 통화위조, 마약범죄 등의 범죄(제4호), 항공기납치와 그와 관련된 생명, 신체, 자유에 관한 범행과 항공교통의 고의적 위태화 범죄(제5호) 그리고 소약 등에 의하여 행위지법에 따른 가벌성의 유무와 상관없이 오스트리아가 소추의무를 지는 기타의 가벌적 행위(제6호)[366]들이

365 오스트리아인의 경우 행위시에 오스트리아인인 경우뿐 아니라 사후에 오스트리아 국적을 취득한 사람을 포함한다.

366 이러한 조약으로 인한 범죄로 "중독과 약물조약"(Suchtgift- und Drogenkonventionen)을 들 수 있다(Helmut Fuchs, AT I, 5/29.

다. 다만 제4호의 범죄의 경우에는 오스트리아의 이익이 침해되거나 행위자의 인도가 행하여지지 않는 경우에만 적용되며, 제5호의 범죄의 경우에는 행위자가 자국에 거주하고 외국에 인도되지 않는 경우에만 적용되는 것과 같은 제한이 있다.[367] 따라서 오스트리아형법은 세계주의에 기초하는 규정에 제한적이거나 보충적 성격을 부여하는 점에서 독일형법에서의 세계주의와는 구별된다.

4. 스위스

스위스형법은 이전에는 세계주의에 관한 일반규정을 형법총칙에 별도로 규정하고 있지 않았다. 다만 형법각칙에서 부녀 또는 아동의 매매(제202조), 통화위조(제240조), 수표·어음 등의 위조(제245조) 등을 처벌하는 개별적 규정을 가지고 있었고, 해당 규정들이 부분적으로 세계주의에 기초하는 것으로 해석되었다.[368]

스위스 연방의회는 2002년 12월 수년간 논의되었던 형법개정안을 통과시켜, 2007년 1월 1일부터 시행하였다. 이 개정형법은 이전의 형법을 전면적으로 개정한 법률이며, 개정내용 중 제6조에 세계주의를 명문화하고 있다. 즉 스위스형법은 제6조에 '조약상 의무적으로 소추하여야 하는 국외범'이라는 표제 하에 국제조약상 스위스가 의무적으로 소추하여야 하는 죄를 국외에서 범한 자에게 스위스형법을 적용하도록 규정하고 있다. 여기서 구체적으로 어떤 조약이 이러한 국제조약에 포함되는 것인가에 대하여는 개별적으로 논란이 된다.[369] 다만 국외범을 처벌하기 위한 전제로 해당 범죄가 행위지에서도 처벌되어야 하고, 또한 행위자가 스위스에 체류할 것을 요구하고 있다. 이러한 의미에서 스위스형법에서의 세계주의는 제한적 또는 조

367 Helmut Fuchs, AT I, 5/29.

368 Stratenwerth/Wohlers, Schweizerisches Strafgesetzbuch, Art.6 Rn.1.

369 이에 대하여 상세히는 BSK/Popp, Art. Rn.3ff.

건부 세계주의이며, 이를 위한 입법방식으로 단순한 포괄적 입법방식인 포괄주의를 채택하고 있다.

IV. 세계주의 도입 시도

형법의 적용범위에 관한 현재의 형법규정은 형법을 제정한 1953년부터 한 차례의 개정도 없이 현재까지 유지되어 오고 있는 규정이다. 형법제정 당시와 비교하여 현재에는 국가 간의 교류뿐만 아니라 국민들 사이의 이동과 국제적인 거래도 급격히 증가하였으며, 국경을 초월하는 다양한 종류의 범죄유형들도 대두하였다. 예컨대 국제적인 무기밀매나 마약거래, 인신매매 등의 고전적인 범죄의 국제화뿐만 아니라 자금세탁이나 사이버범죄 등 신종범죄가 국경을 초월하여 발생하고 있다는 점에서 형법의 적용범위는 입법적으로 새로운 준거점이나 보완을 필요로 한다.

이와 같은 국제적인 상황변화에 적극적으로 대처하기 위하여 법무부는 이미 1992년 6월 세계주의를 도입하는 형법개정안을 제출한 바 있으나, 이 개정안은 이후로 미루어졌다. 이 후 2008년 한국형사법학회의 형법개정시안 역시 세계주의를 입법화하는 안을 마련하여 입법제안을 하였다. 이와 같은 형법개정을 통한 세계주의의 도입시도는 2010년 10월말에 다시 형법개정법률안을 제안하였으나, 이 개정안 역시 해당 개정안은 통과되지 못하고 현재에 이르고 있다.

1. 1992년 형법개정안(법무부)

1953년에 형법제정 이래 학계에서는 세계주의에 관한 명문의 규정을 둘 것이 종종 제안되어 왔다.[370] 이러한 제안은 1992년 10월의 '형법개정법률안'에

370 예컨대 차용석, 형법총론강의, 168면. 과거의 형법문헌에서 세계주의에 대한 내용과 설명에 대하여는 하태영, 국제형법(세계주의의 도입여부), 형사법연구, 제22호(2004 겨울) 특집호,

반영되어, 동 개정안 제7조에 세계주의 규정을 명문화하기에 이르렀다. 이 형법개정법률안은 1985년 6월 형사법개정특별심의위원회가 발족한 이후 7년간 수차례의 논의와 토론, 의견수렴을 거쳐 확정된 법률안으로,[371] 당시의 시대와 이론수준에 맞추어 형법총칙을 구성하고 컴퓨터범죄와 환경범죄 같은 신종범죄를 포섭하며 각칙의 구조를 재편성한 전면적 개정안이었다. 그러나 유감스럽게도 이 개정안은 국회의 검토를 거치는 과정에서 너무 많은 시일이 걸리는 바람에 국회회기 내에 통과되지 못하면 새로운 원구성으로 인하여 자동폐기될 상황에 놓여 있었다. 이에 따라 국회는 동 개정안에 대한 검토를 유보하고 컴퓨터범죄와 같이 반드시 신설되어야 할 구성요건들만 이전의 형법규정에 보충하는 선에서 마무리 하였다.[372] 따라서 본래 전면개정의 일환으로 제출되었던 '형법개정법률안'은 폐기되고, 1995년 12월에 새로운 '형법중개정법률'이 국회를 통과하여 1996년 7월 1일과 1997년 1월 1일로 나누어 시행케 되었다. 따라서 형법의 총칙부분은 거의 개정되지 아니하였고, 각칙에서 컴퓨터 관련범죄들이 삽입되는 정도의 개정에 그쳤다. 이러한 이유로 형법개정법률안에 마련하여 두었던 세계주의 규정은 빛을 보지 못하였다.

1992년 형법개정법률안 제7조의 세계주의는 인류공통의 보호법익을 침해하는 국제적 성격의 범죄가 점차 증가하는 한편, 이를 규율하는 국제조약이 다수 체결됨에 따라 세계주의의 규정을 둘 필요가 있다는 데에 근거하고 있었다.[373] 이 형법개정법률안의 세계주의에 대한 구체적인 내용을 살펴보면 다음과 같다.

제7조(세계주의) 이 법은 대한민국 영역 밖에서 다음 각 호의 죄를 범한

24면 각주 1) 참조.

371 법무부, 형법개정법률안 제안이유서(형사법 개정자료(XIV)), 1992.10, 7-9면 참조.

372 당시의 형법 개정과정과 개정내용에 대하여는 전지연, 형법개정의 역사와 전망, 비교형사법연구, 제14권 제2호(2012), 124-128면; 김종원, 형법총칙의 개정경위에 관하여, 형사법연구, 제9호(1997), 29면 이하; 이재상, 개정형법각칙의 내용과 그 문제점, 형사법연구, 제9호(1997), 35면 이하 참조.

373 법무부, 형법개정법률안 제안이유서, 1992.10, 27면 이하.

외국인에게 적용한다.

1. 제244조의 죄,[374] 방사선이나 방사성 물질을 방류시켜 범한 제246조의 죄[375] 및 그 죄의 미수범
2. 제271조[376]·제272조[377]의 죄 및 그 죄의 미수범, 제273조 제2항의 죄[378]
3. 제288조[379]·제289조[380]의 죄 및 그 죄의 미수범
4. 제295조[381]·제299조[382]의 죄 및 그 죄의 미수범

---

374 제244조 (폭발물폭발) ① 폭발물을 폭발시켜 사람의 생명, 신체 또는 재산에 대하여 위험을 발생시킨 자는 무기 또는 3년 이상의 징역에 처한다.
② 제1항의 죄를 범하여 사람을 상해에 이르게 한 때에는 무기 또는 5년 이상의 징역에 처한다. 사망에 이르게 한 때에는 사형, 무기 또는 7년 이상의 징역에 처한다.

375 제246조 (가스·전기등 방류) ① 가스, 전기, 증기 또는 방사선이나 방사성 물질을 방출, 유출 또는 살포시켜 사람의 생명, 신체 또는 재산에 대하여 위험을 발생시킨 자는 1년 이상 10년 이하의 징역에 처한다.
② 제1항의 죄를 범하여 사람을 상해에 이르게 한 때에는 무기 또는 3년 이상의 징역에 처한다. 사망에 이르게 한 때에는 무기 또는 5년 이상의 징역에 처한다.

376 제271조 (선박항공기납치) 폭행, 협박 기타 방법으로 운항중인 선박 또는 항공기를 납치한 자는 무기 또는 5년 이상의 징역에 처한다.

377 제272조 (선박항공기운항방해) 위계 또는 위력으로 운항중인 선박 또는 항공기의 항로를 변경하거나 기타 방법으로 정상적인 운항을 방해한 자는 1년 이상 10년 이하의 징역에 처한다.

378 제273조(교통방해치사상) ① 제268조 내지 제270조의 죄를 범하여 사람을 상해에 이르게 한 때에는 무기 또는 3년 이상의 징역에 처한다. 사망에 이르게 한 때에는 무기 또는 5년 이상의 징역에 처한다.
② 제271조의 죄를 범하여 사람을 상해에 이르게 한 때에는 무기 또는 7년 이상의 징역에 처한다. 사망에 이르게 한 때에는 사형, 무기 또는 10년 이상의 징역에 처한다.

379 제288조(통화의 위조등) ① 행사할 목적으로 대한민국 또는 외국의 통화를 위조 또는 변조한 자는 무기 또는 1년 이상의 징역에 처한다.
② 위조 또는 변조된 제1항의 통화를 행사하거나 행사할 목적으로 수입 또는 수출한 자도 제1항의 형과 같다.

380 제289조(위조통화취득) 행사할 목적으로 위조 또는 변조된 제288조의 통화를 취득한 자는 5년 이하의 징역 또는 1천5백만원원 이하의 벌금에 처한다.

381 제295조(유가증권위조등) ① 행사할 목적으로 대한민국 또는 외국의 공채증서 기타 유가증권을 위조 또는 변조한 자는 10년 이하의 징역에 처한다.
② 행사할 목적으로 유가증권의 권리의무에 관한 기재를 위조 또는 변조한 자도 제1항의 형과 같다.

382 제299조(인지·우표위조등) ① 행사할 목적으로 대한민국 또는 외국의 인지, 우표 기타 우편

5. 대한민국에 대하여 구속력 있는 조약에 의하여 처벌할 범죄

따라서 동 개정안에 의하면 대한민국의 영역 밖에서 폭발물폭발죄 등·선박항공기납치죄 등과 그 미수범, 통화위조등죄·위조통화취득죄·유가증권위조등죄·인지우표위조등죄와 그 미수범, 그리고 대한민국에 대하여 구속력 있는 조약에 의하여 처벌할 범죄를 범한 외국인에 대하여 대한민국 형법이 적용되도록 규정한 것이다.

2. 2008년 형법개정연구회안(한국형사법학회)

2008년 한국형사법학회에서는 형법개정연구회를 운영하여 형법의 전면적인 개정을 논의하였다. 형법개정연구회의 형법 적용범위에 관한 개정 논의과정에서[383] 가장 심각한 논란이 된 것은 역시 세계주의 규정의 신설여부와 관련한 문제였다. 형법개정연구회는 세계주의 규정과 관련하여 다양한 논의들에 대하여 집중적으로 토론하였다. 예컨대 세계주의규정을 형법총칙에 규정할 것인가 각칙이나 특별법에 규정할 것인가, 세계주의의 규정을 신설한다면 포괄주의를 취할 것인가 아니면 열거주의를 취할 것인가 등이다.[384] 또한 일부에서는 세계주의 규정의 보충적 성격을 명확히 한다는 입장에서 상징적인 의미라도 규정할 필요가 있다는 주장이 제기되고,[385] 세계주의를 신설하여 국제사회와 공동으로 문화적 사명에 동참할 필요가 있다는 입장도 주장되었다.[386]

요금을 표시하는 증표를 위조 또는 변조한 자는 10년 이하의 징역에 처한다.
② 위조 또는 변조된 대한민국 또는 외국의 인지, 우표 기타 우편요금을 표시하는 증표를 행사하거나 행사할 목적으로 수입 또는 수출한 자도 제1항의 형과 같다.

383 당시 형법개정연구회에서 논의한 주제와 그에 대한 내용은 형법개정연구회, 형사특별법 정비방안(19) 형법총칙 개정안-범죄론, 한국형사정책연구원, 2008에 수록되어 있다.

384 김성룡/박광민, 통칙 분야 개정방안, 형사법연구, 제21권 제1호(2009 봄), 20면 이하 참조.

385 김성규, '형법의 장소적 적용범위에 관한 규정의 내용과 한계', 형사법연구 제18호, 2002, 204면.

386 하태영, 국제형법(세계주의의 도입여부), 형사법연구, 제22호(2004 겨울) 특집호, 44쪽.

형법개정연구회는 논의 결과 세계주의 규정을 신설한다는 점에는 전체적으로 동의하였으나, 구체적인 입법방식에 대하여는 다양한 의견이 대립하였다. 일부에서는 상징적인 의미라도 원칙적인 규정을 두어 향후 관련 논의를 지속할 수 있도록 하자는 방안, 외국법에서의 세계주의 입법을 검토하여 공통적인 내용을 입법하여 보자는 방안, 형법 제5조의 '외국인 국외범'을 '국외범'으로 표제를 변경하고 이전의 1992년 형법개정안 제7조의 규정내용을 제5조 제3항에 규정하자는 방안들이 제시되기도 하였다. 그러나 세계주의를 명문으로 표현함에 있어 상당한 어려움이 존재하고, 포괄적 규정으로 하는 경우 명확성원칙이나 그에 대한 적정성여부가 문제되고, 열거주의로 규정하는 경우 잦은 개정과 그 해당 범죄의 산재함(이행법률의 특성상)으로 인하여 그 효율성이 문제되었다. 따라서 형법개정연구회는 이후 논의의 여지를 그대로 남긴 채 개정안에는 세계주의를 명문화하는 것을 포기하였다.[387]

그 이후 2009년 형법개정연구회안을 검토위원회에서 검토하는 과정에서 세계주의의 명문화에 대하여 다시 논의하였다. 특히 상징적인 의미로 "대한민국 영역 외에서 대한민국에 대하여 구속력 있는 조약에 의하여 처벌되는 죄를 범한 자로서 대한민국 영역 내에서 체포되어 아직 인도되지 않은 자에 대해서도 우리 형법을 적용한다"라는 규정을 두는 방안을 검토하였다. 그러나 세계주의 자체가 장소적 적용범위에 관한 다른 원칙에 대해 보충적 지위에 있고, 구속력 있는 조약은 상당 부분은 국내법으로 수용되어 그 효력을 가지게 되며, 우리 형법의 적용이 범죄인의 국내체류를 전제로 하는 점 등을 감안하면 세계주의가 실제로 적용되는 예는 그리 많지 않다고 판단하였다. 이러한 점을 고려하여 검토위원회는 형법개정연구회와 마찬가지로 세계주의에 대한 명문규정을 두는 것을 일단 유보하기로 하였다.[388]

387 김성룡/박광민, 통칙 분야 개정방안, 형사법연구, 제21권 제1호(2009 봄), 20면 이하 참조.

388 검토위원회의 논의에 대하여는 신양균, 형법총칙개정의 기본방향, 형사법연구, 제22권 제4호(2010 겨울), 19면 이하 참조).

3. 2011년 형법(총칙)일부개정법률안(법무부)

형법의 전면개정안인 1992년의 형법개정법률안이 국회에서 통과되지 못하고 일부개정에 그치고 만 이후, 여전히 형법의 전면개정에 대한 요청이 지속되었다.[389] 이에 따라 2007년 6월 법무부는 형사법개정특별분과위원회를 출범, 3년 반 동안 형법총칙부분에 대한 개정시안을 마련하여 공청회를 거친 다음 이를 확정하여, 형법(총칙)일부개정법률안을 국회에 제출하였다.

이 개정안에는 세계주의를 신설하는 규정이 마련되었다. 여기서 세계주의를 신설한 이유는 "인류공통의 보편적 보호법익을 침해하는 초국가적 성격을 띈 범죄와 이를 규율하는 국제조약이 늘어감에 따라 속지주의, 속인주의 또는 보호주의에 의해서도 우리 형법이 적용될 수 없는 외국인의 국외범에 대해서도 국제연대성의 강화라는 차원에서 우리 형법의 적용을 인정할 필요성에 부응하기 위해"[390] 국제형법의 적용원칙인 세계주의의 근거규정을 다음과 같이 신설하였다.

제7조 (세계주의) 이 법은 대한민국 영역 밖에서 다음 각 호의 어느 하나의 죄를 범한 외국인에게 적용한다.

1. 제119조의 죄[391]

---

389 특히 2004년 한국형사법학회는 '형사실체법의 개정방향'이라는 주제로 동계학술회의를 개최하였으며, 이 회의에서 형법개정을 위한 기초작업으로서 형사실체법의 전반을 검토하여 구체적인 개정안까지 제시하였다. 동 개정안의 내용은 한국형사법학회, 형사실체법의 개정방향, 형사법연구, 제22호(2004 겨울)에 게재되어 있다. 또한 한국형사정책연구원은 2005년 이후에 형법개정을 위한 기초작업을 진행하여 형사특별법의 정비방안, 형법총칙의 개정방안, 형법각칙의 개정방안, 외국 형법의 번역 등 다수의 보고서를 제출하였다.

390 법무부, 형법(총칙)일부개정법률안 제안이유서, 2011.4, 22면.

391 제119조(폭발물사용) ① 폭발물을 사용하여 사람의 생명, 신체 또는 재산을 해하거나 기타 공안을 문란한 자는 사형, 무기 또는 7년 이상의 징역에 처한다.
② 전쟁, 천재 기타 사변에 있어서 전항의 죄를 범한 자는 사형 또는 무기징역에 처한다.
③ 전2항의 미수범은 처벌한다.

2. 제207조,[392] 제208조[393] 및 제212조(제211조의 미수범은 제외한다)의 죄[394]
3. 제214조,[395] 제218조[396] 및 제223조(제214조, 제218조의 미수범만 해당한다)의 죄[397]
4. 제287조부터 제289조까지,[398] 제291조,[399] 제292조[400] 및 제294조(제

---

392 제207조(통화의 위조등) ① 행사할 목적으로 통용하는 대한민국의 화폐, 지폐 또는 은행권을 위조 또는 변조한 자는 무기 또는 2년 이상의 징역에 처한다.
② 행사할 목적으로 내국에서 유통하는 외국의 화폐, 지폐 또는 은행권을 위조 또는 변조한 자는 1년 이상의 유기징역에 처한다.
③ 행사할 목적으로 외국에서 통용하는 외국의 화폐, 지폐 또는 은행권을 위조 또는 변조한 자는 10년 이하의 징역에 처한다.
④ 위조 또는 변조한 전3항 기재의 통화를 행사하거나 행사할 목적으로 수입 또는 수출한 자는 그 위조 또는 변조의 각죄에 정한 형에 처한다.

393 제208조(위조통화의 취득) 행사할 목적으로 위조 또는 변조한 제207조기재의 통화를 취득한 자는 5년 이하의 징역 또는 1천500만원 이하의 벌금에 처한다.

394 제212조(미수범) 제207조, 제208조와 전조의 미수범은 처벌한다.

395 제214조(유가증권의 위조등) ① 행사할 목적으로 대한민국 또는 외국의 공채증서 기타 유가증권을 위조 또는 변조한 자는 10년 이하의 징역에 처한다.
② 행사할 목적으로 유가증권의 권리의무에 관한 기재를 위조 또는 변조한 자도 전항의 형과 같다.

396 제218조(인지·우표의 위조등) ① 행사할 목적으로 대한민국 또는 외국의 인지, 우표 기타 우편요금을 표시하는 증표를 위조 또는 변조한 자는 10년 이하의 징역에 처한다.
② 위조 또는 변조된 대한민국 또는 외국의 인지, 우표 기타 우편요금을 표시하는 증표를 행사하거나 행사할 목적으로 수입 또는 수출한 자도 제1항의 형과 같다.

397 제223조(미수범) 제214조 내지 제219조와 전조의 미수범은 처벌한다.

398 제287조(미성년자의 약취, 유인) 미성년자를 약취 또는 유인한 자는 10년 이하의 징역에 처한다.
제288조(영리등을 위한 약취, 유인, 매매등) ① 추행, 간음 또는 영리의 목적으로 사람을 약취 또는 유인한 자는 1년 이상의 유기징역에 처한다.
② 추업에 사용할 목적으로 부녀를 매매한 자도 전항의 형과 같다.
③ 상습으로 전2항의 죄를 범한 자는 2년 이상의 유기징역에 처한다.
제289조(국외이송을 위한 약취, 유인, 매매) ① 국외에 이송할 목적으로 사람을 약취, 유인 또는 매매한 자는 3년 이상의 유기징역에 처한다.
② 약취, 유인 또는 매매된 자를 국외에 이송한 자도 전항의 형과 같다.
③ 상습으로 전2항의 죄를 범한 자는 5년 이상의 유기징역에 처한다.

399 제291조(결혼을 위한 약취, 유인) 결혼할 목적으로 사람을 약취 또는 유인한 자는 5년 이하의 징역에 처한다.

400 제292조(약취, 유인, 매매된 자의 수수 또는 은닉) ① 제288조 또는 제289조의 약취, 유인이나 매매된 자 또는 이송된 자를 수수 또는 은닉한 자는 7년 이하의 징역에 처한다.
② 제287조 또는 제291조의 약취 또는 유인된 자를 수수 또는 은닉한 자는 5년 이하의 징역

293조의 미수범은 제외한다)의 죄[401]

5. 대한민국에 대하여 구속력 있는 조약에 따라 처벌하는 범죄

동 개정안의 구체적인 내용은 지난 1992년의 형법개정법률안의 내용과 동일하게 특정범죄에 대한 처벌규정과 국제조약에 의한 일반적 처벌규정을 포함하는 방식으로 세계주의를 규정하고 있다. 개정안 제7조의 제1호는 테러범죄의 위협으로부터 전세계의 시민을 보호해야 한다는 차원에서 폭발물에 관한 범죄를 세계주의의 적용대상에 포함시켰다. 제2호와 제3호는 현행 형법 제5조의 제4호와 제5호[402] 가운데 세계주의적 형법적용의 보호필요성이 있는 범죄들을 선별한 것이며, 제4호는 (아동)인신매매방지 등을 위한 국제협약에 나타난 세계주의 정신을 우리 형법에 반영한 것이다. 제5호는 세계주의에 의해 보호되어야 하는 인류공통의 법익의 가변성을 고려하여 탄력성 있게 대처하기 위한 조항으로서 '대한민국에 대하여 구속력 있는 조약'이 근거가 되므로 국가 간의 조약 뿐 아니라 국제기구와의 사이의 조약도 구속력 있는 조약으로 되어 이러한 조약에 의해 처벌할 범죄도 세계주의의 적용대상이 된다.[403]

그러나 이 개정안에는 형법에 규정되어 있지 아니하였던 보안처분제도를 보호수용, 치료수용, 보호관찰 등 보안처분의 종류를 규정하여 형법에 편입하는 규정이 존재하였다. 이러한 보안처분 규정들과 관련하여 치료수용은 기존의 치료감호를, 보호관찰은 기존의 보호관찰에 대한 규정을 형법에 포섭하는 내용이므로 크게 문제가 없었다. 그러나 보호수용은 기존의 보호감호가 헌법재판소에 의하여 위헌으로 판단되어 효력을 잃게 되자, 이를 우회하는 방법으로 보호수용이라는 용어를 사용하여 다시 명문화를 시도한다는 비판과 함께

에 처한다.

401 제294조(미수범) 제287조 내지 제289조와 제291조 내지 전조의 미수범은 처벌한다.

402 형법 제5조는 외국인의 국외범에 관한 규정으로 통화에 관한 죄(제4호), 유가증권, 우표와 인지에 관한 죄(제5호)를 의미한다.

403 법무부, 형법(총칙)일부개정법률안 제안이유서, 2011.4, 22면.

18대 국회의원의 임기만료로 자동폐기 되었다.[404]

V. 현행 형법상 세계주의 규정

1. 형법총칙에서 세계주의

대한민국 형법은 총칙에서 세계주의에 관한 명문의 규정을 두고 있지 않다. 전술한 바와 같이 수차례 세계주의 규정을 신설하고자 시도하였으나,[405] 유감스럽게도 현재까지 총칙에서 세계주의의 입법은 관철되지 못하였다.

2. 형법각칙에서 세계주의

형법각칙에서 일부의 범죄유형에서는 명시적으로 세계주의의 입장을 취하고 있으며, 일부의 범죄유형에서는 세계주의 입장을 취하고 있는 것으로 해석되고 있다.

(1) 먼저 각칙에서 명시적으로 세계주의 입장을 보이는 범죄유형은 형법각칙 제31장의 약취·유인 및 인신매매의 죄에 해당하는 범죄이다. 약취·유인 및 인신매매의 죄는 우리나라가 국제연합의 인신매매방지 의정서에 서명하고, 국제 조직범죄에 대한 효율적인 투쟁과 처벌을 가능하게 하기 위한 일종의 이행입법으로 2013년 대폭 개정한 것이다.[406] 여기서 대한민국 영역 밖에서 약취·유인 및 인신매매의 죄를 범한 외국인에게 대한민국 형법을 적용함(형법 제296조의2)으로써 세계주의를 실현하고 있다.

404 전지연, 형법개정의 역사와 전망, 비교형사법연구, 제14권 제2호(2012), 134-135면.

405 세계주의 개정안에 대하여는 전지연, 형법상 세계주의의 도입방안, 법학연구, 제21권 제4호, 2011, 312-330면 참조.

406 이재상/장영민/강동범, 형법각론, 131면.

(2) 각칙의 해석상 세계주의를 취하고 있는 것으로 주장되는 범죄는 형법 제207조 제3항의 외국통용외국통화위조·변조죄이다. 일부 견해에 의하면 형법 제5조 제4호와 제207조 제3항(외국통용외국통화위조·변조죄) 등을 체계적으로 해석하면, 행사할 목적으로 외국에서 외국통화를 위조한 외국인에게 대한민국의 형법을 적용할 수 있다는 점에서, 세계주의가 형법에 채택되어 있다고 보고 있다.[407] 나아가 형법 제5조 제6호 및 제7호에 의하여 공문서에 관한 죄(형법 제225조 내지 제230조) 및 공인 등의 위조·부정사용죄(형법 제238조) 및 그 미수범에 관하여서도 세계주의가 채택되어 있다고 보는 견해도 있다.[408] 그러나 세계주의 대상범죄는 기본적으로 국제공동체의 존립과 유지를 침해하거나 위태롭게 하는 유형의 행위를 의미한다는 점에서 보면, 공문서와 관련한 죄나 형법 제207조 제3항 등의 규정은 세계주의를 규정한 것으로 이해하기 보다는 보호주의에 기초하는 규정으로 파악하는 것이 타당하다.[409]

3. 국제조약의 이행법률에서 세계주의

국제조약을 이행하기 위하여 이를 국내법적으로 전환하는 방식에는 기존의 형법이나 형사특별법의 개정을 통하여 이를 수용하거나 또는 관련 형사특별법을 제정하여 수용하는 방식이 있다.[410] 국제조약의 이행법률을 마련

---

407 유기천, 형법학(총칙강의), 34면; 임웅, 형법총론, 88면; 차용석, 형법총론강의, 168면. 그 밖에도 직접적으로 세계주의가 채택되고 있다고 보지는 않으나 제207조 제3항에 따라 "간접적으로 세계주의 정신을 반영하고 있다"(신동운, 형법총론, 79면)고 해석하는 입장도 있다.

408 김일수, 한국형법 IV, 252면. 이에 반대하는 견해로서는 이정원, 형법총론, 56면 이하 참조.

409 김성돈, 형법총론, 119~120면; 형법개정연구회/박광민, 형사특별법 정비방안(19) 형법총칙 개정안-범죄론, 한국형사정책연구원, 2008, 89면; 조상제/천진호/류전철/이진국, 국제형법, 55면.

410 형사법의 측면에서 국제형사규범을 국내의 형사규범으로 전환하는 것에 대한 상세한 설명은 강우예, 형사특별법 정비방안(16) 국제조약의 국내이행 형사특별법: 국제조약의 국내이행입법방안, 2008, 한국형사정책연구원 참조.

하는 과정에서 그 내용상 일정한 범죄행위에 관하여 세계주의의 관점을 실현하는 입법이 이루어질 수 있다.

(1) 예컨대 1988년의 마약류 불법거래 방지를 위한 UN조약 제4조는 세계주의에 입각하여 체약국에 대하여 관할권 설정의무를 부과하고 있으며, 이에 따라 우리는 그 이행법률로서 '마약류 불법거래 방지에 관한 특례법'을 제정하여, 동법 제12조에서 업으로서 한 마약류의 불법수입(동법 제6조), 불법수익의 은닉 및 가장(제7조), 불법수익 등의 수수(제8조), 마약류범죄 등의 선동(제10조)의 경우에는 대한민국 영역 밖에서 해당 죄를 범한 외국인에게도 형법 제5조의 예에 따라 처벌하도록 규정하고 있다. 그런데 형법 제5조는 국가보호주의 관점에서 외국인의 국외범에 대한 처벌을 규정한 것으로, 내란죄·외환죄 또는 통화죄와 같이 일정한 국가적 법익을 침해하는 국외범에 대한 자국 형법의 적용을 인정하는 것이다. 따라서 이것은 모든 문명국가가 승인하는 인류공통의 법익을 보호하는 것을 내용으로 하는 세계주의와는 구별된다.[411] 즉 형법 제5조가 규정하는 국가보호주의는 국가의 안보유지 또는 중대한 국가이익의 보호를 위하여 외국인의 국외범에 대하여서도, 또한 그것이 그 외국법에 따라 적법한 것인 때에도 국내 형법의 적용을 정당화하는 것으로서 세계주의의 사고방식과는 그 출발점을 달리하고 있다. 그럼에도 불구하고 외국인의 국외범에 관한 형법 제5조는 각국이 행위지법을 고려하지 않고 자국 형법을 적용할 수 있도록 하는 세계주의의 효과적 측면에서 공통된다. 여기에서 비록 세계주의를 구체화하는 마약류 불법거래 방지에 관한 특례법 제12조가 그 규정형식에 있어서는 보호주의(형법 제5조)의 적용을 인정하고 있지만, 그 취지에 있어서는 세계주의를 채택하고 있는 것으로 해석할 수 있다.

(2) 또한 세계주의 관점을 포함하고 있는 국내이행법률로 "국제형사재판

411 김성룡/박광민, 통칙 분야 개정방안, 형사법연구, 제21권 제1호(2009 봄), 23면.

소 관할범죄의 처벌 등에 관한 법률”의 집단살해죄 등의 규정을 들 수 있다. 1998년 로마에서 개최된 로마회의에서 ‘국제형사재판소 설립을 위한 로마규정(Rome Statute of the International Criminal Court)’을 채택하였고, 우리 국회는 2002년 11월 13일 로마협약을 비준하였고, 이에 대한 이행법률로 동 법률이 2007년 11월 23일 통과되었다. 동 법률에 따라 대한민국 영역 밖에서 집단살해죄, 전쟁범죄, 인도에 반한 죄 등을 범하고 대한민국 영역 안에 있는 외국인에게도 동 법률을 적용한다(동법 제3조 제5항). 따라서 국외에서 집단살해죄 등의 범죄를 범한 외국인을 처벌할 수 있다는 점에서 세계주의를 실현하고 있다.[412] 다만 해당 범죄인이 국내에 있다는 점에서 제한적 세계주의를 그 내용으로 하고 있다.

(3) 그리고 2001년 9·11테러 이후 국제사회가 지속적으로 테러와의 전쟁을 치르고 있으며, 유엔은 9·11테러 이후 테러근절을 위해 국제공조를 결의하고 테러방지를 위한 국제협약 가입과 법령 제정 등을 권고해 OECD 34개 국가 대부분이 테러방지를 위한 법률을 제정하였다. 이에 따라 우리나라도 2016년 3월 3일 테러방지를 위한 국가 등의 책무와 필요한 사항을 명확히 규정하여 국가의 안보 및 공공의 안전은 물론 국민의 생명과 신체 및 재산을 보호하기 위하여 “국민보호와 공공안전을 위한 테러방지법”을 제정하여 즉시 시행하였다. 동법에는 ① 테러단체를 구성하거나 구성원으로 가입한 사람, ② 테러자금임을 알면서도 자금을 조달·알선·보관하거나 그 취득 및 발생원인에 관한 사실을 가장하는 등 테러단체를 지원한 사람, ③ 테러단체 가입을 지원하거나 타인에게 가입을 권유 또는 선동한 사람, ④ 그 미수범, ⑤ 예비 또는 음모한 사람을 처벌하도록 규정하였다(제17조). 그리고 본죄는 대한민국 영역 밖에서 범한 외국인에게도 국내법을 적용하도록 규정(제19조)하여 세계주의를 취하고 있다.[413]

---

412 동일한 취지로 임웅, 형법총론, 89면.

413 중국민간항공기 납치사건과 관련하여 우리 대법원은 “ 항공기운항안전법 제3조, " 항공기내

VI. 세계주의의 개정 제안

1. 세계주의의 입법 필요성

우리 형법에 과연 세계주의 규정을 도입할 필요성이 있는가에 대하여 의문을 제기할 수도 있다. 이와 같은 의문은 크게 입법의 어려움과 국제정치에서의 현실적인 어려움이 지적되고 있다. 첫째, 입법의 어려움과 관련하여서는 우리 형법은 1995년의 개정안에도 세계주의를 규정하였으나 이를 입법하지 못하였으며, 2008년 한국형사법학회 개정시안에서도 이를 명문화하는 것을 포기하였다. 이는 세계주의를 명문으로 표현하는 입법이 쉽지 않으며, 경우에 따라서는 세계주의의 입법적 명문화가 본래 의도하는 세계주의의 내용과 정신을 왜곡시킬 위험도 있다고 보여지기 때문이다. 둘째, 우리나라의 국제적 좌표와 우리 형법의 세계주의 실현역량을 검증하여 보면, ICC 가입의 재고를 요청하는 미국 등 주변 강대국과 세계주의 실현의 현실적 장벽을 고려하여야 한다는 입장이다.[414]

첫째, 세계주의를 조문화함에 어려움이 있다는 점에는 부분적으로 동의할 수 있다. 그럼에도 불구하고 이미 많은 나라들이 세계주의를 규정하고 있으며, 1992년의 형법개정법률안과 2011년의 개정안에도 세계주의를 규정하여 조문화하려고 시도한 경험이 있다. 따라서 현재는 세계주의를 명문화함에 발생하는 어려움은 단순히 이를 조문화하는 어려움이라 보다는 어떠한 입법방식으로 세계주의를 규정할 것인가의 문제이다.

에서 범한 범죄 및 기타 행위에 관한 협약" (도쿄협약) 제1조, 제3조, 제4조 " 항공기의 불법납치억제를 위한 협약" (헤이그협약) 제1조, 제3조, 제4조, 제7조의 각 규정들을 종합하여 보면 민간항공기납치사건에 대하여는 항공기등록지 국에 원칙적인 재판관할권이 있는 외에 항공기착륙국인 우리나라에도 경합적으로 재판관할권이 생기어 우리나라 항공기운항안전법은 외국인의 국외범까지도 적용대상이 된다고 할 것이다."(대법원 1984.5.22. 선고 84도39 판결)라고 하여 부분적으로 세계주의를 적용하고 있다.

414 김진기, 국제형법(세계주의의 도입여부)에 대한 토론, 형사법연구, 제22호(2004 겨울) 특집호, 54면.

둘째, 국제정치의 현실적 어려움은 이미 극복된 것으로 판단된다. 2002년 우리나라가 국제형사재판소에 가입하려고 하던 시기에 미국 등 강대국은 내정간섭의 위험을 감수하면서 공식적으로 우리나라에 ICC의 가입을 재고하도록 요청하였다. 미국은 국제형사재판소가 정치적으로 이용될 우려가 있다며 국제형사재판소 문제에 대해 강경한 입장을 취하며, 아직도 ICC에 가입하지 않고 있다. 이것은 자국군 장병이 전투 지역에서의 불법행위(주로 비전투원의 살해)에 따라 소추되는 일을 막기 위함이다. 따라서 우리나라가 ICC에 가입하는 과정에 미국은 이를 반대하였으며, 다른 한편으로는 미국은 우리 정부에 국제형사재판소와 관련 '미군에 대한 기소 면책을 보장하는 쌍무협정'의 체결을 요구해 왔었다. 그러나 우리나라 정부는 '국제형사재판소(ICC)에 관한 로마 규정' 비준서를 2002년 11월 13일 유엔 사무국에 기탁함으로써 ICC의 83번째 가입당사국이 됨으로써,[415] 이미 현실 국제정치에서 세계주의를 위한 발판을 마련하였다.

그리고 이미 국제조약에 가입하여 그에 대한 국내의 이행법률을 제정하는 등의 입법을 통하여 형법각칙이나 형사특별법에 사실상 세계주의 규정이 도입되고 있다. 국제사회에서 범죄의 예방과 범죄자의 처벌에 관한 국제조약이 증대되고 있는 상황에서 그 영향으로부터 우리나라만이 자유로울 수는 없다. 또한 우리나라가 국제사회에서 가지고 있는 지위나 위상에서 보면 오히려 적극적으로 세계주의 이념을 표방하며, 인류공동의 법익을 침해하는 범죄에 주도적으로 대처하여야 할 필요가 있다.[416] 따라서 세계주의를 우리 형법에 규정할 필요성과 당위성은 충분히 존재한다.

---

415 ICC 가입경위와 그에 대한 이행입법에 대하여는 조상제/천진호/류전철/이진국, 국제형법, 100면 이하 참조.

416 동일한 취지로 김선복, 형법상의 세계주의, 인문사회과학연구, 제15권 제2호, 2014, 394면; 김성규, 범죄의 국제화와 형법의 역할, 형사정책연구, 제13권 제3호(2002), 182면 이하; 김성돈, 형법총론, 120면; 신동운, 형법총론, 78면; 형법개정연구회/박광민, 형사특별법정비방안(19): 형법총칙개정방안-범죄론, 2008, 95면.

2. 입법방식의 문제

1) 열거주의

열거주의(Sammelsurium von Tatbeständen) 입법방식은 세계주의 대상범죄나 조약상 국외범을 처벌하여야 하는 경우 국외범 처벌규정에 해당 범죄를 개별적으로 그리고 구체적으로 열거하는 방식이다. 예컨대 세계주의 대상범죄를 인신매매범죄, 항공기납치범죄 등과 같이 개별적인 범죄유형을 기술하거나 또는 자국이 체결하는 국제조약에 기초하여 국외의 특정범죄를 처벌하도록 하는 경우 해당 범죄에 대한 특별법이나 형벌규정을 만들어 이를 처벌하는 방식이다. 여기서 다양한 조약들이 존재하는 경우 형법에는 해당 범죄들이 형법전에 나열되어 기술된다는 점에서 이를 열거주의라고 하며, 독일과 스페인의 세계주의입법이 이 방식을 취하고 있다.

2) 포괄주의

포괄주의(Generalklausel) 입법방식은 조약에 의해 국외범을 처벌하여야만 하는 경우 해당 범죄를 범한 국외범에게도 처벌규정을 적용한다는 요지의 일반규정을 마련하는 입법방식이다. 이와 같은 입법방식은 이미 많은 외국의 입법례(특히 대륙법계)에서 받아들여지고 있으며, 일본, 스위스와 이탈리아의 경우에 이러한 포괄주의를 채택하고 있다. 예컨대 일본형법 제4조의2는 "제2조 내지 전조에 규정하는 것 외에 이 법률은 일본 국외에서 제2편의 죄로서 조약에 의하여 일본국외에서 범한 때에 벌하여야 할 것으로 되어 있는 죄를 범한 모든 자에게 적용한다."라고 세계주의를 규정하여 그 방식이 비교적 단순하다. 최근 중국의 경우에도 "중화인민공화국이 체결하거나 참가한 국제조약에 규정된 죄에 대하여 중화인민공화국이 부담하는 조약상 의무의 범위 내에서 형사관할권을 행사하는 경우, 본법을 적용한다"

(중화인민공화국 형법 제9조)라고 규정하여 이러한 포괄주의 입법방식을 채택하고 있다. 포괄주의 입법방식은 조약에 근거하여 형법개정을 할 경우 향후 계속하여 이 내용을 형법각칙 및 형사특별법에 반영하여야 하고, 다만 형법총칙은 별도의 개정절차를 통하여 보완할 필요가 없다. 즉 형법총칙은 세계주의 이념만 명시하면 되고, 구체적으로 보호할 법익이나 대상범죄를 적시할 필요는 없다.

3) 검토

세계주의를 입법하려던 1992년의 개정안이나 2011년의 개정안 모두 세계주의 대상범죄를 나열식으로 기술하였다. 즉 세계주의 조문의 각호에 해당 형법각칙의 조문을 언급하고 마지막 호에 국제조약 등에 의하여 처벌하는 범죄를 나열식으로 기술함으로서 열거주의 입법방식을 채택하고 있다. 입법의 용이성과 총칙의 개정필요성이 없다는 점에서 포괄주의 입법방식이 상대적으로 입법자에게는 부담이 덜하다. 그러나 포괄주의는 명확성의 관점에서 볼 때 조약상의 범죄구성요건과 국내 형법의 범죄구성요건과의 관계에서 형벌법규의 적용상의 문제점이 발생할 가능성이 높다. 조약상의 범죄에 대해 실제 어떤 범죄가 국외범으로 처벌되는지는 개개의 조약을 보지 않으면 알 수 없기 때문이다. 또한 조약을 해석한다고 하더라도 조약상의 범죄구성요건이 반드시 명확하지 않은 경우가 있을 수 있다. 일반적으로 범죄구성요건은 어떤 확장을 갖는 표현형식으로 규정되어 있는 경우가 많기 때문이다. 따라서 먼저 어떤 구성요건에 해당하는지 해석하여야 하고, 이러한 범위 내에서 우리 형법의 구성요건이 적용되는지 검토하여야 한다. 이처럼 포괄주의 입법방식에서 세계주의의 적용은 이중의 해석이 필요하다. 그리고 이와 같은 지적은 포괄주의를 취하고 있는 일본형법의 경우에도 제기되

고 있다.[417]

따라서 열거주의가 명확성의 원칙에 보다 충실하다는 입장에서 이러한 입법방식을 채택하는 방식에 동의하며, 다만 조약이나 대상범죄의 개정 내용을 수시로 총칙부분에 반영하여야 한다는 점에서 관련 입법을 위한 지속적인 노력이 병행되어야 한다.[418]

3. 세계주의의 대상범죄에 대한 문제

세계주의의 대상범죄는 자국에서 처벌되는 모든 범죄가 그 대상이 되는 것이 아니라 세계주의 취지에 합당하게 인류공동의 법익을 침해하는 범죄로 국한하여야 할 것이다.[419] 여기서 구체적으로 어떤 범죄가 인류공동의 법익을 침해하는 범죄인가를 확정하는 것은 쉬운 일이 아니다. 일반적으로는 세계주의에 해당하는 범죄로 전쟁도발, 선박이나 항공기납치, 국제테러, 폭발물범죄, 통화나 유가증권 위조, 인종학살, 인신매매 등을 들고 있다.[420] 2011년의 형법개정안에서 세계주의의 대상범죄로 포섭된 범죄는 폭발물사용죄, 통화위조죄와 위조통화취득죄와 그 미수, 유가증권·우표와 인지의 위조죄와 그 미수, 약취와 유인의 죄와 그 미수 그리고 대한민국에 대하여 구속력 있는 조약에 의하여 특별히 처벌되는 범죄이다. 이와 같은 대상범죄의 유형은 1992년의 개정안에서 세계주의 대상범죄와 비교하여서 거의 차이가 없다. 다만 1992년 당시에는 폭발물사용죄 이외에 방사성물질을 통한 범죄의 경우에 이를 세계주의의 대상범죄로 포섭한 것이 차이가 있을 정도이다.

---

417 森下 忠, 國際刑法入門, 60-62面.

418 동일한 취지로 열거주의에 찬성하는 입장은 하태영, 국제형법(세계주의의 도입여부), 형사법연구, 제22호(2004 겨울) 특집호, 49면.

419 Ambos, Internationales Strafrecht, § 3 Rn.95; MK/Ambos, vor § 3 Rn.47.

420 Ambos, Internationales Strafrecht, § 3 Rn.95; MK/Ambos, vor § 3 Rn.54; 이영란, 형법학(총론강의), 57면. 기타 마약거래나 통화위변조의 범죄 역시 여기에 해당하는 가에 대하여는 다소 논란이 있다. 이에 대하여는 MK/Ambos, vor § 3 Rn.57 참조.

그러나 세계주의의 대상범죄를 세계주의를 표방하는 외국의 입장과 비교하여 보면 그 포섭범위가 다소 좁은 범위의 범죄에 머무르고 있음을 알 수 있다. 예컨대 독일의 경우 우리 형법개정안에 있는 대상범죄의 유형을 모두 포섭하고 있을 뿐만 아니라 그 밖에도 핵물질이나 방사성물질 등의 배출죄, 선박과 항공기납치범죄, 향정신성의약품의 판매 등 범죄, 아동 포르노그라프의 유통 등의 범죄와 보조금사기범죄 등을 그 대상으로 하고 있다. 또한 여기에서 더 나아가 스위스의 경우에는 세계주의 대상범죄를 자국의 형법에 위반되는 모든 행위를 대상으로 하고, 다만 해당 범죄가 범죄지에서도 범죄로 인정되고 행위자가 자국에 체류하거나 송환되는 중에는 자국의 형법을 적용할 수 있도록 하여 세계주의 대상범죄를 자국의 모든 범죄로 확대하고 있다.

세계주의의 도입을 통하여 국제사회의 책임 있는 일원으로 기여하겠다는 기본취지에서 본다면 이미 제시되었던 개정안의 세계주의 대상범죄만으로는 다소 미흡하다.[421] 따라서 개별적인 범죄유형들을 검토하여 이를 세계주의 대상범죄로 포섭하는 작업이 필요하며, 기본적으로는 인간 존엄성의 기본을 침해하는 범죄, 인도에 반하는 범죄, 범죄예방에 국제적인 협력이 필수적인 범죄들이 여기에 해당될 것이다. 또한 세계주의에 의하여 포섭되는 대상범죄의 명확성을 유지한다는 측면에서도 앞의 열거주의가 적절할 것으로 보인다.

4. 개정방안 : 제한적 세계주의

세계주의를 취하는 경우 대상범죄를 범한 범죄인에게 자국형법을 적용함에 있어 자국과의 관련성을 요구할 것인가에 대하여는 다소 논란이 있다.[422] 여기서 자국과의 관련성이 없는 경우에도 무조건적으로 자국형법을

421 이와 반대로 대상범죄의 확대에 비판적인 것은 조상제/천진호/류전철/이진국, 국제형법, 53면.
422 Ambos, Internationales Strafrecht, §3 Rn.96; MK/Ambos, vor§3 Rn.51; SSW/

적용하는 입장을 절대적 세계주의라고 한다. 형법 각칙에 규정된 약취·유인 및 인신매매의 죄의 경우에도 "대한민국 영역 밖에서 죄를 범한 외국인에게도 적용한다"라고 하여 특별한 제한 없이 외국인에게 우리 형법을 적용할 수 있다. 2011년의 형법개정안이나 1992년의 법무부 개정안의 경우에도 모두 동일하게 이러한 절대적 세계주의를 취하고 있었다. 독일의 국제형법전(Völkerstrafgesetzbuch)의 경우에도 제1조에 "이 법은 이법에 기재되어 있는 모든 국제법위반 범죄에 대하여 그 범죄가 국외에서 행해졌고 국내와 아무런 관련이 없는 경우에도 적용된다"라고 명시하여 절대적 세계주의를 나타내고 있다.[423]

그러나 절대적 세계주의 입장은 상징적인 측면에서 우리 형법이 세계주의를 취하고 있다는 것을 보여주는 과시에 지나지 않는다. 오히려 실제로 문제가 되는 경우 우리 형법을 적용하기 위한 실질적인 연결점을 찾기가 곤란하다. 예를 들면 세계주의의 대상범죄가 되는 미성년자약취·유인의 범죄가 외국에서 외국인에 의하여 범하여 지고 외국인 피해자가 우리나라에 범죄인에 대한 처벌을 구하는 경우 우리 형사 사법기관은 과연 우리 형법을 적용하여 처벌하기 위한 실질적인 절차를 진행할 수 있을 것인가는 의문이다.

세계주의를 입법화하는 경우에도 해당 범죄에 대한 자국과의 연결점을 설정할 필요가 있다. 이러한 연결점에는 자국이나 자국국민에 영향력을 미치려는 의도나 자국에의 체류 등을 들 수 있다. 세계주의를 채택하는 많은 나라들 역시 여기서 단순한 세계주의가 아니라 제한적으로 자국과의 관련성을 요구한다.[424] 예를 들면 오스트리아의 경우 항공기납치의 경우 그 항공기

Satzger, §6 Rn.3.

423 독일의 국제형법전에 대하여는 Hecker, Europäisches Strafrecht, S.66 이하 참조.

424 일부에서는 여기에서 해당 범죄에 대해 관할권을 가지는 타국이 실제로 처벌하지 않는 경우에 우리나라가 그 범인을 그 타국에 인도하지 않은 때에만 우리 형법을 적용하여 처벌할 수 있다고 해야 할 것이라고 하여(김성돈, 형법총론, 119면 참조), 타국에서의 불처벌과 타국에의 불인도를 관련점으로 하여 세계주의를 적용하여야 하는 것으로 보고 있다. 그러나 그 동안의 개정안이나 이미 세계주의를 취하고 있는 이행법률에서 이러한 명시적 제한이 없는 상황

가 오스트리아에 착륙하고 아직 행위자가 기내에 있거나 또는 행위자가 오스트리아에 거주하며 아직 인도되지 아니한 때에 자국형법으로 처벌한다.[425] 또한 테러행위나 테러행위와 연관된 절도관련범죄들을 수행한 경우에도 행위자가 거주지 또는 통상의 체류지를 오스트리아에 둔 경우나 오스트리아에 체류하고 있고 이송될 수 없을 때에 행위자를 자국형법으로 처벌한다.[426] 스위스의 경우에도 모든 조약상 의무적으로 소추하여야 하는 외국에서 범한 죄의 경우 행위자가 스위스에 체류하고 외국으로 송환되지 아니한 경우에만 자국형법을 적용하며,[427] 이러한 스위스에의 체류는 기타 일반적인 국외범의 경우에도 마찬가지로 요구된다.[428]

비록 형법각칙의 약취·유인 및 인신매매의 죄, 1992년과 2011년의 개정안 그리고 "국민보호와 공공안전을 위한 테러방지법"상의 테러단체의 구성 등의 죄에는 제한적인 세계주의를 표현하고 있지 않다. 그러나 우리 입법이 이러한 제한적 세계주의를 모르는 것은 아니다. 제한적 세계주의 입법은 이미 우리의 형사특별법에도 반영되어 있다. '국제형사재판소 설립을 위한 로마규정'을 국내이행법률로 입법화한 "국제형사재판소 관할범죄의 처벌 등에 관한 법률"의 집단살해죄 등의 규정은 제한적 세계주의를 명시하고 있다. 즉 "국제형사재판소 관할범죄의 처벌 등에 관한 법률"에 따르면 대한민국 영역 밖에서 집단살해죄, 전쟁범죄, 인도에 반한 죄 등을 범하고 대한민국 영역 안에 있는 외국인에게도 동 법률을 적용한다(동법 제3조 제5항). 따라서 국외에서 집단살해죄 등의 범죄를 범한 외국인의 경우에도 대한민국 영역 안에 있는 경우에는 해당 법률로 처벌할 수 있다는 점에서 제한적 세계주의를 취하고 있다.

에서 위와 같이 해석하기는 어려울 것이라 생각한다.

425 오스트리아형법 제64조 제5호.

426 오스트리아형법 제64조 제9호, 제10호.

427 스위스형법 제6조.

428 스위스형법 제7조.

이러한 의미에서 앞으로의 세계주의 규정의 도입에는 절대적 세계주의의 규정을 제한적 세계주의로 입법하는 방안을 마련하여 실무에서 실현가능성 있는 입법이 이루어지고, 이를 통하여 세계주의의 규정이 실제로 적용가능하다는 점을 확인할 수 있는 기회가 마련되어야 할 것이다.[429]

제4장 형법의 지역적 적용범위와 관련한 특수문제

제1절 남북한 사이의 형법적용

I. 서론

1991.9. 남북한이 유엔에 동시 가입하고, 2000.6. 평양에서 남북정상회담이 열리면서[430] 남북한의 교류 및 협력도 급격히 확대되었다. 이후 남북한 공식회담이나 인도적 차원의 이산가족 상봉과 금강산관광 개발사업, 개성공업지구 개발사업, 남북철도 연결사업, 남북육로 연결사업 등의 경제협력사업이나 6.15 통일대축전 등의 사회문화 분야의 교류를 통해 남북한 주민의 상호 왕래가 활발하게 이루어지게 되었다. 특히 금강산관광과 개성공단에서의 인적 교류와 물적 교류는 이전의 단발성 교류를 대규모의 지속적인 교류로 변화시켜 놓았다.[431]

그러나 2008.7. 금강산 관광객이 북한군에 의한 총격으로 사망함으로써

429 동일한 취지로 제한적 세계주의의 입법적 제언은 김선복, 형법상의 세계주의, 인문사회과학연구, 제15권 제2호, 2014, 407면.

430 당시 남북정상회담은 2000.6.13부터 6.15.까지 김대중 대통령이 평양을 방문하여 김정일 국방위원장과 만남으로써 이루어졌다.

431 당시 남북한의 교류에 관한 통계에 대하여는 통일부, 월간 남북교류협력 동향, 2009.5. 참조.

금강산관광이 중단되고, 이후 남북한 사이의 교류가 대부분 중단되다, 마침내 남한 정부는 개성공단의 가동을 전면 중단하여 개성공단 내의 모든 기업들이 철수하기에 이르렀다.[432] 2017.5. 남한에서는 문재인 정부가 들어서면서 남북한의 화해 무드가 조성되는 가운데, 2018.2. 평창 동계올림픽은 남북한의 화해를 위한 좋은 장이 되었다. 그 결과 2018. 4월과 5월에 제3차와 제4차 남북정상회담이 개최되었으며, 2018.6.12. 싱가포르 센토사 섬에서 북한과 미국 간의 정상회담이 진행되는 등 남한과 북한 사이에 교류를 위한 다양한 방안이 마련되는 과정에서 남한의 정권 교체로 인하여 남한과 북한의 대화는 또 다시 중단되었다.

그 동안 남북한 간의 인적교류가 증대되고 상대지역을 방문하거나 그곳에 체류하는 가운데 남북한 주민에 의하여 해당 지역에서 범죄가 발생할 가능성이 존재하게 되었다. 특히 다수의 남한 주민이 출입·체류하는 개성공업지구와 금강산 관광지구는 이러한 개연성이 높은 상황이었다. 매우 제한된 범위 내에서만 인적 교류가 이루어지던 시기에는 남북한이 사전에 피방문자측의 책임자가 방문자측의 신변안전 및 무사귀환을 보장한다는 각서를 제공하거나 쌍방이 이에 관한 합의서를 체결함으로써 피방문자측의 법에 의해 처벌되는 일이 없도록 했기 때문에 범죄의 실행 여부에 대한 문제는 거의 제기되지 아니하였다.[433] 그러나 남북한 주민이 상호 방문·체류하는 경우가 증가하고 그 인원수와 체류기간 역시 지속됨에 따라 상대지역에서 범죄가 발생할 가능성도 높다. 현재는 중단되어 있지만 언젠가 다시 남북한의 관계가 회복된다면 개성공업지구와 금강산 관광지구는 예전과 같이 교류의 장이 될 것이 분명하다. 다른 한편 북한지역에서 이탈하여 대한민국으로 입국하는 북한주민의 숫자가 늘어나기 시작하였다.

---

432 2017년까지 남북관계의 진행사항에 대한 개괄적인 내용은 법무부, 2017 통일법무 기본자료(남북관계), 3면 이하 참조.

433 이동희, 남북간 형사사건 처리방안, 남북교류협력 법제연구(II), 법무부, 2007, 443-444면.

이와 같은 상황 속에서 개성공단이나 북한지역에서 남한주민이 범죄를 범하거나 남한주민에 대하여 범죄가 발생한 경우 또는 북한주민이 이탈 전 북한지역 또는 이탈과정에서 범죄를 범한 경우 남북한 어느 형법을 적용하여 처벌할 것인가라는 문제가 발생한다. 특히 북한지역에서 남한주민이 범행한 경우나 북한주민이 범행 후 북한지역을 이탈한 경우, 북한의 입장에서는 속지주의나 속인주의에 따라 북한형법이 적용가능하고, 남한의 경우에는 남북한주민 모두에게 속인주의 원칙에 따라 남한형법을 적용할 수 있는 것이 아닌가라는 의문이다. 그 결과 형법적용의 충돌이 존재하며, 이중처벌의 가능성도 있다. 물론 여기서 이중처벌의 가능성에 의하여 실제로 이중으로 처벌받는 경우 이를 일사부재리 원칙에 위반된다고 말할 수는 없다. 일사부재리의 원칙은 동일한 행위에 대하여 우리 법원에 의하여 거듭 처벌받지 않는다는 원칙이므로 남한과 북한의 형법에 따른 각각의 법원에서의 처벌은 동 원칙에 위반되는 것은 아니다.[434] 그러나 피고인의 입장에서는 실질적으로 이중처벌에 해당한다. 따라서 우리 형법은 범죄로 인하여 외국에서 형의 전부 또는 일부의 집행을 받은 자에 대하여는 집행된 형의 전부 또는 일부를 선고하는 형에 산입하도록 규정하고 있다(형법 제7조). 따라서 형을 다시 선고한다고 할지라도 위법한 것은 아니다.[435]

양국의 형법규정이 일치하지 않는 관계로 특정한 행위가 남한에서는 범죄이나 북한에서는 범죄가 아닌 경우 또는 그 역으로 남한에서는 범죄에 해당하지 않지만, 북한에서는 범죄에 해당하는 경우 그에 대한 형법의 적용과 처벌을 어떻게 할 것인지에 대하여 논란이 될 수 있다. 따라서 남북한 사이에 서로의 형법적용의 가능성을 근거로 남한과 북한 모두 자국형법의 적용을 주장하여 이를 처벌하려고 하는 경우 양측 간에 긴장관계를 형성할 수 있다. 또한 역으로 남북한의 형법적용과 처벌규정의 불합치로 인하여 특정한

434 동일한 취지로 신동운, 형법총론, 81면.

435 대법원 1979.4.10. 선고 78도831 판결.

행위의 경우에는 불처벌하게 되어 처벌의 흠결이 발생할 수도 있다.

이와 같이 형법적용과 관련한 남북한 형법의 충돌과 흠결의 문제를 해결하기 위한 적절한 해석과 기준을 마련하고, 필요한 경우에는 남북한 사이의 명시적인 합의나 남북한에 필요한 입법적 조치들을 통하여 이 문제를 해결할 수 있는 방안에 대하여 검토하여 본다.

II. 북한형법의 지역적 적용범위

1. 북한형법 규범의 대인적 및 공간적 효력

범죄는 한 나라의 영역에 국한되는 것이 아니라 지역적 공간성을 띠고 나타난다. 즉 외국인이 자국 내에서 범죄행위를 감행할 수도 있고, 자국인이 외국에 가서 범죄를 감행할 수도 있으며, 범죄의 준비가 자국에서 감행되고 그 미수, 기수가 외국에서 나타날 수도 있다. 이러한 범죄적 현상은 형법규범의 효력에서 국가들 사이에 형법적 저촉을 가져오게 되며, 이 문제의 해결은 해당 국가가 형법규범의 효력을 어떻게 규제하였는가에 따라 결정되게 된다. 국가들 사이의 형법 저촉 문제가 본질에 있어서 국가주권의 충돌인 것으로 하여 각국은 국가의 자주권을 철저히 실현할 수 있게 범죄사건들마다 자국의 형법을 적용하도록 형법규범의 효력을 규정하고 있다.

이와 같이 자국 형법규범의 구속력이 미치는 인적 및 지역적 적용범위를 형법규범의 대인적 및 공간적 효력이라고 부른다.[436] 다시 말하면 어떠한 지역과 공간상에서 그리고 누구에게 형법규범의 구속력이 미치게 되는가 하는 구속력의 적용범위를 말한다.

---

436 북한형법(2012)은 제8조에서 "공민, 령역, 현실원칙"이라고 표현하여 북한형법의 지역적 적용범위와 관련한 원칙을 표제어로 사용하다가, 현행 형법에서는 제6조~제8조로 구분하여 형법의 적용범위를 규정하고 있다.

2. 북한형법의 적용범위

1) 공민원칙(속인주의)

공민원칙은 북한의 공민이 북한형법에 규정된 죄를 북한지역 내에서 범하였을 경우에는 물론 북한지역 밖에서나 외국에서 범한 경우에도 북한형법을 적용하는 원칙이다. 북한형법 제6조는 "공화국공민이 공화국형법에 규정된 범죄를 저지른 경우에는 령역에 관계없이 이 법을 적용한다."라고 규정하여 공민원칙을 채택하고 있다. 공화국국민이 공화국 형법에 예견된 범죄행위를 비록 외국에서 감행하였다 하더라도 그에 대한 처분권은 완전히 공화국만이 가지며 공화국 이외의 그 어떤 나라도 북한공민을 마음대로 처벌할 권리가 없다고 한다.[437] 이처럼 공민원칙은 북한의 자주권으로부터 흘러나오는 응당한 원칙으로 파악한다.

남한주민의 경우에도 공민원칙에 따라 북한형법이 적용될 수 있는가에 대하여는 논란이 될 수 있다. 북한형법은 공화국 국민에게 적용되며 공화국 국민이 되기 위한 조건은 북한의 헌법과 국적법에 의하여 결정된다. 북한헌법 제62조는 "조선민주주의인민공화국 공민이 되는 조건은 국적에 관한 법으로 규정한다. 공민은 거주지에 관계없이 조선민주주의인민공화국의 보호를 받는다."고 규정하고 있으며, 북한 국적법 제2조는 "조선민주주의인민공화국 공민은 다음과 같다. 1. 공화국 창건 이전에 조선의 국적을 소유하였던 조선인과 그의 자녀로서 그 국적을 포기하지 않은 자 2. 다른 나라 공민 또는 무국적자로 있다가 합법적 절차로 공화국 국적을 취득한 자" 라고 규정하고 있다. 따라서 북한법에 의하면 일반적인 남한주민 역시 북한의 공민에 해당되기 때문에 공민원칙(속인주의)에 따라 북한형법이 적용된다.

---

437 김근식, 형법학 1, 74면.

2) 영역원칙(속지주의)

영역원칙은 다른 나라 사람이라 하더라도 북한 영역 안에서 북한형법에 규정된 죄를 범한 경우에는 북한형법에 의하여 처벌한다는 원칙이다. 북한형법 제7조는 "다른 나라 사람이 공화국형법에 규정된 범죄를 공화국령역안에서 저지른 경우에는 이 법을 적용한다. 그러나 외교특권을 가진 다른 나라 사람에 대하여서는 그때마다 외교적 절차에 따라 해결한다."라고 규정하여 영역원칙을 채택하고 있다.

영역원칙도 역시 국가의 자주권으로부터 흘러나오는 응당한 원칙이다. 공화국 영역 안에서 감행된 범죄에 대해서는 그 어떤 다른 나라도 간섭할 수 없으며 범죄사건에 대하여 어떻게 처리하는가 하는 것은 전적으로 오직 공화국의 전속적 권한에 속하는 문제로 파악한다. 따라서 영사재판권이나 치외법권과 같은 것은 허용되지 않는 것으로 본다.[438] 다만 외국인 중에서 외교특권을 가진 자가 범죄행위를 하였을 경우에 한하여 국제관례를 고려하여 외교절차에 따라 해결하도록 규정하였다.

공화국 영역에는 공화국의 영토, 영수, 영공뿐만 아니라 외국 주재 공화국의 외교대표부, 공화국 영역 밖에 있는 공화국 국적을 표시한 함선, 비행기들이 다 포함된다. 영역원칙은 범죄의 준비 또는 실행이 외국에서 이루어지고 그 결과만이 공화국 영역 안에서 일어나든지 그 반대로 범죄의 준비 또는 실행이 공화국 영역 안에서 이루어지고 그 결과가 외국에서 일어나든지 관계없이 범죄의 일부가 공화국 영역 안에서 실현된 이상 북한형법을 적용할 것을 요구한다.[439]

438 김근식, 형법학 1, 74면.
439 김근식, 형법학 1, 75면.

3) 현실원칙(보호주의)

현실원칙은 다른 나라 사람이 다른 나라에서 북한을 반대하거나 북한 공민을 침해하는 죄를 범하고 북한에 들어온 경우에는 북한형법을 적용한다는 원칙이라고 파악한다.[440] 북한형법 제8조는 “공화국령역밖에서 다른 나라 사람이 공화국을 반대하였거나 공화국공민을 침해한 경우에는 이 법을 적용한다.”라고 규정하여 현실원칙을 채택하고 있다. 다만 남한형법의 경우에는 ‘외국인의 국외범’의 경우 그 행위가 행위지(行爲地)의 법률에 의하여 범죄를 구성하지 아니하거나 소추 또는 형의 집행을 면제할 경우에는 예외로 하도록 하고 있으나, 북한형법은 이러한 예외규정을 두고 있지 않다.

현실원칙의 인정은 북한 영역 밖에서 외국인이 공화국을 반대하는 범죄행위를 감행하고 공화국에 와있는 경우를 주로 염두에 두고 있다고 한다.[441] 그러나 이것은 외국인이 공화국 영역 밖에서 범죄를 감행하고 공화국 영역에 와있지 않다고 하여 처벌할 수 있는 권리를 상실하거나 범인을 처리할 데 대한 요구권과 범인을 공화국에 넘겨줄 데 대한 요구권이 없다는 것을 의미하는 것은 아니다. 이 현실원칙도 역시 공화국의 자주권으로부터 흘러나오는 당연한 원칙으로 이해한다.

4) 소결

북한형법규범의 대인적 및 공간적 효력은 공화국 혁명과 건설의 근본이익으로부터 출발하고 있으며 자주성을 철저히 구현하고 있다고 한다. 이러

---

440 김근식, 형법학 1, 75면.

441 구 북한형법의 경우에는 외국인의 국외범(國外犯)과 관련해서는 “다른 나라에서 조선민주주의 인민공화국을 반대하거나 조선공민을 침해하는 죄를 범하고 우리나라에 들어 온 다른 나라 사람에게도 이 법을 적용한다”(제7조)라고 현실주의를 표현하고 있었다. 그러나 현재의 규정에서는 자국 소재 여부에 대한 표현은 별도로 존재하지 않는다.

한 원칙들의 선포는 공화국의 자주권과 민족적 존엄의 과시로 된다고 한다. 특히 영역원칙(속지주의)과 공민원칙(속인주의)의 인정은 사회주의법이 전 사회적인 범위에서 공통적으로 적용되는 보편적인 준칙과 규범이라는 데로부터 흘러나오는 응당한 요구라고 한다.[442]

다만 대한민국을 포함한 대부분의 국가가 형법의 지역적 적용범위와 관련하여 속지주의를 기본하고 하고 속인주의와 보호주의 및 세계주의를 가미한 입법방식을 채택하고 있다. 이에 반하여 북한형법은 과거에는 프로레타리아를 위한 세계주의 원칙도 채택하였으나 1974년의 형법개정부터 세계주의 규정은 삭제되었다.[443] 그리고 북한형법에서 어떤 원칙이 형법적용의 기본원칙인가에 대하여 논란할 수 있다. 여기에서 속인주의와 속지주의는 사회주의법의 응당한 요구라고 평가하고 있다는 점에서 보면 속인주의와 속지주의를 기본으로 하여 보호주의를 가미하고 있다고 할 수 있다. 그러나 북한형법의 조문의 편재가 공화국공민이 범죄를 저지른 경우 령역에 관계없이 이 법을 적용한다고 하여 공민원칙부터 기술하고 있다. 또한 그 다음으로 공화국령역안에서 범죄를 저지른 다른 나라 사람에게도 적용하도록 하여 북한지역 내에서 모든 범죄가 아니라 외국인이 범한 범죄만을 적용대상으로 한다. 이러한 점에서 보면 북한형법은 속인주의가 기본원칙에 해당하고 속지주의와 보호주의를 가미하고 있다고 해석된다.[444]

442 김정일, 사회주의 법무생활을 강화할 데 대하여, 19면; 리송녀, “사회주의 법적 통제”. 「위대한령도자김정일동지의사상리론, 법학 3」, 1998, 139면 이하.

443 법무부, 통일법무 기본자료, 북한법제, 2008, 96면 참조.

444 동일한 취지로 이효원, 남북한 형사사건의 합리적 해결을 위한 법제도 구축방안, 한국형사정책연구원, 2008, 87-88면.

III. 북한지역에서 발생한 범죄에 대한 남한형법의 적용가능성

1. 남한형법의 적용범위 일반

형법의 지역적 적용범위와 관련하여 남한형법은 제2조에서부터 제7조까지 다수의 조문을 두고 있다. 남한형법 제2조는 속지주의를, 제3조는 속인주의를, 제4조는 대한민국 국적의 선박 또는 항공기에 대한 속지주의의 확장인 기국주의를, 제5조와 제6조는 보호주의를, 그리고 제7조는 외국에서 집행받은 형에 대하여는 선고하는 형에 산입을 규정하고 있다. 그리고 형법각칙의 제31장에 규정된 약취·유인 및 인신매매의 죄의 경우에는 제296조의2에 따라 세계주의를 채택하고 있다. 따라서 이와 같은 규정들에 근거하여 남한형법은 속지주의, 속인주의, 보호주의, 세계주의를 취하고 있다는 점에 대하여는 의문이 없다. 그리고 이와 같은 남한형법의 적용범위에 대한 상세한 설명은 전술하였다.[445] 문제는 우리 형법에 규정된 다양한 원칙들에 기초하여 북한지역에서 범죄가 발생한 경우 남한형법을 적용할 수 있는가이다.

2. 남한형법의 속지주의 적용가능성

이 문제는 단순히 개성공단이나 금강산관광지구만 문제되는 것이 아니라 북한 지역 내에서 발생한 범죄에 대하여 형법의 적용범위에 대한 속지주의 원칙을 적용하여 남한형법으로 처벌할 수 있는가의 문제이다. 달리 말하면 북한의 영역도 남한형법의 속지주의에서 말하는 '대한민국 영역 내에서 죄를 범한'에서의 대한민국 영역 내에 포섭되는가이다.

445 "제3장 형법의 지역적 적용범위"의 부분을 참조.

1) 적극설

이 견해는 북한지역에서 발생한 범죄도 남한의 형법을 적용하여 처벌할 수 있다는 입장으로, 주로 대한민국 헌법 제3조의 영토조항을 그 근거로 제시하고 있다. 대한민국 헌법은 제3조의 영토 관련조항에서 "대한민국의 영토는 한반도와 그 부속도서로 한다"라고 규정하고 있기 때문에 북한지역도 대한민국의 영토에 속하는 것으로 본다. 따라서 북한지역에서 발생한 범죄의 경우 남한형법이 적용되고, 여기에서 해당 범죄인이 남한주민이든 북한주민이든 나아가 외국인이든 관계없이 남한형법이 적용된다고 본다.[446]

대법원의 판례 역시 오래전에 "헌법 제3조는 대한민국의 영토는 한반도와 그 부속도서로 한다고 규정하고 있어 북한도 대한민국의 영토에 속하는 것이 분명하므로"[447]라고 보았다. 따라서 북한지역도 대한민국 영토의 일부이므로 당연히 남한형법의 적용대상 지역이지만, 단지 그곳에 재판권이 미치지 못할 뿐이라는 입장을 취하였다. 또한 그 이후에도 대법원 판례 역시 전원합의체의 판결을 통하여 "헌법 제3조는 대한민국의 영토는 한반도와 그 부속도서로 한다고 규정하고 있어 북한도 대한민국의 영토에 속하는 것이 분명하므로, 캐나다 국적을 가진 피고인이 북한의 지령을 받기 위하여 캐나다 토론토를 출발하여 일본과 중국을 순차 경유하여 북한 평양에 들어간 행위는 제3국과 대한민국 영역 내에 걸쳐서 이루어진 것이고, 피고인이 북한의 지령을 받고 국내에 잠입하여 활동하던 중 그 목적수행을 위하여 서울 김포공항에서 대한항공편으로 중국 북경으로 출국한 후 중국 북경에서 북한 평양으로 들어간 행위는 대한민국 영역 내와 대한민국 영역 외에 있는 대한민국의 항공기 내 및 대한민국의 통치권이 미치지 아니하는 제3국에 걸쳐서 이루어진 것이라고 할 것인바, 이와 같은 경우에는 비록 피고인이 캐

---

446 김형만, 형법총론, 30면; 오영근, 형법총론, 52면; 이재상/장영민/강동범, 형법총론, 50면; 정성근/박광민, 형법총론, 68면.

447 대법원 1957.9.20. 선고 4290형상228 판결.

나다 국적을 가진 외국인이라고 하더라도 형법 제2조, 제4조에 의하여 대한민국의 형벌법규가 적용되어야 할 것이고, 형법 제5조, 제6조에 정한 외국인의 국외범 문제로 다룰 것은 아니다."[448]라고 판시하여 이와 같은 입장을 취하고 있었다.

2) 소극설

이 견해는 헌법 제3조의 영토조항에 관한 규정에도 불구하고 북한지역은 현실적으로 남한의 통치권이 미치지 못하므로 남한형법이 적용되지 않고 적용될 가능성도 없기 때문에 남한형법의 지역적 적용범위의 대상이 되는 대한민국 영역이라고 할 수 없다는 입장이다.[449]

전술한 대법원 전원합의체의 판결은 적극설의 입장을 취하였지만, 이전의 판례는 소극설에 가까운 입장을 취하고 있었다. 즉 대법원은 반공법 제5조 소정 반국가단체나 국외의 공산계열의 구성원 또는 그 지령을 받은 자와 통신 기타 연락을 한 자는 대한민국의 통치권이 실지로 미치는 영역에서 한 자임은 물론 우리나라 국민인 이상 제3국에서 그와 같은 행위를 하는 자를 가리키는 것으로 보았다. 따라서 외국인이 대한민국의 통치권이 행사되는 지역이 아닌 일본에서 소련을 거쳐 반국가단체의 지배하에 있는 지역으로 들어가고, 일본 기타 제3국에서 반국가단체의 구성원과 통신 기타 연락을 하거나 반국가단체를 이롭게 한 행위는 외국인의 국외범에 해당하여 반공법을 적용하여 처벌할 근거가 없다고 판단하였다.[450]

---

448 대법원 1997.11.20. 선고 97도2021 판결(전원합의체).

449 다수설: 김성돈, 형법총론, 113면; 김일수/서보학, 형법총론, 34면; 박상기, 형법총론, 39면; 배종대, 형법총론, 92면; 손동권/김재윤, 형법총론, 58면; 신동운, 형법총론, 73면.

450 대법원 1976.5.11. 선고 76도720 판결.

3) 차별화설

북한지역에서 우리 형법이 적용될 수 있는가의 문제는 우리 헌법상 북한의 법적 지위를 어떻게 설정하는가에 달려 있다.[451] 우리 헌법상 북한은 국제법적으로 특수한 지위를 가지고 있으며, 국내법적으로는 이중적 지위를 가지고 있다고 해석된다.[452]

첫째, 남북한이 국제법적으로 특수한 지위를 갖는다는 것은 다음과 같은 것을 의미한다: 북한은 국제법적으로 남한의 헌법에 따라 규범적으로 대한민국의 일부분으로 대한민국과 함께 단일한 국가성을 가지나, 현실적으로 남북한은 각각 국제사회에서 독립된 주권을 가진 국가로서 인정받고 활동하고 있다. 따라서 국제법적으로는 남북한은 각각이 독립된 국제법상 주체로서 인정되고 활동하기 때문에 한반도에는 사실상 두 개의 국가가 존재하고 있는 것으로 평가하여야 한다. 이와 같은 남북한 간의 국제법적인 독립 주체성은 이미 1991년 9월 17일 남북한이 동시에 UN에 가입함으로써 국제법적으로 인정받은 것이다. 왜냐하면 UN헌장 제4조에 의하면 국가만이 UN 가입의 주체가 될 수 있으며, 국제법상 국가로 인정되기 위해서는 1933년에 채택된 "국가의 권리 및 의무에 관한 협약(일명 몬테비데오협약)" 제1조에서 규정하고 있는 일정한 요건, 즉 ① 영구적 인민(a permanent population) ② 일정하게 확립된 영토(a defined territory), ③ 정부(government) ④ 타국과 관계를 설정할 수 있는 능력(capacity to enter into relations with other states)을 보유해야 하는 것으로 규정하고 있기 때문이다.

---

451 북한의 법적 지위에 관한 판례로는 대법원 2004.11.12. 선고 2004도4044; 대법원 2004.8.30. 선고 2004도3212; 대법원 2003.5.13. 선고 2003도604; 대법원 1999.12.28. 선고 99도4027; 대법원 1999.10.8. 선고 99도2437; 대법원 1998.7.28. 선고 98도1395; 헌재결 2005.6.30. 2005헌바114; 헌재결 2003.5.15. 2000헌마66; 헌재결 2000.7.20. 98헌바63; 헌재결 1997.1.16. 92헌바6, 26 및 93헌바34, 35.

452 이와 같은 남북한의 법률관계를 이중적 지위를 통하여 설명하는 것은 이효원, 통일법의 이해, 91면 이하; 장기석, 실무상 제기되는 남북 형사법충돌문제, 남북교류협력법제 연구(III), 2009, 391-392면 참조.

둘째, 국내법적으로 남북한 관계에서 북한이 이중적 지위를 지니고 있다는 것은, 한편으로는 북한이 현실적으로 정치적 이념과 체제에 의하여 북한을 규범적으로 수용할 수 없는 대상이라는 지위와 다른 한편으로는 남북한의 평화통일을 위하여 북한은 교류협력을 지향하면서 협력할 대상이라는 이중적 지위를 가진다는 것이다. 즉, 북한이 반국가단체로서 활동하는 규범 영역에서는 헌법 제3조와 국가보안법 등 국내법이 적용되고,[453] 그러한 범위에서는 국제법 원칙이 적용되지 않으며, 헌법 제4조와 이를 근거로 하여 제정된 「남북교류 협력에 관한 법률」 등 국내법률과 각종 남북합의서도 적용될 여지가 없다고 할 것이다. 이에 반하여 북한이 남한의 평화통일을 위한 노력에 대응하여 남북교류협력 등 그에 부합되는 활동을 하면서 평화통일을 위한 대화와 협력의 동반자로서 활동하는 규범 영역에서는 북한의 실체를 규범적으로도 인정하고 있으므로,[454] 원칙적으로 국제법 원칙이 적용되어야 할 것이다.[455] 이러한 규범 영역에서는 국제법 원칙 이외에도 헌법 제3조 및 제4조[456]와 이를 근거로 하여 제정된 「남북교류 협력에 관한 법률」 등 국내법률과 각종 남북합의서도 북한을 평화통일을 위한 대화와 협력의 동반자로

---

453 이와 같은 취지에서 앞의 대법원 전원합의체의 판결(대법원 1997.11.20. 선고 97도2021 판결)인 국가보안법 사건의 경우 북한을 남한의 영토의 일부로 파악하는 해석은 결론에서는 여기에서의 차별화설과 일치한다.

454 「남북관계 발전에 관한 법률」 제3조(남한과 북한의 관계) ① 남한과 북한의 관계는 국가간의 관계가 아닌 통일을 지향하는 과정에서 잠정적으로 형성되는 특수관계이다.
② 남한과 북한간의 거래는 국가간의 거래가 아닌 민족내부의 거래로 본다.

455 여기서 남북한 관계에 있어서 국제법 원칙을 그대로 적용할 경우에는 남북한 관계가 국가와 국가 간의 관계가 아니라는 대원칙에 반하게 되며, 남북한 관계의 특수성을 반영하여 국제법 원칙을 변용하거나 탄력적으로 적용할 수 있는 법적 근거를 부여할 현실적인 필요성이 있으므로 국제법 원칙을 적용할 수 있는 법적 근거를 법률에 명시하는 것이 바람직하다는 주장도 있다(이효원, 개성공업지구에서의 남한 행정법(행정형벌규정) 적용여부 및 범위, 남북교류협력법제 연구(III), 2009, 288면 주5); 이효원, 통일법의 이해, 93면 참조).

456 헌법 제3조와 제4조의 충돌을 피하기 위한 합리적 해석으로, 제3조는 통일을 위한 헌법적 책무를 규정한 것이고 제4조는 평화적 통일이라는 통일을 위한 방법을 규정한 것으로 이해한다(송인호, 통일법강의, 178면; 정재황, 현행 헌법의 쟁점과 전망, 법제연구, 제34호(2008), 11면).

인정하고 제정된 것으로서 남북한 관계에 그대로 적용된다고 할 것이다.[457]

4) 차별화설에 의한 남한형법의 적용가능성

헌법 제3조는 분명히 대한민국의 영토를 한반도와 그 부속도서로 규범적으로 확정하고 있다. 다른 한편 헌법 제4조에서 지적하는 바와 같이 대한민국은 평화통일을 지향하며, 이를 위하여 남북한 사이의 평화를 위한 남북한의 협력과 교류를 위한 정책을 수행하고 있다. 이러한 점에서 남한과 북한의 관계는 특수한 이중적 지위를 인정할 수 있다. 따라서 북한지역에서 발생하는 형사사건에 대하여 남한형법의 속지주의에 근거하여 처벌할 수 있는가는 해당 범죄가 북한과의 협력을 위한 교류과정에서 발생하였는가 아니면 남북한 사이의 협력 교류와 관계없이 발생하였는가에 따라 달라질 것이다.

이러한 차별화설적인 입장은 우리 대법원의 일관된 입장이기도 하다. 즉, 대법원은 "국가보안법과 북한에 대하여 표명하여 온 견해 즉, 북한은 조국의 평화적 통일을 위한 대화와 협력의 동반자이나 동시에 남·북한 관계의 변화에도 불구하고, 적화통일노선을 고수하면서 우리의 자유민주주의 체제를 전복하고자 획책하는 반국가단체라는 성격도 아울러 가지고 있고, 반국가단체 등을 규율하는 국가보안법의 규범력이 상실되었다고 볼 수는 없다"라고 판단하였다.[458]

이와 관련하여 대법원은 새로운 전원합의체 판결[459]을 통하여 대한민국 국민이 외국에 거주하다가 반국가단체의 지배하에 있는 지역으로 들어간 행위가 국가보안법 제6조 제2항의 '탈출'에 해당하는지 여부에 대하여 이를

457 이효원, 개성공업지구에서의 남한 행정법(행정형벌규정) 적용여부 및 범위, 남북교류협력법제 연구(III), 2009, 286-287면; 이효원, 통일법의 이해, 93면.

458 대법원 1992.8.14. 선고 92도1211 판결; 1999.12.28. 선고 99도4027 판결; 2003.5.13. 선고 2003도604 판결; 2003.9.23. 선고 2001도4328 판결; 2008.4.17. 선고 2003도758 판결(전원합의체).

459 대법원 2008.4.17., 2004도4899 판결(전원합의체) (송두율 교수 사건).

긍정한 반면, 외국인이 외국에 거주하다가 반국가단체의 지배하에 있는 지역으로 들어간 행위의 경우에는 국가보안법 제6조 제1항, 제2항의 '탈출'에 해당하지 않는 것으로 보았다. 이에 따라 독일에서 거주하다가 대한민국 국적을 상실한 사람이 국적 상실을 전후하여 북한을 방문한 사안에서, 대한민국 국적을 상실하기 전의 방문행위는 국가보안법 제6조 제2항의 탈출에 해당하지만 국적 상실 후의 방문행위는 이에 해당하지 않는다고 보았다. 이러한 의미에서 외국인이 북한의 지령을 받아 외국 주재 북한이익대표부를 방문하여 북한공작원을 만나거나 이익대표부를 경유하여 북한지역에 들어간 행위가 국가보안법 위반행위에 해당하는가에 관한 사안은 외국인의 국외범에 해당한다.[460]

이에 반하여 개성공업지구나 금강산관광지구는 남북한의 교류 협력 사업에 의하여 수행되는 활동 중의 전형적인 사업에 해당한다. 따라서 개성공업지구나 금강산관광지구는 남한의 영토성은 배제되고, 북한의 영토로 인정되고 북한의 규범이 적용되기 때문에 속지주의 원칙에 근거하여 남한의 형법이 적용될 수는 없다. 다만 동 지구에서의 범죄행위가 남북한의 교류협력과정에서 발생하는 일반적 형사사건이 아니라 예외적으로 남북한의 정치이념과 체제와 관련된 범죄행위에 해당하는 경우에는 개성공업지구나 금강산관광지구라도 남한의 형법이 적용되는 결과로 이어질 것이다.

결론적으로 북한지역 내에서 발생한 국가보안법 위반사건이나 일반적 형사사건에 해당하는 범죄는 속지주의에 따라 남한형법을 적용할 수 있다. 이에 반해 개성공업지구나 금강산관광지구에서의 범죄는 남북한 교류과정에서 일어난 범죄로 판단되는 경우 남한의 입장에서는 외국 지역에 준하여 취급하게 되고, 개성공업지구나 금강산관광지구에서 남한주민이 범죄를 저지르거나 하는 경우에도 해당 범죄가 정치이념이나 체제에 관련한 범죄가 아

460 전술한 바와 같이 북한지역에도 전적으로 남한의 규범력이 미친다는 취지의 대법원 전원합의체의 판결(대법원 1997.11.20. 선고 97도2021 판결)은 이 판결을 통하여 변경되었다.

닌 한에는 '범죄지'에 해당하지 않기 때문에 속지주의 원칙은 적용되지 아니한다.[461]

IV. 북한주민에 대한 남한형법의 적용가능성

1. 남한형법상 속인주의

대한민국 형법은 속인주의에 따라 대한민국 영역 외에서 죄를 범한 내국인에게도 대한민국 형법을 적용한다(형법 제3조).[462] 따라서 대한민국의 국적을 가지고 있는 내국인인 한에는 범죄지의 여부를 떠나 남한형법을 적용할 수 있으므로 내국인이 외국에서 범죄를 범한 경우 남한형법을 적용할 수 있다. 따라서 남한주민이 북한지역이나 개성공단지구 등에서 범죄를 범한 경우 북한지역을 대한민국의 영역이 아니라고 판단하는 경우에도 남한형법을 적용할 수 있다.[463] 여기서 남한형법의 적용에는 남한주민이 범죄를 범하는 한에는 그 피해자가 남한주민이던 북한주민이던 또는 제3의 외국인이던 관계가 없다. 또한 해당 범죄행위가 북한형법에 의하여 처벌되는 범죄인가 여부도 관계가 없으므로, 북한형법에서는 처벌하지 아니하는 행위라도 남한형법에서 처벌하는 행위인 경우 남한형법으로 처벌할 수 있다.

2. 북한주민의 법적 지위

북한주민이나 북한이탈주민[464]이 범죄를 범한 경우 남한형법을 적용하여

---

461 그럼에도 불구하고 남한 주민이 범죄를 범한 경우에는 속인주의의 적용가능성은 여전히 남는다.

462 속인주의에 대한 상세한 설명은 앞의 "제3절 속인주의"의 부분을 참조.

463 동일한 취지로 이효원, 남북한 형사사건의 합리적 해결을 위한 법제도 구축방안, 한국형사정책연구원, 2008, 89면.

464 북한이탈주민이란 군사분계선 이북지역(북한)에 주소, 직계가족, 배우자, 직장 등을 두고 있는 사람으로서 북한을 벗어난 후 외국 국적을 취득하지 아니한 사람을 말한다(북한이탈주민

처벌할 수 있는가이다. 북한지역에서 발생한 범죄의 경우 앞에서 설명한 적극설이나 차별화설에 의하면 남한형법을 적용할 수 있으나, 소극설에 의하면 남한형법을 적용할 수 없다. 그러나 소극설에 의하는 경우에도 북한주민이나 북한이탈주민에게 속인주의에 따라 남한형법을 적용할 가능성은 여전히 존재한다. 즉, 북한주민이나 북한이탈주민을 대한민국 국민으로 인정할 수 있는가라는 문제에 따라 남한형법의 적용가능성이 결정될 수 있다. 여기에서 북한주민의 법적 지위에 대하여는 다양한 견해가 대립하고 있다.[465]

1) 대한민국 국민이라는 견해

이 견해는 북한주민 역시 대한민국 국민이라는 견해로 기본적으로는 다음과 같은 근거에 바탕을 두고 있다: ① 영토조항인 헌법 제3조의 규범적 효력을 강조하여 헌법의 효력이 북한지역에도 미치고 북한지역은 미수복지역이라고 보는 견해에 의하면 북한지역에서 거주하는 북한주민이나 북한이탈주민 역시 대한민국 국민으로 보는 것이 논리적으로 타당하다고 이해한다.[466] ② 북한은 국내법상 반국가단체에 불과하고 국제법적으로도 대한민국 입장에서는 북한은 국가가 아니므로 북한국민은 대한민국 국민이라는 입장이다. ③ 제헌헌법 제3조는 대한민국 국민의 요건을 법률로 정하도록 하였고, “현행법령은 이 헌법에 저촉되지 않는 한 효력을 가진다”고 규정한 제헌헌법 제100조에 따라 국적법 제정 전에 여전히 효력이 있던 「국적에 관한 임시조례」 제2조에서 규정한 조선인은 1909. 3. 법률 제8호로 공포·실시되었던 대한제국 말기의 「민적법」에 의해 민적을 가진 자와 그 자손 및 이후 1923. 7.부터 시행된 민적법을 대체한 「조선호적령」에 의해 호적을 가진 자

의 보호 및 정착지원에 관한 법률 제2조 제1호).

465 이하의 내용에 대한 상세한 설명은, 송인호, 통일법 강의, 285면 이하 참조.

466 김철수, 헌법학개론,105면; 이효원, 통일법의 이해, 172면.

와 그 자손을 의미하며 북한주민은 위 임시조례상의 조선인에 해당하므로 국적법 시행 이후에도 대한민국 국적을 가진다고 이해된다.[467]

따라서 이러한 입장에 의하면 북한주민은 이미 대한민국 국민이므로 북한주민이 남한으로 이주하는 경우 별도의 국적변경 절차 없이도 당연히 대한민국 국민으로 보아야 한다.[468]

2) 외국인 또는 무국적자라는 견해

헌법 제3조 영토조항의 규범력을 부인하거나 헌법 제4조 평화통일 규정의 우월적 효력을 인정하는 입장에서 북한주민을 외국인 또는 무국적자에 불과하다고 이해한다. 즉, 국가의 대인고권이 실효적으로 미치지 못하는 한 북한주민에게 대한민국 국민의 자격을 부여할 수 없다고 본다. 따라서 북한을 국가로 인정하는 경우에는 북한주민을 외국인으로, 북한을 국가로 인정하지 않고 정치적 실체로만 인정하는 경우에는 무국적자로 본다.[469] 또한 영토조항을 제헌헌법 당시의 역사성을 징표하는 선언적 규정으로 파악하고 언젠가 북한지역까지 대한민국의 영토로 통합하도록 설계한 미래지향적인 규정으로 이해하는 경우에는 북한주민은 외국인 또는 무국적자에 해당한다고 본다.[470]

3) 이중국적자라는 견해

대한민국이 북한의 UN가입에 동의한 것은 대한민국이 북한을 UN헌장

---

467 전광석, 한국헌법론, 190면; 정인섭, 우리 국적법상 최초 국민 확정 기준에 관한 검토, 국제법학회논총, 제43권 제2호(1998), 243-246면; 동일한 취지로 석동현, 현행 국적법의 문제점과 개정방향 연구, 법조, 제46권 제11호(1997), 69면.

468 최대권, 한국헌법의 좌표 - 영토조항과 평화통일 조항, 법제연구, 제2권 제1호(1992), 2면.

469 도회근, 북한주민의 헌법상 지위에 관한 연구, 헌법학연구, 제4집 제2호(1998), 348면.

470 이승우, 국가보안법의 헌법적 조명, 인권과 정의, 제225호(1995), 54면.

이 의미하는 국가, 즉 국제법의 주체로 승인하는 것을 의미하므로 남한은 북한의 헌법과 국제법의 효력을 인정하고 존중해 줄 의무가 있다. 따라서 북한주민은 국내법적으로는 대한민국 국민이면서 국제법적으로는 북한 국민인 이중국적자에 해당한다. 특히 북한주민이 북한지역을 이탈하여 제3국에 소재하는 경우 이중국적을 지니는 특수한 지위를 인정할 수 있다. 구체적으로 제3국 거주 북한이탈주민의 경우에는 1955년 국제사법재판소의 노테봄 사건(Nottebohm Case)에 대한 판결과 실효적 국적의 원칙에 따라 해당 북한이탈주민의 국적에 대한 판단권은 제3국에 있다고 보았다.[471] 이러한 경우 실효적 국적의 원칙상 남한 정부가 북한이탈주민에 대한 외교적 보호권을 행사할 수 없다는 주장[472]과 실효적 국적의 원칙은 남한 정부가 북한 정부를 상대로 하여 북한이탈주민에 대한 외교적 보호권을 행사할 수 없다는 것일 뿐 제3국에 대해서는 북한이 적극적으로 외교적 보호권을 행사하지 않는 경우에는 또 다른 국적인 남한 정부가 외교적 보호권을 행사할 수 있다고 주장한다.[473]

4) 이중적 지위에 있다는 견해

북한주민은 사실상 국가인 북한국적 소유자인 준외국인이면서 잠재적인 대한민국 국적 소유자인 이중적 지위에 있으며, 우리나라의 배타적인 관할권 내로 들어오는 시점에 이중적인 지위에서 벗어나 대한민국 국적을 실효적으로 취득하게 된다고 해석하는 견해이다.[474] 여기에서 우리나라의 배타적 관할권 하에 들어온다는 의미는 북한 영역, 제3국 체류, 남한 영역 내를 불문

471 이희훈, 중국내 탈북자의 법적 지위와 인권보호에 대한 연구, 공법연구, 제35집 제2호(2006), 220-223면.

472 김찬규, 북한탈출자의 난민자격과 그 처우에 관한 고찰, 인권과 정의, 제214호(1994), 9-10면.

473 김태천, 북한이탈주민의 대량난민사태에 대한 국제법적 대응, 법학논고, 제14집(1998), 경북대학교 법학연구소, 169-170면.

474 이규창, 북한 주민의 법적 지위에 관한 고찰, 통일과 법률, 제49호(2022), 41-42면.

하고 장소적 개념이라기 보다는 대한민국의 보호를 받고자 하는 의사표시로 이해하고 있다.[475] 그리고 이렇게 해석하는 것이 헌법 제3조의 영토조항, 남북한 특수관계, 국제법 모두를 충족하는 해석이라고 이해한다.[476] 특히 북한주민에게 외국인에 준하는 지위를 인정할 수 있어야 북한주민에게 난민 개념을 원용할 수 있게 되어, 해외체류 탈북민들이 보다 수월하게 난민지위를 인정받을 수 있다고 이해한다.

5) 검토 및 소결

헌법 제3조의 영토조항의 규범력을 인정할 때 이는 국가의 통일에 대한 책무를 보다 높이는 방향으로 해석될 수 있다는 점, 「국적에 관한 임시조례」의 해석을 통하여서도 북한주민의 대한민국 국적을 충분히 인정할 수 있다는 점에서 북한주민의 대한민국 국민으로서의 지위를 인정할 수 있다. 그리고 이와 같이 해석하는 것이 동서독의 예에서 보는 바와 같이 향후 통일과정에서 북한주민과 북한이탈주민의 국적 문제를 용이하게 해결하여 통일을 촉진시키는 데에 도움이 될 것이다.

대법원의 판례 역시 "조선인을 부친으로 하여 출생한 자는 남조선과도정부법률 제11호 「국적에 관한 임시조례」의 규정에 따라 조선국적을 취득하였다가 제헌헌법의 공포와 동시에 대한민국 국적을 취득하였다 할 것이고, 설사 그가 북한법의 규정에 따라 북한국적을 취득하여 중국 주재 북한대사관으로부터 북한의 해외공민증을 발급받은 자라 하더라도 북한지역 역시 대한민국의 영토에 속하는 한반도의 일부를 이루는 것이어서 대한민국의 주권이 미칠 뿐이고, 대한민국의 주권과 부딪치는 어떠한 국가단체나 주권을 법리상 인정할 수 없는 점에 비추어 볼 때, 그러한 사정은 그가 대한민국 국

475 이규창, 북한 주민의 법적 지위에 관한 고찰, 통일과 법률, 제49호(2022), 61면.
476 이규창, 북한 주민 송환 법제 개선에 관한 연구, 통일과 법률, 제42호(2020), 33-37면.

적을 취득하고 이를 유지함에 있어 아무런 영향을 끼칠 수 없다"[477]고 하여 북한지역을 이탈한 북한주민을 대한민국 국민으로 판단하고 있다. 또한 북한주민이 강제동원조사법상 위로금 지급 제외대상인지 여부에 대한 판결에서 북한주민 역시 일반적으로 대한민국 국민에 포함된다고 해석한다.[478] 따라서 결론적으로 북한주민과 북한이탈주민은 대한민국 국민이라고 볼 수밖에 없다.[479]

이러한 점에서 북한주민이나 북한이탈주민이 범죄를 범한 경우에는 속인주의에 따라 남한형법을 적용하여 처벌할 수 있다.[480]

3. 중국내 거주하는 조선족에 대한 남한형법의 적용가능성

북한주민이 대한민국 국민에 해당하므로 남한형법이 적용될 수 있다는 점에서 중국에 거주하는 조선족의 경우에도 동일하게 해석할 수 있는가가 문제된다. 여기에는 결국 중국에 있는 조선족의 법적 지위를 어떻게 파악할 것인가가 중요하며, 이것에 대하여는 중국에 있는 조선족의 상황에 따라 일반적인 중국내 조선족, 조교(朝僑), 단순 북한이탈주민으로 구분하여 살펴보아야 한다.

1) 중국내 조선족

중국에 거주하는 조선족은 대부분 일제 침략 전후 중국으로 이주하여,[481]

---

477 대법원 1996.11.12. 선고 96누1221 판결.

478 대법원 2016.1.28. 선고 2011두24675 판결.

479 다만 국제법적으로 볼 때 제3국의 입장에서는 북한이탈주민을 이중국적에 해당한다고 해석할 가능성이 높으며, 실제로 북한이탈주민의 난민신청과 관련하여 호주와 영국 등은 이들을 북한과 남한의 이중국적자로 인정하고 있다(송인호, 통일법 강의, 289면 참조).

480 북한주민은 내국인에 해당하지 아니한다는 입장은 배종대, 형법총론, 94면.

481 조선족의 중국으로 이주한 역사와 그 배경에 대하여는 노청석, 중국 조선족의 법적 지위에 관한 연구, 고려법학, 제48권(2007), 387-389면; 유병호, 재만한인의 국적문제 연구, 중앙대 박

현재의 중화인민공화국이 성립되기 이전까지 오랜 기간 국적이 불명확한 상태로 생활하였다.[482] 중국정부에서는 조선족을 조선으로부터 중국에 이주한 민족으로 파악하고, 일본은 조선족의 국적을 임의로 자신들의 신민으로 동화시키려 하였다. 중국의 역대 통치자들도 자신들의 이해관계에 따라 조선족을 때로는 중국 국민으로 때로는 조선 교민으로 취급하였다. 따라서 이 당시 조선족들은 사실상 자주적으로 자신의 국적을 선택할 수 없었다.

1945년 해방과 함께 중국에서 독립운동과 항일운동을 하던 상당수의 조선인들은 조국을 찾아 한반도로 돌아갔고, 또한 많은 조선인들은 그대로 중국에 남았다.[483] 이 당시 중국에 남은 조선인들은 주로 한반도에 기반이 없거나, 돌아가도 생활할만한 터전이 없거나 또는 이미 중국 지역에서 자리를 잡은 사람들이 대부분이다. 중국에 남은 조선인들은 중국의 다른 여러 민족과 함께 중국의 해방전쟁(1945-1949)에 참여하여 1949년 중화인민공화국을 창건하고 중국 국적을 취득하게 되었고 중국공민으로서의 권리와 의무를 이행하게 되었다.[484]

따라서 중화인민공화국의 국적을 취득한 중국내의 조선족의 경우 모국이 남한과 북한이라고 이야기할 수 있을지 모르지만,[485] 법적으로는 중국 공민에 해당한다. 따라서 속인주의에 따른 남한형법의 적용은 가능하지 않다.

사학위논문, 2022, 12-58면.

482 특히 1881년부터 1911년 까지의 만주지역에 있는 조선족들의 국적문제에 대하여는 유병호, 재만한인의 국적문제 연구, 중앙대 박사학위논문, 2022, 75면 이하 참조.

483 해방되기 이전에 중국 동북의 조선인은 약 200만명 내외였으나, 조선인들이 조선으로 돌아간 후 1953년 중국 통계국의 보고에 의하면 조선족 인구는 112만명 정도에 달하였다(노청석, 중국 조선족의 법적 지위에 관한 연구, 고려법학, 제48권(2007), 394면 각주9)).

484 노청석, 중국 조선족의 법적 지위에 관한 연구, 고려법학, 제48권(2007), 388-389면.

485 중국내 조선족은 한반도에서 이주한 한민족의 후손임은 틀림없으나, 엄격히 말하면 그들의 모국은 남한이나 북한이 아니라 조선이나 한반도 전체가 모국이다(노청석, 중국 조선족의 법적 지위에 관한 연구, 고려법학, 제48권(2007), 396면, 각주 15)).

2) 조교(朝僑)

조교는 중국에 정착하여 거주하면서 중국국적을 취득하지 않고 여전히 조선국적을 가지고 있는 조선인을 말한다. 이들은 보통 중화인민공화국의 창립 전 또는 창립 후 일정기간 동안 중국에서 생활하고 정착한 사람들이다. 중국에서 살면서 이들은 중국국적을 취득하지 않고 계속 조선국적을 가지고 거주하였다고 한다. 처음에 중국정부에서는 조교들에게 교민증을 발급하고, 그 후에 조교들에게 외국인거류증(外國人居留證)을 발급하고, 2004년부터는 외국인으로서 중국 내에 영구 거주하려면 외국인영구거류증을 신청·발급받도록 하였다.[486]

결국 조교는 중국 공민이 아니므로 중국의 입장에서는 외국인에 해당하고, 조교의 국적은 여전히 조선 국적을 가지고 있다고 보아야 한다. 따라서 조교는 북한의 국적을 소유한 경우는 물론, 북한 국적을 소유하지 않은 경우에도 제3국의 국적을 소유하지 않은 한에는 대한민국 국민에 해당한다고 볼 수 있다. 따라서 중국내에서 조교가 범죄를 범한 경우 속인주의에 근거하여 남한형법을 적용할 수 있다.

3) 북한이탈주민

남한의 입장에서 북한이탈주민은 군사분계선 이북지역인 북한에 주소, 직계가족, 배우자, 직장 등을 두고 있는 사람으로서 북한을 벗어난 후 외국 국적을 취득하지 아니한 사람을 말한다.[487] 중국에 있는 북한이탈주민은 북한을 탈출하여 대한민국이나 또는 제3국으로 가기 위해 중국과 북한의 국경을 넘어 중국으로 들어온 조선국적자를 말한다. 중국의 입장에서는 불법하

486 노청석, 중국 조선족의 법적 지위에 관한 연구, 고려법학, 제48권(2007), 397-398면.
487 북한이탈주민의 보호 및 정착지원에 관한 법률 제2조 제1호

게 중조국경(中朝國境)을 넘어와 중국에 체류하고 있다고 볼 것이다.[488] 일부에서는 이들에게 난민의 지위를 인정하여 주어야 한다는 주장도 있다. 그러나 중국의 입장에서 보면 북한이탈주민들은 정상적으로 사증을 받아 입국한 것이 아니므로 불법체류자에 해당하며, 이에 따라 적발될 경우 보통 북한으로 귀환하는 조치를 취한다.[489] 이를 피하기 위하여 북한이탈주민은 가능한 한 빠른 시간내에 중국을 벗어나 남한이나 제3국으로 이동하려고 한다. 일부의 경우에는 북한이탈주민들이 단체로 중국 내 외국대사관이나 영사관 또는 외국인학교에 진입하여 피난을 신청하고, 이를 통하여 중국정부와 해당 국가와의 협의를 거쳐 제3국으로 입국하거나 제3국을 거쳐 남한으로 입국하기도 한다.

어떻든 북한이탈주민은 중국에서는 불법체류자로 중국 내에서 외국인으로서의 정상적인 권리를 주장하기는 어렵다. 다만 이들에 대해 인도주의 차원에서 국제법과 국내법의 규정에 따른 대우를 요구할 수 있을 뿐이다.[490]

결국 북한이탈주민의 경우 중국 국적을 취득한 것이 아니기에 중국의 입장에서는 불법체류자로 이해될 수 있다. 그러나 북한이탈주민은 북한의 국적을 소유하고 있다는 점에서 북한주민이며, 이러한 점에서 앞의 "북한주민의 법적 지위"에서 지적한 바와 같이 대한민국 국민에 해당한다. 따라서 북한이탈주민이 중국이나 기타 지역에서 죄를 범한 경우 남한형법을 적용하여 처벌할 수 있다.[491]

---

488 이러한 의미에서 중국에서 북한이탈주민은 비법입경자(非法入境者)라고 한다(노청석, 중국 조선족의 법적 지위에 관한 연구, 고려법학, 제48권(2007), 399면).

489 북한이탈주민이 북한으로 송환되는 경우 보통 탈북행위로 인하여 형법 제63조(조국반역죄)와 같은 정치적 성격의 범죄로 처벌되는 것으로 보고되고 있다(김소라, 북한이탈주민의 국가보안법위반 사례 연구, 통일과 법률, 제52호(2022), 102면).

490 노청석, 중국 조선족의 법적 지위에 관한 연구, 고려법학, 제48권(2007), 399면.

491 북한이탈주민의 국가보안법위반 사례들에 대하여는 김소라, 북한이탈주민의 국가보안법위반 사례 연구, 통일과 법률, 제52호(2022), 94-101면 참조.

V. 개성공단·금강산관광지구 등에서의 범죄에 대한 형법적용

1. 형법적용과 관련한 남북한의 합의

개성공단이나 금강산 관광지구에서 범죄가 발생한 경우 남북한의 형법 중 어느 형법을 적용하여 범죄자를 처벌할 것인가가 문제된다. 이러한 경우 형법의 적용 문제는 기본적으로 남북한이 합의한 내용에 따라 해결될 것이다. 즉, 남북이 형사사건에 따른 관할이나 형사사건의 법 적용에 대하여 남북한이 합의한 바에 따라 남한형법이나 북한형법이 적용될 것이다. 따라서 남측과 북측이 이미 합의한 경우 형법의 적용범위 문제는 발생하지 않을 것이다.[492] 물론 법이론적으로 약간의 문제가 남기는 한다. 남측 입장에서는 북측이, 북측 입장에서는 남측이 각각 상대방에 대한 국가성을 인정하지 않고, 양측 모두 한반도 전체로 자신의 영토를 해석하는 입장도 있다.[493] 그러나 이러한 입장 역시 남북한의 합의가 존재하는 경우 합의된 범위로 자국형법의 적용범위가 축소될 것이다. 남북 간의 합의가 법률과 동일한 효력을 가지는 경우에는 해당 합의에 따른 내용이 규범적 효력을 가지므로 적용범위의 충돌문제도 발생하지 아니한다.[494] 따라서 문제는 개성공단 등에서의 형사사건과 관련한 형법적용에 대하여 어떤 합의가 존재하는가를 파악하는 일이다.

남북한이 체결한 합의서로서 개성공업지구와 금강산 관광지구에서 법률체계로서 중요한 의미를 지닌 합의서는 남북간 투자보장, 이중과세 방지, 청

---

492 이것은 형법뿐만 아니라 법률 일반에 대하여 남북한 법률의 충돌의 경우 그 적용범위에 대하여 합의서에 의한 남북한의 합의가 결정적일 것이다(동일한 취지로 이효원, 개성공업지구에서의 남한 행정법(행정형벌규정) 적용여부 및 범위, 남북교류협력법제 연구(III), 2009, 291면; 이효원, 통일법의 이해, 221면, 252면).

493 남한의 경우 헌법에 따라 한반도와 그 부속도서가 영토에 해당한다. 북한의 경우에는 헌법상 영토조항을 두고 있지 않은 상태이나 남한지역도 북한의 영토에 포함된다는 것을 전제로 북한이 한반도에서의 정통성을 가진 유일한 합법정부라는 입장을 가지고 있다(이효원, 통일법의 이해, 66면).

494 다만 상대방을 국가로 인정하지 않는 국내법적 상황에서 합의된 해당 규범의 효력을 어디까지 인정할 수 있을지는 여전히 의문이다.

산결제, 상사분쟁해결 절차 등 4개의 경협합의서[495]와 그 후속조치로 체결된 '개성·금강산지구 출입·체류 합의서' 등 9개의 합의서[496]가 있다. 그리고 이러한 남북합의서들은 국회의 동의 절차를 이행하였을 뿐만 아니라 헌법, 정부조직법, 법령 등 공포에 관한 법률 등이 정하는 절차에 따라서 공포되었고, 관보에 게재됨으로써 조약으로서 효력을 가진다고 할 수 있다.[497]

이와 같은 합의서 가운데 형사사건에 대한 문제를 다루고 있는 합의서는 개성·금강산지구 출입·체류 합의서[498]로서 이 합의서는 개성공업지구와 금강산관광지구에 출입 및 체류하는 남측 인원의 신변보장 및 형사사건처리에 관한 관련 근거 가운데 현재로서는 가장 구체적인 내용에 해당한다. 특히 형법의 적용여부와 관련되는 합의서 내용 중 신변안전보장에 관한 조항인 제10조에는 다음과 같이 규정되어 있다:

제10조 신변안전보장

1. 북측은 인원의 신체, 주거, 개인재산의 불가침권을 보장한다.

2. 북측은 인원이 지구에 적용되는 법질서를 위반하였을 경우 이를 중지

495 4개 경협합의서는 '남북사이의투자보장에관한합의서', '남북사이의소득에대한이중과세방지합의서', '남북사이의상사분쟁해결절차에관한합의서', '남북사이의청산결제에관한합의서'의 4가지 합의서를 말한다. 이 합의서들은 2000.12.16. 제4차 남북장관급회담에서 정식 서명되었으며, 2003.6.30. 남북한간 합의문건으로서는 최초로 대한민국 국회에서 그 체결동의안이 정식으로 통과되었으며, 그 합의서에 내용에 따라 남북한 당국이 2003.8.20. 남북한간 발효통지문을 교환함으로써 발효되었다.

496 9개의 합의서는 '개성 · 금강산지구 출입 · 체류합의서', '상사중재위원회 구성 · 운영합의서', '차량운행합의서', '통관합의서', '검역합의서'는 2004.9.23., '해운합의서', '해운부속합의서', '철도운행합의서', '통신합의서'는 2004.12.9. 각각 국회동의절차를 거쳤으며, 2005.8.1. 남북한의 문건을 교환함으로써 발효되었다(이효원, 개성공업지구에서의 남한 행정법(행정형벌규정) 적용여부 및 범위, 남북교류협력법제 연구(III), 2009, 292면; 이효원, 통일법의 이해, 221면 참조).

497 이효원, 개성공업지구에서의 남한 행정법(행정형벌규정) 적용여부 및 범위, 남북교류협력법제연구(III), 2009, 292면. 더 나아가 남북합의서에 대한 법적 성격과 효력에 대하여 자세히는 이효원, 남북교류협력의 규범체계, 237-260면.

498 정식명칭은 '개성공업지구와 금강산관광지구 출입 및 체류에 관한 합의서'(2004년 1월 29일)이다.

시킨 후 조사하고 대상자의 위반내용을 남측에 통보하며 위반정도에 따라 경고 또는 범칙금을 부과하거나 남측 지역으로 추방한다. 다만 남과 북이 합의하는 엄중한 위반행위에 대하여는 쌍방이 별도로 합의하여 처리한다.

3. 북측은 인원이 조사를 받는 동안 그의 기본적인 권리를 보장한다.
4. 남측은 법질서를 위반하고 남측 지역으로 추방된 인원에 대하여 북측의 의견을 고려하여 조사, 처리하고 그 결과에 대하여 북측에 통보하며, 법질서위반행위의 재발방지에 필요한 대책을 세운다.
5. 남과 북은 인원의 불법행위로 인하여 발생한 인적 및 물질적 피해의 보상문제에 대하여 적극 협력하여 해결한다.
6. 외국인이 법질서를 위반하였을 경우에는 북측과 해당 국가 사이에 맺은 조약이 있을 경우 그에 따른다.

동 합의서 제10조 제1항은 북측이 인원[499]의 신체, 주거, 개인재산의 불가침권을 보장한다고 선언하고 있다. 그러나 합의서의 내용상 여기에서의 불가침권이 북한 당국에 의한 신체에 대한 체포나 구속, 주거나 개인재산에 대한 압수나 수색 등을 전면적으로 배제한다는 취지는 아닐 것이다. 동조 제2항에서 법질서 위반행위에 대한 북측의 조사나 범칙금 부과, 그리고 합의를 전제로 한 엄중한 위반행위에 대한 처리 등을 예정하고 있는바, 이에 대한 해석에 따라 불가침권의 구체적 의미가 무엇인지 구체화 될 수 있을 것이다. 그리고 북측은 '엄중한 위반행위'의 경우 이외에는 조사만을 한 후 경고나 범칙금 부과 또는 추방의 결정을 하게 되며, 원칙적으로 북한의 형사 사법권을 행사하지 않는다.

여기서 어떠한 위반행위가 엄중한 위반행위인가에 대하여는 논란이 될

499 '인원'이란 남측 지역에서 지구에 출입 및 체류하는 남측의 주민과 해외동포, 외국인을 의미한다(동 합의서 제1조 제1항).

수 있다. 예컨대 북한 체제에 대한 비판 등 정치적으로 민감할 수 있는 범죄를 의미하는 것인지, 살인죄 등 강력범죄를 의미하는 것인지 등을 명확히 할 필요가 있다. 일부에서는 이를 한미행정협정상의 한미간 신병인도의 기준으로 12개의 중요범죄(① 살인, ② 강간, ③ 석방 대가금 갈취목적의 유괴, ④ 마약거래, ⑤ 마약생산, ⑥ 방화, ⑦ 흉기를 휴대한 강도, ⑧ 상기 7개 범죄(① ~ ⑦)에 대한 미수, ⑨ 폭행치사·상해치사, ⑩ 음주운전으로 인한 치사, ⑪ 교통사고 치사후 도주, ⑫ 상기 11개 범죄(① ~ ⑪)를 포함하는 다른 죄명의 범죄)를 참고할 것을 제안하고 있다.[500]

그러나 '엄중한'이라는 표현은 북한의 법령에서는 보편적인 표현으로 이는 북한형법 제4조(형벌양정의 일반원칙)에도 표현되고 있으며, 금강산 관광과 관련하여 현대와 사이에 체결한 합의서(1999.7.30.)에도 '경미한 범죄'에 대하여는 위약금 징수, '문제되는 발언'을 한 경우에는 추방, '강력한 형사사건 등 엄중한 사건'에 대해서는 금강산관광사업조정위원회에서 협의하여 처리하는 것으로 규정되어 있다. 즉, '엄중한'은 법정형이 높은 범죄를 말하는 것으로 보통 국가에 대한 범죄나 강력범죄들이 여기에 해당하는 것으로 이해된다. 그러나 국가의 존립과 사회의 질서를 유지하는 기능을 가진 형법의 경우 그에 대한 법정형의 높고 낮음 역시 해당 국가나 사회형태에 따라 다소 차이가 있을 수 있고, 남과 북 또한 이와 다르지 않을 것이므로 일률적인 '엄중한' 위반행위의 판단은 다를 수 있다. 따라서 어떤 종류의 범죄들이 여기의 엄중한 위반행위에 해당하는가를 보다 구체적으로 적시하여야 할 것이다.

이와 같이 위 합의서는 남측 인원의 신변안전보장과 법질서 위반행위에 대한 처리에 관하여 원칙적인 사항을 규정하고 있으나, 북한 형사사법권의 행사범위나 남북간 형사사건의 처리절차 등의 내용이 구체적으로 어떠한지

500 이동희, 남북간 형사사건 처리방안, 남북교류협력 법제연구(II), 법무부, 2007, 497-498면.

명확하게 규정되어 있지는 않다. 향후 남북한 간의 합의를 통해 보다 구체적인 내용을 정하는 것이 과제로 남아 있는 상태이다.

또한 합의서에는 지구내에서 형사사건이 발생한 경우 어느 측의 형법을 적용하는가에 대한 명시적인 표현은 없다. 다만 제2항에서 '지구에 적용되는 법질서'란 표현을 사용하고 있으나 '지구에 적용되는 법질서'가 정확히 남북한에 의하여 합의한 범위 내에서의 법질서를 의미하는지, 북한이나 남한의 법질서를 의미하는지 불명확하다.[501] 다만 추론적으로 여기서의 법질서는 지구에서 적용할 것을 남북한이 합의한 법질서와 합의가 존재하지 않는 경우에는 일반적으로 인정된 속지주의 원칙에 따라 북한의 법질서라고 해석된다. 예컨대 '개성공업지구와 금강산 관광지구 출입 및 체류에 관한 합의서' 제11조에서도 지구와 지구 밖 북한지역 사이의 출입에 대해서는 북한이 별도로 정한 절차에 따르도록 규정하고 있어[502] 적어도 개성·금강산지구 이외의 지역의 출입절차에 대해서는 남한주민에게도 북한법률이 적용되는 것을 인정하는 것으로 보인다. 또한 북한의 법령에서는 명시적으로 개성공업지구와 금강산 관광지구에서 북한의 주권이 미치는 것으로 규정하여 해석된다.[503] 따라서 추론적으로는 개성공업지구와 금강산 관광지구에서는 북한의 형법이 우선적으로 적용된다고 보인다.[504]

---

501 비슷한 취지의 지적은 이효원, 통일법의 이해, 318면.

502 제11조 : 지구와 지구 밖 북측지역 사이의 출입 인원과 통행차량 등이 지구에서 지구 밖의 북측 지역을 출입하거나 지구 밖의 북측 지역에서 지구에 출입하는 경우에는 북측이 별도로 정한 절차에 따른다.

503 개성공업지구에는 조선민주주의인민공화국의 주권이 행사되며('조선민주주의인민공화국 개성공업지구를 내옴에 대하여' 제4조), 개성공업지구는 공화국의 법에 따라 관리 운영하는 국제적인 공업, 무역, 상업, 금융, 공업지역으로 규정하고 있다('조선민주주의인민공화국 개성공업지구법' 제1조). 또한 금강산 관광지구에는 조선민주주의인민공화국의 주권이 행사되며('조선민주주의인민공화국 금강산 관광지구를 내옴에 대하여' 제2조), 금강산 관광지구는 공화국의 법에 따라 관리 운용하는 관광지역으로 규정하고 있나('조선민주주의인민공화국 금강산관광지구법' 제1조).

504 개성공단 등에서 행정법의 적용에 대하여는 이효원, 통일법의 이해, 253-260면.

2. 북한형법의 적용

북한형법은 적용범위와 관련하여 속인주의, 속지주의, 보호주의 원칙을 모두 채택하고 있다. 개성공업지구와 같은 특정 지역에서 북한주민이 남한 근로자나 남측 관광객에게 범죄를 범한 경우 속인주의에 의하여 북한형법이 적용된다. 문제는 남한 주민이 북한 근로자나 북한 주민에게 죄를 범하는 경우 남한주민에게도 북한형법을 적용할 수 있는가이다. 여기에서 남한 주민을 북한 국적법에 따라 북한 공민으로 인정하여 속인주의에 따라 북한형법을 적용할 수 있을 것이라고 해석할 여지도 있다.[505] 그러나 남북한의 협의에서 각 측의 주민에 대한 각각의 관할을 인정하기 때문에 이러한 해석은 적절하지 않다. 오히려 속지주의에 따라 남한 주민을 외국인처럼 대우하여 속지주의(영토주의)를 적용하여 북한형법을 적용하는 것이 적절하다. 예컨대 개성공업지구에서 북측 근로자가 남측 근로자에게 상해를 가한 경우에는 속인주의에 의하여 북한형법을 적용할 수 있으며, 동 지구에서 남측 근로자가 북측 근로자를 상해한 경우에는 영토주의에 의하여 북한형법을 적용할 수 있다. 결론적으로 개성공업지구와 금강산 관광지구 내에서 행하여진 남한주민의 어떠한 종류의 범죄나 위반행위도 속지주의에 따라 북한형법이 적용될 수 있다.

3. 남한형법 적용가능성

1) 남한형법의 적용범위 일반

형법의 적용범위와 관련하여 남한형법은 제2조에서부터 제7조까지 다수의 조문을 두고 있다. 여기서 제2조는 속지주의를, 제3조는 속인주의를, 제4조는 대한민국 국적의 선박 또는 항공기에 대한 속지주의의 확장인 기국주

505 전술한 “II. 북한의 지역적 적용범위 2. 북한형법의 적용범위 1) 공민원칙(속인주의)”의 부분 참조.

의를, 제5조와 제6조는 보호주의를, 그리고 제7조는 외국에서 집행받은 형에 대한 선고에의 산입을 규정하고 있다. 그리고 형법각칙의 제31장에 규정된 약취·유인 및 인신매매의 죄의 경우에는 제296조의2에 따라 세계주의를 채택하고 있다. 이와 같은 규정들에 근거하여 남한형법은 속지주의, 속인주의, 보호주의, 세계주의를 취하고 있다는 점에 대하여는 의문이 없다. 여기서 문제는 개성공업지구나 금강산 관광지구에서 범죄가 발생한 경우 남한형법에 규정된 다양한 원칙들에 기초하여 남한형법을 적용할 수 있는가이다.

2) 속지주의에 의한 남한형법의 적용가능성

개성공단이나 금강산 관광지구에서 남한 주민이 지지른 범죄에 대하여 남한의 형법을 적용하는 처벌함에 있어 속지주의에 근거하여 처벌할 수 있는가가 문제이다. 여기에서는 남한의 헌법의 영토조항에 따라 개성공단이나 금강산 관광지구도 남한의 영토에 해당하기 때문에 남한형법이 적용될 수 있다고 해석할 수도 있다. 그러나 남북한의 지위와 관련한 차별화설의 입장에 따라[506] 남북한의 교류과정에서 발생한 법적 문제는 우선적으로 남북한의 합의한 바에 의거하여 결정되어야 한다. 따라서 개성공업지구와 금강산 관광지구에서의 범죄에 대하여는 북한의 법질서가 미치는 지역이라고 해석하여 영토주의에 의한 남한형법의 적용은 적절하지 못하다.

3) 속인주의에 의한 남한형법의 적용가능성

대한민국 형법은 속인주의원칙에 따라 대한민국 영역 외에서 죄를 범한 내국인에게도 대한민국 형법을 적용한다(형법 제3조). 따라서 대한민국의 국적을 가지고 있는 내국인 한에는 범죄지가 대한민국 영역 이외라고 하

506 차별화설에 대하여는 앞의 "III. 북한지역에서 발생한 범죄에 대한 남한형법의 적용가능성, 2. 남한형법의 속지주의 적용가능성"의 부분을 참조.

더라도 남한형법을 적용할 수 있다. 전술한 바와 같이 개성공업지구 등이 남북한의 교류차원에서 속지주의에 따른 남한형법이 적용되지 않는 지역인 경우에도 내국인이 범죄를 범한 경우 남한형법을 적용한다. 따라서 남한주민이 개성공업지구나 금강산관광지구에서 범죄를 범한 경우 북한지역을 대한민국의 영역이 아니라고 판단하는 경우에도 남한형법을 적용할 수 있다.[507] 그리고 여기서 남한형법의 적용에는 남한주민이 범죄를 범하는 한에는 그 피해자가 남한주민이거나 북한주민이거나 또는 제3의 외국인이거나 관계가 없다. 또한 해당 범죄행위가 북한의 형법에 의하여도 처벌되는 범죄인가의 여부도 관계가 없으므로 북한형법에 의하면 처벌되지 아니하는 행위라도 남한의 형법에서 처벌가능하다면 남한형법으로 처벌할 수 있다.

4) 보호주의에 의한 남한형법의 적용가능성

대한민국 형법은 보호주의를 채택하여 대한민국 영역 외에서 내란의 죄, 외환의 죄, 국기에 관한 죄, 통화에 관한 죄, 유가증권·우표와 인지에 관한 죄, 문서에 관한 죄(제225조 내지 제230조), 인장에 관한 죄 중 공인 등의 위조·부정사용죄(제238조)를 범한 외국인에게 대한민국 형법을 적용하며(제5조), 또한 대한민국 영역 외에서 대한민국 또는 대한민국 국민에게 죄를 범한 외국인에게도 대한민국 형법을 적용하도록 하고 있다(제6조).

개성공업지구나 금강산 관광지구에서 남한 국민에게 죄를 범하거나 남한의 특정한 국가적·사회적 법익을 침해하는 경우에는 보호주의에 의하여 남한형법을 적용할 수 있다. 다만 개성공업지구와 금강산 관광지구에서 남한의 국민이나 국가에 대하여 죄를 범하였으나 해당 범죄가 북한지역에서는 범죄로 인정되지 아니한 경우에는 남한의 형법을 적용하지 아니한다.[508]

507 이에 반하여 결론적으로 행정형벌이나 행정질서벌을 적용할 수 없다는 입장은 이효원, 통일법의 이해, 277-278면.

508 이효원, 남북한 형사사건의 합리적 해결을 위한 법제도 구축방안, 한국형사정책연구원, 2008, 92면.

결국 보호주의에 의하여 개성공업지구나 금강산 관광지구에서의 남한주민 등에 대한 범죄행위에 남한형법이 적용가능 하기는 하나, 실제적으로는 북한이 자국의 형법을 적용하여 처벌하기 때문에 남한형법을 적용하여 행위자를 처벌할 수 있는 경우는 거의 없다.

4. 남북한 형법적용의 충돌과 흠결

1) 남북한 형법의 충돌개관

남북한의 형법적용 가능성을 토대로 하여 개성공업지구와 금강산 관광지구에서 발생하는 형사사건에 대하여 남북한 형법의 적용이 충돌할 가능성을 도표 형식으로 살펴보면 다음과 같다.

<표> 남북한 형법적용의 충돌 개관

북한형법 적용원칙	남한형법 적용원칙	충돌 가능성	예시사례	예상되는 해결
속지주의	속지주의	X	※ 적대적 관계로 활동하는 경우에만 남한형법 적용가능	
	속인주의	O(①)	지구내에서 남한주민이 남한주민이나 북한주민을 상해한 경우	-추방 -남한처벌
	보호주의	O(②)	지구내에서 외국인이 남한주민을 상해한 경우	-북한처벌
속인주의	속지주의	X	※ 적대적 관계로 활동하는 경우에만 남한형법 적용가능	
	속인주의	X	※ 충돌가능성 존재하지 아니함	
	보호주의	O(③)	지구내에서 북한주민이 남한주민을 상해한 경우	-북한처벌
보호주의	속지주의	X.	※ 충돌가능성 존재하지 아니함	
	속인주의	X	※ 충돌가능성 존재하지 아니함	
	보호주의	X	※ 충돌가능성 존재하지 아니함	

위의 표에서 보는 바와 같이 개성공단이나 금강산 관광지구와 같은 지구

내에서 남북한 형법의 충돌로 문제가 될 수 있는 경우는 ①, ②, ③의 3가지 경우로 제한된다.[509] 여기서 ②와 ③의 경우에는 지구 내라는 북한 자신의 영역이나 북한주민이 죄를 범한 경우이므로 북한측이 영토고권이나 자국민불인도원칙에 따라 자국형법에 따라 처벌하려고 할 것이며, 피해자가 남한주민이라고 하더라도 남한측에 범죄인을 인도할 가능성은 거의 없다. 따라서 ②와 ③의 경우 규범적으로 남한형법을 적용할 수 있으나, 현실적으로 남한형법에 의하여 처벌하는 것은 어렵다고 판단된다.

문제는 ①의 경우와 같은 형법적용의 충돌이다. ①의 경우 지구 내에서 남한 주민이, 북한 주민이나 북한의 법익을 침해한 경우(①-a)[510]와 남한 주민의 법익을 침해한 경우(①-b)[511]의 두 경우로 나누어질 수 있다. 여기에서 ①-a와 ①-b의 경우는 결국 속인주의에 근거하여 남한형법이 적용되는 경우에 해당하기 때문에 피해자가 남한 주민인지 북한 주민인지는 남한의 형법적용에 차이가 없다.[512] 즉, 개성공업지구나 금강산 관광지구에서 남한주민

509 기타의 경우도 무조건 충돌이 부정되는 것이 아니라 남북한 간의 교류에 따른 상황에서 범죄가 발생한 경우에만 남북한 형법의 충돌이 부정되는 것이고, 남북한이 적대적 관계로 활동하는 분야에서 범죄가 발생하는 경우에는 남북한 형법의 적용에서 또 다른 충돌 가능성이 존재한다.

510 실제 발생 사건을 예로 들면 2005.12. 현대아산 협력업체 직원 정모씨(당시 32세)가 강원도 고성군 온정리 해금강호텔 앞 도로에서 음주상태로 승용차를 몰다 북측 인민군 3명을 치는 사고를 내 1명이 숨지고 2명이 부상한 사건을 거론할 수 있다. 사건 이후 정씨의 신병은 북한당국에 45일간이나 억류되었으며, 손해배상 협상 대상자인 현대아산측이 위로금 4만달러를 지급하기로 약속하고서야 남측으로 인계되었다(이동희, 남북간 형사사건 처리방안, 남북교류협력 법제연구(II), 법무부, 2007, 463면 참조).

511 실제 발생 사건을 예로 들면 2004.7.26. 21:30경 남한 근로자 최모(당시 22세, 건술기술직)씨가 개성공단 내에 소재한 식당에서 술을 마신 후 북한생활에 적응하기 힘들고 기분이 나쁘다는 이유로 주방에 있던 식칼(칼날길이 19.3cm)을 들고 나와 개성공단 신축공사 현장 숙소에 들어간 후 주취상태에서 자신을 기분 나쁘게 쳐다본다는 이유로 남한 근로자 박모(당시 22세)씨의 허벅지를 식칼로 찔러 요치 3주의 상해를 가한 사건을 들 수 있다. 북측은 피의자의 신병을 남측 출입사무소(CIQ)를 통해 남한의 사법당국에 인계하였으며, 이후 남한의 형사사법절차에 따라 처리되었다(이동희, 남북간 형사사건 처리방안, 남북교류협력 법제연구(II), 법무부, 2007, 462면 참조).

512 물론 해당 범죄가 반의사불벌죄나 친고죄에 해당하는 경우에는 형사절차에서 피해자의 의사 고려될 여지는 있다.

이 범죄를 범한 경우에 해당 범죄의 피해자가 남한주민이든 북한주민이든 관계없이 속인주의 원칙에 따라 남한형법이 적용될 수 있다.

2) 남한형법의 속인주의 적용

①-a와 ①-b의 경우와 같이 개성공업지구나 금강산 관광지구에서 남한주민이 죄를 범한 경우 「개성·금강산지구 출입·체류 합의서」에 따라 북측이 이를 조사하고 경고하거나 범칙금을 부가하고 남한으로 추방시킨 경우, 남한은 속인주의에 따라 남한형법을 적용하여 해당 남한주민을 처벌할 수 있다. 여기서 검토해 볼 수 있는 경우는 남한주민이 행한 범죄행위에 대하여 남북한의 처벌여부가 다른 경우이다. 이를 도표 형식으로 살펴보면 다음과 같다.

<표> 남북한 처벌규정의 차이점

유형	북한형법상 처벌규정	남한형법상 처벌규정	예시적 범죄유형
(1)	O	O	살인, 상해, 과실치사상, 절도, 강도, 강간, 도박 등 일반형사범
(2)	X	O	자살관여죄, 촉탁승낙살인죄, 사자명예훼손, 협박, 비밀침해, 주거침입, 강제추행
(3)	O	X	미신행위죄, 미신행위조장, 일반범죄 불신고죄, 불량자행위죄, 비법혼인 및 가정파탄죄
(4)	X	X	(범죄행위 불성립)

(1) 남북한 모두 처벌규정이 존재하는 경우

남한주민이 개성공단 등에서 죄를 범한 경우 해당 범죄행위가 남한과 북한의 형법 모두에서 처벌 가능하다면 해당 행위자를 처벌함에 큰 문제는 없다. 즉, 북측에서 해당 범죄인을 조사한 후 남한으로 추방하면, 남한 측은 남한의 형법을 적용하여 그 범죄인을 처벌하면 되기 때문이다.

북측에서의 처벌이 남한의 형사처벌과 달리 행정벌적 처벌에 해당하거나 또는 북한의 처벌 역시 형사처벌에는 해당하나 그 처벌과정이나 처벌방식에 남한의 처벌과정과 차이가 있는 경우(소추장애나 인적처벌조각사유 등)에도 일방적으로 우리 형법을 적용하여 처벌할 수 있는가는 의문이다. 이에 따라 북한의 처벌규정이 어느 정도 남한의 처벌과 일치하여야 남한의 형법을 적용할 수 있는가가 문제되는 것이다. 여기서 남북한 양측에 모두 처벌규정이 존재한다고 하더라도 결국 적용되는 법규범은 남한형법이라는 점에서 남한의 형사법과 형사절차에 의하여 진행된다. 따라서 (2)의 유형과 동일한 내용으로 진행될 것이다.

(2) 북한에서는 불처벌이나 남한에서는 처벌하는 경우

(2)의 유형에서 북한은 자국의 형법상 처벌되는 행위가 아니기 때문에 해당 (범죄) 행위에 대하여 특별한 관심을 가지지 않는다. 이에 반해 현재의 남한형법의 입법적 태도와 해석에 의하면[513] 남한은 그에 대한 처벌규정이 있으므로, 단순히 말하면 속인주의 원칙에 따라 남한형법을 (2) 사례유형에 적용하여 처벌할 수 있다.

그러나 여기서 해당 남한 주민 자신이 체류한 개성공업지구나 금강산 관광지구에서 그곳의 법에서 허용되고 있는 행위를 남한은 자국민이라는 이유로 남한형법을 적용하여 처벌하는 것이 타당한가는 의문이다. 또한 실효성의 측면에서 보면 해당 행위자를 수사하거나 필요한 증거를 조사함에 있어 개성공업지구나 금강산 관광지구에 남한의 통치력이 미치지 못하는 상황에서 북측의 도움 없이는 적절한 조치를 취하는 것은 사실상 불가능에 가깝

513 남한형법 제3조의 경우 '절대적 적극적 속인주의'를 채택한 것이라고 해석하는 것이 학설과 판례의 일치된 견해이므로(박상기, 형법총론, 40면; 신동운, 형법총론, 75면; 대법원 2004.4.23. 선고 2002도2518 판결; 대법원 2001.9.25. 선고 99도3337 판결), 남한 국민인 한 남한형법을 적용하게 되는 것이다.

다.[514] 또한 북한의 도움이 존재한다고 할지라도 북한의 입장에서는 자국의 영토 내에서 일어난 자국의 법률에 따르면 범죄가 되지 않는 행위에 대하여 조사할 필요성도 없으며 조사한다고 할지라도 충분한 조사가 이루어질 것이라고 기대하기는 처음부터 불가능하다. 따라서 이러한 (2)사례유형의 경우에 대하여도 상세한 검토가 요구된다.

(3) 북한에서는 처벌하나 남한에서는 불처벌하는 경우

이 (3)의 사례유형은 북측에서 남한주민에 대하여 조사하여 경고한 후 남한으로 추방한 경우 현재의 형법규정으로는 남한은 해당 남한주민을 처벌할 수 없다. 왜냐하면 남한의 형법은 해당 행위를 범죄로 보지 않으므로 추방된 남한주민에 대하여 속인주의 원칙은 적용되나 남한형법상 범죄가 되지 않기 때문에 처벌규정의 부존재로 불처벌할 수 밖에 없다.

이와 같은 (3)사례유형에서 해당 남한주민을 불처벌하는 경우에는 추방한 북한의 의사를 무시하는 결과가 되어 양국 간의 긴장관계를 형성할 위험성이 있다. 개성공업지구나 금강산 관광지구에서 남한주민이 북한형법에 반하는 행위를 하였음에도 불구하고 이를 북측이 경우에 따라서는 선의에서 남한주민을 직접 처벌하지 않고 조사하고 경고나 범칙금만을 부과하고 남측으로 추방한 경우, 남한이 자국 형법에 해당 규정이 없다는 이유로 불처벌하는 경우 남북한 관계에 좋지 않은 영향을 줄 것이다. 또는 경우에 따라서는 개성공단 등에서 북한형법을 위반한 남한주민이 북측이 이를 알지 못하는 사이에 남한으로 귀환하여 다시 북한지역으로 돌아가지 않는 경우 범죄인인도를 요청함에도 불구하고 남한은 자국민이라는 이유로 불인도하고 처벌도 하지 않는 경우도 마찬가지이다.

이와 같은 문제점을 해소하기 위해 초기의 속인주의는 자국민이 국외에

514 특히 피해자가 남한 주민이 아니라 북한 주민이거나 북한 주민의 법익인 경우에 이러한 문제가 발생한다.

서 범죄를 범하고 자국으로 도주한 경우 해당 행위가 자국형법에서 범죄가 되지 않는 경우에는 '행위지의 형법'에 따라 처벌하도록 하였다.[515] 그러나 이와 같이 행위지법에 따라 처벌하는 방식은 행위지법의 다양화로 인하여 점점 그 적용이 불가능하게 되어 현재와 같이 자국의 형법만을 적용하는 속인주의로 제한된 것이다.

결국 남한주민이 남한으로 돌아온 경우 형법의 적용은 남한형법의 적용이 될 것이며, 남한형법상 불처벌인 행위를 처벌할 마땅한 방법도 없으며, 과연 해당 행위를 처벌할 필요성이 있는가의 의문도 발생한다. 따라서 이에 대한 세부적인 검토가 필요할 것으로 보인다.

5. 속인주의의 개선을 통한 구체적 사례 해결방안

1) 남북한 모두 처벌규정이 존재하는 경우(형사소추요건의 차이가 존재)

남북한 형법에 모두 처벌규정이 존재하나 친고죄의 경우와 같이 형사절차를 진행함에 있어 상이한 경우를 말한다. 이와 같은 예로 남한주민 갑이 개성공단에서 근무 중 북한주민 A를 모욕한 경우를 들 수 있다.

모욕과 관련하여 남한형법은 공연히 사람을 모욕한 자는 1년 이하의 징역이나 금고 또는 200만원 이하의 벌금에 처하도록 규정하고 있으며(제311조), 모욕죄의 경우에는 피해자의 고소가 있어야 공소를 제기할 수 있다(제312조 제1항). 이에 반해 북한형법은 비렬한 동기와 목적에서 사람을 모욕하였거나 그의 명예를 훼손시킨 자는 로동단련형에 처하도록 규정하고 있으나(제322조), 남한형법과 같은 공소제기절차에서 제한규정은 존재하지 않는다.

이러한 모욕 사례는 남한형법과 북한형법 모두 처벌이 가능한 범죄이므로, 남한은 남한의 형법을 적용하여 갑을 처벌한다. 다만 형사소추의 차이

515 Oehler, Internationales Strafrecht, S.73.

가 존재하는 경우 형사처벌의 규범이 동일성이 있는가에 대하여는 부분적으로 다툼이 있다.

일반적으로 동일한 규범이 존재한다는 것은 실체법적 법률상황이 동일한 것을 의미한다고 보아 소송법적 소추장애는 고려되지 않는다고 하고 있다.[516] 그러나 소송법적 소추요건이나 소추장애와 관련하여 행위지 국가는 자신의 영토 외에서도 소추를 제한하거나 포기한다는 것을 명확히 한 것이기 때문에 이와 같은 국가적 소추장애나 소추요건을 고려하는 것이 국제법적 관점에서 보다 합리적이다.[517]

따라서 북한형법에도 이러한 소추장애나 소추요건이 존재한다면 우리 형법의 적용에서 이를 고려할 필요가 있다. 그러나 위의 모욕 사례의 경우에는 그 역으로 북한의 형법에는 아무런 제한이 없고 오히려 남한형법에서 이를 친고죄로 규정하고 있다. 그러므로 남한의 형법을 적용하는 상황에서는 피해자의 고소가 존재하여야 한다.

따라서 남한형법을 적용하는 결과 피해자의 고소가 존재하여야 검사는 해당 모욕사례를 기소할 수 있다. 이를 확실히 하기 위하여 북측이 범죄인을 조사하고 추방하는 경우 피해자 A의 고소여부를 분명히 하도록 요청할 필요가 있다.

2) 북한에서는 불처벌이나 남한에서는 처벌하는 경우

북한형법에 의하면 처벌할 수 없으나 남한형법에서는 처벌하는 경우이다. 예컨대 개성공업지구에 근무하는 남한주민 갑이 북한주민 A의 자살하는 행위를 방조한 경우<사례 1> 또는 남한주민 을이 개성공업지구나 금강산 관

---

516 BGH NStZ-RR 2000,361; MK/Ambos, §7 Rn.12. Fn.45.

517 Heinrich, Das passive Personalitätsprinzip, S.99; Oehler, Internationales Strafrecht, S.149. 이와 다른 견해는 Scholten, Das Erfordernis der Tatortstrafbarkeit in §7 StGB, S.165; LK/Gribbohm, §7 Rn.38.

광지구에서 북한주민 B를 강제로 추행한 경우<사례 2>이다.[518]

남한형법은 사람을 교사 또는 방조하여 자살하게 한 자를 처벌하며(제252조 제2항), 추행의 경우에도 이를 처벌한다(제298조). 이에 반하여 북한형법은 자살교사·방조죄와 강제추행에 대한 처벌규정이 별도로 존재하지 않는다.[519]

자살관여행위와 강제추행의 사건이 발생한 경우 북한은 동 행위가 자국 형법상 처벌대상에 해당하지 않기 때문에 해당 (범죄)행위에 대하여 특별히 주목할 필요가 없다. 이에 반해 남한형법은 그에 대한 처벌규정이 존재하므로 속인주의 원칙에 따라 남한형법을 적용하여 <사례 1>에서 갑을 자살관여죄로, <사례 2>의 경우 을을 강제추행죄로 각각 처벌할 수 있다.

문제는 남한주민 갑과 을이 체류하고 있던 개성공단과 금강산 관광지구에서는 일반적으로 허용되는 행위를 남한의 형사사법기관이 갑과 을이 자국민이라는 이유로 남한형법을 적용하여 처벌하는 것이 과연 타당한가이다. 또한 남한형법을 적용하여 갑과 을을 처벌하는 과정에서 과연 효과적이고 실질적으로 갑과 을을 수사하고, 공판정에서 증거조사를 할 수 있는가이다. 특히 해당 범죄의 증명을 위하여 사망한(또는 자살에 실패하여 생존한 경우 포함) 북한주민 A에 대한 관련 사실이나 피해자 B에 대하여 남한의 수사기관에 출석하여 진술하고, 재판에 참여하여 신문에 응하는 것이 가능한가도 의문이다. 만일 <사례 1>의 경우 다른 북한주민들의 증언이나 증거를 확보하지 못하는 경우 사실상 갑을 처벌하기가 불가능하다. 또한 <사례 2>의 경우에도 B의 진술 등이 없는 상황에서 을이 추행행위의 사실자체를 부인하거

518 과거에는 낙태죄와 관련하여 남한형법은 이를 처벌하는 규정이 있었고, 북한형법은 제정 당시부터 낙태를 처벌하는 규정이 없었다. 그러나 낙태죄의 헌법불합치 결정에 따라 현재에는 남한형법에도 낙태죄의 처벌 규정은 존재하지 않는다.

519 북한형법은 강간죄(제279조), 복종관계에 있는 여성을 강요하여 성교한 죄(제280조), 미성인 성교죄(제281조)와 같이 강간과 관련한 처벌규정은 존재하나 추행과 관련한 처벌규정은 존재하지 않는다.

나 B의 동의가 있었다고 주장하는 경우 강제추행을 입증하기도 어렵다. 여기서 A나 관련자와 피해자 B에 대하여 남한에의 출석을 요청할 수도 없고 강제로 남한의 국가권력을 행사할 수도 없다. 또한 북한에 대하여 수사와 재판진행을 위하여 필요한 도움을 요청하면 북한의 입장에서는 자국의 영토인 지구 내에서 일어났으며, 북한형법에 따르면 범죄가 되지 않는 행위를 강제적으로 조사하는 것도 불가능할 것이며, 당사자들이 임의로 조사에 응할 것이라고 기대하기도 어렵다. 따라서 이러한 자살관여사례와 추행사례의 경우 갑과 을에게 남한형법을 적용하는 것은 규범적으로 가능하지만, 현실적으로 남한형법을 적용하여 처벌하기는 용이하지 않다.

따라서 남한형법의 속인주의에 관한 규정인 절대적 속인주의를 제한적 속인주의의 규정으로 개정할 필요가 있다. 그리고 개정의 방법으로 행위지국에서도 해당 행위를 범죄로 규정하여 처벌하는 경우에만 남한의 형법도 속인주의에 따라 자국민의 범죄행위를 처벌하도록 제한하는 것이다.[520] 다만 행위지국에서는 불처벌이라고 하더라도 남한의 경우에는 반드시 해당 행위를 처벌하여야 한다고 생각하는 범죄유형의 경우에는 입법 과정에서 논의와 토론을 통하여 해당 범죄유형을 확정할 필요가 있다.[521]

3) 북한에서는 처벌하나 남한에서는 불처벌하는 경우

(1) 예시사례

북한형법에서는 처벌하는 행위에 해당하나 남한형법에 의하면 그 행위를 처벌하지 않는 경우를 말한다. 예를 들면 남한주민 갑이 개성공단 등 북한지

520 이와 같은 형법 제3조의 개정안을 쌍방가벌주의 또는 동일규범주의(lex loci)라고 하고, 이에 대한 상세한 내용은 앞의 '형법 제3조의 개정안'과 '독일형법에서의 속인주의' 부분을 참조. 김성규, 적극적 속인주의에 관한 형법 제3조의 문제점과 그 해결방안, 비교형사법연구, 제9권 제1호(2007), 5면 이하 역시 쌍방가벌주의로의 개정을 제안하고 있다.

521 비슷한 취지로 김성돈, 속인주의와 형법 제3조의 재음미, 성균관법학, 제17권 제2호(2005), 368면.

역에서 북한주민 A로부터 돈을 받고 미신행위를 한 경우<사례 1>, 남한주민 을이 술을 마시고 개성공단 내의 도로에서 혈중알콜농도 0.1%의 술에 만취한 상태에서 차량을 운행한 음주운전의 경우<사례 2> 또는 남한주민 병이 남한에서의 운전면허가 취소된 상태에서 개성공단 내의 도로에서 차량을 운전한 무면허운전의 경우<사례 3> 등이다.

(2) 남북한의 법령내용

<사례 1>의 미신행위와 관련하여 남한형법은 동 행위가 사기에 해당하는 예외적인 경우를 제외하고는 일반적인 미신행위를 처벌하는 규정은 존재하지 아니한다. 이에 반하여 북한형법은 돈 또는 물건을 받고 미신행위를 한 자를 처벌하며, 여러 명에게 미신행위를 배워주거나 미신행위로 엄중한 결과를 야기시킨 경우에는 더 무겁게 처벌하고 있다(제256조). 또한 <사례 2>와 <사례 3>의 사건과 관련하여 남북한의 법령 내용은 다음의 표와 같다.

<음주운전·무면허운전 관련 남북한 법령>

남한 법령	북한 법령
○ **「도로교통법」 제2조 (정의)** 1. "도로"란 다음 각 목에 해당하는 곳을 말한다. 가. 「도로법」에 따른 도로 나. 「유료도로법」에 따른 유료도로 다. 「농어촌도로 정비법」에 따른 농어촌도로 라. 그 밖에 현실적으로 불특정 다수의 사람 또는 차마(車馬)가 통행할 수 있도록 공개된 장소로서 안전하고 원활한 교통을 확보할 필요가 있는 장소 26. "운전"이란 도로(제27조 제6항 제3호·제44조·제45조·제54조 제1항·제148조·제148조의2 및 제156조 제10호의 경우에는 도로 외의 곳을 포함한다)에서 차마 또는 노면전차를 그 본래의 사용방법에 따라 사용하는 것(조종 또는 자율주행시스템을 사용하는 것을 포함한다)을 말한다. **[음주운전]** ○ 「도로교통법」 제44조, 제148조의2 - 혈중알콜농도 0.03퍼센트 이상인 상태에서 자동차를 운전한 경우 처벌 **[무면허운전]** ○ 「도로교통법」 제43조, 제152조 제1호 - 무면허 운전의 경우 1년 이하 징역 또는 300만원 이하 벌금	○ **「도로교통법」** - **제27조(차운전자격의 종류와 급수)** 차는 운전자격이 있어야 운전할수 있다. 운전사는 차운전자격의 종류와 급수에 맞지 않는 차를 운전할수 없다. - **제43조(차운전사의 임무와 금지사항)** 술 또는 주정이 있는 음료나 약물을 마시고 운전하는 행위, 운전을 하면서 손전화기를 사용하는 행위를 할수 없다. - **제86조(운전자격의 정지,강급,박탈)** 차통행질서를 어겼거나 교통사고를 일으켰을 경우에는 정상에 따라 운전자격을 정지 또는 강급, 박탈한다. **[음주운전]** ○ 개성공업지구내 자동차통행질서에 관하여 우선 적용되는 「개성공업지구 자동차관리규정」은 음주운전 금지 및 제재를 규정하고 있지 않음 ○ 「개성공업지구 자동차관리규정 시행세칙」은 음주운전 금지 및 위반시 제재를 규정 **[무면허운전]** ○ 「개성공업지구 자동차관리규정」 제42조(자동차에 갖추어야 할 물건), 제44조(벌금 부과)는 북한 발급 운전면허증(남측 면허를 기초로 교환발급되며, 남측 면허와 효력이 연계되어 있음) 소지의무 및 위반시 제재를 규정하고 있음

(3) 남북한 법령의 해석

전술한 3가지 사례유형인 <미신행위사례>, <음주운전사례>, <무면허운전사례>의 경우 「개성·금강산지구 출입·체류 합의서」의 제10조 제2호[522]에 따라 북측은 남한주민인 갑, 을, 병에 대하여 조사하여 경고한 후 남한으로 추방한다. 그러나 추방된 갑, 을, 병에 대하여 남한에서 이들을 형사법적으로 처벌할 수 있는가에 대하여는 논란이 있다.

<미신행위사례>의 경우는 사기죄에 해당하지 않는 한, 남한형법상 미신행위에 대한 별도의 처벌규정은 존재하지 않는다. 따라서 <미신행위사례>에서 갑은 죄형법정주의에 따라 남한에서는 처벌되지 않는다는 점에 대하여는 다툼이 없다.

이에 반하여 <음주운전사례>와 <무면허운전사례>의 경우 을과 병에게는 남한형법에 따라 처벌할 수 있다는 주장도 있다. 이에 의하면 남한의 도로교통법 소정의 음주운전·무면허운전 금지의무 위반에 대한 처벌규정의 입법취지는, 도로에서의 교통질서 유지라는 공익적 목적을 위한 측면도 있으나, 빈번히 사망·상해 사건이 발생하는 도로에서 사람의 신체를 보호하기 위해 사망 내지 상해사건 발생을 원천적으로 방지하겠다는 목적하에 비록 사망과 상해라는 결과가 발생하지 않더라도 다양한 주의의무·금지의무 위반행위 자체를 처벌하겠다는 것으로 해석한다.[523] 따라서 이러한 입법취지와 목적 등에 비추어 볼 때 동 규정은 행정법에 규정된 범죄에 대한 처벌규정이기는 하지만, 사법범(형사범)적인 속성도 포함하고 있는 범죄에 대한 처벌규정에 해당한다고 본다. 그리고 독일의 경우에도 독일인이 국외에서 음

---

522 「개성·금강산지구 출입·체류 합의서」제10조
2. 북측은 인원이 지구에 적용되는 법질서를 위반하였을 경우 이를 중지시킨 후 조사하고 대상자의 위반내용을 남측에 통보하며 위반정도에 따라 경고 또는 범칙금을 부과하거나 남측 지역으로 추방한다. 다만 남과 북이 합의하는 엄중한 위반행위에 대하여는 쌍방이 별도로 합의하여 처리한다.

523 SK/Wolters, § 316 Rn.2.

주운전을 한 경우 독일형법 제316조의 음주운전으로 처벌할 수 있다고 하며,[524] 이러한 해석에 의하면 <음주운전사례>와 <무면허운전사례>에서 을과 병은 개성공단 등의 지역에서도 동일·유사한 주의의무를 규정한 법규가 존재하고, 남한의 형법규정이 적용되므로 을과 병을 남한의 도로교통법위반죄로 처벌할 수 있다고 한다.[525]

그러나 이러한 해석에는 다소 의문이 있다. 독일형법상 음주운전죄의 보호법익은 개인적 법익이 아니라 도로교통에서의 안전(Sicherheit des Straßenverkehrs)을 보호법익으로 하는 추상적 위험범으로 이해하는 것이 통설과 판례의 입장이다.[526] 또한 음주운전죄의 보호범위는 연방이나 주의 다양한 도로들로 제한되며,[527] 독일의 국경을 넘어 국외에서 독일인이 음주운전을 한 경우 독일인을 독일형법상 음주운전죄로 처벌할 수 있는 경우는 양국 간에 협약이 체결되어 있는 경우에 한한다.[528]

남한주민인 을과 병이 개성공단 등의 지역에서 음주운전이나 무면허운전을 하는 경우 범죄지는 대한민국 영역 외라고 해석되어 속지주의를 통한 남한형법의 적용은 가능하지 않다. 그러나 을과 병은 대한민국 국민이므로 형법 제3조의 속인주의를 적용하면 음주운전이나 무면허운전의 죄를 범한 것이 되어 남한의 도로교통법으로 처벌가능한 것으로 보이나, 실제로는 가능하지 않다. 형법 제3조의 규정은 "본법은 대한민국 영역 외에서 죄를 범한 내국인에게 적용한다"라고 규정되어 있으므로, 을과 병이 죄를 범하였어야 한다. 여기서의 죄는 특정한 종류의 범죄를 말하며, <사례 2>에서는 음주운

524 장기석, 실무상 제기되는 남북 형사법충돌문제, 남북교류협력법제 연구(III), 2009, 423면.

525 장기석, 실무상 제기되는 남북 형사법충돌문제, 남북교류협력법제 연구(III), 2009, 423-424면 참조.

526 Fischer, §316 Rn.2; LK/König, §316 Rn.4; MK/Pegel, §316 Rn.1; NK/Herzog, §316 Rn.1f.; Schönke/Schröder/Hecker, §316 Rn.1; Zieschang, Handbuch des Strafrechts, Bd.5, §45 Rn.129; Bay NZV 92, 453; München NZV 06, 278.

527 Zieschang, Handbuch des Strafrechts, Bd.5, §45 Rn.16.

528 LK/König, §315c Rn.2.

전, <사례 3>에서는 무면허운전이라고 이해할 것이다.

먼저 <사례 3>에서 병의 무면허운전 행위가 남한의 무면허운전죄에 해당하는가이다. 무면허운전에서 운전은 도로교통법상 '도로에서' 면허없이 운전하는 것을 금지하며 이를 위반하여 운전한 경우에 대한 처벌 규정이다. 그리고 여기서 '도로'는 도로교통법 제2조에서 정의한 바와 같이 남한 지역에 있는 특정한 도로만을 도로교통법상의 도로로 볼 수 있다. 이러한 의미에서 아파트 단지 내의 도로는 도로교통법상의 도로에 해당하지 않으므로[529] 무면허로 아파트 단지 내에서 자동차를 운전한 경우 무면허운전죄로 처벌할 수 없다. 개성공단이나 금강산 관광지구를 외국에 준하여 보는 한에는 그곳은 남한 도로교통법상의 도로에 해당하지 아니하기 때문에 무면허운전을 하는 경우에도 이는 도로교통법상의 무면허운전죄에 해당하지 않는다.[530]

<사례 2>의 음주운전의 경우도 그 결론에서는 무면허운전죄의 경우와 다르지 않다. 다만 차이가 존재하는 부분은 무면허운전의 경우와 달리 음주운전의 경우 운전에는 '도로 외의 곳을 포함'하도록 규정하고 있다(도로교통법 제2조 제26호). 여기에서 개성공단 등의 지역에 있는 도로가 남한의 도로교통법상 도로에는 해당하지 않지만, '도로 외의 곳'에 해당하여 <사례 2>의 을을 음주운전죄로 처벌할 수 있는 것이 아닌가이다. 그러나 음주운전죄에서 '도로 외의 곳'이라는 것은 다중이 왕래할 수 있는 장소이기는 하지만 도로교통법상 '도로'로 특정되지 아니한 장소를 의미한다.[531] 여기서 '도로

529 대법원 2021.12.10. 선고 2018누42771 판결. 비슷한 취지로 아파트 단지 내 지하 주차장은 아파트 단지와 주차장의 규모와 형태, 아파트 단지나 주차장에 차단 시설이 설치되어 있는지 여부, 경비원 등에 의한 출입 통제 여부, 아파트 단지 주민이 아닌 외부인이 주차장을 이용할 수 있는지 여부 등에 따라서 도로교통법 제2조 제1호에서 정한 도로에 해당하는지가 달라질 수 있다(대법원 2017.12.28. 선고 2017도17762 판결).

530 비슷한 취지로 이효원, 개성공업지구에서의 남한 행정법(행정형벌 규정) 적용여부 및 범위, 남북교류협력법제 연구(III), 2009, 336면.

531 음주운전죄의 범위를 '도로'에서 '도로 외의 곳'을 포함하도록 개정한 것은 공동주택 시설내의 주차공간 등이 도로의 개념에 포함되지 않아 이를 포섭하여 해당 장소에서의 음주운전행위를 처벌하기 위한 것이다.

외의 곳'을 국외의 도로까지 확장하는 것은 도로교통법이 가지고 있는 보호범위를 초과하는 것으로 허용하기 어렵다. 또한 북한의 경우 도로교통법에서 음주운전하는 것을 금지하고 있으나(도로교통법 제43조), 이에 대한 형법적 처벌규정은 존재하지 않고, 다만 음주운전을 하는 경우 운전자격을 정지, 강급, 박탈할 수 있을 뿐(도로교통법 제86조)이라는 점에서 행정적인 제재에 그치고 있다.

결론적으로 <미신행위사례>의 경우는 남한형법상 처벌규정이 존재하지 않으며, <음주운전사례>와 <무면허운전사례>는 자동차를 운전한 장소가 남한의 도로교통법상 '도로'나 '도로 외의 곳'에 해당하지 않기 때문에 남한형법으로 처벌할 수 없다.

(4) 문제점과 개선방안

이와 같은 세 가지 사례에서 남한주민 갑, 을, 병을 불처벌하는 경우 해당 남한주민을 추방한 북한의 의사를 무시하는 결과가 되어 불필요하게 양국 간의 긴장관계를 형성할 위험성이 있다. 갑, 을, 병이 개성공단 내에서 명백히 북한법에 반하는 행위를 하였음에도 불구하고, 이를 북측이 경우에 따라서는 선의에서 그들을 처벌하지 않고 조사하고 경고나 범칙금만을 부과하고 남측으로 추방할 수 있다. 또는 경우에 따라서는 위의 지역에서 북측의 법률을 위반한 갑, 을, 병이 북측이 이를 알지 못하는 사이 또는 알기는 하였으나 조사가 이루어지는 상황에서 남한으로 귀환하여 다시 북한지역으로 돌아가지 않는 경우 범죄인인도를 요청함에도 불구하고 남한은 자국민이라는 이유로 인도하지 않으면서,[532] 처벌규정이 없다는 이유로 처벌도 하지 않는 경우도 마찬가지이다.[533] 이와 같은 상황이 발생하면 장래에 북한은

532 범죄인인도조약이 체결되지 않았다는 점에서 인도를 거절할 수도 있고, 남한형법상 범죄인이 아니라는 이유로 인도를 거절할 수도 있다.

533 국제형사사법 공조법에 의하면 공조의 임의적 거절사유로 "공조범죄가 대한민국의 법률에

해당 행위자들을 모두 북한법에 따라 처벌한 후에야 비로소 추방할 가능성도 있다. 북한이 이와 같이 북한형법을 적극적으로 적용하는 경우에는 오히려 개성공단이나 금강산 관광지구에서의 남한주민에 대한 신변보호가 급속도로 약화되고, 북한에 의한 남한주민의 재산이나 신체에 대한 침해가능성이 확대될 위험이 있다. 그리고 장기적으로는 남북한의 교류에 부정적인 요인으로 작용할 것이다.

이러한 문제점을 해소하기 위해 남한주민이 개성공단에서 북한형법상의 죄를 범하고 남한으로 도망하거나 귀환한 경우 해당 범죄행위가 남한형법에서 범죄가 되지 않는 경우에는 북한형법에 따라 처벌하도록 규정할 수도 있다.[534] 그러나 남한의 사법기관이 북한의 형법을 적용하여 남한주민을 처벌한다는 것은 명백히 죄형법정주의에 어긋나며, 북한의 다양한 법령들을[535] 남한의 형사사법기관이 완벽하게 파악하기도 곤란하기 때문에 북한형법을 적용하는 것은 타당하지 아니하다.

따라서 이 문제를 합리적으로 해결하기 위해서는 다음과 같은 구분을 통하여 남북한이 합의할 수 있는 형사사법 공조방안을 마련하는 것이 적절하다고 판단된다.

첫째, 개성공단이나 금강산 관광지구 내에서 죄를 범한 자가 북측으로부터 조사를 받고 경고나 범칙금이 부과된 이후 남한으로 추방된 경우, 해당

의하여는 범죄를 구성하지 아니하거나 공소를 제기할 수 없는 범죄인 경우"(동법 제6조 제4호)를 규정하고 있다. 또한 범죄인인도법에 의하면 "범죄인이 대한민국 국민인 경우"(동법 제9조 제1호) 인도를 거절할 수 있도록 규정하고 있다.

534 속인주의 초기에는 이와 같이 자국법으로 처벌이 불가능한 경우 '행위지법'을 적용하여 처벌하였다고 한다(Oehler, Internationales Strafrecht, S.73).

535 북한의 경우에도 법규범은 사회주의헌법을 정점으로 한 형식적인 법률체계(법률과 명령)가 존재하지만, 실질적으로 법률의 상위규범은 주체사상, 김일성과 김정일의 교시, 이를 실천하기 위한 조선노동당의 혁명노선과 결정이고(법무부, 개정 북한형사법제 해설, 2005, 1면), 법은 정치의 표현으로서 정치에 종속되어 있다(김수암, 북한의 형사법제상 형사처리절파와 적용 실태, 통일연구원 연구총서(2005), 9면). 따라서 형사법의 법규범성과 확정성을 파악하기가 어렵다.

위반행위나 범죄행위에 대하여 이미 충분한 제재가 가하여졌다고 판단할 수 있다. 따라서 남한의 형법상 처벌 규정과 관계없이 더 이상의 제재는 필요하지 않다고 생각된다.

둘째, 남한주민이 북한형법에 위반되는 범죄를 범한 후 북한이 이를 조사하는 중 도주하거나 북한에서 알지 못하는 사이에 남한으로 귀환한 경우, i) <사례 1>의 경우와 같이 해당 범죄행위가 남한형법에서는 처벌되지 아니하는 행위인 경우에는 이를 처벌할 필요성이 없으므로 처벌하지 아니한다. ii) <사례 2>와 <사례 3>과 같은 경우는 해당 행위가 남한에서 행해진 경우에는 남한형법에 의해서 처벌되는 행위이나 해당 규범의 보호범위나 보호목적상 남한의 형법을 적용할 수 없어 불처벌 되는 행위인 경우이다. 이 경우 북측은 북한법을 적용하여 처벌하기 위한 필요한 자료와 조치를 요구하고, 남측은 범죄인에 대한 조속한 조사와 필요한 증거자료를 북측에 제공한다. 이러한 남북한의 협력을 통하여 북측은 범죄인에 대한 제재를 결정하고 (인신구속의 제재는 허용되지 아니함), 남측은 해당 제재에 대한 신속한 집행을 보장한다.

제2절 사이버범죄에서 형법의 적용

I. 서론

현대사회는 정보사회 또는 정보화 사회라고 불리며, 정보사회에서는 각종의 정보가 홍수를 이루고 그 가운데 자신이 필요로 하는 정보를 얼마나 효과적으로 획득할 수 있는가 또는 정보의 홍수를 얼마나 효율적으로 체계화하여 이를 이용할 수 있는가에 의하여 개인이나 사회의 성패가 직접적으로 영향을 받게 된다. 그 결과 사회의 발전척도는 어느 정도의 정보통신망이 구축되어 있는가에 따라 결정되게 된다. 특히 인터넷으로 대표되는 정보통신 기술의 발달은 정치, 경제, 문화 등 사회 곳곳에 변화의 물결을 가져왔고, 이러한 사회의 변화는 거대한 국가에서부터 개인의 생활까지 사회제도와 일상생활 전 부문을 바꾸어 놓고 있다.

사회변화 가운데 특히 주목할 만한 것은 현실세계와는 다른 또 하나의 세계, 즉 가상세계인 사이버공간을 만들어 놓은 것이다. 초기의 사이버공간은 전문가나 국가기관들 사이의 정보처리나 정보교류의 장이었다. 그러나 개인용 컴퓨터(PC)의 광범위한 보급과 인터넷의 대중화 및 컴퓨터 통신망의 급격한 확산은 사이버공간을 누구나 접근할 수 있는 토론의 장인 동시에 정보교류의 장으로 변화시켰다. 사이버공간을 통하여 인간은 무수한 정보의 제한 없는 교류와 국경을 뛰어넘는 유대감의 형성, 조직의 힘을 빌리지 않는 개인의 이윤획득에 이르기까지 말 그대로 자유발현의 장이 되었다. 그러나 다른 한편 사이버공간이 새로운 범죄의 장이 되고 때로는 범죄의 가능성을 높여주는 위험한 공간이 되기도 한다. 예컨대 사이버공간에서 유통되는 정보의 다수가 음란물에 해당한다고 하며, 이는 특히 사이버공간에 접근하는 사람들의 많은 수가 청소년이기 때문에 문제가 된다. 또한 사이버공간을 통하여 개인에 대한 모욕이나 명예훼손, 스토킹 또는 무차별적인 스팸메일의 발송, 바이러스의 유포, 해킹, 해킹에 의한 개인적 정보나 업무상의 비밀정보의 불법한 유출 등 사이버공간에서 발생하는 다양한 불법행위들이 출현하게 되었다.[536]

사이버공간에서의 다양한 불법행위들에 대하여 이를 형법적으로 처벌하는 것은 형법전의 규정이나 특별형법 특히 정보통신망 이용촉진 및 정보보

---

536 사이버공간에서 초기의 범죄 상황과 관련하여 경찰청은 2002년에 모두 6만여건의 사이버범죄가 발생, 2001년 33,000건 정도보다 80% 늘어났다고 한다. 유형별로는 개인정보침해가 2,500건으로 125%, 통신, 게임 사기가 3만건으로 120% 늘어나 증가세가 가장 컸고, 불법 복제 판매는 28%, 해킹·바이러스 유포는 33%가 늘었다고 한다.

호 등에 관한 법률의 구성요건 등을 통하여 처벌할 수 있다. 다만 사이버범죄에 관한 처벌규정들이 너무 산재되어 있어 이를 체계적으로 정비할 필요가 있으며,[537] 부분적으로는 처벌필요성이 있으나 처벌규정의 흠결로 불처벌되는 경우도 존재할 수 있다.

이와 같은 사이버공간에서의 처벌규정의 부재라는 문제 이외에도 과연 사이버공간에서 발생하는 사이버범죄에 대하여 우리 형법을 적용하여 처벌할 수 있는가이다. 사이버공간은 그 특성상 국내뿐만 아니라 전 세계적으로 연결되어 있으며, 사이버범죄는 이러한 정보통신체계를 통하여 일탈행위가 발생하기 때문에 과연 사이버공간을 통해 불법한 내용을 지닌 자료를 유통하거나 적법하게 저장된 자료의 삭제나 변경 등의 행위에 대하여 우리의 형법을 적용할 수 있는가가 문제된다.

II. 사이버공간에서 형법의 적용가능성

국제형법의 원칙들을 문제가 되는 사이버공간의 불법행위들에 적용하기 위해 불법행위들의 유형을 다음과 같이 구별하여 살펴보도록 한다. 여기서의 구별은 사이버공간을 제공하는 역할을 담당하는 인터넷서버나 사이트와 이에 불법한 내용의 자료를 올리는(upload) 사람이 국내외에 있는가에 따라 나누어 본다. 사이버공간에서 일정한 행위나 역할을 하는 사람들은 여러 종류가 있을 수 있다. 사이트를 개설하여 자료를 올리는 사람, 인터넷의 사용을 가능하게 하는 인터넷서비스제공자나 서버관리자, 다른 사이트나 자료로 이동시켜주는 역할(링크)을 하는 사람 등 다수인이 사이버공간과 관계된

537 사이버범죄를 규제하고 있는 법률은 형법과 정보통신망 이용촉진 및 정보보호 등에 관한 법률 이외에도 특별법으로 개인정보 보호법, 무역업무 자동화 촉진에 관한 법률, 부정경쟁 방지 및 영업비밀 보호에 관한 법률, 성폭력범죄의 처벌 등에 관한 특례법, 아동·청소년의 성보호에 관한 법률, 정보통신망 이용촉진 및 정보보호 등에 관한 법률, 전기통신 기본법, 전기통신사업법, 저작권법, 전자서명법, 아동청소년보호법, 통신비밀보호법 등이 있다.

다. 여기에서는 특히 자료나 데이터를 올리는 사람에 대한 우리 형법의 적용 가능성에 집중하여 고찰한다.[538]

1. 서버가 국내에 있고, 불법내용이 국내에서 전송되는 경우

이 유형에서는 보통 국내의 인터넷서비스제공자의 서버에 World Wide Web(WWW) 형태의 사이트나 홈페이지를 개설하고 국내에서 해당 사이트에 불법한 내용의 정보를 올리는 경우이다. 사이버공간에서 불법행위 유형 가운데 가장 전형적인 방식에 해당한다. 예를 들면 국내에서 인터넷 홈페이지를 운영하면서 음란 동영상 등과 같은 각종 음란물을 회원에게 돈을 받고 전송하여 주거나 자신의 사이트에 음란물을 게시하고 유료 또는 무료로 이를 열람하게 하는 경우이다. 또한 인터넷 포털사이트의 게시판에 연예인에 대한 허위의 사실을 유포하거나 정치인 또는 다른 사람에 대한 허위의 내용을 게재하는 경우도 여기에 해당한다.

이와 같은 유형의 경우에는 범죄의 실행행위를 하는 장소가 국내이기 때문에 범죄지의 확정에 큰 문제는 없다. 따라서 이 유형의 경우에는 해당 행위자가 내국인이든 외국인이든 관계없이 속지주의에 따라 우리 형법이 적용된다.

---

538 인터넷서비스제공자(ISP)나 서버 관리자의 경우 불법한 내용의 전송이나 접속 또는 자료의 게시 등을 가능하게 해주었거나 이를 삭제 하는 등의 조치를 취하지 않았다는 점에서 처벌의 가능성이 있다. 처벌하는 경우 이들을 정범(부작위범)으로 볼 것인가 공범으로 볼 것인가의 문제도 발생한다. 공범으로의 처벌이 문제 된다면 여기서 다시 공범의 경우에 그 범죄지는 어디인가에 대하여 논란이 될 수 있다. 그러나 앞서 설명한 바와 같이 공범의 범죄지는 정범의 범죄지뿐만 아니라 공범이 실행행위를 하였던 곳이나 실행행위를 했어야 하였던 곳도 범죄지에 해당한다. 따라서 만일 해당 사이트에로의 접속가능성을 제공하여 준 것을 공범행위로 본다면 그러한 접속을 가능하게 하여 주었던 곳이 범죄지이다. 인터넷서비스제공자의 형사책임에 대해서는 황찬현, 사이버 스페이스에서의 명예훼손과 인권보장 -인터넷사업자의 책임과 관련하여-, 저스티스, 제34권 제1호(2001), 7면 이하; 장한철, 인터넷서비스제공자의 책임에 관한 형법적 문제, 한양법학, 제11권(2000), 35면 이하; Conradi/Schloemer, NStZ 96, 366, 472ff.; Pelz, ZUM 98, 530ff. 참조.

2. 서버가 국내에 있고, 불법내용이 외국에서 전송되는 경우

이 유형에서 우리 형법이 적용되는가는 기본적으로 속지주의에 따른 범죄지의 확정이 중요하다. 예를 들면 외국에서 국내의 서버나 사이트에 계속적으로 바이러스를 침투시켜 바이러스감염으로 서버에 장애를 가져와 장시간 업무가 방해한 경우 비록 실행행위를 하는 곳은 외국이나 국내에서 결과가 발생하므로 속지주의에 따라 우리 형법이 적용가능하다.[539] 따라서 일정한 결과가 발생하는 것이 구성요건요소에 해당하는 범죄인 경우 서버가 국내에 있고 외국에서 전산망을 통해 범죄가 수행된다고 할지라도 해당 범죄인이 내국인이냐 외국인이냐에 관계없이 우리 형법이 적용된다.

문제는 결과발생을 필요로 하지 않는 범죄유형인 위험범의 경우이다. 위험범의 경우에도 구체적 위험범과 추상적 위험범이 다르다고 볼 수 있다. 구체적 위험범은 구체적으로 위험이 발생하여야 성립하는 범죄이므로 해당 구체적 위험이라는 결과가 발생하는 장소가 결과발생지로 인정될 수 있다.[540] 그러나 추상적 위험범의 경우에는 일정한 거동만으로 위험이 발생한 것처럼 인정되므로 따로 결과발생지가 문제되지 아니한다. 속지주의가 적용되는 범죄지는 일반적으로는 실행행위지나 결과발생지 더 나아가 중간현상발생지를 포함하나, 위험이라는 결과의 발생을 필요로 하지 않는 추상적 위험범의 경우에는 결과발생이 문제되지 않는다. 따라서 추상적 위험범에서 범죄지는 실행행위지만이 그 기준이 되고 결과발생지는 의미가 없다.[541] 여기서 실행행위지는 더 정확히 말하면 행위자가 행위 당시 소재하고 있는 장소, 즉

---

539 다수설에 의하면 컴퓨터에 의한 업무방해죄는 일반 업무방해죄와 마찬가지로 추상적 위험범에 해당한다(박상기/전지연, 형법학, 559면; 김일수/서보학, 형법각론, 185면; 임웅, 형법각론, 249면. 이에 반해 구체적 위험범으로 보는 견해는 배종대, 형법각론, 218면). 그러나 컴퓨터에 의한 업무방해가 성립하려면 중간 결과로 정보처리장치에 장애가 발생하여야 하기 때문에 이 한도 내에서 결과발생이 필요한 경우와 마찬가지로 해석된다. 따라서 정보처리장치에 장애가 발생하는 장소가 국내인 한 범죄지로 인정될 수 있다.

540 Fischer, § 9 Rn.4.

541 BGH NStZ 15, 82; Schönke/Schröder/Eser/Weißer, § 9 Rn.6a.

소재지(Aufenthaltsort)를 의미한다.[542]

예를 들면 독일인 A가 독일에서 한국에 있는 기업의 웹사이트에 접속하여 게시판에 한국기업의 직원인 한국인 B를 비방하는 내용의 허위의 글을 수 차례에 걸쳐 게재하는 경우이다. 이 경우에 A는 독일에서 명예훼손의 실행행위를 하고 명예훼손죄는 추상적 위험범에 해당하기 때문에 결과발생지는 범죄지의 준거점이 될 수 없다. 따라서 속지주의를 기준으로 하면 A의 명예훼손 행위에 대하여 우리 형법을 적용할 수 없다고 해석하여야 한다. 그러나 이 경우에도 보호주의에 의한 형법의 적용가능성은 남는다. 외국인이 대한민국 영역 외에서 대한민국 또는 대한민국 국민에 대하여 죄를 범한 경우에도 우리 형법이 적용되므로, 피해자인 B가 대한민국 국민이기 때문에 우리 형법이 적용될 수 있다. 다만 그 전제로 행위지의 국가에서도 해당 행위가 범죄를 구성하여야 한다(소위 쌍방가벌성의 요구 또는 동일규범의 요청). 즉 독일에서도 허위의 사실을 적시한 명예훼손은 처벌되므로(독일형법 제187조) 이 경우 국민보호주의에 의해 우리 형법을 적용할 수 있다. 그러나 다른 한편 독일형법은 적시한 사실이 진실이라는 것이 입증되는 경우에는 처벌되지 아니하나(독일형법 제186조), 우리 형법은 적시한 사실이 진실인 경우에도 그것이 오로지 공공의 이익에 관한 것이 아닌 한 명예훼손죄에 해당한다(제307조 제1항, 제310조). 따라서 만일 A가 진실한 사실을 게시판에 게재한 경우에는 보호주의의 적용이 배제되고 A에게 우리 형법을 적용할 수 없다.

이와 같은 유형의 사례들은 명예훼손의 경우뿐 아니라, 예컨대 외국인이 외국에서 대한민국에 있는 사이트나 인터넷게시판에 음란화상을 올리는 경우에도 발생할 수 있다. 만일 음란화상의 인물이 우리 국민이고 해당 국민이 촬영이나 공개에 동의하지 않은 상태에서 외국인이 음란화상을 올리는 행

542 Schönke/Schröder/Eser/Weißer, §9 Rn.4; Fischer, §9 Rn.3; 전지연, 형법의 적용범위에서 속지주의의 준거점으로서 범죄지, 법학연구, 연세대학교 법학연구원, 제20권 제3호(2010), 39면 이하.

위는 보호주의에 따라 명예훼손죄의 적용이 가능하다.

문제는 외국인이 외국에서 한국의 사이트에 올리는 음란화상의 인물들이 한국인이 아닌 경우에도 우리 형법의 적용이 가능한가이다. 이 경우도 속지주의에 의하면 우리 형법을 적용할 수 없고, 국민보호주의에 의하더라도 우리 국민의 법익침해는 없기 때문에 우리 형법을 적용할 수는 없다. 이것을 국가보호주의에 의해서 우리 '국가'에 대한 법익의 침해(위태)로 볼 수 있는가이다. 형법은 명시적으로는 '대한민국 또는 대한민국 국민에 대하여'라고 규정하고 있고(형법 제6조), 여기서 '대한민국에 대하여'를 두 가지 입장에서 해석할 수 있다. 첫째는 이 규정을 국가보호주의의 입장에서 국가적 법익을 보호하기 위한 것으로 해석하면 문제의 음란화상은 국가적 법익에 관계되는 것이 아니므로 우리 형법의 적용은 없다. 둘째는 '대한민국에 대하여'를 대한민국의 국가적, 사회적 법익에 관한 죄 중 제5조에 규정된 범죄 이외의 모든 죄로 해석하는 경우에는 해당 음란화상이 자국에서도 범죄로 인정되면 우리 형법을 적용할 수 있다.[543] 왜냐하면 외국에서 우리나라의 사이트에 올려놓은 음란화상은 우리나라에서 유포되어 우리 사회의 건전한 성풍속을 위태롭게 하기 때문이다. 그러나 국가보호주의를 국가적, 사회적 법익을 포함하는 것으로 해석하는 경우에는 우리 형법의 적용범위가 무제한적으로 확대된다. 즉 외국인이 외국의 서버에 음란화상을 올려놓아도 대한민국 국민이 접근가능하기 때문에 우리 형법이 적용될 수 있고, 외국에서의 도박장개설도 우리 형법의 적용이 가능하다는 결론에 이른다. 이는 자국의 형벌권 확대로 타국과 마찰을 일으킬 가능성이 크고, 형사정책적으로도 해당 범죄인을 수사하고 기소하여 범죄를 예방할 수 있는 가능성은 거의 없다.

---

543 이러한 해석은 원형식, 사이버공간에 있어서 우리나라 형법의 적용범위, 인터넷법률, 제10호(2002), 50면. 원 교수 자신도 이러한 해석은 너무 광범위하기 때문에 추가로 '행위자가 자신의 지배하에 행위를 통하여 법익에 영향력을 행사할 것'을 요구하고 있다(원형식, 사이버공간에 있어서 우리나라 형법의 적용범위, 인터넷법률, 제10호(2002), 51면).

오히려 우리 대법원은 국가보호주의를 더 좁게 해석한다. 중국 국적자가 중국에서 대한민국 국적 주식회사의 인장을 위조한 사건에서 대법원은 "형법 제239조 제1항의 사인위조죄는 형법 제6조의 대한민국 또는 대한민국 국민에 대하여 범한 죄에 해당하지 아니하므로 외국인의 국외범으로서 그에 대하여 재판권이 없다"[544]고 해석하여, 사회적 법익에 대한 외국인의 국외범을 인정하지 아니한다. 또한 "외국인의 국외범에 대하여는 형법 제5조에 열거된 이외의 죄를 적용할 수 없음이 원칙이고 반공법 자체나 그 밖의 법률에 이와 같은 외국인의 국외범에 대하여 반공법을 적용할 수 있는 근거를 찾아볼 수 없다"[545]고 하여 국가적 법익인 경우에도 제5조에 정한 범죄로 국한하고 있다. 판례의 입장처럼 외국인이 대한민국 영역 외에서 '제5조에 해당하는 범죄'를 범한 경우에만 우리 형법이 적용되고, 형법 제6조의 '대한민국에 대하여'는 특별한 의미가 없는 것으로 해석하는 것이 바람직하다.

결론적으로 이 사례유형에서는 해당 범죄가 결과범이나 구체적 위험범인 경우에는 속지주의에 따라 우리 형법이 적용된다. 그러나 추상적 위험범인 경우에는 범죄지의 확정이 실행행위지만으로 결정되어 속지주의에 의한 우리 형법의 적용은 불가능하다. 다만 국민보호주의에 의하여 실행행위가 '대한민국 국민에 대한 범죄'로 실행행위지에서도 범죄를 구성하는 경우에는 우리 형법이 적용 가능하다. 이에 반해 국가보호주의는 원칙적으로 형법 제5조의 범죄에 국한되고, 음란물유포와 같은 사회적 법익을 보호하기 위한 범죄는 국가보호주의에 포함되지 않으므로 행위지에서의 범죄 구성여부에 관계없이 우리 형법을 적용할 수 없다.

544 대법원 2002.11.26. 선고 2002도4929 판결.

545 대법원 1974.8.30. 선고 74도1668 판결.

3. 서버가 외국에 있고, 불법내용이 국내에서 전송되는 경우

이 유형의 경우는 외국서버에 사이트를 개설하고 국내에서 불법한 내용을 해당 사이트에 upload하는 방식으로 일어난다. 이 경우 upload하는 행위는 국내에서 행하여지므로 결과범이나 위험범 모두 실행행위지는 범죄지에 해당하기 때문에 속지주의에 의하여 우리 형법을 적용할 수 있는 것은 분명하다. 또한 여기서 국내에서 외국의 서버나 사이트에 자료를 게시하는 행위자가 내국인이건 외국인이건 상관없다.[546]

그럼에도 불구하고 이와 같이 해외의 서버를 이용하여 음란사이트나 도박사이트를 운영하는 경우가 점차 증가하고 있다. 해외에 서버가 있는 경우 이를 적발하는 것이 용이하지 않고, 적발된다고 할지라도 우리 수사기관이 해외에 있는 서버를 수사할 수는 없으므로 사실상 이를 처벌하기가 곤란하다는 점을 이용하는 것이다. 따라서 불법내용물의 유포를 막기 위해서는 외국과의 국제적 공조를 통해 형사처벌의 가능성을 확보할 필요가 있다. 또한 불법내용물의 유포를 막기 위한 간접적 방식으로 우리나라에 소재하는 전자결제업자나 대행업자를 규제함으로써 간접적으로 해외 한글음란사이트의 영업활동을 규제하는 방안이 제시되기도 한다. 그리고 해외에서 운영하는 한글 도박 및 음란사이트와의 접속을 아예 차단하는 방안으로 국내 주요 ISP사업자에게 해당 사이트 IP를 국제관문에서 차단토록 요청하고 있다.

문제는 과연 이러한 유형에 속하는 모든 경우를 속지주의에 따라 우리 형법을 적용하는 것이 타당한가이다. 국내에서 외국소재 서버에 자료를 upload하는 경우 해당 서버가 있는 지역이나 국가에 영향력을 행사한다고 볼 수 있다. 그럼에도 불구하고 사이트 소재국가의 형법규범에 관계없이 일

546 독일에서도 동일하게 해석된다(Barton, Multimedia-Strafrecht, S.216; Conradi/Schlömer, NStZ 1996,368; Fischer, §9 Rn.5).

방적으로 우리 형법을 적용하는 것이다. 예컨대 우리나라에서 독일의 사이트에 있는 게시판에 다른 독일인에 대한 진실한 사실을 적시한 내용의 게시물을 올리는 경우 독일에서는 범죄로 되지 않음에도 우리 형법에서는 범죄를 구성하므로 속지주의에 따라 우리 형법을 적용할 수 있다. 왜냐하면 보호주의와 달리 자국이 범죄지인 한에는 대한민국 영역 외의 국가에서 이를 범죄로 보는가의 여부는 고려되지 않기 때문이다. 이것은 적정한 형벌권의 행사라고 보기 어렵다. 특히 내국인이 자료를 게시한 경우가 아니라 외국인이 한국에서 외국에 전송한 경우나, 심하게 말하면 대한민국의 일반인들이 접근하기 어려운 외국사이트에 외국어로 게재하여 이를 열람하는 것이 불가능한 상황에서도 우리 형법이 적용가능하기 때문이다. 명예훼손의 경우뿐만 아니라 음란물의 경우도 사이트나 서버가 소재하고 있는 국가에서 이를 허용하는 정도의 음란물인 때에도 동일한 상황이다.

결론적으로 외국의 서버나 사이트를 이용하여 국내에서 불법한 내용의 자료를 전송하는 행위는 속지주의에 따라 우리 형법이 적용된다. 여기서 국내에서의 전송자가 내국인이든 외국인이든 문제되지 않으며, 더 나아가 해당 서버의 국가에서 해당 전송 내용물이 범죄를 구성하지 않을지라도 우리 형법상 범죄를 구성하면 우리 형법이 적용된다.

4 서버가 외국에 있고, 불법내용이 외국에서 전송되는 경우

이 유형의 경우는 외국에 있는 사이트나 서버에 외국에서 불법내용물을 전송하는 경우로, 예를 들면 미국에서 미국 서버의 음란사이트에 음란물을 올리거나, 또는 독일에서 독일의 인터넷게시판에 허위의 사실을 적시하여 타인의 명예를 훼손하는 내용을 게시하는 경우이다. 외국의 서버에 음란사이트를 개설하고 그 국가에서 음란물을 올리면서 이를 한글로 하여 올리는 경우도 사실상은 동일하다.

추상적 위험범의 경우 결과발생지는 범죄지의 준거점이 될 수 없고 불법내용을 올리는 행위를 하는 장소가 범죄지에 해당하므로 속지주의에 의하면 우리 형법을 적용할 수 없다. 예를 들면 미국 음란사이트에 미국인이 음란물을 게시하고 대한민국 국민이 대한민국에서 해당 사이트에 접속하여 음란물을 열람하는 경우 해당 사이트를 개설하거나 음란물을 게시하는 자에게 우리 형법을 적용할 수 없다.[547] 만일 여기서 실행행위지나 결과발생지의 범위를 확대하여 음란물이 게시되거나 열람된 장소가 아니라 실제로 화면이 보여진 장소(대한민국 영토 내에 있는 PC의 화면)도 범죄지로 보는 경우에는 속지주의에 의하여 우리 형법이 적용될 것이다. 그러나 이렇게 해석하는 경우에는 음란물반포와 같은 범죄가 추상적 위험범이라는 특성상 대한민국 국민인 누군가가 해당 음란사이트에 접속한 경우뿐만 아니라 접속 가능한 상태에 있는 한 전부 우리 형법이 적용 가능하다는 결론에 이르게 된다.[548] 이는 인터넷이 전 세계적으로 누구든지 접속 가능하다는 점을 특징으로 한다는 점에서 모든 국가의 사이트에 대한 우리 형법이 적용 가능하다는 것이 되며, 형벌권의 범위에 대한 지나친 확장과 다른 국가들과의 이해충돌로 정보교류의 장인 인터넷은 그 효용성을 상실할 것이고 사이버공간에는 더 이상 표현의 자유는 찾을 수 없고 교류되는 정보는 사라져갈 것이다.

다만 범죄지가 대한민국 영역 외이지만 범죄를 실행하는 행위자가 대한민국 국민인 경우에 한하여 속인주의에 의하여 우리 형법을 적용할 수 있다. 또한 외국의 사이트에 upload된 불법내용이 대한민국 또는 대한민국 국민에 대한 범죄인 경우에 해당 국가에서도 이것이 범죄를 구성하면 우리 형법을 적용할 수 있다. 예를 들면 미국에서 미국인이 미국에 소재하는 서버의 사이트에 허위의 내용을 지닌 글을 게시하여 한국인의 명예를 훼손한 경우에

547 동지: 박정난, 사이버 명예훼손의 형사법적 연구, 2020, 경인문화사, 87면; 원형식, 사이버공간에 있어서 우리나라 형법의 적용범위, 인터넷법률, 제10호(2002), 42면.

548 원형식, 사이버공간에 있어서 우리나라 형법의 적용범위, 인터넷법률, 제10호(2002), 44면.

는 대한민국 국민에 대한 범죄로 국민보호주의에 의하여 우리 형법이 적용된다. 더 나아가 '대한민국의 법익을 침해하는 범죄'에 국가적 법익과 사회적 법익이 모두 포함된다고 하면 외국의 음란사이트 역시 대한민국 국민이 접속 가능하기 때문에 우리 사회의 성풍속을 해할 위험이 있으므로 우리 형법이 적용될 것이다. 그러나 이러한 해석 역시 형벌권의 지나친 확대라는 문제가 제기되고, 전술한 바와 같이 국가보호주의는 형법 제5조에 정해진 범죄에 국한하여 보호된다고 해석하여야 할 것이다.

이에 반해 세계주의를 취하고 있는 독일의 경우에는 외국의 서버나 사이트에 외국에서 아동포르노나 폭력포르노에 해당하는 불법내용물을[549] 게시하는 경우에도 독일의 형법을 적용할 수 있다.[550]

결론적으로 이 유형의 경우에는 원칙적으로 우리 형법이 적용될 수 없고, 다만 예외적으로 대한민국 국민이 실행행위를 하는 경우 또는 우리 국민에 대한 범죄로 해당 국가에서도 범죄를 구성하는 경우에만 우리 형법이 적용될 수 있다.

---

549 보통 포르노그래피는 그 내용에 따라 하드코어 포르노그래피와 소프트코어 포르노그래피로 분류된다. 하드코어 포르노그래피는 폭력적인 성표현물, 비폭력적이지만 인간의 지위를 하락시키고, 품위를 손상하며 여성의 남성에 대한 종속을 묘사한 성표현물, 아동포르노그래피, 성에 관한 일반인들의 가치관에 식섭석으로 배치되는 성표현물(수간, 근친상간 등)을 의미한다. 그리고 소프트코어 포르노그래피는 성행위 또는 성행위와 직·간접적으로 관련된 성기노출이 포함된 비폭력적, 비품위손상적 성표현물, 성기의 노출이 없는 성표현물, 나체 등을 의미한다(상세히는 김영환/이경재, 음란물의 법적 규제 및 대책에 관한 연구, 1992, 131면 이하). 이런 점에서 본다면 독일은 하드코어 포르노그래피에 대하여 세계주의의 입장을 취하고 있는 것으로 이해할 수 있다(Kochheim, Cybercrime und Strafrecht in der Informations- und Kommunikationstechnik, S. 637-638).

550 독일형법은 부분적으로 국제적으로 보호할 필요가 있는 법익에 대하여 세계주의를 채택하고 있으며, 아동포르노나 폭력포르노의 유포 등(독일형법 제6조 제6호, 제184a조, 제184b조)이 여기에 해당한다(MK/Ambos, §6 Rn.16; Fischer, §6 Rn.6).

III. 형법 적용범위의 수정·제한필요성과 제한원칙

1. 적용범위의 수정·제한필요성

사이버공간에서의 범죄 가운데 우리 형법의 적용여부는 결과범의 경우나 구체적 위험범의 경우는 크게 문제되지 않고, 주로 추상적 위험범의 경우에 문제가 된다. 추상적 위험범의 경우 속지주의에 의한 범죄지의 파악에 결과발생은 구성요건사실에 속하지 않기 때문에 결과발생지 또는 결과발생 예정지는 고려되지 아니하고 실행행위지만이 고려된다. 그리고 여기서의 실행행위지는 행위자가 행위 당시 소재하고 있었던 장소를 의미한다. 따라서 한편으로는 우리 형법이 적용가능하나 형법을 적용하여 처벌하는 것이 불합리해 보이는 경우가 있고, 다른 한편으로는 우리 형법을 적용할 수 없어 처벌의 흠결이 발생할 수 있는 경우도 있다. 이와 같은 문제점을 전술한 유형별로 나누어 요약하면 다음과 같다.

첫째, 국내의 서버에 사이트를 개설하고 국내에서 불법내용을 upload하는 경우에는 범죄의 실행행위를 하는 장소가 국내이므로 범죄지의 확정에 문제가 없고 우리 형법이 적용된다. 다만 외국인이 이 유형에서 행위하는 경우에도 그를 우리 형법에 따라 처벌하는 것이 합리적인가의 문제는 발생할 수 있다. 예컨대 독일인이 우리나라에서 한국사이트에 다른 독일인에 대한 진실한 사실을 적시하여 명예를 훼손하는 경우와 같이, 외국인이 자국에서는 범죄가 되지 않는 행위를 이 유형에서 실행한 경우이다. 그러나 이 경우 해당 외국인에 대하여는 위법성의 착오가 고려될 수 있으므로 특별히 불합리한 점은 없는 것으로 보일 수도 있다.

둘째, 외국에서 국내의 사이트에 불법내용을 upload하는 경우 행위자의 실행행위지(소재지)가 외국이므로 속지주의에 의한 우리 형법의 적용은 불가능하다. 따라서 외국인이 우리나라의 사이트에 명예훼손 내용의 글이나 음란물을 upload하는 경우에도 우리 형법을 적용하지 못한다는 문제가 발생한다.

셋째, 외국 소재 사이트에다 국내에서 불법한 내용을 upload하는 경우 실행행위지가 국내이므로 속지주의에 의하여 우리 형법을 적용할 수 있다. 그러나 이 경우에는 해당 사이트의 소재 국가에서는 범죄를 구성하지 않음에도 불구하고 우리 형법상 범죄를 구성하면 처벌할 수 있다는 불합리한 점이 나타난다.

넷째, 외국 소재 사이트에 외국에서 불법내용을 upload하는 경우에는 속지주의에 의한 우리 형법의 적용은 없다. 따라서 해당 사이트가 대한민국 국민들에게 잘 알려져 있어 국민의 대다수가 접근하는 영향력이 큰 사이트라고 할지라도 해당 사이트의 불법내용에 대해서는 처벌되지 아니한다.

결국 사이버공간에서 범죄지의 확정이 기존의 전통적인 견해인 실행행위지(행위자의 행위 당시 소재지)에 따라 결정되면 형법 적용상의 불합리나 처벌의 흠결이 나타나고 있다. 문제를 해결하기 위한 가장 단순하고 손쉬운 방법은 범죄지의 개념을 확장하여 처벌의 흠결을 피하고 처벌범위를 확대하여 사이버공간에서의 범죄행위를 예방하는 것처럼 보인다. 그러나 범죄지개념의 확장은 다른 한편으로는 형벌권의 확장으로 인하여 국경 없는 정보교류의 장이라는 인터넷의 취지는 퇴색할 것이고 표현의 자유는 위축될 것이다.[551] 또한 우리나라의 형벌권 확대로 우리 수사기관은 사이버공간에서 문제가 되면 언제든지 이에 개입할 수 있게 될 것이다. 그 결과 사이트를 개설하고 자료나 데이터를 올리는 사람들은 수시로 우리나라 수사기관의 견해에 따를 것을 강요받을 것이다. 이것은 또한 인터넷 서비스 제공자들 역시 해당 범행에 대한 정범 또는 공범으로 판단가능하므로[552] 전 세계에 있는 인터넷

551 Hilgendorf, NJW 1997,1876; Sieber, NJW 1999,2072

552 인터넷 서비스제공자에게 보증의무가 존재하는가, 보증의무가 인정된다면 정범을 인정할 것인가 공범을 인정할 것인가는 극심하게 논란이 되고 있다.

서비스 제공자들은 모두 우리 수사기관의 입장을 항상 주시하여야만 할 것이다. 이것은 인터넷을 통하여 전 세계적으로 유통되는 정보를 자국의 기준에 따라 재단하여, 그 기준을 전 세계에 대하여 지킬 것을 강요하게 된다. 그러나 이는 그 역으로 다른 나라들 역시 인터넷에서 자기 나라의 적용범위를 세계로 확장하고 이를 관철시키려고 시도할 것이다. 이러한 결론을 받아들일 수 없다는 점에서 보면 속지주의나 범죄지의 개념을 합리적으로 수정하거나 제한할 필요가 있다.

2. 적용범위의 제한의 준거점

사이버공간의 추상적 위험범의 경우에 범죄지를 해석함에 기존의 실행행위지(소재지) 만으로는 불충분하고 형법의 적용범위를 수정하는 방법으로 실행행위지의 개념을 확대해석하는 방안과 결과발생지의 개념을 확대해석하는 두 가지 방안이 있다.

1) 실행행위지의 개념을 확대해석하는 입장

속지주의에서 범죄지에는 실행행위지나 결과발생지가 포함된다. 여기서 결과발생지는 결과범에서 구성요건적 결과가 발생하는 장소를 포함한다는 점에는 의문이 없다. 그러나 실행행위지는 행위 당시 행위자가 소재하고 있던 장소뿐만 아니라 "행위자가 의도적으로 그리고 자신의 통제 하에 자료를 저장하는 서버의 소재지"[553]도 실행행위지로 인정하여 범죄지로 보는 입장이다.[554]

---

553 Schönke/Schröder/Eser/Weißer, § 9 Rn.7d: Cornils, JZ 1999, 396. 우리나라에서 이러한 해석은 원형식, 사이버공간에 있어서 우리나라 형법의 적용범위, 인터넷법률, 제10호(2002), 49면.

554 일부에서는 추상적 위험범에서 행위의 개념을 포괄적으로 파악하여 형법이 적용가능한 것으로 본다(김성천, 인터넷상의 범죄와 형법의 적용, 인터넷법률, 제9호(2001.11), 35면). 또한

이와 같이 해석하는 경우에는 외국에서 국내의 사이트에 자료를 upload 하는 경우 서버의 소재지가 대한민국 영역 내이므로 속지주의에 의하여 우리 형법을 적용할 수 있게 되어, 기존의 실행행위지에 의한 범죄지 확정과는 달리 처벌의 흠결을 피할 수 있다.

그러나 이렇게 해석하는 경우 자료를 올리는 직접적인 행위를 하는 장소에서는 범죄를 구성하지 않는 행위가 우리나라에 사이트가 있다는 이유로 범죄지가 되어 우리 형법으로 처벌하게 되는 문제가 있다. 예컨대 독일에서 독일인이 우리나라의 사이트에 진실한 사실을 적시하여 다른 사람의 명예를 훼손하는 내용의 게시물을 올리는 경우 비록 독일형법으로는 처벌되지 않을지라도 우리 형법이 적용되어 처벌가능하게 된다는 점이다.[555] 또한 이러한 해석은 외국에서 외국의 사이트에 자료를 올리는 경우 해당 사이트가 우리나라 국민이 쉽게 접근할 수 있고 영향력이 큰 사이트라고 할지라도 범죄지로 인정되지 않아 여전히 우리 형법을 적용할 수 없다는 문제가 발생한다. 그리고 사이트에 올린 자료들은 하나의 서버가 아니라 수 많은 서버들에 분산되어 저장되어 있는 것이 가능하기 때문에 서버의 소재지라는 것은 기술적인 의미에서 별 설득력이 없다.

2) 결과발생지의 개념을 확대해석하는 입장

결과발생지의 개념을 확대해석하는 입장은 실행행위지를 행위자가 행위 당시 소재한 장소인 소재지로 보는 점에서는 기존의 범죄지개념과 일치한다. 추상적 위험범의 경우 일반적 해석은 결과발생은 불필요하므로 실행행위지만이 범죄지가 되나, 이 입장은 추상적 위험범의 경우에도 구체적 위험

인터넷은 어디에서든 접속가능하기 때문에 사이버공간에 불법내용을 올리는 것은 우리나라에 유포하겠다는 데 대한 미필적 고의가 인정된다고 보고 있다(앞의 논문, 36면).

555 속지주의에 의하여 형법이 적용되는 경우에는 쌍방가벌성과 같은 별도의 요건은 필요하지 아니하기 때문이다.

범과 같이 추상적 위험이 실현될 가능성이 있는 장소도 결과발생지로 해석한다. 결과발생지를 이러한 방식으로 확대해석하면 대한민국에 있는 다수의 인터넷 이용자들이 사이트에 게시된 불법내용물에 접근할 수 있는 상태에 있었으므로 법익에 대한 위험이 우리나라에서 실현되었다고 볼 수 있다. 그리고 여기서 서버나 사이트가 국내에 소재하느냐 외국에 소재하느냐, 자료를 upload 하는 장소가 국내인가 국외인가하는 문제는 우리 형법을 적용하는 데에 아무런 장애가 되지 않는다. 따라서 사이버공간에서의 범죄에 대한 처벌의 흠결을 완벽하게 피할 수는 있다.

그러나 이것은 인터넷이 전 세계적으로 연결되어 있고, 해당 국가마다 다른 범죄구성요건을 가지고 있음에도 사이버공간의 범죄에 모두 우리 형법을 적용할 수 있게 된다. 한 국가의 이와 같은 무제한적 형벌권의 확장은 다른 나라들도 마찬가지로 해석하여 확장할 것이기 때문에 이와 같은 확대해석을 전면적으로 받아들일 수는 없다. 그래서 추상적 위험범에서 위험의 결과발생 가능성 있는 장소를 범죄지의 기준으로 사용하는 경우에도 과도한 형벌권의 확장을 피하기 위해 이를 제한하는 시도가 행하여지고 있다.[556]

(1) 주관적 측면에 의한 제한

결과발생지를 제한하는 방법으로 자국 형법의 적용범위를 행위자의 주관적 측면에 의하여 제한하려는 시도이다. 즉 자국 형법을 적용하기 위해서는 사이트의 운영자가 자신의 이익이나 특정한 목적적 행동을 통해서 자국에서의 불법내용에 대한 자료열람이나 다운로드를 야기했어야 한다고 본다. 따라서 자국의 형법을 적용하려면 불법내용의 사이트운영자나 자료게시자가 목표지향적인 직접고의(소위 제1급 고의)를 가지고 인터넷을 통하여 자국에서 영향을 끼치려는 의도를 가지고 있는 경우에만 자국의 형법을 적용

556 추상적 위험범에서 결과발생지의 개념을 확대해석하면서 이에 제한을 가하지 않는 견해도 있다(Heinrich, GA 1999, 80f. 이와 비슷한 취지로 BGHSt 42, 242, 253).

한다는 방안이다.[557]

예를 들면 외국에서 한국에 서버가 있는 게시판에 명예훼손내용을 적시하는 경우 행위자가 한국에서 영향을 끼쳐 피해자의 명예를 훼손할 의도로 국내의 게시판에 글을 올린 것으로 객관적으로 판단할 수 있는 경우에 한국 형법을 적용할 수 있을 것이다. 또한 외국에서 외국 서버에 음란물을 게시하는 경우에도 그것이 해당 국가의 언어로 표현된 것이 아니라 한글 사이트로 운영되는 경우와 같이 운영자의 이익을 위해 우리나라에 영향을 끼치려는 의도가 있는 경우 우리 형법을 적용할 수 있을 것이다.

그러나 이러한 제한시도는 다음의 두 가지 점에서 받아들이기 곤란하다. 첫째는 비록 외국에서 우리나라에 영향을 끼치려고 불법 내용물을 올렸을지라도 그 나라에서는 범죄를 구성하지 않는 행위를 우리 형법을 적용하는 것이 타당한가라는 의문이다. 예컨대 독일인이 독일에서 한국의 사이트에 곧 한국을 방문할 정치인에 대하여 진실한 사실을 적시하는 내용을 게시하거나 또는 독일에서는 허용되는 정도의 음란물을 게시하는 경우 이를 우리 형법을 적용하는 것은 형벌권의 남용처럼 보인다. 둘째는 외국에서 한국의 사이트에 자료를 탑재하거나 또는 외국의 사이트에 자료를 올린 것이 한국에만 영향을 끼치려는 의도를 가지고 있다는 점을 입증하기가 곤란하다. 한글 사이트의 경우는 이를 어느 인정할 수 있겠지만 대부분의 사이트는 한글과 외국어를 같이 사용하거나 외국어만으로 되어있으므로 이를 증명하기가 불가능하다. 오히려 한국만이 아니라 한국에도 영향을 끼치려고 한 것이라고 보아야 할 것이기 때문이다.

(2) 행위지의 가벌성에 의한 제한

추상적 위험범에서 결과발생지를 확대해석하면서 위의 문제점을 고려하

557 Collardin, CR 1995, 620.

여 실행행위지에서 불가벌인 행위는 자국 형법의 적용을 배제하려는 시도이다.[558] 이 제한에 따르면 불법내용을 올리거나 불법 사이트를 운영하는 행위자의 실행행위지에서 해당 행위가 범죄를 구성하는 경우에는 우리 형법을 적용하고, 범죄를 구성하지 않는 경우에는 우리 형법의 적용을 부정하는 것이다. 이것은 행위자가 실행행위지의 형법규범에 위반하지 않는 한, 국경을 초월하는 사이버공간에서도 형사제재에 대한 두려움 없이 자유롭게 행동하고 표현할 수 있다는 점에서는 매우 긍정적인 제한이다. 이러한 제한으로 인하여 자국 형법으로는 처벌되나 행위지의 형법으로는 처벌되지 않는 경우 자국 형법의 적용이 배제되어 가벌성의 공백이 발생할 수 있으나, 이 정도의 처벌상 공백은 충분히 감수할 수 있을 정도이다.

문제는 이러한 제한시도에 의하면 동일한 행위에 대하여 형법 적용의 차별화가 나타난다는 점이다. 예를 들면 동일한 내용을 지닌 자료를 A국과 B국에서 각각 한국 또는 자국의 사이트에 upload한 경우, A국에서는 게재된 내용이 불법이고 B국에서는 허용되는 정도의 게재내용이라면 A에게는 한국형법이 적용되고, B에게는 한국형법이 적용되지 않는다. 그 역으로도 가능하다. 한국의 입장에서는 양자 모두 동일한 불법내용의 자료이므로 동일한 정도로 위험을 발생시킬 가능성이 있음에도 양자를 달리 취급하게 된다.[559] 또한 이 제한은 외국에서 외국서버(사이트)에 올리는 자료가 해당 국가에서 불법이면 우리 형법 또한 적용가능한데, 사이트 운영자나 자료 게시자가 대한민국과 아무런 관계도 없고 대한민국이나 국민에 대하여 아무런 영향력을 행사하려는 의도도 없음에도 단지 대한민국에서 또는 한국인이 접

558 이러한 제한에 동의하는 입장은 박정난, 사이버 명예훼손행위에 관한 형사법적 연구, 경인문화사, 2020, 92면; 주승희, 사이버범죄와 국제형법, 형사정책연구, 제16권 제3호(2006/가을호), 139-140면.

559 행위자가 행위시에 일방은 자국 형법규범을 위반하고, 일방은 자국 형법규범을 위반하지 않는다는 사실이 양자의 차별적 취급을 정당화시켜줄 수 있을지 모른다. 그러나 두 행위자 모두 우리 형법에서 해당 행위가 처벌된다는 것을 명확히 인식하는 경우에는 자국 형법규범의 존부만으로 차별적 취급이 정당화될 수는 없다.

속가능하다는 이유만으로 우리 형법을 적용하는 것은 부당하다.[560]

(3) 자국과의 관련성에 의한 제한

국경을 초월하는 사이버범죄의 사례들에서 자국과의 어떤 특별한 관련점이 존재하는 경우로 자국형법의 적용을 제한하려는 입장이다. 이것은 사이버범죄와 관련해서 범죄의 위험이라는 결과가 자국영토에서 발생하고 추가적으로 자국과 영토적 관련성과 같은 특별한 관련점이 존재하는 경우에만 자국형법이 적용될 수 있다는 것을 의미한다. 사이버범죄에 대한 영토적 관련성으로는 행위자의 측면 예컨대, 자국영토에서의 체포, 자국의 국적소지, 자국에 고정된 거소 혹은 자국 영토에 영향을 미치려는 의도 등이 고려된다고 한다.[561] 이러한 제한에 따르면 외국에 있는 한글 사이트의 경우 운영자나 게시자가 한국의 영토에 영향을 끼치려는 의도가 나타나 있어 우리 형법이 적용될 것이다.

그러나 여기서 자국과의 영토적 관련성이 명확히 무엇인가가 확정되어 있지 않으므로 기준으로서 불명확하고, 자국의 국적 소지와 같은 기준은 속지주의가 아니더라도 속인주의에 의해 우리 형법을 적용할 수 있으므로 문제되지 않는다. 또한 우리 형법을 적용할 수 있다는 전제가 성립되어야 해당 범죄인을 현실적으로 체포할 수 있음에도 역으로 현실적 체포행위가 규범적용의 전제가 되는 것은 이상하다. 그럼에도 불구하고 이와 같은 자국과의 일정한 관련성이 없다면 해당 행위를 처벌하는 것은 처음부터 의미가 없을 것이다.

---

560 이것은 결국 한국에서 또는 한국사람이 해당 서버에 접속가능하다는 이유로 속지주의에 의하여 우리 형법을 적용하는 것이 부당하다는 것이다. 왜냐하면 인터넷의 특성상 운영자나 자료게시자가 우리나라에서만 접속이 안되도록 하는 것은 사실상 불가능하기 때문에 '접속가능하다는 이유'를 가지고 우리 형법의 적용기준으로 삼는 것은 적절치 않다.

561 Hilgendorf, NJW 1997,1877. 이에 비판적인 것은 Barton, Multimedia-Strafrecht, S.148.

(4) 세계원칙에 의한 제한

사이버공간에서의 추상적 위험범에 결과발생지를 확대해석하나 자국형법의 적용은 추상적 위험범 가운데 일정한 법익을 침해(위태화)한 경우로만 제한하려는 시도이다.[562] 형법은 법공동체에 의해서 특히 보호할 가치가 있는 것으로 인정된 그러한 이익의 보호에 기여한다. 그것은 법적 보호의 부여를 통해서 법익이 된다. 이러한 생각을 국제적으로 적용되어야 할 형법에 적용시켜 보면 세계적으로 인정된 일정한 이익만을 보호가치 있는 법익으로서 고려하게 된다는 것이다. 이와 같은 이익은 단지 인간의 본성에 터 잡은 기본적 이익, 예컨대 생명, 신체의 완전성, 자유에 대한 이익 그리고 명예의 경우에만 보호할 가치가 있다.

3. 제한원칙으로서의 세계주의와 그 범위

전세계적으로 널리 유통되는 인터넷의 세계에서 앞서 언급된 법익의 침해를 처벌하는 것은 극히 제한된 몇 가지 구성요건으로 국한되어야 할 것이다. 여기서 언급된 법익(명예를 제외하고)들은 사이버공간에서의 표현물에 의해서 단지 예외적으로 침해될 수 있다는 사실 또한 간과되어서는 안 된다. 때문에 사이버공간에서 형법적으로 보호되는 법익의 범위는 다른 국가의 주권을 존중해야하는 조건을 충족하는 국가 형법질서에 맡겨질 수 있을 것이다. 세계적으로 처벌하고자 하는 사이버공간의 표현물들을 세계주의에 맞게 올바로 자리매김하는 것으로 충분하다. 따라서 우리나라는 채택하지 않고 있지만 세계주의 채택에서 인정되는 법익의 경우로 제한하여 이러한 법익을 침해하는 사이버공간에서의 범죄행위만 자국형법을 적용하는 것이 타당하다. 이것은 특히 세계주의를 채택하고 있는 나라의 경우와 같이 아동포

562 Hilgendorf, Kriminalität im Internet, 한양대학교 법학연구소 세미나발표자료(2000.10.5), 12면 이하 참조.

르노나 폭력포르노의 유통(단순한 음란물의 경우는 제외)과 같은 특정한 사이버범죄들은 그 범죄들이 어느 국가의 사이트에서 누구에 의해 upload 되었던 간에 독립적으로 자국형법을 적용할 수 있다는 것을 의미한다. 또한 사이버공간에서의 명예훼손의 경우도 사이버공간이 가능한 자유로운 표현의 장이며, 국제적 무대에서의 표현의 자유를 실현하는 측면에서 허위의 사실에 대해서만 우리 형법을 적용하여야 할 것이다.

여기서 더 나아가 그러한 종류의 세계주의 위반행위를 수적으로 넓히는 것에는 물론 아주 조심스러워야 한다. 예컨대 미국처럼 오랜 민주적 전통을 가진 나라들이 표현의 자유를 높이 평가해서 극우적 선전문이나 정치인 등에 대한 명예훼손을 불가벌로 하고 있다면 또는 유럽에서처럼 극좌적 선전물이나 소프트 포르노그래피의 유통을 제재하지 않고 있다면, 사이버공간에서의 그러한 행위를 세계에 대하여 일방적으로 자국의 형법으로 처벌하는 것은 각 국가가 해야 할 일이 더 이상 아니다.[563]

IV. 결어

사이버공간에서의 범죄행위를 규제하려는 노력은 한편으로는 무차별적인 유해정보로부터 청소년을 보호하거나 각종 다양한 법익침해의 위험으로부터 개인과 사회의 건강을 유지시키려는 활동일 수 있다. 그러나 이러한 사이버공간에서의 내용물에 대한 통제는 정보의 유통에 대한 심각한 왜곡을 초래할 위험성이 있으며 쌍방향 정보교류를 일방적 정보전달의 장으로 변질시켜 개인들이 가지고 있는 자유에의 열망과 언론의 자유나 표현의 자유를 침해할 위험성도 있다. 특히 사이버공간에서의 표현물은 개별국가의 영

563 이것은 우리나라의 형법을 적용하여 범죄로 처벌하는 것이 타당하지 않다는 것이다. 따라서 소프트 포르노그래피나 극좌적 선전물의 유포와 같은 행위에 대해서는 등급제를 시행토록 규제하거나 하는 것과 같은 행정적 규제는 가능할 것으로 보인다.

역에서뿐만 아니라 국경을 초월하여 전 세계적으로 접속될 수 있다는 특징이 있다.

사이버공간에서 범죄행위에 대해 우리 형법을 적용하려면 원칙적으로 범죄가 대한민국 영토내에서 발생하여야 한다. 여기서 범죄지는 실행행위지와 결과발생지를 의미하며, 실행행위지는 행위자가 행위 당시 소재하고 있던 장소를 결과발생지는 결과범이나 구체적 위험범에서 구성요건적 결과나 위험이 발생한 장소 또는 발생예정인 장소를 의미한다. 추상적 위험범의 경우는 구체적인 결과나 위험이 요구되지 않으므로 원칙적으로 실행행위지만이 범죄지로 고려된다. 사이버공간에서의 범죄는 대부분이 추상적 위험범에 해당하고, 국경을 초월하는 특성을 가지고 있기 때문에 이렇게 해석하는 경우 우리 형법의 적용이 매우 제한된다.

따라서 사이버공간에서 형법적용을 범죄지의 개념상 실행행위지를 자신이 영향력을 행사한 장소도 여기에 포함되는 것으로 보는 견해도 있다. 그러나 실행행위지의 개념은 그대로 인정하고 결과발생지의 개념을 추상적 위험범의 경우에도 인정하여 위험이 발생가능한 장소로 확장하여 범죄지를 인정할 수 있다. 다만 이렇게 해석하면 국민들이 사이트나 서버의 소재지에 관계없이 해당 자료에 접속가능하므로 사이버공간에서의 범죄에 대하여 거의 모든 경우에 우리 형법이 적용가능하다. 다른 한편 다른 국가들도 동일한 원리로 자국의 형법을 적용할 수 있다. 그 결과 자국의 규제기준을 관철시키기 위하여 자국형법을 무차별적으로 적용하여, 각 국가들이 '사이버공간의 지배자', '전산망의 보안관' 또는 '인터넷의 파수꾼'으로 뛰어 오르려고 하는 것은 바람직하지 않다. 따라서 형법의 적용범위는 기존의 단순한 속지주의의 입장을 사이버공간에 그대로 적용하는 것은 타당하지 않다.

여기서 각국은 자국형법의 적용범위를 제한하는 여러 가지 시도를 하고 있다. 사이버공간에서의 표현물 규제는 자국의 영토 내에서 위험이라는 결과가 발생할 가능성이 있고, 해당 위험이 세계주의에 의하여 보호되는 일정한 법익에 대한 위험인 경우에만 우리 형법을 적용하는 것이 타당하다고 본다. 따라서 사이버공간에서의 범죄 가운데 우리 형법의 적용은 극심한 인간 존엄성의 침해나 하드코어 포르노그래피의 유포나 허위사실 유포로 인한 명예훼손의 경우로 제한하는 것이 필요할 것으로 본다.

제3절 인적 적용범위 특례

형법의 지역적 적용범위에 관한 다양한 원칙을 법률에 구체적으로 입법화함으로써 사실상 형법의 인적 적용범위까지 확정된다. 즉, 속지주의에 의하여 내·외국인 관계없이 대한민국 영역 내에서 일어난 모든 범죄에 대하여, 속인주의에 의하여 대한민국 국민이 범한 범죄에 대하여 대한민국 형법을 적용할 수 있다. 여기에서 특별한 인적 요소가 존재하는 경우에는 예외적으로 대한민국 형법의 적용이 부정되거나 제한되는 형법 적용범위의 특례가 인정되고 있다.

I. 국내법상 적용범위 특례

헌법은 대통령 및 국회의원에 대해서는 형법 적용범위의 특례를 인정하고 있다. 즉, 대통령은 내란 또는 외환의 죄를 범한 경우를 제외하고는 재직중 형사상의 소추를 받지 아니한다(헌법 제84조). 그러나 형사상의 소추가 아닌 헌법상의 탄핵소추(헌법 제65조)를 받을 수는 있다. 대통령의 재직중의 형사상 특권은 소추요건에 해당하므로 퇴직 후에는 형사소추가 가능하다. 이러한 의미에서 대통령의 퇴직이나 탄핵 후에 소추가능성이 존재하므로 이를 대비한 임의수사는 허용되나 강제수사는 금지된다고 보아

야 한다.[564]

국회의원은 국회에서 직무상 행한 발언과 표결에 관하여 국회 외에서 책임을 지지 아니한다(헌법 제45조). 이는 대의민주주의의 근간인 의사표현의 자유를 보장하기 위한 면책특권이다. 국회의원의 면책특권은 국회의원의 신분을 상실한 이후에도 인정되므로 그 형법적 성격은 인적처벌조각사유에 해당한다.[565] 이와 같이 국회의원의 면책특권에 속하는 행위에 대하여는 공소를 제기할 수 없으며 이에 반하여 공소가 제기된 것은 결국 공소권이 없음에도 공소가 제기된 것이 되어 형사소송법 제327조 제2호의 “공소제기의 절차가 법률의 규정에 위반하여 무효인 때”에 해당되므로 공소를 기각하여야 한다.[566]

II. 국제법상 적용범위 특례

국제법상 치외법권을 누리는 외국의 국가원수와 외교관, 그 가족 및 내국인이 아닌 종자에 대해서는 주재국의 형사재판권이 미치지 않는다(외교관계에 대한 빈협약 제31조). 그러나 이는 실체법인 형법으로부터의 면제는 아니다.

한·미주둔군지위협정(SOFA)에 의하여 대한민국 당국과 미 합중국 군 당국은 각자의 관할권 원칙에 따라 독자적인 형사재판권을 보유한다. 즉 합중국 군 당국은 대한민국 안에서 합중국 군대의 구성원과 군속, 그들의 가족에 대해 합중국 법령이 부여한 모든 형사재판권과 징계권을 가진다(속인주의 원칙. 협정 제122조 제1항 가). 다음으로 대한민국 당국은 합중국 군대의 구성원, 군속 및 그들의 가족에 대하여 대한민국 영역 안에서 범한 범죄로서

564 이상돈, 형법강론, 30면.
565 동지: 오영근, 형법총론, 53면.
566 대법원 1992.9.22. 선고 91도3317 판결.

대한민국 법령에 의하여 처벌할 수 있는 범죄에 관하여 형사재판권을 갖는다(속지주의 원칙. 협정 제22조 제1항 나). 그러므로 미군과 군속 및 그 가족이 대한민국 영역 내에서 범한 모든 범죄는 대한민국 당국의 형사관할권의 대상이 된다. 지위협정에 따르면 파견국과 접수국 중 한 국가의 법령에 의해서만 처벌 가능한 범죄의 경우에는 처벌가능한 국가가 전속적 관할권을 갖는다(협정 제22조 제2항 가). 재판관할권을 행사할 권리가 경합할 경우에는 "오로지 합중국의 재산이나 안전에 대한 범죄, 또는 합중국 군대의 타 구성원이나 군속 또는 그들의 가족의 신체나 재산에 관한 범죄"와 "공무집행 중에 발생한 작위나 부작위에 의한 범죄"의 경우에는 합중국 군 당국에 1차적으로 재판관할권을 부여하고, 그 외의 경우에는 모두 대한민국 사법당국이 1차적 재판권을 갖는 것으로 규정하고 있다(협정 제22조 제3항 나). 여기에서 "공무집행 중"의 판단에는 합중국 군 당국이 발급한 공무증명서가 결정적인 기준이 된다는 점에서 논란의 소지가 있다.[567]

제4절 외국에서 집행받은 형

I. 서론

대한민국 국민이 죄를 범하여 국외에서 자유형을 선고받은 판결이 확정되거나 자유형이 집행 중인 경우, 「국제수형자이송법」에 따라 외국과의 조약체결을 전제로 해당 대한민국 국민을 일정한 요건 하에 국내로 이송하여, 국내에서 그 자유형을 집행할 수 있다(동법 제11조). 그리고 국내이송에 의하여 국내이송 대상 수형자에게 선고된 자유형을 국내에서 집행하는 경우 그 외국법원의 판결은 대한민국 법률에 의한 대한민국 법원의 판결과 동일

567 박상기/전지연, 형법학, 34~35면; 박성민, 한미주둔군지위협정(SOFA) 제22조 형사재판권의 형사법적 문제와 개선방안, 형사정책연구, 제22권 제4호, 2011, 197~198면.

한 효력이 인정되고, 동일한 범죄사실에 대하여 다시 공소를 제기할 수 없다(동법 제15조, 제17조).

문제는 대한민국 국민이 국외에서 형의 집행을 종료하고 다시 대한민국으로 들어오는 경우이다. 이러한 사례는 일반적으로는 자국민이 국외에서 죄를 범하여 해당 국가에서 판결을 받아 그 형이 집행된 다음 다시 국내로 들어오는 경우이다. 그러나 이러한 내국인의 국외범의 경우뿐만 아니라 자국민이 자국 내에서 죄를 범한 후 국외로 도주하였다가 도주한 곳에서 형의 집행을 받은 후 다시 자국에 들어오는 경우도 동일한 문제가 발생한다. 이와 같이 동일한 범죄로 이미 외국에서 판결을 받아 그 형의 집행이 종료된 내국인을 어떻게 처리할 것인가이다.

여기에서 일부의 견해는 외국의 미결구금 일수를 비롯한 외국에서 집행받은 형의 산입에 관한 문제는 [내국인 국외범]의 처벌을 규정하고 있는 형법 제3조를 전제로 하고 있는 것으로 이해한다. 즉, 형법 제3조는 외국에서 집행받은 형에 대한 해결을 규정한 제7조의 대전제이며, 이러한 양자 간의 관계를 통해 제7조의 존재가치를 찾을 수 있다고 한다.[568] 그러나 제7조의 외국에서 집행된 형은 내국인의 국외범의 경우가 다수일 수 있으나 반드시 그에 국한되는 것은 아니다. 예컨대 내국인이 자국에서 죄를 범한 후 국외로 도피한 경우, 기국주의에 의하여 대한민국 형법이 적용가능한 경우, 국외에서 대한민국 또는 대한민국 국민의 법익을 침해한 외국인의 경우 등 사실상 대한민국 형법을 적용할 수 있는 모든 경우에 형법 제7조가 문제될 수 있는 것이다. 이러한 의미에서 제7조의 전제로서 제3조가 필요한 것은 아니며 제3조와만 어떤 특별한 관계에 있다고 볼 수 없다.

외국에서 형의 집행을 받은 경우 범죄자를 어떻게 할 것인가에 대하여는 외국에서 형의 집행을 받았으므로 해당 범죄자를 더 이상 처벌하지 않는 입

568 백원기, 현행 형법 제7조의 해석론과 외국에서 집행된 형에 관한 고찰, 비교형사법연구, 제24권 제4호(2023), 214면.

장에서부터 외국에서 집행 받은 형을 제한적으로 고려하는 입장에서, 전혀 고려하지 않는 입장까지 다양한 입법적 해결방안이 존재한다. 우리 구 형법은 제7조에서 '외국에서 받은 형의 집행'이라는 표제 하에 "범죄에 의하여 외국에서 형의 전부 또는 일부의 집행을 받은 자에 대하여는 형을 감경 또는 면제할 수 있다."라고 하여 형의 임의적 감면사유로 규정하고 있었다. 그러나 이러한 임의적 감면규정은 2015년 5월 헌법재판소로부터 헌법불합치결정을 받아 현재와 같이 외국에서 집행받은 형을 선고하는 형에 산입하는 산입주의 규정으로 개정되었다.

II. 형법 제7조의 연혁과 개정논의

특정한 범죄에 대하여 이미 외국에서 형의 집행을 받은 경우 이를 어떻게 할 것인가에 대하여 우리 형법 제7조는 명시적인 규정을 두고 있다. 형법은 제7조에 '외국에서 집행된 형의 산입'이라는 표제 하에 "죄를 지어 외국에서 형의 전부 또는 일부가 집행된 사람에 대해서는 그 집행된 형의 전부 또는 일부를 선고하는 형에 산입한다"라고 규정하고 있다. 이와 같은 제7조의 규정은 1953년 제정된 형법의 규정이 55년만인 2016년 12월 20일에 비로소 개정된 규정이다.

외국에서 집행받은 형과 관련하여 법전편찬위원회의 형법초안과 정부초안 그리고 국회를 통과한 형법은 그 내용과 표현에서 모두 동일하다.[569] 다만 국회를 통과한 형법은 정부초안에 표제를 단 것이 유일한 차이점이며, 동 규

569 1948년 대한민국 수립 후 법전편찬위원회는 형법전의 제정작업을 진행하여 형법초안을 만들어 1950년 정부에 제출하였으나, 6.25 전쟁의 발발로 정부는 정부초안을 1951년에야 비로소 국회에 제출하였다. 이 정부초안은 1952.8.29 국회의 법제사법위원회에서 수정을 거친 후, 1953.7.8. 국회를 통과하고, 정부는 이를 심의한 후 1953.9.18. 법률 제293호로 공포하여 1953.10.31.부터 이를 시행하였다(전지연, 형법개정의 역사와 전망, 비교형사법연구, 제14권 제2호(2012.12), 113면 이하 참조).

정이 55년간 적용되어 온 것이다.

당시 국회에서 제7조의 규정을 논의하는 과정에서 이 규정의 취지와 내용에 대하여 법제사법위원장대리를 맡고 있던 엄상섭 의원은 "이것은 외국에서 범죄를 지어가지고 … 사기죄면 사기죄를 지어서 외국에서 재판을 받고 거기서 전부 형을 받았거나 혹은 형의 집행의 일부를 받았거나 이럴 적에는 우리나라에서 집행의 일부를 받은 것은 감경을 하고 전부 받은 것은 면제한다 이런 것입니다. …… 외국의 판결에 의해서 형을 받고 형의 집행을 받았다 하더라도 우리나라에서는 우리나라 입장에서 다시 가치판단을 해서 대한민국의 입장에서 판결할 수가 있는 것입니다"[570]라고 설명하고 있다.[571]

이후 1995년의 형법개정안에서는 제정형법의 입장을 다소 수정한 개정안이 제출되었다. 이 개정안에는 제8조에 '외국에서 받은 형의 효력'이라는 표제 하에 "외국에서 형의 전부 또는 일부의 집행을 받은 자에 대하여는 형을 감경 또는 면제한다"라고 규정하였다. 즉 본조의 규정의 표제를 '외국에서 받은 형의 집행'에서 '외국에서 받은 형의 효력'으로 변경하였다. 그리고 '범죄에 의하여'라는 문언은 당연하다는 취지에서 이를 삭제하였다. 가장 중요한 차이점은 형의 일부 또는 전부의 집행을 받았으므로 피고인에게 유리하게 이전의 형의 임의적 감면에서 필요적 감면으로 개정한 것이다.[572] 그러나 이 개정안은 형법의 전면개정으로 인하여 신중한 심사필요성이 제기되었지만 제14대 국회의원의 임기만료로 인하여 자동폐기될 상황에 있었다. 이러한 상황에서 일부 시급히 개정해야 할 부분만 발췌·정리하여 형법전개

570 신동운, 형법 제·개정 자료집, 한국형사정책연구원, 2009, 135면.

571 그러나 엄격히 말하면 엄상섭 의원의 이러한 설명은 제7조에 대한 일반적인 설명으로는 적절할지 모르나 구체적인 내용에서는 정확하지 아니하다. 예컨대 해당 본조는 반드시 외국에서 범죄를 지은 것을 전제하지 않고 국내에서 범죄를 범하고 국외에서 이에 대한 형의 집행을 받은 경우를 포함하고 있다. 또한 감경 또는 면제를 형의 일부 또는 전부를 집행하였는가에 의하여 감경 또는 면제가 되는 것도 아니다.

572 법무부, 형법개정법률안 제안이유서, 형사법개정자료(XIV), 1992.10, 28면.

정법률안(대안)이 제기되고, 해당 대안이 통과되었다.[573] 그 결과 본조의 규정은 개정되지 않은 채 그대로 유지되었다.

이후 2008년 한국형사법학회는 형법개정연구회를 통하여 형법개정안을 마련하였다. 개정연구회의 처음 시안은 형법 제7조의 규정과 동일하게 형의 임의적 감면사유로 규정하였다. 그러나 개정안을 검토하는 과정에서 외국에서 형을 받은 자를 또 다시 처벌하는 것이 일사부재리의 원칙이나 헌법상 평등의 원칙과 관련하여 문제가 있다는 지적에 따라 개정안검토위원회는 형법 제7조를 필요적 감면사유로 개정할 것을 제안하였다.[574]

1995년의 형법개정안의 폐기 이후 법무부는 형법의 전면개정이 어렵다고 판단하여 2011.3.25 형법총칙만의 개정을 위한 형법총칙개정안을 제출하였다. 이 개정안의 제8조는 '외국에서 받은 형의 집행'이라는 표제 하에 "죄를 범하여 외국에서 형의 전부 또는 일부의 집행을 받은 자에 대해서는 형을 감경하거나 면제할 수 있다"라고 규정하였다. 이 규정은 그 취지에 있어서는 현행 형법의 규정과 동일하며, 다만 '받은 자에 대하여는'을 '받은 자에 대해서는'으로, '감경 또는 면제할'을 '감경하거나 면제할'로 자구만을 수정하였을 뿐이다.[575] 국제형사법적 관점이나 인권법적 관점에서 보면 2011년 형법총칙개정안의 본조는 개정내용에 있어 1995년의 개정안보다 훨씬 후퇴한 개정안으로 국제화 시대를 역행하는 개정안에 해당된다.

결국 외국에서 받은 형의 집행과 관련한 형법 제7조의 규정은 그 동안 수차례 개정시도에도 불구하고 여전히 개정되지 않은 채 제정 당시의 형법규정이 그대로 적용되어 오고 있었다. 그러나 형법 제7조의 임의적 감면규정은

573 이 대안의 통과로 개정된 주요 내용은 보호관찰제의 도입, 컴퓨터범죄와 인질관련범죄의 신종범죄화, 법정형의 조정이었다. 1995년의 개정 법률에 대하여 전체적으로는 전지연, 형법개정의 역사와 전망, 비교형사법연구, 제14권 제2호(2012.12), 126면 이하 참조,

574 신양균, 형법총칙개정의 기본방향, 형사법연구, 제22권 제4호(2010 겨울), 24면.

575 법무부, 형법(총칙)일부개정법률안 제안이유서, 2011.4, 22면.

2015년 5월 헌법재판소로부터 헌법불합치결정을 받았으며,[576] 2016.12.31.까지 본 규정을 개정하여야 하는 상황이었다. 이러한 상황에서 2016.12.20. 형법 제7조의 규정은 현재와 같이 외국에서 집행 받은 형을 선고하는 형에 산입하는 방식으로 개정되었다.

III. 구 형법 제7조의 해석과 헌법불합치결정

1. 구 형법 제7조의 해석론

구 형법은 제7조에서 외국에서 형의 전부 또는 일부의 집행을 받은 자에 대하여 형을 감경 또는 면제할 수 있도록 규정하고 있다. 이에 반하여 헌법은 제13조 제1항 후단에서 '모든 국민은 … 동일한 범죄에 대하여 거듭 처벌되지 아니한다'라고 규정하여 이중처벌금지의 원칙을 천명하고 있다. 여기서 구 형법 제7조와 헌법 제13조 제1항의 규정이 서로 충돌하는 것이 아닌가하는 의문이 제기된다. 헌법 제13조 제1항을 해석함에 있어서는 다소 견해의 편차가 존재하지만, 일반적으로 '일사부재리의 원칙을 헌법적으로 보장하는 것'[577]이라고 설명되고 있다. 헌법재판소의 판례도 사안에 따라 표현의 차이는 있으나 이러한 입장을 수용하고 있으나,[578] 엄밀한 의미에서 이중처벌금지의 원칙과 일사부재리의 원칙은 동일한 원리가 아니다.[579] 그럼에

576 헌재결 2015.5.28, 2013헌바129.

577 성낙인, 헌법학, 1082면.

578 김승대, 이중처벌 금지원칙에 대한 헌법해석의 재검토, 공법연구, 제35집 제4호(2007), 378면.

579 일사부재리의 원칙은 유죄·무죄의 실체판결이나 면소판결이 확정되면 동일한 범죄사실에 대하여 다시 심리·판단하는 것이 허용되지 않는다는 원칙을 말한다. 이 원칙을 인정하는 이유는 확정판결이 존재하는 경우에는 동일 사건과 관련하여 다른 주장과 판단을 허용하지 아니함으로써 법적 안정성을 확보하고 확정판결에 대한 신뢰와 일관성을 유지하기 위함이다. 그리고 일사부재리원칙에 대한 헌법적 근거를 찾는다면 보통 법치국가원칙에서 그 기반을 찾고 있다. 이에 반하여 이중처벌금지의 원칙은 국민의 신체의 자유 등과 같은 기본권의 보호를 직접 목표로 하는 원칙으로, 일사부재리의 원칙과의 관련성은 오히려 부차적인 것이다. 이와 같이 양 원칙은 그 적용영역에 있어서도 일치하지 아니한다. 따라서 형사소송법상 고유의

도 불구하고 어떻든 이중처벌금지의 원칙이나 일사부재리의 원칙은 외국의 형사판결에는 적용되지 아니한다. 오히려 형법 제7조는 국외에서 처벌된 후, 동일한 범죄사실을 기초로 국내법원이 다시 처벌하는 것은 범죄인에게 너무 가혹할 수 있다는 점에서 이를 고려한 규정으로 파악한다.[580] 그리고 외국에서 형의 집행은 형의 임의적 감면사유에 해당한다고 해석함에 학설은 일치하고 있었으며,[581] 입법론으로 일부에서 구 형법 제7조의 폐지를 주장하고 있었다.[582]

대법원의 판례 역시 외국에서 형의 집행을 받은 자에 대하여는 법원의 재량에 의하여 형을 감경 또는 면제할 수 있는 것으로, 외국에서 형을 받은 자라고 해서 반드시 감경 또는 면제를 하지 않으면 안 된다는 것은 아니라고 이해한다.[583] 그 이유는 외국판결의 경우에는 기판력이 없거나 일사부재리의 원칙이 적용될 수 없기 때문에 외국에서 형의 집행을 받은 피고인에게 다시 형벌을 선고하는 것은 위법하지 않으며, 따라서 구 형법 제7조에 위배된다고 할 수 없다고 보았다.[584] 그리고 구 형법 제7조에서 '외국에서 형의 전부 또는 일부의 집행을 받은 경우'는 외국법원의 유죄판결에 의하여 외국의 교정시설 등에서 형의 집행을 받은 경우를 의미한다. 또한 형의 집행은 전부 집행뿐만 아니라 일부의 집행도 포함하며, 자유형뿐만 아니라 재산형의 경우도 포함된다. 집행을 받은 경우이므로 외국법원에서 유죄판결을 받았으나 집행유예, 집행면제, 형의 선고유예와 같이 그 형의 집행을 받지 아니한 경

목적을 가진 일사부재리의 원칙과 개인의 인권보호를 목적으로 하는 이중처벌금지의 원칙은 그 원칙 자체의 의미와 내용을 달리하는 이질적인 원칙이라는 점에서 구별이 필요할 것이다(상세히는 김승대, 전게논문, 380-381면 참조).

580 임웅, 형법총론, 89면; 조상제/천진호/류전철/이진국, 국제형법, 59면.

581 김성규, 일사부재리의 원칙과 형법 제7조의 의미, 성균관법학, 제14권 제1호, 171면; 임웅, 형법총론, 68면; 정성근/박광민, 형법총론, 86면.

582 김성돈, 형법총론, 99면; 조상제/천진호/류전철/이진국, 국제형법, 59면.

583 대법원 1976.5.11. 선고 75도378 판결; 대법원 1979.4.10. 선고 78도831 판결.

584 대법원 1983.10.25. 선고 83도2366 판결; 대법원 2013.4.11. 선고 2013도2208 판결.

우는 여기의 형의 임의적 감면사유에 해당하지 아니한다.[585] 외국에서 형의 집행을 받은 사실은 실체법적 사실이 아니고 소송법적 사실에 해당하며, 따라서 엄격한 증명이 아닌 자유로운 증명으로 충분하다. 형을 면제하는 경우에는 판결로써 선고하여야 하며(형사소송법 제322조), 형을 감경하는 경우에는 법률상의 감경이기 때문에 판결이유에 그 취지를 명시하여야 한다.[586]

2. 헌법불합치 결정

1) 구 형법 제7조의 위헌논란에 대한 경과

외국에서 형을 집행받은 사람에 대하여 국내에서 다시 처벌가능하며, 이 경우 임의적 감면사유로 규정한 것이 이중처벌금지원칙 등 헌법에 위반되는 것은 아니라고 해석함에 학설과 대법원은 일치한다. 헌법재판소 역시 오래전에 형법 제7조와 관련한 위헌심판청구를 받은 바 있었다.[587] 그러나 헌법재판소는 법원의 재판은 헌법소원심판의 대상이 될 수 없다는 이유로 해당 심판청구를 각하하였으며,[588] 그 결과 형법 제7조의 위헌여부에 대한 실질적인 내용검토는 이루어지지 아니하였다. 헌법재판소는 그 후 2015년 5월말에야 비로소 형법 제7조에 대한 실질적인 위헌여부를 판단하게 되었다. 해당 사건의 청구인은 홍콩공항의 입국과정에 위조한 대한민국 여권을 행

585 김종원(편집대표), 주석 형법(I), 총칙(1), 한국사법행정학회, 2001, 82면; 장규원/강동욱, 형법총칙 비교법 자료집, 한국형사정책연구원, 2006, 99-100면; 천진호, 형법총론, 144면.

586 사법연수원, 형사판결서작성실무, 2016, 172면.

587 해당 사건의 개요는 다음과 같다: 대한민국 국민인 갑은 인도네시아에서 다른 공범들과 공모하여 피해자 A를 감금하여 가혹한 행위를 하고 금원을 강취하고 상해를 가하여 치사에 이르게 한 범죄사실로 인도네시아에서 기소되었다. 인도네시아 법원은 갑에게 징역 3년 6월을 선고하여 형이 확정되고, 갑은 약 3년을 복역한 뒤 대한민국으로 추방되었다. 이 후 갑은 동일한 범죄사실로 다시 국내 법원에서 징역 3년의 판결이 선고되었다. 갑은 인도네시아에서 이미 처벌받았음에도 다시 징역형을 선고한 것은 기본권을 침해하여 위헌이라고 주장하면서 헌법재판소에 심판청구를 하였다.

588 헌재결 2008.11.27. 2007헌마49 전원재판부.

사한 범죄사실로 체포·기소되어 홍콩법원에서 징역 1년의 형이 확정되었다. 그 후 8개월 정도 복역하다 강제추방 되었고, 대한민국에 입국할 때 체포되어 다시 국내법원에 기소되었다. 법원은 청구인에 대하여 징역 6월을 선고하였고,[589] 항소[590]와 상고[591] 모두 기각되어 판결이 확정되었다. 청구인은 상고심 재판 계속 중 형법 제7조가 헌법에 위반된다며 위헌법률심판제청을 신청하였으나 위 신청이 기각되자, 헌법소원심판을 청구하였다.

2) 과잉금지의 원칙의 위반여부

외국에서 형의 집행을 받은 자를 거듭 처벌할 수는 있으나, 이 경우 다만 형을 임의적으로 감면할 수 있도록 규정한 것이 기본권에 대한 과도한 침해에 해당하는 것은 아닌지 의문이다. 과잉금지원칙은 기본권의 최대보장이라는 이념에 근거하여, 국가가 기본권을 제한할 수밖에 없는 예외적인 경우에서도 그 제한은 과잉적인 것이 되어서는 아니 되고 최소한에 그쳐야 한다는 원칙을 의미한다.[592] 따라서 기본권제한의 한계로서 과잉금지원칙은 기본권의 구체적 내용이 존재하고, 그에 대한 제한이 있는 경우에 그 제한정도를 심사하는 기준으로서의 기능을 갖는다. 과잉금지원칙에 대한 헌법상의 명시적 규정은 없으나, 동 원칙이 헌법적 지위를 가진다는 점에서는 다툼이 없다.[593] 다만 과잉금지원칙의 헌법적 근거와 관련하여 일부에서는 헌법 제37조 제2항의 "필요한 경우에 한하여"라는 규정에 기초하여 동 원칙을 인정하거나,[594] 법치국가원리에 기초하여 동 원칙을 인정[595]하기도 한다. 그러나 과

589 인천지방법원 2012.11.1. 선고 2012고단10017 판결.
590 인천지방법원 2013.1.30. 선고 2012노3338 판결.
591 대법원 2013.4.11. 선고 2013노2208 판결.
592 표명환, 과잉금지의 원칙과 본질적 내용침해 금지, 유럽헌법연구, 제17호(2015), 504면.
593 성낙인, 헌법학, 960면.
594 헌재결 1992.12.24. 92헌가8.
595 헌재결 1992.4.28. 90헌바24. 독일 판례의 경우에도 동일한 취지로 BVerfGE 23, 127, 133.

잉금지의 원칙은 국가의 기본권보장이념 내지 기본권 그 자체로부터 당연히 도출되는 것으로서 국가의 기본권 제한에 있어서 기본권의 공동화를 방어하는 중요한 수단중의 하나라고 할 수 있다.[596] 여기서 과잉금지원칙의 내용으로서 헌법재판소는 목적의 정당성, 방법(수단)의 적절성, 피해의 최소성과 법익의 균형성을 요구하고 있으며,[597] 이러한 요건들이 충족될 때 국가의 입법작용에 비로소 그 정당성이 인정되고 그에 따라 국민의 수인의무가 생겨나는 것이라고 한다. 문제는 과연 형법 제7조가 이러한 과잉금지원칙을 충족하고 있는가이다.

(1) 입법목적의 정당성

입법목적의 정당성은 국민의 기본권을 제한하려는 입법의 목적이 헌법 및 법률의 체제상 그 정당성이 인정되어야 한다는 것을 의미한다.[598] 해당 법률규정이 목적의 정당성을 갖추고 있는가의 여부는 입법목적이나 그 취지를 구체적·개별적으로 검토하여 결정할 수밖에 없다. 많은 법률규정은 그 목적을 명시적으로 규정하지 않은 경우가 많으며, 이러한 경우에는 법관은 법률규정의 목적을 규정으로부터 스스로 찾아내지 않으면 안 된다. 임의적 감면을 규정한 형법 제7조의 경우 역시 명시적인 입법목적은 규정되어 있지 않으므로 해당 규정의 입법목적을 추론하여 보아야 한다. 우리 형법은 적용범위와 관련하여 속지주의(제2조, 제4조), 속인주의(제3조), 보호주의(제5조, 제6조)를 취하고 있으며, 약취·유인죄 및 인신매매죄의 경우에는 세계주의

596 김대환, 우리나라 헌법상 과잉금지원칙, 공법학연구, 제6권 제3호(2005), 198-199면; 표명환, 전게논문, 523면.

597 이러한 과잉금지는 목적의 정당성을 제외하고는 대체로 독일의 경우에도 적합성, 필요성, 비례성의 원칙을 의미하는 것이라는 점에서 거의 동일하다(BVerfGE 81, 156, 189; 51, 193, 208). 독일에서의 과잉금지원칙에 대하여 상세히는 전정환, 기본권 제한의 한계로서의 과잉금지원칙 -독일 연방헌법재판소 판례를 중심으로 -, 원광법학, 제29권 제2호(2013), 119면 이하 참조.

598 헌재결 1992.12.24. 92헌가8; 헌재결 2005.2.24. 2004헌바26.

(제296조의2)를 채택하고 있다. 또한 외국의 형법도 우리 형법과 유사하게 자국의 형법 적용범위를 정하고 있다. 그 결과 외국형법과 우리 형법이 그 적용과정에서 경합이 발생할 수 있으며, 동일한 범죄로 외국에서 형을 선고받아 이를 집행한 경우에도 우리 형법을 적용하여 처벌할 수 있다. 여기서 외국에서 형의 집행을 받은 자에게 다시 우리 형법을 적용하여 처벌하는 것이 전술한 바와 같이 이중처벌금지원칙이나 일사부재리의 원칙에 어긋나는 것도 아니다. 이러한 가운데 제7조는 범죄인이 이미 다른 국가에서 처벌받았다는 점을 고려하여 국가형벌권을 행사하면서도 범죄인의 실질적인 불이익을 완화하기 위하여 형을 감경 또는 면제할 수 있도록 규정한 것이라는 점에서 입법목적의 정당성은 인정된다.

(2) 수단의 적합성

수단의 적합성이란 "수단이 추구하고자 하는 사안의 목적에 적합하여야 하고 필요하고 효과적이어야 한다"[599]는 원칙을 말한다. 적합한 수단은 법적으로 허용되는 것이어야 하며, 입법자가 추구하는 목적에 적합한 수단은 복수로 존재할 수 있다. 적합한 수단 가운데 어느 하나가 선택될 수도 있고 동시에 다수의 수단이 선택될 수도 있다. 반드시 하나의 수단만이 선택되어야 할 필요는 없다.[600] 외국에서 판결을 집행을 받은 자를 고려하여 주는 방법은 여러 가지 수단이 있을 수 있으며, 우리 형법에 의하여 처벌하는 경우 형을 임의적으로 감경 또는 면제하여 주는 것도 하나의 적절한 방법이나 수단이 된다. 따라서 형법 제7조의 규정은 입법목적을 달성하기 위한 적합한 수단에 해당한다.

599 헌재결 1989.12.22. 88헌가13; 헌재결 1990.9.3. 89헌가95; 헌재결 1998.5.8. 96헌바83.
600 성낙인, 헌법학, 966-967면; 헌재결 1989.12.22., 88헌가13; 헌재결 1996.4.25. 92헌바47.

(3) 침해의 최소성

침해의 최소성은 "입법자는 공익실현을 위하여 기본권을 제한하는 경우에도 입법목적을 실현하기에 적합한 여러 수단 중에서 되도록 국민의 기본권을 가장 존중하고 기본권을 최소로 침해하는 수단을 선택하여야 한다"[601]는 것을 의미한다. 최소침해의 요건을 갖추고 있는가를 심사함에 있어서는 법률규정이 개인의 핵심적 자유영역인 생명권, 신체의 자유, 직업선택의 자유 등을 침해하는 경우 이러한 자유에 대한 보호는 더욱 강화되어야 하는 것으로 인정된다.[602]

외국에서 형의 집행을 받은 자를 국내에서 다시 처벌하는 경우에도, 입법자는 국가형벌권 행사로 인한 신체의 자유에 대한 침해를 최소화하기 위한 방법을 강구하여야 한다. 입법자는 외국에서 형의 집행을 받은 자에게 어떠한 요건 아래, 어느 정도의 혜택을 줄 것인지에 대하여, 우리의 역사와 문화, 시대적 상황, 외국에서 처벌받은 자의 실질적인 불이익을 감안하는 것에 대한 국민 일반의 가치관과 법감정, 국가권력의 독점에 의하여 이루어지는 형벌의 특수성 및 국가사법권의 독자성 등 여러 요소를 종합적으로 고려하여 정할 수 있다. 이러한 점에서 입법자에게는 일정 부분 재량권이 인정된다. 그러나 신체의 자유는 정신적 자유와 더불어 헌법이념의 핵심인 인간의 존엄과 가치를 구현하기 위한 가장 기본적인 자유로서 모든 기본권 보장의 전제조건이므로 최대한 보장되어야 한다.[603] 따라서 외국에서 현실적으로 형의 집행을 받았음에도 우리 형법에 의한 처벌 시 이를 전혀 고려하지 않는 경우에는 신체의 자유에 대한 과도한 제한이 될 수 있다. 여기서 외국에서 형의 집행을 받았다는 사정은 어느 범위에서든 반드시 반영되어야 하고, 입법자의 입법형성권의 범위는 다소 축소될 수 있다.

---

601 헌재결 1998.5.28. 96헌가5.

602 김종철, 헌법주석[I], 한국헌법학회(편), 1196면.

603 헌재결 1992.4.14. 90헌마82.

그러나 형법 제7조는 외국에서 집행 받은 형이 존재하는 경우 이를 임의적 감면사유로만 정하고 있어, 우리 법원에 의한 처벌 시 법관의 재량에 따라 형의 감면을 받지 아니할 수도 있다. 즉 형의 임의적 감경사유가 존재하는 경우 형을 감경할 것인가의 여부는 법원의 재량사항으로 보고, 감경하지 않는 경우 형사판결서에도 아무런 판단을 표시하지 않는다. 또한 임의적 감경사유가 존재한다고 하더라도 처단형의 하한을 낮추기 위하여 필요한 경우가 아니라면 굳이 감경을 하지 않는다는 것이 실무의 관행이라고 한다.[604] 어떻든 임의적 감경이라는 입법형식은 형을 필요적으로 감면하거나, 형의 집행단계에서 필요적으로 산입하는 방법 등과는 본질적인 차이가 존재하고, 형의 감면 여부를 전적으로 법관의 재량에 위임함으로써 개별 사건에 따라서는 신체의 자유에 대한 심각한 제한이 발생할 수 있다. 물론 실무에서 법원이 임의적 감면여부를 적절히 활용하는 경우에는 신체의 자유에 대한 과도한 침해를 방지하고 형평성 있는 형벌을 부과할 수 있는 긍정적인 효과도 기대할 수도 있다. 그럼에도 불구하고 법률의 규정에 의하여 외국에서 형 집행을 받은 사실이 필요적으로 반영되는 것과 구체적인 사건의 판결 선고 시 법관의 재량에 맡겨져 있는 것은 재판을 받는 피고인의 입장에서는 큰 차이가 있다. 외국에서 집행된 형의 전부를 의무적으로 산입하거나, 산입 자체는 의무적이되 산입의 범위를 법원의 재량에 맡기는 입법형식 등을 취한다고 하더라도, 국가형벌권의 행사에는 지장이 없다. 따라서 외국에서의 형벌이 경미하거나 범죄의 성격상 국내에서 다시 처벌할 필요성이 강한 경우에도 처벌의 공백이나 혼란이 발생한다고 보기 어렵다.[605]

결론적으로 입법자는 국가형벌권의 실현과 국민의 기본권 보장의 요구를

---

604 사법연수원, 형사판결서작성실무, 2016, 172면.

605 독일의 경우 외국에서 집행된 형을 새로운 형에 필요적으로 산입하도록 하고(독일형법 제51조 제3항), 외국에서 집행된 형의 종류가 국내 형법과 다른 경우 법원은 재량에 의해 산입기준을 정하도록 하고 있다(독일형법 제51조 제4항 참조). 또한 일본의 경우 외국에서 형의 집행을 받은 때에는 형의 집행을 필요적으로 감면하도록 하고 있다(일본형법 제5조 단서).

조화시키기 위하여 형을 필요적으로 감면하거나 외국에서 집행된 형의 전부 또는 일부를 필요적으로 산입하는 등의 방법을 선택하여 청구인의 신체의 자유를 덜 침해할 수 있음에도 우리 형법에 의한 처벌 시 외국에서 받은 형의 집행을 전혀 반영하지 아니할 수도 있도록 한 것은, 입법재량의 범위를 일탈하여 필요최소한의 범위를 넘어선 과도한 기본권제한이라고 할 것이다.

(4) 법익의 균형성

법익의 균형성이란 입법에 의하여 보호하려는 공익과 침해되는 사익을 비교 형량할 때 보호되는 공익이 더 커야 한다는 것을 말한다.[606] 형법 제7조가 달성하고자 하는 공익은 국가형벌권의 적정한 행사라고 볼 수 있으며, 공익을 달성하기 위하여 침해되는 사익은 동일한 범죄사실로 외국에서 형의 집행을 받았음에도 형이 감면될 수 있는 가능성에 그치고 형이 필요적으로 감면되거나 형기가 의무적으로 산입되지 않는 등 외국에서의 처벌이 전혀 반영되지 않을 수 있어 받게 되는 신체의 자유 제한 등 이다. 여기서 신체의 자유와 같은 개인의 불이익이 훨씬 더 중대하다고 할 것이므로 법익의 균형성원칙에도 위반된다.

3) 평등의 원칙 위반여부

우리 헌법은 제11조 제1항에 "모든 국민은 법 앞에 평등하다. 누구든지 성별, 종교 또는 사회적 신분에 의하여 정치적·경제적·사회적·문화적 생활의 모든 영역에 있어서 차별을 받지 아니한다"라고 규정하여 평등의 원칙을 규범화하고 있는 동시에 평등권도 보장하고 있다.[607] 여기서 외국에서 이미 동일한 범죄사실로 처벌을 받은 사람을 국내 법원이 다시 처벌하는 것이 국

606 성낙인, 헌법학, 972면; 헌재결 1990.9.3. 89헌가95.
607 김진욱, 헌법상 평등의 이념과 심사기준, 저스티스, 통권 제134호, 2013.2, 56면.

내이송수형자나 일반 범죄인에 비하여 평등의 원칙을 위반하여 차별대우하는 것이 아닌가의 문제가 제기될 수 있다. 왜냐하면 국내이송수형자의 경우 외국법원에서 형이 선고되어 집행중인 형벌의 잔형만 국내에서 집행하며 동일한 범죄사실로 국내법원에 더 이상 공소가 제기 되지 않기 때문이다.[608] 또한 일반 범죄인의 경우 국내에서 범죄를 범하였든 국외에서 범하였든 관계없이 국내에서 먼저 처벌받는 경우에는 국내에서는 다시 처벌받지 않는다는 점에서 외국에서 형벌을 받은 사람과 차이가 존재할 수 있다. 국민은 법앞에 평등하며, 여기서 법 앞의 평등은 법의 집행과 적용에 대해서만 규제원리로 작용하는 것이 아니라 법의 제정에 대한 규제원리로 작용하기도 한다. 따라서 평등원칙은 입법자도 구속하게 되며,[609] 법령 자체도 평등원칙을 위반하여서는 안 된다. 또한 평등원칙에서 평등은 절대적 평등을 의미하는 것이 아니라 상대적 평등, 즉 합리적 기준이 있는 차별은 평등에 위배되지 않고 합리적 기준이 없는 차별만 평등에 위배된다고 본다.[610] 일반적인 평등원칙의 위반 내지 평등권의 침해 여부에 대한 헌법재판소의 통상의 심사기준은 입법과 법의 적용에 있어서 합리적인 근거가 없는 자의적 차별이 있는지 여부이다. 그런데 입법자가 설정한 차별이 국민들 간에 단순히 이해관계의

608 국제수형자이송법에 의하면 외국에서 자유형을 선고받은 대한민국 국민을 일정한 요건 하에 국내로 이송하여 국내에서 그 자유형을 집행할 수 있도록 하고 있다(동법 제15조 내지 제17조). 이 경우 국내이송에 의하여 국내이송대상수형자에게 선고된 자유형을 국내에서 집행함에 있어서 그 외국법원의 판결은 대한민국 법률에 의한 대한민국 법원의 판결과 동일한 효력이 있는 것으로 본다(제15조). 그리고 국내에 인도된 국내이송수형자에 대하여 집행할 자유형의 형기는 외국에서 선고하여 확정된 형기로 하며, 외국에서 구금되거나 형이 집행된 기간(형의 집행을 감경 받은 기간을 포함한다)과 국내이송에 소요된 기간을 형기에 산입한다(제16조 제1항, 제2항). 더 나아가 국내이송수형자에 대하여 외국에서 선고된 자유형을 집행중인 때와 그 자유형의 집행을 종료하거나 집행을 하지 아니하기로 확정된 때에는 동일한 범죄사실에 대하여 공소를 제기할 수 없다(제18조). 결국 국내이송수형자에 대하여는 외국형을 그대로 인정하여 이를 집행하고 더 이상 처벌을 하지 않는다는 것이다.

609 통설(김종철, 헌법주석[I], 한국헌법학회(편), 411면; 성낙인, 헌법학, 1029면)과 헌법재판소의 입장(헌재결 1992.4.28. 90헌바24)이기도 하다.

610 김종철, 헌법주석[I], 한국헌법학회(편), 411면.

차별을 넘어서서 기본권에 관련된 차별을 가져온다면 헌법재판소는 그러한 차별에 대해서는 자의금지 내지 합리성심사를 넘어서 목적과 수단 간의 엄격한 비례성이 준수되는지를 심사하여야 할 것이다.[611]

여기서 평등심사의 기준으로 오랜 동안 '자의금지의 원칙'을 적용하여 왔다. 자의금지의 원칙에 따른 심사를 위해서는 심사의 대상인 사안이 비교집단을 구성할 수 있어야 한다. 비교집단을 구성할 수 없다면 애초부터 평등권 심사의 사안이 될 수 없다.[612] 비교의 대상인 상황이 본질적으로 같은 경우에는 같은 취급을, 그리고 본질적으로 다른 경우에는 다른 취급을 하여야 한다. 따라서 합리적이고 객관적으로 명백한 차별사유가 발견되지 않음에도 불구하고 본질적으로 같은 상황에 대해서 자의적으로 다른 취급을 하거나, 혹은 본질적으로 다른 상황임에도 불구하고 자의적으로 같은 취급을 하는 것은 금지된다.[613] 동일한 범죄로 외국에서 형의 집행을 받고 다시 국내에서 처벌을 받는 자와 국내에서만 형의 집행을 받은 자나 외국에서 이송된 수형자의 경우 본질적으로 동일한 비교집단이라고 할 수 없어 차별 취급 여부를 논할 수 없으므로 평등원칙 위반에 해당한다고 보기 어렵다.

4) 소결

결론적으로 외국에서 형의 집행을 받은 자에 대하여 형을 임의적으로 감면하는 규정인 형법 제7조는 이중처벌금지의 원칙이나 평등의 원칙을 위반한 것은 아니다. 그러나 동조는 과잉금지의 원칙과 관련하여 입법의 목적과 수단의 적합성은 인정될 수 있으나, 최소침해의 원칙과 법익의 균형성원칙을 위반하는 것으로 파악된다. 즉 입법자는 국가형벌권의 실현과 국민의 기

---

611 헌재결 2003.9.25. 2003헌마30; 김진욱, 헌법상 평등의 이념과 심사기준, 저스티스, 통권 제134호, 2013.2, 74면.

612 성낙인, 헌법학, 1030면; 전광석, 한국헌법론, 316면.

613 헌재결 2001.11.29. 99헌마494; 헌재결 1999.9.16. 97헌바28.

본권 보장의 요구를 조화시키기 위하여 형을 필요적으로 감면하거나 외국에서 집행된 형의 전부 또는 일부를 필요적으로 산입하는 등의 방법을 선택하여 외국에서 형의 집행을 받은 자의 신체의 자유를 덜 침해할 수 있음에도 형법 제7조와 같이 우리 형법에 의한 처벌 시 외국에서 받은 형의 집행을 전혀 반영하지 아니할 수도 있도록 한 것은 입법재량의 범위를 일탈하여 필요최소한의 범위를 넘어선 과도한 기본권제한으로 최소침해원칙에 어긋난다. 또한 형법 제7조로 달성하고자 하는 국가형벌권의 적정한 행사라는 공익보다는, 동일한 범죄사실로 외국에서 형의 집행을 받았음에도 형이 감면될 수 있는 가능성에 그치고 형이 필요적으로 감면되거나 형기가 의무적으로 산입되지 않는 등 외국에서의 처벌이 전혀 반영되지 않을 수 있어 받게 되는 신체의 자유 제한 등 개인의 불이익이 훨씬 더 중대하다고 할 것이므로 법익의 균형성원칙에도 위반된다.

IV. 외국에서 집행받은 형에 대한 입법례

1. 영국

영국은 보통법의 전통에 따라 국내재판에서 이전에 해당하는 행위로 인하여 이미 무죄의 재판을 받았다거나 또는 이미 유죄의 재판을 받아 처벌받았다는 항변을 할 수 있었다. 이를 일사부재리의 항변이라고 하며, 이러한 항변은 어느 누구도 단일하고 동일한 것을 이유로 하여 두 번 고통 받아서는 안 된다(Nemo debet bis vexari pro eadem causa)는 보통법원칙에 근거한 것으로 보았다.[614]

이와 같이 과거에 유무죄의 판단이 존재하였다는 일사부재리의 항변은

614 Boyce/Dripps/Perkins, Criminal Law and Procedure(Cases and Materials), 10.Ed. 2007, p.1165.

국내 판결뿐만 아니라 외국판결에까지 그 적용이 확대되었다고 한다.[615] 즉 영국법원은 국외에서 행하여진 무죄판결이 존재하는 경우에는 동일한 범죄를 이유로 한 영국 내에서의 기소를 봉쇄한다고 판단하였으며,[616] 이러한 원칙은 또한 외국법원의 유죄판결에도 적용된다고 판단하였다.[617] 다만 외국의 유죄판결에 근거하여 일사부재리의 항변을 하기 위해서는 첫째, 외국법원의 판결이 존재하는 경우 해당 외국판결은 권한 있는 관할법원에 의한 판결일 것, 둘째, 피의자가 실질적으로 두 번째의 위험에 직면할 것, 셋째, 피의자가 처한 위험은 진정한 위험을 의미하는 것[618]이 요구된다고 보았다.

2. 미국

미국 수정헌법 제5조는 누구라도 동일한 범행으로 인하여 생명이나 신체에 대한 위험을 거듭하여 받지 아니한다고 하여 이중위험의 금지(Prohibition against Double Jeopardy)를 규정하고 있다. 이중위험금지의 원칙에 따라 동일한 범행에 대하여 2회 이상의 기소 또는 재판을 하는 것은 금지된다.[619] 예를 들면 피고인이 기소되어 배심원이나 판사에 의하여 해당 범행에 대하여 무죄가 선고되는 경우 해당 피고인은 동일한 범행을 이유로 다시 기소되거나 심리되는 것은 허용되지 않는다. 다만 하나의 행위가 수개의 범죄를 구성하는 경우에는 개개의 범죄마다 기소할 수 있음은 물론이다. 그리고 이중위험의 금지는 연방법원의 재판 뿐 아니라 주법원의 재판에도

---

615 이하의 내용은 김기준, 일사부재리원칙의 국제적 전개, 2013, 114-115면 참조.

616 이러한 내용의 사건은 R. v. Roche(1775) 1 Leach 134 ; R. v. Aughet, 13Cr. App.R.101, CCA.

617 이러한 내용의 사건은 R. v. Ravercombe and Murray(19988) Crim.L.R.435, CA.

618 따라서 피의자가 이탈리아에서 사기죄로 기소되어 유죄판결을 선고받았으나 당해 재판이 궐석재판으로 진행되어졌을 뿐만 아니라 범죄인인도의 대상도 되지 않았던 사건(R. v. Thomas(K.W.), 79 Cr. App.R. 200, CA)에서는 진정한 위험이 존재하지 아니하였으므로 이중위험의 항변이 허용되지 않는다고 하였다.

619 Harris v. Oklahoma, 433 U.S. 682(1977).

동일하게 적용된다.

여기서 이중위험의 금지는 동일한 주권에 의한 중복기소의 경우에만 적용되는 것으로 이해된다. 따라서 외국을 포함한 서로 다른 주권에 의한 기소는 허용되기 때문에, 외국에서 기소되어 형을 받은 경우 동일한 범행을 이유로 미국에서 다시 기소하거나 처벌하는 것은 이중위험의 금지에 해당하지 않는다고 본다. 이러한 의미에서 미국은 외국판결에 대한 일사부재리의 효력을 전면적으로 부정하고 있는 입장이다.

미국이 이와 같이 외국판결의 효력을 전적으로 부인하는 근거는 이중주권의 원칙이다. 이중주권원칙에 의하면 모든 미 연방의 시민은 또한 각 주 또는 그 지역의 시민이다. 그 시민은 두 주권에 충성해야 하며 양쪽 중 어느 하나의 법을 위반할 시에도 처벌받을 수 있다. 하나의 행동이 양쪽 법에 대한 침해 및 위반이 될 수 있다. 이 원칙에 따라 연방이나 각 주는 다른 외국법원에 의하여 내려진 판결에 일정한 효력을 부여할 것을 강요받지 않는다. 행위자가 하나의 행위로 연방법도 위반하고 주법도 위반하였다면 서로 구분되는 두 개의 죄를 범한 것이다. 따라서 연방법에 의하여 기소되어 처벌된 후 다시 주법에 의하여 기소되거나, 그 역의 경우에도 이중위험금지의 원칙에 위반되지 아니한다. 이러한 이중주권의 원칙은 주와 연방 뿐만 아니라 주와 주의 경우에도 적용되며, 외국법원의 판결에도 적용된다.[620]

다만 많은 주에서 다른 주나 연방의 사법권에 의하여 유죄를 선고받은 피고인을 재기소로부터 보호하기 위하여 개별 주의 헌법이나 법률에 재기소의 제한규정을 마련하여 두고 있다. 연방차원에서 지침을 마련하여 주법원에서 기소한 범행을 연방법원에 재기소하려는 경우에는 법무부장관보의 재기소 승인이 받도록 하고 있다. 모범형법전 역시 다른 재판관할 내에서의 이전의 공소가 존재하는 경우 재기소를 제한하는 규정을 마련하고 있다.[621]

620 United State v. Richardson, 580 F.2d 946(9th Cir. 1978).

621 Model Penal Code, Section 1.10.

3. 독일

1) 국제법적 관점에서 일사부재리의 원칙

일사부재리의 원칙(ne bis in idem Grundsatz)에 따르면 동일한 범죄에 대하여 재차 형사소추를 하는 것은 금지된다. 그러나 이러한 일사부재리의 원칙은 국가 간의 법적 관계의 경우에는 인정되지 않으므로,[622] 다른 국가에서 처벌받았다는 점이 자국의 형벌권을 배제하지는 않는다.[623] '시민적 및 정치적 권리에 관한 협약'의 제14조 제7항(Art.14 Abs.7 IPbpR)과 '유럽인권조약 제7부속의정서'의 제4조(Art.4 ZP VII EMRK)의 인권보장 규정 역시 명시적으로 '개별국가의' 법에 따라 판결을 내리도록 하고 있으며, 따라서 특정 국가에서 형사처벌을 받았을지라도 다른 국가에서 새로이 형사책임을 묻는 것을 배제하지 않는다고 보았다.

또한 기본법 제25조는 "국제법의 일반원칙은 연방법의 일부를 이룬다. 그것은 법률에 우선하고, 연방 영역 내의 주민에 대하여 직접 권리와 의무를 발생 시킨다"고 규정하고 있다. 따라서 국제법의 일반원칙이 국가 사이에서도 일사부재리의 원칙을 승인하는 경우에는 독일에서도 국가 간의 일사부재리의 원칙이 직접 적용될 수 있다. 그러나 외국에서 받은 형에 대한 국제법의 일반원칙은 존재하지 않는다. 왜냐하면 국제법의 일반원칙은 일사부재리의 원칙을 국가 간에도 인정하는 것은 거의 대다수의 국가에서 승인된 법원칙에 해당하지 않는다.[624] 오히려 앞의 시민적 및 정치적 권리에 관한 협약과 유럽인권조약에서 보는 바와 같이 그 반대의 경우라고 해석하는 것이 적절하다.

---

622 Ambos, Internationales Strafrecht, § 4 Rn.5; Radtke/Hohmann, Strafprozessordnung, Kommentar, § 153c Rn.19.

623 BVerfGE 12,62,66; Lackner/Kühl/Heger, § 51 Rn.12.

624 BVerfGE 15, 25, 34; 16, 27, 33; BGHSt 35, 216 ,218.

다만 유럽지역에서 적용되는 법과 관련하여 쉥겐조약 제54조(Art.54 SDÜ)는 일사부재리의 원칙의 국제법적 불승인에 대한 예외에 해당된다. 쉥겐조약 제54조에 의하면 EU의 해당 협약국들 사이에 이중처벌금지의 원칙이 인정된다. 행위자가 당사국에서 이미 유효한 판결이 내려진 경우에는, 즉 판결의 경우에는 그에 대한 형벌이 이미 완전히 집행종료 되었거나, 막 집행이 되었거나 또는 판결국가의 법률에 따라 더 이상 집행될 수 없는 경우에는 해당 행위자는 동일한 범죄사실로 인하여 다른 당사국에 의하여 소추되어질 수 없다(쉥겐조약 제54조).[625] 다만 조약당사국은 특정한 상황이나 특정한 범죄[626]에 대하여는 제54조에 해당하는 일사부재리의 원칙을 적용하지 않을 것을 선언할 수 있으며(쉥겐조약 제55조),[627] 이에 따라 독일은 일사부재리의 원칙을 부분적 배제하는 선언을 하였다.[628]

2) 독일 국내법적 관점에서 일사부재리의 원칙

일사부재리의 원칙과 관련하여 독일 형사소송법은 명문의 규정을 두고 있지 않으나, 동 원칙이 인정된다는 점에는 이의가 없다.[629] 이에 반해 독일 기본법 제103조 제3항은 "누구도 동일한 범행으로 인하여 일반형법에 근거하여 거듭 처벌되지 아니 한다"[630]라고 규정하여 이중처벌금지의 원칙이

625 BGHSt 56,11; Schönke/Schröder/Kinzig, § 51 Rn.29.

626 예컨대 당사국의 중대한 이익을 침해하는 범죄나 당사국 공무원의 범죄와 같은 당사국의 주권을 침해하는 범죄에 대하여는 일사부재리의 적용을 배제할 수 있다(Ambos, Internationales Strafrecht, § 10 Rn.169ff.).

627 Ambos, Internationales Strafrecht, § 4 Rn.4; Doehring, Völkerrecht, Rn. 815,1152.

628 오스트리아의 경우도 독일의 경우와 동일한 것으로 파악된다(Ambos, Internationales Strafrecht, § 10 Rn.169; Ernst Eugen Fabrizy, Die österreichische Strafprozessordnung, Kommentar, 193/2)

629 Radtke/Hohmann, Strafprozessordnung, Kommentar, Rn.100.

630 Art.103 Abs.3 GG: Niemand darf wegen derselben Tat auf Grund der allgemeinen Strafgesetz mehrmals bestraft werden.

나 일사부재리의 원칙을 명시적으로 선언하고 있다. 여기서 기본법 제103조 제3항은 기본권과 유사한 절차적 권리를 규정하고 있는 것이며, 법적 안정성과 실질적 정의가 충돌하는 경우에는 법적 안정성의 이익이라는 입장에서 해결되어야 하는 것으로 이해된다.[631] 따라서 개인은 형사법원의 유효한 판결 이후에 새로이 책임을 부담하는 것으로부터 보호되어야 한다. 그리고 일사부재리의 원칙에서 차단효과를 발생시키는 유효한 판결은 유죄의 판결에만 국한되는 것이 아니라 무죄의 판결에도 적용되며,[632] 새로운 형사소추를 금지하는 효과뿐만 아니라 수사의 착수 자체를 금지하는 효과도 나타낸다.[633]

그러나 형사소송법과 기본법에서 인정되는 일사부재리의 원칙은 국가 간에 존재하는 형사재판권의 경합의 경우에는 유효하지 않은 것으로 이해되고 있다. 그 이유는 일사부재리의 원칙은 단지 '독일 법원'에 의한 이중적인 처벌이나 이중적인 판결을 금지하는 것을 의미하는 것이라고 보기 때문이다.[634] 따라서 동일한 범죄사실로 인한 외국의 유효한 판결이 존재할지라도 해당 판결이 국내법적으로 종국적인 효력을 가지는 것이 아니며,[635] 또한 범행지의 보다 가벼운 형벌이 국내의 형벌을 한계지우는 것(lex mitior)도 아니다.[636]

결국 외국의 확정판결이 있다 하더라도 동일한 범죄사실로 독일에서 새로이 형사소추나 형사처벌하는 것은 독일 국내법이나 독일 내에 적용되는 조약법에 위반되지 않는다.

---

631 Jarass/Pieroth, GG, Art.103 Rn.56.

632 BVerfGE 12, 62, 66; BVerfGE 65, 6377, 381.

633 BGHSt 35, 60, 61; 44, 1, 3; Jarass/Pieroth, GG, Art.103 Rn.63.

634 BVerfGE 6, 176, 177; BGH NStZ 1998, 149, 150.

635 BGHSt 34, 334, 340; Mayer, Ne-bis-in-idem-Wirkung europäischer Strafentscheidungen, S.110ff. 이에 반해 종국적인 효력을 인정하는 것에 찬성하는 견해는 Oehler, Internationales Strafrecht, Rn.140.

636 이러한 의미로 BGHSt 27, 30, 34; Ambos, Internationales Strafrecht, § 4 Rn.5.

3) 형법상 외국형의 고려: 산입주의의 채택

동일한 범죄로 외국에서 형벌의 집행을 받은 경우 독일에서는 전술한 바와 같이 일사부재리의 원칙이 적용되지 않지만 형벌의 집행에서 국내의 형벌에 산입된다. 즉 독일형법 제51조 제3항은 "형의 선고를 받은 자가 이미 동일한 범죄로 인해 국외에서 처벌받은 경우에는 국외에서 받은 형은 그 집행이 종료된 경우에 한하여 새로운 형에 산입된다. 국외에서 선고받은 기타의 자유박탈에 대해서도 제1항이 동일하게 적용된다"[637]라고 규정하여 산입주의(Anrechnungsprinzip)를 채택하고 있다.

여기서 해당 범죄가 국내에서 범하여졌는지 국외에서 범하여졌는지는 문제되지 아니하며, 또한 외국에서 집행된 형벌이 자유형인지 벌금형인지도 중요하지 않다.[638] 중요한 것은 외국에서 행해진 판결이 동일한 범행으로 인한 판결이어야 한다. 그리고 동일한 범행인가의 여부는 독일 형사소송법 제264조에 따라 확정되어지며, 여기에서 외국의 법에 따른 법적 평가를 고려하지 아니한 채 단지 동일한 과거의 역사적 사실인가의 여부에 따라 결정된다.[639] 연속범으로 인한 판결의 경우에는 연속범행의 개별범행이 처벌되어 집행된 경우에만 해당 외국형벌이 산입되어질 수 있다.

외국형벌은 이미 집행된 경우에만 산입가능하다. 따라서 형벌이 감형되거나, 사면되거나, 시효가 완성된 경우에는 해당 형벌은 산입되지 아니한다. 부과금이행을 위하여 지출된 금부 역시 산입될 수 있으며, 부분집행의 경우에도 산입이 가능하다. 외국에서 집행된 형벌이 국내에서 처벌될 형벌의 양을 초과하는 경우 초과된 부분이 다른 범행으로 인한 형벌에로 산입될 수는

---

637 **StGB § 51 Anrechnung**
(3) Ist der Verurteilte wegen derselben Tat im Ausland bestraft worden, so wird auf dieneue Strafe die ausländische angerechnet, soweit sie vollstreckt ist. Für eine andere im Ausland erlittene Freiheitsentziehung gilt Absatz 1 entsprechend.

638 Fischer, § 51 Rn.13; Schönke/Schröder/Kinzig, § 51 Rn.29.

639 NK/Kett-Straub, § 51 Rn.32; Schönke/Schröder/Kinzig, § 51 Rn.30.

없다.[640] 따라서 전체형벌의 경우에도 동일한 범죄사실로 인한 개별형벌이 산입의 표준이 되는 것이다.

피고인이 형사소추로 인하여 외국에서 수사상 구금되거나 다른 자유박탈의 처분을 받은 경우에는 독일형법 제51조 제1항[641]에 규정된 바와 같이 해당 처분이 산입된다. 다만 여기서 고려되는 자유박탈은 외국의 형벌로 산입되지 아니하였던 자유박탈에 국한된다. 외국의 형벌에 산입된 자유박탈은 이미 집행된 형벌로 다루어지는 것이며, 이미 제3항의 전문에 의하여 산입되는 것이다. 이송구금의 경우에도 산입되어질 수 있으며, 이 경우 실제로 이송이 이루어지지 않을지라도 관계없다.[642] 피고인이 형사소추의 목적으로 이송절차에서 이송구금이 이루어진 경우에도 외국에서 선고받은 기타의 자유박탈로 인정된다. 외국의 구금이 독일 관계기관의 국제적 수배의 결과로 인한 것이라면 외국의 구금은 그것이 추방절차를 취하였든 이송절차를 취하였든 관계없이 산입된다.[643]

4) 절차법상 외국형의 고려: 기소편의주의의 적용(독일 형사소송법 제153c조)

독일의 형사소송법은 공소제기는 검사의 권한에 속하며(제152조 제1항), 법률에 다르게 규정되어 있지 않고, 검사는 충분한 사실적 근거가 존재하는 한, 형사소추 가능한 모든 범죄행위에 대하여 공소를 제기하여야 한다고 규정하여(제152조 제2항), 원칙적으로 국가소추주의와 기소법정주의를 취하고 있다. 다만 "외국에서 행해진 범죄행위로 인해 피의자에 대한 형이 이미

---

640 OLG Hamm NJW 1972, 2193; NK/Kett-Straub, §51 Rn.33; Schönke/Schröder/Kinzig, §51 Rn.31.

641 **형법 제51조 【형의 산입】** ① 형의 선고를 받은 자가 형사소송절차의 대상이거나 그 대상이 되었던 범죄행위로 인하여 미결 구금되었거나 기타의 자유박탈을 받은 경우에 그 기간을 자유형 및 벌금형에 산입한다. 다만, 법원은 범행 후 형의 선고를 받은 자의 태도에 비추어 타당하지 아니한 경우에는 그 기간의 전부 또는 일부를 산입하지 않을 수 있다.

642 NK/Kett-Straub, §51 Rn.36; Schönke/Schröder/Kinzig, §51 Rn.35.

643 BGH NStZ 1997, 385; NK/Kett-Straub, §51 Rn.36.

집행되었고, 그 외국의 형을 감안하여 볼 때 국내에서 예상하고 있는 형벌의 정도가 높지 않은 경우 또는 피의자가 그 행위에 관하여 외국에서 무죄의 확정판결을 받은 경우에 검사는 기소하지 않을 수 있다."(제153c조 제2항)[644] 라고 하여 검사의 소추재량을 인정하고 있다. 즉 독일의 경우 비록 재량적이기는 하나 국외에서 받은 형벌이 집행된 경우 해당 동일한 범죄사실에 대하여 검사가 불기소할 수 있는 가능성을 열어 두고 있다.

이 규정은 외국에서 유효한 판결을 받아 그 판결이 집행된 경우와 외국에서 유효한 무죄의 판결이 존재하는 두 가지 사례유형을 포함하고 있다. 이미 외국에서 동일한 범죄로 인하여 형벌이 집행된 경우에는 독일 국내에서의 처벌이 불가능한 것은 아니나 해당 집행받은 형벌을 반드시 산입하도록 하고 있다. 여기서 국제법적으로 산입주의가 필수적으로 요청되는 것은 아니다. 산입주의가 상당수 국가의 법질서에 의하여 승인되고 있는 것은 아니기 때문에 산입주의가 국제법적으로 승인된 일반규범에 속하는 것은 아니다.[645] 따라서 국경을 초월하는 이중소추나 이중처벌로부터 피의자를 보호하는 것은 국가형벌권의 행사라는 명제보다 후순위에 위치한다. 즉 국제법적인 국가주권 중심적 관점이 법치국가적 형법의 개인법적 관점을 배제시키고 있는 것이다.

그러나 동일한 범행으로 처벌받은 사람을 다시 국내에서 처벌하여야 할 필요성이나 형사소추이익은 별로 크지 않다.[646] 오히려 처벌받은 자를 다시

---

644 **StPO § 153c**
(2) Die Staatsanwaltschaft kann von der Verfolgung einer Tat absehen, wenn wegen der Tat im Ausland schon eine Strafe gegen den Beschuldigten vollstreckt worden ist und die im Inland zu erwartende Strafe nach Anrechnung der ausländischen nicht ins Gewicht fiele oder der Beschuldigte wegen der Tat im Ausland rechtskräftig freigesprochen worden ist.

645 BVerfG NJW 1987, 2155, 2158; Radtke/Hohmann, Strafprozessordnung, Kommentar, § 153c Rn.19.

646 Meyer-Goßner, StPO, § 153c Rn.12; Radtke/Hohmann, Strafprozessordnung, § 153c Rn.19.

일률적으로 처벌하는 것은 실질적 정의나 책임주의 관점에서 정당화되기 어렵다고 생각할 수 있으므로, 이러한 경우에는 형사소추를 배제할 수 있도록 규정하는 것이다.

어쨌든 이와 같은 형사소추의 배제가능성에도 불구하고 처벌가능성의 존재는 인권법적 측면에서나 기본권법적 측면에서 우려할 만한 일이며, 그리 만족할 만한 일은 아니다. Lagodny가 지적한 바와 같이,[647] 형사소송적 유죄증명행위와 전체 형사절차가 일반적 인격권, 특히 명예에 대한 침해가 존재하는 경우에는(이미 절차가 형벌에 해당한다), 이러한 사실이 이미 외국에서 유효하게 법적으로 판단되어진 경우에는 동일한 사실로 인하여 형사절차가 계속되는 것은 어떻든 헌법적으로 허용되지 않는다. 이러한 논증의 토대가 되는 국가 간 또는 국제법적 형사소추의 개인법적 요소들이 점점 더 큰 의미를 얻고 있으며, 예컨대 특히 국제형사재판소나 쉥겐협약 등을 통하여 일사부재리의 원칙의 승인이 확대되고 있는 것이다.

4. 일본

1) 외국형의 일사부재리원칙 적용여부

일본 헌법 제39조는 "누구든지 실행 당시 적법했던 행위 또는 이미 무죄가 된 행위에 대해서는 형사상의 책임을 추궁 받지 않는다. 또한 동일한 범죄로 거듭 형사상의 책임을 추궁 받지 않는다."라고 규정하고 있다. 여기서 전문은 소급효금지의 원칙(형벌불소급의 원칙)을 선언한 것이며, 후문은 이중처벌금지의 원칙 또는 일사부재리의 원칙을 선언한 것이다.[648]

이러한 일사부재리의 원칙은 다른 대부분의 국가들과 마찬가지로 일본

---

647 Lagodny, Strafrecht vor den Schranken der Grundrechte, S.96ff.

648 井田 良, 講義刑法學 總論, 59-60面.

의 경우에도 국내법원에 의한 판결에 의하여 거듭 처벌되는 경우에만 금지되는 것으로 파악한다.[649] 일본형법 제5조 역시 이러한 취지에 따라 "외국에서 확정판결을 받은 자이더라도 동일행위에 대하여 다시 처벌하는 것이 방해되지 아니한다."라고 명문으로 규정하고 있다. 법률의 규정뿐만 아니라 판례의 입장도 헌법 제39조는 일본 법원의 재판에 대하여만 이중의 위험을 금지하는 것으로 해석하며, 이에 따라 외국의 확정판결이 있는 경우 일본 법원이 다시 재판하여 처벌하는 것을 허용하는 형법 제5조는 헌법에 위반되지 않는다고 판단하였다.[650]

2) 형법상 외국형의 고려: 산입주의의 채택

외국형에 대하여 일사부재리의 원칙을 적용하지는 않더라도 동일한 범죄사실로 거듭하여 처벌하는 것은 적절하지 않다. 따라서 일본형법은 외국에서 형의 집행을 받은 경우 일본에서 형을 집행하는 단계에서 이를 반드시 고려하도록 하였다. 즉 일본형법 제5조 후단은 "다만 범인이 이미 외국에서 선고된 형의 전부 또는 일부의 집행을 받은 경우에는 형의 집행을 감경하거나 면제한다."라고 규정하여 필요적으로 형의 집행을 감경 또는 면제하도록 하는 필요적 산입주의[651]를 채택하고 있다.[652]

형의 집행을 필요적으로 감면하기 위하여는 '외국에서' 확정판결을 받은

---

649 岡野光雄, 刑法要說總論, 12面; 森下 忠, 國際刑法の基本問題, 84面; 井田 良/丸山雅夫, Casestudy刑法, 59面.

650 最大判 昭和 28.7.22 刑集 7券 7号 1621面.

651 井田 良/丸山雅夫, Casestudy刑法, 59面; 前田雅英, 刑法總論講義, 87面. 이에 대하여 일부에서는 이를 '탄력적 산입주의'라고 표현하나(김기준, 일사부재리원칙의 국제적 전개, 2013, 131면), 필요적 산입주의의 표현이 적절한 것으로 보인다.

652 일본의 구형법에서는 외국에서의 확정판결이 존재하는 경우 형의 집행을 감경 또는 면제할 수 있도록 하여 임의적인 것으로 규정하였으나, 1947년의 형법개정으로 인하여 현행 형법은 형의 집행을 필요적으로 감면하도록 규정한 것이다(김기준, 일사부재리원칙의 국제적 전개, 131면 참조).

경우에 한한다. 여기서 외국에서의 의미는 일본의 재판권이 아닌 다른 나라의 재판권에 의한 판결을 의미한다. 그리고 외국에서의 판결은 외국의 형사법원에 의하여 선고된 '형사 확정판결'이어야 한다.

피고인이 동일한 범죄로 인하여 외국에서 선고된 형의 전부 또는 일부의 집행을 받은 경우 형의 집행을 필요적으로 감경 또는 면제하는데, 이 경우 형의 집행을 면제할 것인가 아니면 감경할 것인가, 감경하는 경우 어느 정도 형의 집행을 감경할 것인가가 문제된다. 여기서 외국에서 선고되어 집행된 형의 종류 및 형량과 일본에서 집행이 면제 또는 감경되는 형의 종류가 동일한 형종일 필요는 없으며, 형량 역시 반드시 집행된 형량을 모두 산입할 필요는 없다. 예를 들면 일본에서 피고인에게 사기죄로 징역 5년을 선고할 경우, 해당 범죄로 인하여 국외에서 이미 징역 1년형을 집행 받았던 경우, 이를 고려하여 선고할 5년 중 집행되어진 1년의 기간을 집행을 감경해 줄 수도 있고, 그 이상 또는 그 이하의 기간의 집행을 감경할 수 있다. 그리고 동일한 범죄로 외국에서 벌금형을 집행 받았던 경우에도 징역형을 선고하면서 형의 집행기간을 감경할 수 있다.[653]

일본에서의 면제 또는 감경은 형 그 자체에 대해 행해지는 것이 아니라 형의 집행에 대하여 행하여지는 것이다.[654] 따라서 판결을 선고할 때에 형명, 형기 또는 금액은 그대로 나타나야 하며 형의 집행의 감경 및 면제 역시 재판으로 선고되어야 한다.[655] 여기서 형의 집행의 감경이란 자유형에서는 선고되는

653 그 밖에 무기형의 경우에도 형법 제5조에 의한 감경이 가능하며, 판례는 외국에서 형의 집행을 받은 사실을 감안하여 상당기간을 본형에 산입하는 것에 의해 그 기간은 가출옥의 규정 적용에 대하여 이미 형의 집행을 받은 기간을 통산하는 것도 집행의 감경에 해당한다고 한다(最大判 昭和 30.6.1. 刑集 9.7.1103) 그러나 사형에 대하여는 집행의 감경이 인정되지 않는다. 외국에서 받은 형은 반드시 일본의 형과 같은 내용을 가질 것을 요하지 않으며, 다만 외국의 처벌이 일본의 형이 아닌 경우에는(예컨대 과료) 형법 제5조가 적용되지 않고 다만 정상참작사유로 고려될 뿐이라고 한다(장규원/강동욱, 형법총칙 비교법 자료집, 100-101면 참조).

654 이 점에서 우리 형법이 형의 임의적 감면사유로 규정하고 있는 것과 차이가 존재한다.

655 最大判 昭和 29.12.23. 刑集 9巻 2号 374面.

형기의 집행기간을 감하여 주는 것이며, 벌금형과 같은 재산형에서는 선고되는 벌금액 등 납부하여야 할 금액을 감하여 주는 것을 말한다. 그리고 '형의 면제'란 형의 집행을 모두 면제하는 것을 말한다.[656] 그러나 선고되는 형 자체가 변경되는 것은 아니므로 형의 시효는 선고된 형에 따라 정하여 진다.

결국 일본의 경우 외국에서 선고받은 형의 경우 이를 전부 또는 일부의 집행을 받은 경우에 한하여 이미 집행 받은 형을 일본의 형의 집행에서 산입하여 주는 방식으로 피고인에 대하여 고려하고 있다. 물론 산입은 반드시 하도록 규정하고 있으나 산입의 정도에 대하여는 개방적인 태도를 취하고 있다.

3) 절차법상 외국형의 고려: 기소편의주의의 채택

일본의 경우에는 외국에서 형의 집행을 받은 범죄인에 대하여 전술한 바와 같이 법원이 형을 선고하는 단계에서 이를 고려하는 이외에도, 기소단계에서 해당 범죄인을 고려하는 것도 가능하다. 일본 형사소송에서 기소는 검찰관이 행하도록 하고 있으며(국가소추주의; 형사소송법 제247조), 검찰관은 범인의 성격, 연령 및 환경, 범죄의 경중 및 정상 및 범죄 후의 정황에 의하여 소추를 필요로 하지 아니하는 때에는 공소를 제기하지 아니할 수 있다(제248조). 이에 따라 일본 형사소송에서는 범죄의 중대성이나 전과의 부존재 같은 조건을 부과하지 않고 광범위한 기소편의주의를 채용하고 있다.[657] 그리고 실제로 일본에서는 검사에 의한 기소유예처분이 외국에서는 그 예를 보기 어려울 정도로 활발히 행하여지고 있다고 한다. 이와 같은 기소편의주의에 따라 검찰관이 기소를 하는 경우 해당 범죄인이 외국에서 형의 집행을 받았는지 여부를 확인하여 충분하고도 필요한 정도의 형의 집행이 행

656 最大判 昭和 28.7.22. 刑集 7券 7号 1621面.
657 田口守一, 刑事訴訟法, 148面.

하여 졌다고 판단되면 불기소 처분을 하는 것이 가능하다. 따라서 외국에서 처벌받은 범죄인에 대하여 구체적 타당성을 흠결하는 국제적 이중처벌은 사실상 일어날 수 없으며, 제한적 기소편의주의를 채용하는 국가에 비하여 외국판결에 대한 국제적 일사부재리원칙을 인정할 필요성이 상대적으로 적다는 주장이 제기되고 있다.[658]

5. 기타 국가

(1) 오스트리아형법은 오스트리아 국내에서 행한 범죄 또는 오스트리아 국적의 선박 또는 항공기에서 행해진 범죄에 적용되며(제62조, 제63조), 또한 행위지의 형법과 무관하게 국외에서 범한 특정한 범죄(내란, 오스트리아 공무원에 대한 또는 오스트리아 공무원의 범죄, 형사미성년자에 대한 성범죄 등)의 경우에도 오스트리아형법이 적용된다(제64조). 이러한 의미에서 오스트리아형법은 속지주의와 기국주의 및 특정한 범죄에 대한 보호주의와 세계주의를 인정하고 있다.[659]

속인주의와 관련하여 보면, 외국에서 행해진 범행의 경우에는 ① 행위자가 행위 당시에 오스트리아인이었거나 오스트리아 국적을 사후적으로 취득하였거나 형사소송이 개시될 당시 오스트리아 국적을 보유하고 있는 때 또는 ② 행위자가 행위 당시 외국인으로서 국내에 있으며 범행의 종류나 성질 이외의 다른 이유로 외국으로 인도될 수 없는 때[660]에 행위지의 법률도 해당 범죄를 처벌하는 경우에 한하여(lex loci) 오스트리아형법이 적용된다(형법 제65조 제1항).

국외범에 대하여 속인주의에 따른 형법이 적용된다 할지라도 다만 "행위

658 森下忠, 國際刑法の基本問題, 84面; 김기준, 일사부재리원칙의 국제적 전개, 135-136면.

659 Helmut Fuchs, AT I, 5/21ff.

660 이 경우는 속인주의에 따른 원칙이 아니라 대리형사사법주의에 따른 오스트리아형법의 적용에 해당한다(Helmut Fuchs, AT I, 5/30).

자가 행위지의 법원에 의해 기판력 있는 무죄판결을 받았거나 소추되지 않는 때"(제2호), "행위자가 외국의 법원에 의해 기판력 있는 유죄판결을 받고 형벌이 모두 집행되었거나 면제되거나 형의 집행이 외국의 법률에 의해 시효로 소멸된 때"(제3호), "외국법원에 의해 선고된 형벌의 집행의 전부 또는 일부가 연기된 때"(제4호)에는 처벌되지 않는다(제65조 제4항). 이 경우 오스트리아 법률에 의한 보안처분은 그 요건이 충족되는 때에는 앞의 이유로 국내에서 처벌되지 않는 오스트리아국민에 대해서도 보안처분을 명할 수 있도록 하고 있다(제65조 제5항).

이에 반하여 국내에서 처벌될 범죄로 인해 외국에서 받은 처벌은 국내에서의 형의 집행에 산입하도록 하고 있다(제66조).[661] 오스트리아 법원은 행위지의 법률에 의한 것보다 전체적 효력에서 행위자에게 불리하지 않도록 형벌을 정하여야 한다. 따라서 검사는 형사소송법 제192조 제1항 제2호에 따라 국외에서 집행된 형벌이나 다른 형사절차상의 불이익으로 인하여 국내에서 더 높지 않은 형벌이 예상되는 경우에는 형사소추를 포기할 수 있다.[662] 보통 외국에서 집행된 자유형의 경우에는 국내의 형벌에 1:1로 산입된다. 보다 어려운 외국의 구금상황, 예컨대 동아시아에서의 자유형 1일은 오스트리아에서 자유형 2일에 상응하는 것으로 산입하는 것과 같이[663] 다른 비율로 고려되어질 수 있다.

(2) 중국의 경우에는 형법 제10조에 "중화인민공화국의 영역 외에서 죄를 범하여 본법에 따라 형사책임을 져야하는 경우, 비록 외국에서 재판을 받았다고 하더라도 모두 본법에 따라 추궁할 수 있다. 다만, 외국에서 이미 형

661 Das österreichische Strafgesetzbuch § 66 [Anrechnung im Ausland erlittener Strafen] Hat der Täter für die Tat, derentwegen er im Inland bestraft wird, schon im Ausland eine Strafe verbüßt, so ist sie auf die im Inland verhängte Strafe anzurechnen.

662 Ernst Eugen Fabrizy, Die österreichische Strafprozessordnung, 193/1.

663 Helmut Fuchs, AT I, 5/41.

벌을 받은 자에 대하여는 처벌을 면제하거나 감경할 수 있다."고 규정하고 있다. 즉 국외에서 죄를 범하였을지라도 중국형법을 적용할 수 있는 경우에는 행위자가 국외에서 재판을 받은 경우에도 다시 중국형법으로 처벌할 수 있으며,[664] 다만 이 경우 외국에서 형벌을 받은 자에 대하여 임의적으로 처벌을 면제하거나 감경할 수 있도록 규정하고 있다.

여기서 제10조는 중국공민이 국외에서 죄를 범하여 행위지에서 처벌을 받은 경우를 예정하여 해당 중국공민에게 형을 임의적으로 감면할 수 있는 것으로 해석된다.[665] 그러나 중국공민이 국외에서 죄를 범한 것이 아니라 국내에서 죄를 범한 후 국외로 도주하고, 체류국에서 해당 중국인을 처벌한 후 다시 중국으로 추방한 경우, 이에 대하여는 어떻게 할 것인가에 대하여는 명문의 규정이 존재하지 않는 것으로 파악된다. 이 경우에는 중국형법 제10조는 적용이 불가능하고 중국형법 제6조[666]의 속지주의 원칙에 따라 자국형법을 적용하여 처벌하는 것이 가능할 뿐이라고 보아야 한다. 그리고 속지주의를 적용하는 경우에는 해당 범죄인은 국외에서 처벌을 받은 경우에도 다시 중국형법에 의하여 처벌하는 경우 그 처벌을 면제하거나 감경할 수 없다는 문제가 발생한다

664 이는 하나의 독립·자주적 국가로서 당연히 외국판결의 효력에 구속되지 아니한다는 것으로 중국형법이론의 통설이라고 한다(張明楷, 刑法學, 70頁).

665 張明楷, 刑法學, 70頁.

666 **중국형법 제6조**

중화인민공화국의 영역 내에서 죄를 범한 자에게는 법률에 특별한 규정이 있는 경우를 제외하고는 모두 본법을 적용한다.

중화인민공화국의 선박이나 항공기 내에서 죄를 범한 경우에도 본법을 적용한다.

범죄행위 또는 결과에 중화인민공화국의 영역 내에서 발생한 것이 있는 경우에는 중화인민공화국의 영역 내에서 죄를 범한 것으로 본다.

V. 형법 제7조와 이중처벌금지의 원칙

1. 이중처벌금지의 원칙의 내용

이중처벌금지의 원칙은 국민의 신체의 자유와 안전을 보장하기 위하여 동일한 범죄에 대하여 다시 심판하여 거듭 처벌하는 것을 금지하며,[667] 헌법은 제13조 제1항에 "모든 국민은 … 동일한 범죄에 대하여 거듭 처벌받지 아니한다."라고 규정하여 동 원칙을 천명하고 있다. 이중처벌금지에서 금지의 대상이 되는 것은 원칙적으로 범죄에 대한 국가의 형벌권 실행으로서 과벌을 의미한다.[668] 따라서 이중처벌금지는 형벌로서 과벌을 병과하는 것을 금지하는 것이며, 국가가 행하는 일체의 제재나 불이익처분이 모두 금지되는 것은 아니다. 형법이 규정한 형벌에 속하지 아니한 처분들이 형벌과는 별도로 부과되어졌을 때, 동 처분들이 본질상 처벌로서의 성격을 가졌다면 이중처벌에 해당하는 것이 아닌가 하는 점이 문제될 수 있다. 여기서 미국과 대륙법 국가의 판례입장에서 부분적으로 차이가 있다.[669] 대륙법 국가의 경우 동일한 범죄에 거듭 '처벌'되지 아니한다고 할 때, 처벌은 법체계상 형사처벌로 인정되는 처벌에 한정된다고 이해한다. 따라서 형사처벌의 범주에 속하지 아니하는 과징금, 과태료, 신상공개처분 등은 헌법 제13조 후단이 금지하는 '처벌'에 속하지 않으므로 이중처벌금지의 대상이 되지 않는다고 본다. 이러한 입장은 독일과 프랑스 판례의 경향이며, 우리 헌법재판소의 다수의견이 취하고 있는 입장이기도 하며, 처벌의 개념을 형식적으로 파악하여 형법상의 형벌로 포섭되어 있는 것만이 포함된다고 보는 의미에서 형식설이라고 부른다. 이에 반하여 헌법 제13조에서 금지하는 거듭 '처벌'은 반드시

667 김종철, 헌법주석[I], 한국헌법학회(편), 484; 성낙인, 헌법학, 1082면.

668 전광석, 한국헌법론, 327면; 성낙인, 헌법학, 1082면; 헌재결 2002.7.18. 2000헌바57.

669 이하의 내용은 김승대, 이중처벌 금지원칙에 대한 헌법해석의 재검토, 공법연구, 제35집 제4호, 2007, 381-393면 참조.

형법이 인정하는 형벌뿐만 아니라 이러한 형벌과는 다른 법적 형식을 취하고 있지만 본질적으로는 형사적 제재에 다름 아닌 조치로서의 성격을 가진 경우에도 이중처벌금지에서 말하는 처벌에 해당한다고 보아야 한다는 견해가 있다. 미국 판례의 입장이나 우리 헌법재판소의 소수의견 가운데 이러한 견해가 피력된 바 있다. 이러한 입장은 처벌이 단지 형법이 정하여 놓은 범주에 속한 것 뿐 아니라 실질적으로 그 성격을 따져서 형법상의 형식을 취하고 있지 아니한 경우에도 형사처벌과 같은 본질을 가지고 있다고 판단되면 그것은 처벌에 해당한다고 보는 견해이다. 이러한 입장은 실질적 구분에 따라서 형벌에 이어 부과되는 처분의 성격을 밝히고 그 여부에 따라 이중처벌금지의 대상인 처벌에 해당하는지 여부를 판정한다는 것이므로 실질설이라 부른다. 실질설을 취할 때 과연 어떠한 처분이 형벌과 같은 처벌로서의 본질을 가질 것인가 하는 점을 판단하는 기준을 제시하여야 하는 과제가 남게 된다. 판단컨대 호퍼판결[670]에서 미연방대법원이 제시한 바와 같이 행위자의 반사회성을 응징하기 위하여 행위자에게 고통을 가하는 응보 내지 징벌을 주요한 목적으로 삼는 것인지 여부를 기준으로 하여 결정하는 것이 합리적이라고 생각한다.[671] 이러한 의미에서 공무원이 재직 중에 범죄를 범한 경우 이에 대하여 형벌을 가하고, 다시 퇴직 시에 급여를 제한하는 것은 이중처벌금지의 원칙을 위반하는 것이 아니다.[672] 동일한 취지로 행정형법을 위반한 행위에 대하여 형벌을 가하고 다시 행정적인 제재인 과태료 등을 부가하는 것도 마찬가지이다.[673] 또한 범죄를 범한 행위자에 대하여 형벌을 부과하면

---

670 United States v. Halper, 490 U.S. 435(1989).

671 김승대, 이중처벌 금지원칙에 대한 헌법해석의 재검토, 공법연구, 제35집 제4호, 2007, 391-392면. 이러한 기준에 의거하여 부당 내부거래에 대하여 과징금을 부과하는 경우 이는 '처벌'에 해당한다고 보아 이중처벌금지의 원칙을 위반한 것으로 파악된다(김승대, 앞의 논문, 398면).

672 헌재결 2002.7.18. 2000헌바57.

673 이러한 취지로 헌재결 1994.6.30. 92헌바38; 헌재결 2001.5.31. 98헌가18등(병합); 헌재결 2003.6.26. 2002헌가14.

서 동시에 보안관찰처분을 병과한 경우[674]나 보호처분을 병과한 경우,[675] 누범이나 상습범에 대하여 가중처벌을 하는 경우[676] 모두 이중처벌금지의 원칙에 어긋나는 것은 아니나.[677]

2. 외국에서 집행받은 형과 이중처벌금지의 원칙

문제는 이중처벌금지의 원칙이 외국에서 형사처벌을 받은 경우에도 적용되는가이다. 이중처벌금지의 원칙은 일반 개인에게 기준으로 적용되는 것이 아니라 국가권력이 그 수범자가 되므로 대한민국 내에서 거듭 형벌권이 행사되는 것이 금지된다는 것을 의미한다. 그리고 이렇게 해석하는 것이 통설[678]과 판례[679]의 입장이기도 하다. 다만 일부 견해에서 입법론적으로 이중처벌금지원칙이 국내에서만 적용되는 법원칙이라는 점을 인정하면서도 국제적인 차원에서의 일사부재리의 원칙을 인정하는 전향적인 태도에 따라 형법 제7조의 규정을 폐지하는 것이 바람직하다는 입법론을 제시하고 있는 정도이다.[680] 따라서 외국에서 확정판결이 이미 내려진 경우에 동일한 행위에 대하여 국내법에 따라 소추하여 처벌하는 것은 금지되는 것이 아니라고 본다.

---

674 헌재결 1997.11.27. 92헌바28; 헌재결 2003.6.26. 2001헌가17.

675 헌재결 1989.7.14. 88헌가5.

676 누범의 경우 전범의 처벌은 이미 이루어진 상태이고 그 판단은 오로지 후범에 의하여 저질러진 범죄에 대하여 가중처벌하는 것이므로 이중처벌로 될 수 없고(헌재 1995. 2. 23. 93헌바43), 상습범은 범죄의 습벽으로 인한 반사회적 위험성이 크기 때문에 가중처벌하는 것이므로 어느 한 행위에 대하여 이중처벌하는 것은 아니다(헌재결 1995.3.23. 93헌바59).

677 보다 상세한 설명은 김종철, 헌법주석[I], 한국헌법학회(편), 490-491면; 전광석, 한국헌법론, 328면.

678 김성규, 일사부재리의 원칙과 형법 제7조의 의미, 성균관법학, 제14권 제1호, 171면; 김종철, 헌법주석[I], 한국헌법학회(편), 491면; 성낙인, 헌법학, 1083면; 이상돈, 형법강론, 29면; 임웅, 형법총론, 89면; 전광석, 한국헌법론, 327면; 정성근/박광민, 형법총론, 71면; 천진호, 형법총론, 143면.

679 대법원 2013.4.11. 선고 2013도2208 판결; 대법원 1979.4.10. 선고 78도831 판결; 대법원 1983.10.25. 선고 83도2366 판결.

680 김성돈, 형법총론, 99면; 조상제/천진호/류전철/이진국, 국제형법, 59면.

또한 이와 같은 해석은 국제법적 관점에서도 허용되는 것으로 판단된다. 즉 '시민적 및 정치적 권리에 관한 협약'의 제14조 제7항(Art.14 Abs.7 IPbpR)의 인권보장 규정 역시 명시적으로 '각 국가의' 법률과 형사절차에 따라 판결을 내리도록 하고 있다.[681] 범죄자에 대한 국가의 형벌권 행사는 개별국가가 가지고 있는 국가주권의 실행으로 인정되기 때문에 해당 국가의 국제협약이나 국가간의 조약에 의하여 제한되지 않는 이상 독립적으로 행사할 수 있는 것으로 평가된다. 따라서 국외에서 동일한 범죄로 인하여 형사처벌을 받았을지라도 자국에서 새로이 형사책임을 묻는 것이 이중처벌금지원칙에 위반되는 것은 아니다.[682] 즉 형사판결은 형벌권이라는 국가주권의 행사에 기초한 것이므로, 외국의 형사판결이 우리 법원의 판결을 기속하지는 못한다. 따라서 이중처벌금지원칙은 동일한 범죄에 대하여 대한민국 내에서 거듭 형벌권이 행사되어서는 안 된다는 뜻으로 새겨야 한다는 점에서 형법 제7조가 헌법 제13조 제1항의 이중처벌금지원칙에 위배되는 것은 아니다.

3. 이중처벌금지의 원칙의 전면적 적용

1) 전면적 적용론

이중처벌금지의 원칙이나 일사부재리의 원칙은 외국판결에 대하여는 적용되지 않는다. 따라서 외국에서 형의 집행을 받은 자를 고려하기 위하여 국제적 차원에서 이중처벌금지원칙의 적용이나 일사부재리의 원칙을 인정하여 형법 제7조를 폐지하자는 주장이 존재한다.[683] 또한 일부에서는 국가의

---

681 시민적 및 정치적 권리에 관한 협약 제14조 제7항: "어느 누구도 각국의 법률 및 형사절차에 따라 이미 확정적으로 유죄 또는 무죄선고를 받은 행위에 관하여서는 다시 재판 또는 처벌을 받지 아니한다."

682 Ambos, Internationales Strafrecht, § 4 Rn.5; Radtke/Hohmann, Strafprozessordnung, § 153c Rn.19.

683 김성돈, 형법총론, 99면; 조상제/천진호/류전철/이진국, 국제형법, 59면.

기본적 질서를 해치는 범죄가 아닌 경우 국외에서 발생한 범죄라면 일사부재리의 효력을 승인하는 것도 가능하다는 주장도 있다.[684] 이러한 주장은 결국 헌법상의 이중처벌금지원칙이나 일사부재리의 원칙을 외국판결에도 확대·적용하여 국내법원에서 더 이상 처벌하지 않아야 한다는 입장이다. 국제적으로 이러한 입장을 취하고 있는 경우는 프랑스형법의 경우이다. 즉 프랑스형법은 프랑스 국민이 국외에서 죄를 범한 경우나 국외에서 프랑스 국민에 대하여 죄를 범한 경우, 외국에서 동일한 행위로 이미 확정판결을 받았음을 증명하는 자 또는 그 판결이 유죄의 확정판결인 경우에는 형의 집행을 받았거나 형의 시효가 완성되었다는 것을 증명하는 자에 대하여는 소추할 수 없도록 규정(프랑스형법 제113-9조)하여 국외범의 경우에 이중처벌금지원칙을 전면적으로 수용하고 있다.[685]

2) 전면적 적용에서 문제점

(1) 형법 제7조의 단순 폐지의 문제점

이중처벌금지의 원칙을 우리 형사법에 전면적으로 적용하여 외국에서 받은 판결에 대하여 다시 국내에서 처벌하지 못하도록 하는 경우나, 단순히 형법 제7조의 전면적 폐지를 주장하면서 이중처벌금지의 원칙을 주장하는 경우에는 문제점이 야기될 수 있다. 형법 제7조의 단순한 폐기를 통하여 이중처벌금지의 원칙의 전면적 적용을 수상하는 것은 법직용에서 문제가 있다. 형법 제7조가 단순 폐지되는 경우에는 외국에서 형사판결을 받은 자를 불처벌하는 근거로 사용되는 것이 아니라 형법 제7조가 존재하지 않음으로써 그나마 존재하는 외국에서 형의 집행을 받은 자에 대한 국내의 형사절차에서

684 임동규, 일사부재리원칙에 대한 연구, 서울대학교 박사학위논문, 1994, 144면.

685 외국형사판결의 효력에 대한 다양한 입법례에 대하여는 김성규, 일사부재리의 원칙과 형법 제7조의 의미, 성균관법학, 제14권 제1호, 173-176면; 전지연, 외국에서 집행받은 형의 선고와 형법 제7조의 개정방향, 형사판례연구[24], 2016, 31-46면 참조.

형의 임의적인 감면이라는 고려도 받지 못할 위험성이 존재한다.[686] 왜냐하면 외국에서 형을 받은 자를 임의적 감면하기 위한 명문의 규정이 삭제되는 경우 임의적 감면의 근거가 존재하지 않게 되어 행위자를 더욱 더 불리하게 할 가능성이 크기 때문이다. 결국 이중처벌금지의 원칙을 전면적으로 적용하기 위해서는 형법 제7조의 폐지와 함께 헌법이나 형법규정을 통하여 외국에서 형의 집행을 받은 경우 이중처벌을 금지하거나 다시 기소하지 못한다는 취지의 별도의 규정을 마련하여야 한다. 즉, 형법 제7조의 단순한 삭제가 아닌 삭제와 동시에 새로운 입법이 필요하다. 다만 새로운 규정을 통하여 국외판결에 대한 이중처벌금지 원칙을 전면적으로 적용하는 경우에도 아래와 같은 문제점은 여전히 남는다.

(2) 국가별 불법내용의 차이에 대한 고려의 부재

이중처벌금지원칙을 전면적으로 적용하는 것은 외국의 형사판결을 전적으로 수용하여 우리 법원은 더 이상 처벌하지 않겠다는 입장이다. 여기에서는 외국에서 집행 받은 형이 우리 형법상의 처벌에 상응한다는 전제가 충족되어야 할 것이다. 그러나 동일한 범행에 대하여 외국에서는 우리 형법이 정한 형보다 훨씬 가벼운 형으로 처벌하도록 법정형이 낮게 규정되어 있는 경우가 적지 않다. 예컨대 합동강간의 경우 일본형법은 4년 이상의 유기징역으로 처벌하나(일본형법 제178조의2), 우리 형법은 무기 또는 5년 이상의 유기징역으로 처벌한다(성폭력범죄의 처벌에 관한 특례법 제4조 제1항).[687] 또한 동일한 범행을 외국에서 처벌하는 경우에도 실질적으로 동일한 구성요건이 성립하지 않거나 동일한 불법내용으로 규정되어 있지 않을 수 있기

686 이러한 이유로 헌법재판소의 경우에도 형법 제7조의 헌법불합치 결정을 내리면서 2016.12.31.까지 잠정 효력을 인정하였다.

687 징역형의 상한에도 차이가 존재한다. 일본형법은 징역형의 상한을 20년 이하로 하며(제12조), 가중하는 경우에도 30년까지로 한다(제14조 제2항). 이에 반하여 우리 형법은 유기징역형은 30년 이하로 하며, 가중하는 경우에는 50년까지 가능하다(제42조).

때문에 법정형에서 현저한 차이를 나타낼 수 있다. 예를 들면 우리 형법에 의하면 대한민국의 공문서를 위조한 경우에는 공문서위조죄로 10년 이하의 징역형에 처하도록 하면서도 외국의 공문서를 위조한 경우에는 사문서로 취급하여 5년 이하의 징역 또는 1천만원 이하의 벌금형을 그 법정형으로 규정하고 있다. 이에 상응하게 외국 형법의 경우에도 자국의 문서여부에 따라 공문서와 사문서를 구별하여 처벌하므로 외국에서 대한민국 명의의 문서를 위조한 경우 사문서위조로 처벌된다. 즉 자국의 문서인가의 여부에 따라 적용되는 구성요건과 법정형이 상이하게 된다.[688] 더 나아가 국가에 따라서는 동일한 행위의 범죄유형의 차이가 존재할 수 있으며,[689] 성립하는 범죄에 대한 법정형의 차이뿐만 아니라 상상적 경합과 실체적 경합과 같은 죄수론의 영역에서 처벌방식의 차이가 존재함으로써 그 처벌내용에서 상당한 차이가 존재할 수 있다. 예를 들면 중국형법에서 실체적 경합의 경우에는 사형과 무기징역을 제외하고는 합산한 형기 이하를 선고하고(중국형법 제69조), 상상적 경합의 경우에는 이에 대한 명문의 규정은 없으나 중국의 최고사법기관의 사법해석을 통하여 하나의 중한 죄를 택하여 처단하도록 하고 있다.[690] 스위스형법의 경우에는 상상적 경합과 실체적 경합의 구별을 인정하나 법적 효과는 동일하게 규정하고 있다.[691] 즉 스위스형법은 "행위자가 1개 또는 수개의 행위로 수개의 동종의 형을 정한 구성요건을 충족한 경우 법원은 가장 중한 죄에 정한 형에 처하고 적절하게 가중한다. 그럼에도 불구하고 법원은

---

688 예컨대 일본형법에서도 공문서와 사문서를 구분하여 처벌하며, 공문서위조의 경우 1년 이상 10년 이하의 징역(제155조 제1항), 사문서위조의 경우 3월 이상 5년 이하의 징역에 처한다(제159조).

689 현금카드 소유권자의 동의 없이 타인의 현금카드를 이용하여 현금자동지급기에서 현금을 인출하는 경우 우리 형법은 이를 절도죄로 처벌하나(대법원 2007.5.10. 선고 2007도1375 판결), 독일의 경우 이를 컴퓨터사용사기죄로 파악한다(Dölling/Duttge/ Rössner, Gesamtes Strafrecht, §263a Rn.12; Fischer, §263a Rn.12a; BGHSt 35,152; 47,162; BT-Drucksache 10/5058, 29f.).

690 까오밍쉔 저/한상돈 역, 중국 형법총론 연구, 한국형사정책연구원, 550면.

691 Stratenwerth/Wohlers, Schweizerisches Strafgesetz, VorArt.49 Rn.8ff.

법률에 정한 형의 상한의 2분의 1이상을 가중하지 못한다. 이때 법원은 법률에 정한 형의 종류의 상한에 구속된다."(제49조 제1항)라고 규정하여 우리의 경합범의 처리와 차이를 보이고 있다.

그리고 국외에서 발생한 범죄로서 국가의 기본적 질서를 해하는 범죄가 아닌 경우 일사부재리의 효력을 승인할 수 있다는 주장과 관련하여, 이러한 주장은 국가적 법익을 침해하는 범죄를 제외한 다른 범죄에 대하여 이중처벌금지의 원칙을 인정하는 입장이다. 그러나 공무집행방해죄와 상해죄의 상상적 경합의 경우와 같이 국가적 법익을 침해하는 범죄와 그렇지 않은 범죄가 동일한 행위에 의하여 이루어지는 경우가 존재한다. 또한 이와 같이 국가의 기본질서를 보호하는 범죄의 경우에만 이중처벌이 가능한 것으로 파악하는 입장은 현대사회에서 사적 영역의 보호필요성과 그 중요성을 간과할 위험이 있다.

(3) 외국판결에 대한 신뢰성과 공정성

외국판결에 대하여 이중처벌금지의 원칙을 적용하는 것은 당해 사건에 대하여 우리의 국가기관이 법익에 대한 보호기능의 수행을 중단한다는 것을 의미한다. 외국판결이 있음을 이유로 우리 형사법이 정한 국가형벌권의 행사를 중단하고자 하는 경우에는, 우선 대한민국의 국가형벌권의 행사 없이도 우리 형법이 추구하는 법익보호라는 목적을 제대로 달성할 수 있음이 전제되어야 한다. 그러나 다른 국가들이 운영하는 사법체계에 대해 일률적으로 사법제도의 신뢰성을 부여할 수 없을 뿐만 아니라,[692] 일반적으로 신뢰

692 사법제도에 대한 신뢰도에 대하여 국가별로 직접적인 비교는 어려우나, 자국민이 자국의 사법제도에 대한 신뢰도를 평가한 OECD의 보고서 'Government at a Glance 2015'에 의하면 대한민국 국민의 사법제도에 대한 국민신뢰도는 27%로 OECD 조사대상국 42개국 가운데 거의 최하위인 39위를 기록하였다. 사법제도에 대한 신뢰도 1위(공동 1위)를 기록한 덴마크와 노르웨이는 83%의 신뢰도를 보였고, 일본(65%)도 높은 신뢰도를 보였으나, 우리나라의 사법에 대한 신뢰도는 거의 콜롬비아(26%)와 비슷한 수준을 나타냈다. 이와 같이 사법제도에 대한 신뢰도는 OECD국가 사이에도 상당한 차이를 보이는 상황에서 기타 국가와의 차

성이 있는 사법체계를 가진 국가라 하더라도 자국 이익이 관계된 사건에서 합리적이고 공정한 판단을 내릴 것으로 확신할 수 없다. 특히 우리나라의 국가적 법익이나 재산이나 명예와 같은 대한민국 국민의 개인적 법익을 침해하는 범죄에 대하여 외국법원이 그 불법성의 내용과 정도를 제대로 파악하고 적절한 형을 선고하며 법집행기관이 이를 제대로 집행할 것이라고 판단하기는 쉽지 않다.[693]

여기서 쉥겐조약(SDÜ)의 특별규정을 이해할 수 있다. 즉 쉥겐조약 제54조(Art.54 SDÜ)에 따르면 EU의 해당 협약국들 사이에는 이중처벌금지의 원칙이 인정되어, 행위자가 당사국에서 이미 유효한 판결이 내려져 그에 대한 형벌이 집행 종료된 경우에는 해당 행위자는 동일한 범죄사실로 인하여 다른 당사국에 의하여 소추되어질 수 없다.[694] 다만 조약당사국은 특정한 상황이나 특정한 범죄에 대하여는 제54조에 해당하는 이중처벌금지의 원칙을 적용하지 않을 것을 선언하는 특별규정을 둘 수 있다(쉥겐조약 제55조).[695] 이에 따라 독일과 오스트리아 등 조약국의 다수가 당사국의 중대한 이익을 침해하는 범죄나 당사국 공무원의 범죄와 같은 당사국의 주권을 침해하는 범죄에 대하여는 이중처벌금지원칙의 적용을 배제할 수 있도록 규정하고 있다.[696]

결국 이중처벌금지원칙을 전면적으로 적용하는 경우에는 우리 기업과 국민에 대한 형법적 보호를 중단하는 심각한 문제를 야기할 수 있다. 예컨대 산업스파이 등에 의한 기업비밀유출이나 지적재산권 침해사건, 대규모의 보조금사기 등과 같은 범죄는 형식적으로는 단순히 사기업의 재산을 침해하는

이는 더 심각할 것으로 판단된다.

693 김기준, 일사부재리원칙의 국제적 전개, 267-268면 참조.

694 Schönke/Schröder/Kinzig, § 51 Rn.29.

695 Ambos, Internationales Strafrecht, § 4 Rn.4; Doehring, Völkerrecht, Rn.815,1152.

696 Ambos, Internationales Strafrecht, § 4 Rn.4; Ernst Eugen Fabrizy, Die österreichische Strafprozessordnung, 193/2.

범죄이나 그 실질에서는 국가경제의 엄청난 손실이나 기업의 존립까지도 영향을 미치는 범죄일 수도 있다. 여기서 우리나라에서 활동하는 외국 기업의 범법행위를 당해 외국기업의 본국에서 매우 가볍게 처벌해 버린 경우 우리 기업의 법익에 대한 보호를 포기하며 외국의 형사판결을 전면적으로 수용하기는 적절하지 않다.[697]

4. 이중처벌금지의 원칙의 제한적 적용

1) 형의 필요적 감면

(1) 필요적 감면의 가능성

외국법원의 판결을 그대로 승인할 수는 없으나, 외국에서 형의 선고를 받아 그 집행을 종료한 사람은 이미 동일한 범죄사실로 인하여 실질적인 처벌을 받은 것이다. 여기서 동일한 범죄사실로 말미암아 실질적으로 부담한 불이익을 국내에서의 형벌권 행사과정에서 반드시 고려하여야 하며, 이것이 헌법재판소의 입장이기도 하다. 물론 기존의 형법 제7조가 외국에서 형의 집행을 받은 사실을 형의 임의적 감면사유로 한 것은 외국법과 한국법과의 차이, 외국 법원과 대한민국 법원의 양형면에서의 차이, 피고인이 실질적으로 처벌받았다는 사실 등 다양한 측면을 고려하여 입법한 것이다.[698] 그럼에도 불구하고 해당 규정은 헌법불합치한 것으로 결정되어 개정되어야 하며, 일부에서는 피고인의 이익이라는 관점에서 형의 필요적 감면사유로 규정하

697 김기준, 일사부재리원칙의 국제적 전개, 268면. 예컨대 국내의 미공군교역처 직원에게 청탁과 함께 15만 달러의 뇌물을 제공하였다는 혐의로 우리나라 법원은 대한민국 국민인 피고인에게 벌금 200만원을 선고하였으나(수원지방법원 2008.9.3. 선고 2008노713 판결), 미국 법원은 동일한 피고인에게 징역 3년에 추징금 7만 달러, 벌금 5,000달러를 선고하였다고 한다(김기준, 일사부재리원칙의 국제적 전개, 268-269면).

698 김성규, 일사부재리의 원칙과 형법 제7조의 의미, 성균관법학, 제14권 제1호, 173면.

는 것이 적절하다고 파악한다.[699] 그리고 전면적인 형법개정을 시도하였던 1992년의 형법개정법률안[700]과 2008년부터 진행된 한국형사법학회의 형법개정연구회의 검토위원회안[701]에서도 형법 제7조를 형의 필요적 감면사유로 개정할 것을 제안하였다. 이러한 개정안의 취지에 따르면 형법 제7조는 "범죄에 의하여 외국에서 형의 전부 또는 일부의 집행을 받은 자에 대하여는 형을 감경 또는 면제한다."라고 개정할 수 있을 것이다.

(2) 문제점

외국에서 판결을 선고받고 형을 집행까지 받은 경우 이러한 사정을 반드시 고려하여야 한다는 기본취지에는 동감할 수 있다. 그러나 형법 제7조를 형의 필요적 감면으로 개정하는 경우에는 다음과 같은 문제점이 있을 것으로 판단된다.

첫째, 외국에서 형의 집행을 받은 경우 이를 형의 필요적 감면사유로 규정하여 법률상 감경하는 것이 다른 법률상 감경사유와 비교하여 적절한가이다. 법정형은 당해 국가가 일반적으로 정하여 둔 불법의 정도에 상응하는 것으로, 처단형을 정하기 위하여 이를 감경하는 것 역시 이러한 법정형을 하향시킬만한 사유들이 존재하는 경우에 한한다. 법률상 형의 감경을 할 수 있는 경우는 형법총칙에 규정된 감경사유와 형법각칙에 규정된 감경사유로 구분된다.[702] 형법총칙이 규정하고 있는 법률상의 감경에는 필요적 감경사유와 임의적 감경사유로 나누어진다. 형법총칙상 형의 필요적 감경(면제)사유로는 심신미약(제10조 제2항), 농아자(제11조), 중지미수(제26조), 종범(제32

699 김성돈, 형법총론, 99면; 김종원(편집대표), 주석 형법(I), 총칙(1), 82면; 조상제/천진호/류전철/이진국, 국제형법, 59면; 정성근/박광민, 형법총론, 87면; 천진호, 형법총론, 143면.

700 법무부, 형법개정법률안 제안이유서, 1992.10., 28면.

701 신양균, 형법총칙개정의 기본방향, 형사법연구, 제22권 제4호, 2010, 23-24면.

702 감경사유별로 해당 범죄에 속하는 범죄유형을 체계적으로 정리한 것은 이천현/이원상/안성훈, 형벌가중 및 감경제도의 비교법적 고찰과 개선방안, 형사법개정연구자료집 III-1, 법무부, 2010.12., 192면.

조 제2항)의 네 가지가 있으며, 형의 임의적 감경(면제)사유로는 과잉방위(제21조 제2항), 과잉피난(제22조 제3항), 과잉자구행위(제23조 제2항), 장애미수(제25조 제2항), 불능미수(제27조 단서), 자수 또는 자복(제52조 제1항) 등이 있다. 형법각칙에 규정된 필요적 감경사유로는 일정범죄에 대한 자수의 규정, 예컨대 내란 예비·음모·선동·선전의 자수(제90조), 외환의 죄에 대한 예비·음모·선동·선전의 자수(제101조), 외국에 대한 사전의 예비·음모의 자수(제111조), 위증·모해위증의 자백·자수(제153조), 무고의 자백·자수(제157조), 인질강요에서 인질석방(제324조의6) 등의 규정이 있다. 이러한 감면사유들을 보면 일반적으로 범행과 관련한 불법이나 책임을 감경시키거나 배제시키는 경우에 해당하며, 자수나 자백, 인질의 석방과 같이 범행 후 자발적인 사유로 인하여 행위자의 범죄예방목적이 탈락하거나 완화되거나 자발적인 행위에 대한 은사적인 조치에 해당하는 경우이다. 그러나 형법 제7조가 적용될 수 있는 상황은 재판권이 국제적으로 경합하는 상황에서 외국에서 먼저 검거되어 처벌받았다는 범행 후에 발생한 비자발적 사실일 뿐이다. 피고인과 관련된 범죄당시 상황에 대한 것도 아니고 범죄 후에 나타난 범인의 행동과 같은 자발적인 것도 아니다.[703] 따라서 피고인의 불법이나 책임에 직접적인 영향을 미칠 수 있는 요소들을 찾아보기 어렵다. 이처럼 외국에서 형을 이미 집행받았다는 사실은 다른 형법상의 감경사유들과는 본질적으로 상이한 것으로 이를 법률상 감면사유로 규정하는 것은 의문이다.[704]

둘째, '형의 집행'이 아닌 '형' 자체를 감면하여 주는 것은 형평성의 측면에서도 불합리한 결과를 가져올 수 있다. 예를 들면 대한민국 국민인 갑과 을은 외국에서 강도상해죄를 범하였으나, 갑은 도주하여 한국으로 귀국하였다. 을은 범행지에서 검거되었으나 수사기관의 수사 소홀로 인하여 단순 폭

703 이러한 의미에서 외국에서 형사판결을 받아 형이 집행되었다는 사실은 형법 제53조의 작량감경의 사유로 판단하기도 어렵다.

704 김기준, 일사부재리원칙의 국제적 전개, 288면.

행죄로 기소되어 벌금형을 선고받고 이를 납부한 후 귀국하였다. 이후 국내에서의 추가수사로 갑과 을의 강도상해죄가 밝혀졌다. 이 경우 갑에게는 법정형이 무기나 징역 7년 이상에 해당하여 1회의 작량감경을 받더라도 집행유예를 할 수 없다. 이에 반해 외국에서 벌금형의 집행을 받은 을은 형의 필요적 감면으로 인하여 법률상 감경이 가능하고 거듭 감경할 경우 집행유예가 가능하다.[705] 여기에서 외국에서 판결을 받은 사람과 국내에서만 처음부터 재판을 받은 사람 사이에 왜 처단형의 하한에 차등을 둘 수 있는지에 대한 합리적인 이유를 발견하기 어렵다.[706]

셋째, 외국에서 집행된 형의 경중을 고려함이 없이 일률적으로 필요적으로 법률상 감경을 허용하는 경우 책임에 상응하는 형벌이라는 책임원칙을 몰각할 위험이 있다. 즉 외국에서 형벌을 선고받아 해당 형벌이 집행되었다는 우연성이 많이 내포된 사실을 기초로 하여 국내법원에서 형벌을 정함에 있어 이를 반드시 감면토록 하는 것은 행위자의 책임에 상응하지 않을 수 있다. 오히려 이미 외국에서 집행된 형벌이 필요적 감경사유로 인하여 과소평가되거나 또는 과대평가될 가능성이 있다.[707]

넷째, 외국에서의 형의 집행에 대한 형의 필요적 감면은 선고된 형 자체가 다른 사건의 법률요건이 되는 경우에 곤란한 문제를 야기한다. 예컨대 보안관찰법 제3조의 보안관찰처분대상자와 관련하여 “보안관찰처분대상자”라 함은 “보안관찰해당범죄 또는 이와 경합된 범죄로 금고 이상의 형의 선고를 받고 그 형기 합계가 3년 이상인 자로서 형의 전부 또는 일부의 집행을 받은 사실이 있는 자”라고 규정하여 형기 합계 3년 이상을 그 요건으로 하고 있다. 이 경우 외국에서 집행된 형을 고려하여 선고되는 형 자체를 감경하여

705 법률상 형을 가중 또는 감경하는 경우에도 다시 작량감경을 할 수 있다(대법원 1991.6.11. 선고 91도985 판결).

706 김기준, 일사부재리원칙의 국제적 전개, 288-289면.

707 김기준, 일사부재리원칙의 국제적 전개, 291면.

줌으로써 이 요건에 당연히 해당되어야 하는 경우도 이에 해당되지 않는 불합리한 결과가 나타날 수 있다. 또한 형의 시효 역시 형을 기준으로 정하여지기 때문에,[708] 국내에서 선고되는 형 자체를 필요적으로 감경하는 것은 형의 시효에서 실질적인 차이를 나타낸다.

이러한 문제는 '형의 집행'이 아닌 '형'을 필요적으로 감경하는 것에 그 원인이 있다. 일본형법의 경우 필요적 감면을 규정하나 이는 형의 필요적 감면이 아닌 형의 집행을 감경 또는 면제한다(일본형법 제5조). 즉 형의 집행의 감경을 규정한 일본에서는 감경 또는 면제는 형 그 자체에 대하여 행해지는 것이 아니고 그 집행에 대하여 행해진다.[709] 따라서 판결에 형명, 형기 또는 금액은 나타나야 하며, 형의 집행의 감경 및 면제는 재판에서 선고되어야 한다.[710] 여기서 집행의 감경이란 자유형에 있어서는 선고되는 형기의 집행기간, 재산형에 있어서는 선고되는 벌금액 등 징수하여야 하는 금액을 감하여 주는 것을 말하며, 선고되는 형 자체가 변경되는 것은 아니므로 형의 시효는 선고된 바에 따라 정해진다.[711]

2) 집행된 형의 전부 산입

외국에서 판결을 선고받고 일정한 형벌의 집행이 있었던 경우 '형'을 감경하는 것이 아니라 우리 법질서에서 평가하는 적정한 형을 선고한 후 형의 집행단계에서 이를 필요적으로 전부 산입하는 방안(소위 산입주의)이다. 이러한 입장은 이중처벌금지원칙의 전면적 적용을 주장하는 견해나 형의 필요적 감면을 주장하는 견해를 부분적으로 수용하는 입장이다. 즉 이중처벌금

---

708 형법 제77조(시효의 효과) 형의 선고를 받은 자는 시효의 완성으로 인하여 그 집행이 면제된다.

709 井田 良/丸山雅夫, Casestudy刑法, 59面; 前田雅英, 刑法總論講義, 87面.

710 最大判 昭和 29.12.23. 刑集 9券 2号 374面.

711 일본형법에서의 외국형에 대한 입장에 대해서 상세히는 전지연, 외국에서 집행받은 형의 선고와 형법 제7조의 개정방향, 형사판례연구[24], 2016, 40면 이하 참조.

지원칙의 전면적 적용을 그대로 수용하지는 않으나 이미 외국에서 집행 받은 형을 모두 고려하여 주는 입장인 동시에 형 자체를 감면함으로써 발생하는 문제점도 막을 수 있다는 점에서 장점이 있다. 즉 산입주의는 기본적으로는 외국판결의 효력을 부정하지만 외국에서 집행된 형의 전부 또는 일부를 필요적으로 국내법원이 선고하는 형에 산입하거나 또는 형의 집행을 면제하는 것이다. 이러한 점에 있어서 산입주의는 형벌권 내지는 형법의 국제주의적 관점을 수용하는 것이며, 국제적 차원에서의 이중처벌금지원칙이나 일사부재리의 효력을 인정하지 않는 것에 대한 일종의 보상이라고 볼 수 있다.[712]

문제는 외국에서 형의 집행을 받은 경우 그 집행을 받은 부분에 대한 필요적 산입을 어떤 방식으로 우리 법에 규정할 것인가의 문제가 남는다. 일반적인 이중처벌금지원칙이나 일사부재리의 원칙을 선언하는 경우에도 이를 어떠한 방식으로 입법하고 있는가는 형법에 규정하는 방식, 형사소송법에 규정하는 방식, 헌법적 보장을 취하는 방식 등 다양한 방식으로 규정하고 있다. 산입방식은 외국에서 형의 집행을 받은 경우 재판 자체를 배제하는 것이 아니라 선고되는 형에 이를 산입하는 것이다. 따라서 이를 형사재판과 관련한 원칙을 규정한 헌법이나 형사재판의 절차를 규정한 형사소송법보다는 실체법인 형법에 규정하는 것이 적절하다.[713] 다만 형법에 규정하는 경우에도 이러한 전면적 산입을 어느 조문에 위치시킬 것인가에 대하여는 현재의 형법 제7조를 개정하는 방안과 미결구금일수의 산입을 규정한 형법 제57조를 개정하는 방안의 두 가지를 고려할 수 있을 것이다.

(1) 형법 제7조를 개정하는 방안(제1안·제2안)

형법 제7조를 개정하는 방안은 현행 형법의 조문을 헌법재판소가 헌법불합치 결정한 취지에 상응하게 일부 수정을 가하는 방안이다. 제7조의 개정

---

712 김성규, 일사부재리의 원칙과 형법 제7조의 의미, 성균관법학, 제14권 제1호, 181면.
713 김기준, 일사부재리원칙의 국제적 전개, 303면.

방안과 관련하여서도 제1안은 형법 제7조의 규정을 그대로 두면서 표제를 '외국에서 받은 형의 산입'으로 변경하고, 그 내용에서는 현재의 조문을 외국에서 집행 받은 형에 대하여 새로운 선고형에 산입하도록 명시하는 방안이다. 여기에서는 또한 국외에서의 형의 집행 이외의 미결구금이나 형사소추의 과정에서 이루어진 기타의 자유박탈 및 형사절차를 위한 범죄인인도에서의 구속(소위 인도구속)도 산입할 수 있도록 이를 명시하는 것이 필요하다(아래 표 제1안 참조).[714] 이에 반해 제2안은 형법 제7조의 표제를 제1안과 같이 변경하면서 제1항과 제2항으로 나누고, 제1항에서는 일본형법의 경우와 같이 외국에서의 확정판결이 있더라도 국내에서 재차 재판하여 처벌할 수 있다는 내용을 명시한다.[715] 그리고 제2항에서는 판결 선고되는 사건과 동일한 범죄사실로 외국에서 받은 형이 집행된 경우 이를 새로운 선고형에 산입됨을 규정하고, 외국에서의 미결구금일수도 함께 산입될 수 있도록 기타의 자유박탈도 산입됨을 단서에 규정한다.[716]

(2) 형법 제57조를 개정하는 방안(제3안)

제3안은 전부산입주의를 미결구금일수의 산입을 규정한 형법 제57조에 함께 규정하는 방안이다. 외국의 형사판결이 집행된 경우 집행된 형의 전부를 새로이 선고되는 형에 산입하는 것은 미결구금을 산입하는 방식과 유사하므로 판결선고시 요구되는 기타 산입에 함께 규정하는 것이다. 형법 제57조에 산입주의를 규정한다면 형법 제7조는 폐지하고, 기존의 형법 제57조(판결전구금일수의 통산)와 통합하여 조문의 표제를 '제57조(형의 산입)'으

714 비슷한 취지로 김성규, 일사부재리의 원칙과 형법 제7조의 의미, 성균관법학, 제14권 제1호, 182면.

715 일본형법 제5조(외국판결의 효력) 외국에서 확정재판을 받은 자라도 동일한 행위에 대하여 다시 처벌하여도 무방하다. 단, 범인이 이미 외국에서 선고된 형의 전부 또는 일부의 집행을 받은 때에는 형의 집행을 감경 또는 면제한다.

716 이 안을 지지하는 견해는 김기준, 일사부재리원칙의 국제적 전개, 303면.

로 변경한다. 그리고 제3항을 신설하여 판결선고되는 사건과 동일한 범죄사실로 외국에서 받은 형이 집행된 경우 이를 새로운 선고형에 산입됨을 규정하고, 외국의 미결구금일수도 함께 산입될 수 있도록 기타의 자유박탈도 산입됨을 단서에 규정한다.[717]

	현행 규정	개정안
제1안	제7조 (외국에서 받은 형의 집행) 범죄에 의하여 외국에서 형의 전부 또는 일부의 집행을 받은 자에 대하여는 형을 감경 또는 면제할 수 있다.	제7조 (외국에서 받은 형의 산입) ① 동일한 범죄사실로 외국에서 형의 전부 또는 일부의 집행을 받은 자에 대하여는 이를 새로운 선고형에 산입한다. ② 국외에서 동일한 범죄사실을 이유로 겪은 기타의 자유박탈 역시 동일하게 산입한다.
제2안	제7조 (외국에서 받은 형의 집행) 범죄에 의하여 외국에서 형의 전부 또는 일부의 집행을 받은 자에 대하여는 형을 감경 또는 면제할 수 있다.	제7조 (외국에서 받은 형의 산입) ① 동일한 범죄사실로 외국에서 확정판결을 받은 자에 대하여는 외국의 확정판결에도 불구하고 법률에 다른 규정이 없는 한 다시 재판하여 처벌할 수 있다. ② 동일한 범죄사실로 외국에서 형의 전부 또는 일부의 집행을 받은 자에 대하여는 이를 새로운 선고형에 산입한다. 국외에서 동일한 범죄사실을 이유로 겪은 기타의 자유박탈 역시 동일하게 산입한다.
제3안	제7조 (외국에서 받은 형의 집행) 범죄에 의하여 외국에서 형의 전부 또는 일부의 집행을 받은 자에 대하여는 형을 감경 또는 면제할 수 있다.	제7조 폐지
	제57조 (판결선고전 구금일수의 통산) ① 판결선고전의 구금일수는 그 전부를 유기징역, 유기금고, 벌금이나 과료에 관한 유치 또는 구류에 산입한다. ② 전항의 경우에는 구금일수의 1일은 징역, 금고, 벌금이나 과료에 관한 유치 또는 구류의 기간의 1일로 계산한다.	제57조 (형의 산입) ① (현행과 동일함) ② (현행과 동일함) ③ 동일한 범죄사실로 외국에서 형의 전부 또는 일부의 집행을 받은 자에 대하여는 이를 새로운 선고형에 산입한다. 국외에서 동일한 범죄사실을 이유로 겪은 기타의 자유박탈 역시 동일하게 산입한다.

717 독일형법의 경우 제51조(산입)의 규정에서 제1항과 제2항에서는 미결구금일수의 산입을 규정하고 제3항에 "형의 선고를 받은 자가 이미 동일한 범죄로 인해 국외에서 처벌받은 경우에는 국외에서 받은 형은 그 집행이 종료된 경우에 한하여 새로운 형에 산입된다. 국외에서 선고받은 기타의 자유박탈에 대해서도 제1항이 동일하게 적용된다"라고 하여 외국판결의 산입을 규정하고 있다.

(3) 검토

형법 제7조를 개정하는 방안과 제57조를 개정하는 방안, 두 방안 모두에서 개정내용은 외국형을 형의 선고 시에 산입한다는 점에서 기본적으로 동일하다. 차이점은 기존의 형법 제7조를 그대로 유지하면서 여기에 산입주의 내용을 추가할 것인가 아니면 형법 제7조를 폐지하고 미결구금일수의 산입에 대한 규정인 제57조에 산입주의 내용을 추가할 것인가의 문제이다. 독일형법은 형의 선고 시 산입되는 각종 사례를 묶어 규정하면서 외국판결의 집행에 대한 산입을 규정하고 있으며, 일본형법은 형법의 적용범위 부분에서 형의 집행을 감경 또는 면제하도록 규정하고 있다. 다른 한편 오스트리아의 경우에는 외국에서 집행된 형을 산입하도록 규정하면서(이러한 점에서 독일과 유사), 해당 규정을 형법의 적용범위 부분에서 규정(이러한 점에서 일본과 유사)하고 있다.[718] 또한 외국형을 산입함에 있어 해당 국가의 구금조건들을 고려하여, 예컨대 동아시아에서의 자유형 1일은 오스트리아 자유형의 2일에 상응하는 것으로 산입할 수 있다고 한다.[719] 스위스형법의 경우에도 외국형의 경우 이를 산입하는 방식을 취하면서,[720] 해당 규정은 형법의 적용범위에 관한 규정에서 규율하고 있다.[721] 따라서 우리 형법개정의 경우에도 외국형을 산입하는 방식을 취한다고 하여 이를 반드시 구금일수의 산입 관련규정인 제57조에서 포섭하여야만 하는 것은 아니다. 물론 외국형을 형에 산입한다는 취지에서 보면 형의 선고 시 산입되는 내용을 규정하고 있는 제

718 오스트리아형법 제66조(외국에서의 형집행) 국내에서 처벌될 범죄로 인해 외국에서 받은 처벌은 국내에서의 형의 집행에 산입한다.

719 Helmut Fuchs, AT I, 5/41.

720 예컨대 "행위자가 동죄로 인하여 외국에서 유죄판결의 선고를 받고 외국에서 형의 전부 또는 그 일부의 집행을 받은 경우 법원은 이미 집행된 형을 선고형에 산입한다"(스위스형법 제4조 제2항)라고 규정하고 있다.

721 스위스형법의 산입주의에 대하여는 Peter Popp/Tornike Keshelava, Niggli/Wiprächtiger(Hrsg.), Basler Kommentar, Strafrecht I, 3.Aufl., 2013, Vor Art.3 Rn.56 ff.; Stratenwerth/Wohlers, Schweizerisches Strafgesetz, Handkommentar, 2007, Art.4 Rn.2 참조,

57조에 포섭하는 것이 보다 논리적이며, 판결의 실제 선고방식을 반영하는 측면이 있다. 또한 형법 제7조는 '형법의 적용범위'의 부분에 위치하고 있으므로 외국형의 산입이라는 내용적 측면에서 보면 관련성이 다소 떨어진다는 비판이 가능하다. 다른 한편 형법 제57조에서 포섭하는 방안은 외국형사판결이 존재하는 상황이라는 형법 제7조의 독자적 성격을 무시하는 결과를 가져온다. 따라서 제7조에서 포섭하여 개정하는 방안은 해당 조문의 독자성과 독립적 규범영역을 확보하기에 용이하다.[722]

외국에서 집행 받은 형을 산입하고자 하는 규정은 이중처벌금지의 원칙이나 일사부재리원칙 자체는 아니나 이중처벌의 위험으로부터 부분적으로 행위자의 인권을 배려하는 측면이 강하다. 또한 재판권의 경합이라는 특별한 상황에서 적용되는 것으로 형법이 규정하고 있는 다른 유형의 산입과 성격을 달리하는 측면이 있어 반드시 미결구금일수 산입과 함께 규정할 필요가 있는 것도 아니다. 오히려 형법의 적용범위에 관한 규정에 따라 재판권이 국제적으로 경합된 상황에서 외국판결이 집행된 경우라는 점을 명확히 하고,[723] 여기서 외국의 형사판결이 집행된 경우 이것을 국내에서의 형에 산입한다는 취지에서 제7조에 규정하는 방안이 보다 타당할 것으로 생각된다. 이러한 점에서 제7조를 개정하는 제1안과 제2안은 큰 차이가 없으며, 두 안 모두 적절한 것으로 평가된다. 다만 개인적으로는 제1안에 찬성한다. 제2안의 경우와 같이 제1항에서 외국에서 형사판결이 선고되어 집행된 경우 이중처벌금지의 원칙이나 일사부재리의 원칙이 적용되지 않는다는 점을 명시하는 것은 장래 국가간 조약이나 협약의 해석과 관련하여 문제를 발생시킬 가능성도 있으며, 국제적으로는 이중처벌금지원칙을 채택하지 않고 있음을 적극적으로 명시할 필요는 없다고 보인다. 따라서 제1안으로 충분할 것으로 판단된다.

722 김기준, 일사부재리원칙의 국제적 전개, 305면.
723 김기준, 일사부재리원칙의 국제적 전개, 305면.

5. 소결

외국에서 형의 집행을 받은 자에 대하여 형을 임의적으로 감면하는 규정인 구 형법 제7조는 이중처벌금지의 원칙이나 평등의 원칙을 위반한 것은 아니다. 그러나 동조는 과잉금지의 원칙과 관련하여 입법의 목적과 수단의 적합성은 인정될 수 있으나, 최소침해의 원칙과 법익의 균형성원칙을 위반하는 것으로 파악하였다. 그리고 제7조의 구체적인 개정안을 마련하기 위한 작업으로 이중처벌금지의 원칙을 전면 수용하는 입장에서부터 이를 전적으로 부정하는 입장과 이를 제한적으로 수용하는 입장 등 다양한 입법방식의 검토하였다. 이중처벌금지원칙을 전면적으로 적용하자는 주장은 외국형법과의 우리 형법과의 불법내용의 관점에서 동질성 문제를 야기하며, 외국 형사사법제도에 대한 신뢰성문제를 발생시키고, 우리 형법에 의한 국내의 법익보호의 관점에서 미흡함이 발생할 우려가 있다는 점 등에서 채택하기 어렵다는 결론에 이르렀다. 외국형의 집행을 받은 자에 대하여 형을 필요적으로 감면하자는 주장에 대해서도 '형'의 감면이 가지는 문제가 발생하기 때문에, '형의 집행의 감면'으로 개정하는 방안이 적절하다고 판단하였다. 형의 집행을 감면하는 방안은 결국 외국형을 국내형의 선고에 산입하는 방안이 적절한 것으로 판단하였다. 다만 이를 형법 제7조의 개정을 통하여 하는 것이 적절한지, 제57조의 개정을 통하여 하는 것이 적절한 지를 검토하여, 필자는 형법 제7조를 개정하는 방안을 제시하였고, 구체적인 개정내용은 형법 제7조를 "제7조 (외국에서 받은 형의 산입) ① 동일한 범죄사실로 외국에서 형의 전부 또는 일부의 집행을 받은 자에 대하여는 이를 새로운 선고형에 산입한다. ② 국외에서 동일한 범죄사실을 이유로 겪은 기타의 자유박탈 역시 동일하게 산입한다."라고 제안하였다.

VI. 형법 제7조의 성립요건

1. 죄를 지어

'죄를 지어'라는 의미는 행위자가 우리 형법에 위반되는 범죄를 범한 것을 의미한다. 내국인이 외국에서 죄를 범하여 형의 집행을 받은 후 국내에 들어오는 경우가 일반적이다.[724] 여기에서 더 나아가 내국인이나 외국인이 국내에서 죄를 범한 후 국외로 도주하여 그곳에서 해당 범죄로 유죄판결을 받아 형의 집행을 받은 후에 다시 국내에서 처벌하는 경우도 존재한다. 따라서 죄가 국외에서 범하여졌는지 국내에서 범하여졌는지는 문제되지 아니하며,[725] 우리 형법이 적용가능한 것으로 충분하다.

2. 외국에서 형의 전부 또는 일부의 집행

1) 형의 집행

외국에서 형의 집행을 받은 경우는 외국법원의 유죄판결에 의하여 외국의 교도소 등에서 형의 집행을 받은 경우를 의미한다.[726] 여기에서 집행받은 형은 형법상의 형이면 충분하고, 그것이 징역형과 같은 자유형인지 벌금과 같은 재산형인지는 문제되지 않는다.[727] 외국의 형은 주형 뿐만 아니라 부가형의 경우도 포함한다. 따라서 외국판결에 의하여 몰수·추징의 선고가 있었던 경우 우리나라에서는 몰수할 수 없는 때에 해당한다 할 것이므로 몰수

---

724 대법원 판례에서 본조가 문제되었던 사건은 모두 내국인이 국외에서 죄를 범한 사건이었다.

725 독일에서도 동일하게 이해한다(Fischer, StGB, 70.Aufl., 2023, §51 Rn.16; Schönke/Schröder/Kinzig, StGB, 30.Aufl., 2019, §51 Rn.29f.)

726 판례상으로는 형을 받은 외국으로 일본(대법원 1979.4.10. 선고 78도831 판결; 대법원 1983.10.25.선고 83도2366 판결), 홍공(대법원 2013.4.11. 선고 2013도2208 판결), 인노네시아(대법원 2007. 2. 8. 선고 2006도9184) 등 다수의 국가가 존재한다.

727 BGHSt 30,283; Schönke/Schröder/Kinzig, §51 Rn.29.

물품의 범칙 당시의 국내도매가격에 상당한 금액을 피고인으로부터 추징하여야 한다.[728]

외국에서 집행된 판결은 동일한 범행으로 인한 판결이어야 한다. 그리고 동일한 범행인가의 여부는 우리 형사소송법에 따라 확정되며, 외국법에 따른 법적 평가를 고려하지 않고 단지 동일한 과거의 역사적 사실인가의 여부에 따라 결정된다.[729] 연속범이나 경합범으로 인한 판결의 경우에는 개별 범행이 처벌되어 집행된 경우에만 해당 본조의 외국에서 집행받은 형에 포함된다.

외국의 형은 이미 집행되었어야 하며, 여기서 형의 집행은 전부 집행 뿐만 아니라 일부 집행도 포함한다. 형의 집행을 받은 경우이므로 외국법원에서 유죄판결을 받았으나 집행유예, 집행면제, 형의 선고유예와 같이 그 형이 실제로 집행되지 않은 경우는 여기의 형의 집행에 해당하지 아니한다.[730] 더 나아가 형벌이 감형되거나, 사면되거나, 시효가 완성되거나, 가석방되는 경우에도 형이 실제로 집행되지 아니한 부분은 집행에 포함되지 아니한다. 외국의 재산형에 대하여 이를 이행하기 위하여 지출한 급부 또한 형의 집행에 해당한다.

2) 미결구금의 경우

문제는 외국에서 형의 집행을 받은 경우가 아니라 외국에서 미결구금 되었다가 석방된 사람에 대하여 동일한 사건으로 국내에서 형을 선고할 경우 외국에서 집행된 미결구금을 어떻게 취급할 것인가이다.[731]

---

728 대법원 1977.5.24. 선고 77도629 판결.

729 BGHSt 29,64; 35,177; NK/Kett-Straub, §51 Rn.32; Schönke/Schröder/Kinzig, §51 Rn.30.

730 김종원(대표편집), 주석형법(I), 총칙(1), 82면.

731 상세히는 아래의 “제5절 외국에서 집행받은 미결구금”의 부분을 참조.

판례[732]와 일부 견해[733]에 의하면 외국에서의 미결구금은 본조에서 말하는 '외국에서 형의 집행'을 받은 경우에 해당하지 아니하므로 본조에 의한 형의 선고에 산입할 수 없고, 또한 외국에서의 미결구금은 국내에서의 형사사법 과정에서 부과된 구금에 해당하지 아니하므로 형법에 규정된 '판결선고 전 구금일수의 통산'(제57조)의 조항도 적용할 수 없다.

이에 반하여 일부는 외국에서 이루어진 미결구금은 본조의 유추 적용이 아니라 직접 적용을 통하여 형의 선고에 산입가능하다고 해석하거나,[734] 형법 제57조의 '판결선고 전 구금일수'에 국내로 제한하는 표현이 없으므로 국내의 사법절차에서 이루어진 구금기간 뿐만 아니라 외국의 사법절차에서 이루어진 구금기간도 포함된다고 해석하기도 한다.[735]

외국에서 집행된 미결구금을 전혀 고려하지 않는 경우에는 사실상 외국의 미결구금 기간만큼 이중으로 처벌받는 결과가 발생한다. 또한 구형법 제7조가 외국에서 집행된 형을 임의적 감면사유로 규정한 결과 법원이 판결을 선고함에 외국에서 집행된 형을 전혀 고려하지 않을 수도 있다는 점에서 동

---

732 대법원 2017.8.24. 선고 2017도5977 전원합의체 판결. 이 판결의 사건개요와 진행경과는 다음과 같다: 피고인은 피해자의 권유로 필리핀 소재의 여행사에 입사하여 근무하던 중, 피해자를 살해하기로 마음먹고 식칼로 피해자의 가슴과 복부를 찔러 살해한 후 도주하였다. 피고인은 필리핀 경찰에 체포되어, 필리핀 법원에 살인죄로 기소되어 구금상태에서 재판을 받다가 증거불충분으로 검사의 기소를 기각하는 판결을 선고받아 석방되었다. 이후 귀국하여 동일한 범죄로 국내에서 기소되었다. 제1심법원(서울중앙지방법원 2016.11.8. 선고 2016고합587 판결)과 항소법원(서울고등법원 2017.4.21. 선고 2016노3678 판결)은 피고인에 대하여 동일한 범죄사실로 유죄의 선고를 하였고, 대법원 역시 형법 제7조의 명시적인 문언 내용, 규정 형식, 입법 취지 및 개정 경위, 형법 규범의 체계적 구조 등을 고려할 때, 형법 제7조는 외국에서 '형'이 집행된 경우에 적용되고 외국에서 '미결구금'된 경우에까지 적용되는 것은 아니라고 판단하였다.

733 조성용, 외국에서의 미결구금일수를 국내 선고형에 산입해야 하는지 여부, 법조, 2018/2(제727호), 826면.

734 이하의 내용은 최석윤, 외국에서 집행된 형의 산입, 법조, 2017/12(제726호), 488-489면 참조.

735 박찬걸, 미결구금일수의 통산에 따른 개선방안에 대한 검토, 교정연구, 제56호, 2012, 152면; 이승호, 외국에서 집행된 형 이외 구금의 처리방안에 대한 소고, 형사판례연구[27], 2019, 75면.

조는 헌법불합치결정을 받았다.[736] 이와 같은 헌법재판소의 취지를 고려하면, 법원이 유죄판결을 선고하면서 외국에서의 미결구금을 전혀 고려하지 않는 경우 이 또한 헌법에 불합치할 가능성이 있다. 따라서 이를 피하기 위하여 외국에서 행해진 미결구금을 포함하는 것으로 유추적용하여야 하며, 장래에는 이를 명확히 하기 위하여 외국에서의 미결구금을 포함하는 개정안을 마련하여야 한다.

3. 선고형 산입

외국에서 형이 집행된 사람에 대해서는 그 집행된 형의 전부 또는 일부를 선고하는 형에 산입한다. 구법에서는 외국에서 형의 집행을 받은 자에 대하여는 형을 감경 또는 면제할 수 있다고 규정하였으나 본조는 선고하는 형에 산입하도록 하였다. 선고하는 형에 산입은 집행된 형의 전부 또는 일부이며, 전부를 산입할지 일부를 산입할지는 법원의 재량에 해당한다. 그러나 집행된 형의 산입은 필요적이라는 점에서 선고하는 형에 전혀 산입하지 않는 것은 위법하다.

VII. 개정필요성

본조와 관련하여 입법론적으로 이중처벌금지원칙이 국내에서만 적용되는 법원칙이라는 점을 인정하면서도 국제적인 차원에서의 일사부재리의 원칙을 인정하는 전향적인 태도에 따라 본조의 규정을 폐지하는 것이 바람직하다는 입법론을 제시하기도 한다.[737] 이러한 제안은 국제사회에서 우리가 외국의 형사사법을 전적으로 신뢰하고 있다는 것을 보여준다는 점에서는 매

---

736 헌재결 2015.5.28. 선고 2013헌바129 전원재판부.

737 조상제/천진호/류전철/이진국, 국제형법, 59면.

우 긍정적이다. 그러나 다른 국가들이 운영하는 형사사법체계에 대해 일률적으로 신뢰성을 부여하기 어렵고, 일반적으로 신뢰성이 있는 사법체계를 가진 국가라 하더라도 자국 이익이 관계된 사건에서 합리적이고 공정한 판단을 내릴 것으로 확신할 수 없다. 특히 우리나라의 국가적 법익이나 대한민국 국민의 개인적 법익을 침해하는 범죄에 대하여 외국법원이 그 불법성의 내용과 정도를 제대로 파악하고 적절한 형을 선고하며 법집행기관이 이를 제대로 집행할 것이라고 판단하기는 쉽지 않다.[738] 따라서 본조와 같이 외국에서 집행된 형을 선고하는 형에 산입하는 산입주의 방식은 적절한 것으로 평가된다. 다만 집행된 형의 전부 또는 일부를 산입하는 것에 대하여 집행된 형의 일부가 아니라 전부를 산입하도록 하는 것이 바람직하다. 또한 외국에서 집행된 미결구금과 같은 자유박탈의 경우에도 선고하는 형에 산입하도록 하는 명시적인 입법이 필요할 것이다.[739]

제5절 외국에서 행해진 미결구금

I. 서론

범죄인에게 자국형법을 적용하여 처벌할 것인가에 대하여는 속지주의, 속인주의, 보호주의, 세계주의 등 다양한 입법방식이 존재한다. 우리 형법은 일반적으로 속지주의를 원칙으로 하여 속인주의, 보호주의, 세계주의를 가미하고 있다고 해석한다.[740] 이와 같은 입법적 태도는 우리나라뿐만 아니라

738 김기준, 일사부재리원칙의 국제적 전개, 267-268면; 전지연, 외국형에 대한 형법 제7조의 구체적 개정방안, 법학연구, 연세대학교 법학연구원, 제26권 제3호, 2016, 128-129면.

739 전지연, 외국형에 대한 형법 제7조의 구체적 개정방안, 법학연구, 연세대학교 법학연구원, 제26권 제3호, 2016, 133-138면.

740 전지연, 형법의 지역적 적용범위에 관한 규정의 문제점과 개정방안에 관한 연구, 형사정책, 제24권 제1호(2012.4.), 한국형사정책학회, 115면 이하.

다른 나라의 경우에도 비슷하다. 따라서 특정 범죄를 범한 범죄인에 대하여 다수의 국가가 형사 재판권을 가지게 되고, 개별 국가마다 범죄인을 자국형법으로 처벌할 수 있다. 그 결과 다른 국가에서 이미 처벌받은 범죄인, 무죄판결을 받은 범죄인, 불기소처분을 받은 범죄인 등에 대하여 동일한 범죄를 이유로 다시 자국형법을 적용하여 처벌할 가능성이 존재한다. 여기서 국가간의 재판권경합이나 범죄인에 대한 이중처벌의 위험성을 피하기 위하여 형사재판 이전에 범죄인인도조약을 통하여 이를 해소하거나, 외국에서 선고되어 집행된 형사판결을 신뢰하여 동일한 범죄에 대하여 자국에서는 다시 기소하거나 처벌하지 않도록 조약을 체결하는 경우 또는 조약과 관계없이 외국에서 처벌받은 경우에는 동일한 범죄에 대하여는 자국에서는 다시 처벌하지 못하도록 법률을 마련하는 등 다양한 해결방안들이 존재한다.[741]

우리 헌법은 "모든 국민은 행위시의 법률에 의하여 범죄를 구성하지 아니하는 행위로 소추되지 아니하며, 동일한 범죄에 대하여 거듭 처벌받지 아니한다."(제13조 제1항)라고 하여 이중처벌이 금지됨을 규정하고 있다. 이러한 이중처벌금지 원칙은 국가가 동일한 범죄에 대하여 거듭 처벌하는 것을 금지하는 것을 말한다. 그리고 이중처벌의 금지대상이 되는 것은 원칙적으로 국가형벌권의 실행으로서 과벌이 금지되는 것을 의미하는 것이고, 국가가 행하는 일체의 제재나 불이익처분이 모두 금지되는 것은 아니다.[742] 이중처벌금지 원칙은 우리 헌법상의 국가권력을 수범자로 한다. 따라서 이미 외국의 확정판결이 존재하는 경우일지라도 동일한 범죄에 대하여 국내법에 따라 소추·처벌하는 것이 금지되는 것은 아니라는 점에 헌법학자,[743] 형사법학

741 이에 대하여는 Ambos, Internationales Strafrecht, §4 Rn.10; 조상제/천진호/류전철/이진국, 국제형법, 26면 이하 참조.

742 BVerfGE 32, 40, 48; 헌법재판소 1994.6.30. 선고 92헌바38 전원재판부; 헌법재판소 2003.6.26. 선고 2002헌가14 전원재판부.

743 김종철, 헌법주석[I], 한국헌법학회(편), 491면; 성낙인, 헌법학, 1083면; 전광석, 한국헌법론, 329면.

자,[744] 그리고 판례[745]의 견해는 거의 일치한다. 다만 외국에서 형사처벌을 받은 경우 동일한 범죄사실을 이유로 국내에서 다시 처벌하는 것은 범죄인에게는 실질적으로 이중처벌이 될 수 있다거나 가혹한 처벌이라는 점이 고려될 수 있다. 여기서 우리 형법은 외국에서 형의 전부 또는 일부가 집행된 사람에 대해서 동일한 범죄로 국내에서 처벌할 경우에는 그 집행된 형의 전부 또는 일부를 선고하는 형에 산입하도록 규정(제7조)하고 있다.

문제는 외국에서 형의 집행을 받은 경우가 아니라 외국에서 미결구금 되었다가 석방된 사람에 대하여 국내에서 형을 선고할 경우 외국에서 집행된 미결구금을 어떻게 취급할 것인가이다. 대법원은 외국에서 미결구금 되었던 사람을 국내에서 판결하는 경우 해당 피고인에게는 기본적으로 형법 제7조(외국에서 집행된 형의 산입)나 제57조(판결선고전 구금일수의 통산)의 규정을 적용할 수 없다고 판단하였다.[746] 그러나 외국에서 집행된 미결구금을 전혀 고려하지 않는 경우에는 사실상 외국의 미결구금 기간만큼 이중으로 처벌받는 결과가 발생한다. 또한 구 형법 제7조[747]가 외국에서 집행된 형을

---

744 김성규, 일사부재리의 원칙과 형법 제7조의 의미, 성균관법학, 제14권 제1호, 171면; 김종원, 주석형법(I), 총칙(1), 81면; 임웅, 형법총론, 89면; 정성근/박광민, 형법총론, 86면; 천진호, 형법총론, 143면.

745 헌법재판소 2015.5.28. 선고 2013헌바129 전원재판부.

746 대법원 2017.8.24. 선고 2017도5977 전원합의체 판결. 이 판결의 사건개요와 진행경과는 다음과 같다: 피고인은 피해자의 권유로 필리핀 소재의 여행사에 입사하여 근무하던 중, 피해자를 살해하기로 마음먹고 식칼로 피해자의 가슴과 복부를 찔러 살해한 후 도주하였다. 피고인은 필리핀 경찰에 체포되어, 필리핀 법원에 살인죄로 기소되어 구금상태에서 재판을 받다가 증거불충분으로 검사의 기소를 기각하는 판결을 선고받아 석방되었다. 이후 귀국하여 동일한 범죄로 국내에서 기소되었다. 제1심법원(서울중앙지법 2016.11.8. 선고 2016고합587 판결)과 항소법원(서울고법 2017.4.21. 선고 2016노3678 판결)은 피고인에 대하여 동일한 범죄사실로 유죄의 선고를 하였고, 대법원 역시 형법 제7조의 명시적인 문언 내용, 규정 형식, 입법 취지 및 개정 경위, 형벌 규범의 체계적 구조 등을 고려할 때, 형법 제7조는 외국에서 '형'이 집행된 경우에 적용되고 외국에서 '미결구금'된 경우에까지 적용되는 것은 아니라고 판단하였다.

747 구 형법 제7조는 '외국에서 받은 형의 집행'이라는 표제 하에 "범죄에 의하여 외국에서 형의 전부 또는 일부의 집행을 받은 자에 대하여는 형을 감경 또는 면제할 수 있다."라고 규정하였다.

임의적 감면사유로 규정한 결과 법원이 판결을 선고함에 외국에서 집행된 형을 전혀 고려하지 않을 수도 있다는 점에서 동 규정은 헌법재판소로부터 헌법불합치결정을 받았다.[748] 이와 같은 헌법재판소의 취지를 고려하면, 법원이 유죄판결을 선고할 경우 외국에서의 미결구금을 전혀 고려하지 않는 것 역시 헌법에 불합치할 가능성이 있다. 따라서 이를 피하기 위하여 외국에서 행해진 미결구금을 형법 제7조에 포섭되는 것으로 해석하거나 또는 형법 제57조에 포섭되는 것으로 해석하는 것도 생각해 볼 수 있다.

본고는 우선 현재의 해석론으로서 외국에서 이루어진 미결구금을 형법 제7조나 형법 제57조를 적용하여 우리 형의 선고에 산입할 수 있는지에 대한 다양한 입장들에 대하여 살펴본다. 여기에서는 특히 최근에 내려진 대법원 판례의 다수의견과 소수의견이 주장하고 있는 구체적인 논거와 내용을 포함하여 학계에서의 입장에 대하여 살펴본다(II). 그리고 외국에서 이루어진 미결구금의 산입여부와 관련한 학설과 판례의 입장을 현행 형법의 해석론을 중심으로 비판적 검토를 진행한다(III). 이어 외국의 미결구금을 현재의 법규정 내에서 해석을 통하여 이 문제를 해결하려는 방안에는 문제점이 있음을 지적하고, 외국의 입법례를 참고하여 외국에서의 미결구금에 대한 입법적 개선방안을 마련하여 본다. 외국의 입법례로서는 외국에서 집행된 미결구금에 대하여 명시적인 규정을 마련하고 있는 스위스, 오스트리아, 독일의 경우를 알아본다. 그리고 외국의 미결구금에 대한 조문화 작업을 통하여 보다 구체적이고 실질적인 해결방안으로 형법 개정안을 제시하여 보고(IV), 이상의 논의내용을 요약하여 결론을 맺고자 한다(V).

---

748 헌법재판소는 2015년 5월말에 구 형법 제7조의 규정이 과잉금지원칙에 위배되어 신체의 자유를 침해한다는 점에서 헌법에 불합치한다고 판단하였으며, 다만 해당 규정을 그대로 무효화하는 하는 경우에는 범죄행위자에 대한 형의 임의적 감면근거가 존재하지 않게 되어 행위자에게 불리하게 해석될 여지가 있으므로 2016.12.31. 까지만 그 효력을 인정토록 하였다(헌재결 2015.5.28. 선고 2013헌바129 전원재판부). 이에 따라 구 형법 제7조는 2016.12.20. 현행과 같이 산입주의 방식으로 개정되었다.

II. 외국의 미결구금에 대한 형의 산입가능성에 대한 견해

1. 산입불가능설

이 견해는 외국에서 미결구금 되었던 피고인의 경우 법원이 판결을 선고할 때에 해당 미결구금일수를 형에 산입할 수 없다는 입장이다. 판례의 입장이 여기에 해당하며,[749] 일부 학설도 이에 동의한다.[750] 이와 같이 외국에서 이루어진 미결구금을 우리 법원이 선고하는 형에 산입할 수 없다는 입장을 취하는 근거는 다음과 같다.

첫째, 외국에서 이루어진 미결구금은 형법 제7조의 외국에서 집행된 형에 해당하지 않는다는 것이다. 형법 제7조는 '외국에서 집행된 형의 산입'이라는 표제 하에 "죄를 지어 외국에서 형의 전부 또는 일부가 집행된 사람에 대해서는 그 집행된 형의 전부 또는 일부를 선고하는 형에 산입한다."라고 규정하고 있다. 여기서 '외국에서 형의 전부 또는 일부가 집행된 사람'이란 그 문언과 취지에 비추어 보면 외국 법원의 유죄판결에 의하여 자유형이나 벌금형 등 형의 전부 또는 일부가 실제로 집행된 사람을 말한다고 해석하여야 한다는 것이다. 따라서 형사사건으로 외국 법원에 기소되었다가 무죄판결을 받은 사람은, 설령 그가 무죄판결을 받기까지 상당 기간 미결구금 되었더라도 이를 유죄판결에 의하여 형이 실제로 집행된 것으로 볼 수는 없다는 것이다. 결국 미결구금된 사람은 '외국에서 형의 전부 또는 일부가 집행된 사람'에 해당한다고 볼 수 없고, 그 미결구금 기간은 형법 제7조에 의한 산입의 대상이 될 수 없다는 것이다.

둘째, 형법 제57조 제1항[751]은 미결구금일수의 전부를 형에 산입하도록

---

749 대법원 2017.8.24. 선고 2017도5977 전원합의체 판결.

750 조성용, 외국에서의 미결구금일수를 국내 선고형에 산입해야 하는지 여부, 법조, 2018/2(제727호), 826면.

751 **형법 제57조(판결선고전 구금일수의 통산)** ① 판결선고전의 구금일수는 그 전부를 유기징역, 유기금고, 벌금이나 과료에 관한 유치 또는 구류에 산입한다.

규정하고 있으나 외국에서의 미결구금은 본조의 미결구금에 포함되지 않는다는 것이다. 미결구금은 증거인멸을 방지하여 실체적 진실에 접근함을 용이하게 하고, 범인의 도주를 막음으로써 소송절차의 진행을 확보하고, 유죄판결의 확정에 따른 형의 집행을 담보하려는 등 다양한 목적이 있다.[752] 여기서 미결구금은 형의 집행은 아니지만 공소의 목적을 달성하기 위한 불가피한 강제처분이며, 신체의 자유를 박탈하는 점에서 자유형과 유사하기 때문에 인권보호의 관점에서 본형에 산입하는 것이다.[753] 그러나 외국에서 무죄판결을 받고 석방되기까지의 미결구금은 국내에서의 형벌권 행사가 외국에서의 형사절차와는 별개의 것인 만큼 우리나라 형벌법규에 따른 공소의 목적을 달성하기 위하여 필수불가결하게 이루어진 강제처분으로 볼 수 없기 때문에 형법 제57조 제1항에서 규정한 본형에 당연히 산입되는 미결구금에 해당하지 않는다고 본다.[754]

2. 산입가능설

외국에서 이루어진 미결구금을 판결선고 시에 선고하는 형에 산입할 수 있다는 입장으로, 이러한 입장은 형법 규정을 직접 적용하여 산입가능하다는 견해와 유추 적용하여 산입가능하다는 견해의 두 가지 상이한 근거를 가지고 주장되고 있다.

첫째, 형법 규정을 직접 적용하여 외국에서 이루어진 미결구금을 본형에 산입할 수 있다고 해석하는 입장은 형법 제7조와 형법 제57조의 체계적 연관성에 기초하고 있다. 이에 따르면 "형법 제7조의 입법취지를 고려한 역사

752 임웅, 형법총론, 694면.

753 대법원 2003.2.11. 선고 2002도6606 판결; 박상기, 형법총론, 554면.

754 결국 이러한 입장은 외국에서 무죄판결을 받고 석방되기까지의 미결구금은 해당 국가의 형사보상제도에 따라 구금 기간에 상응하는 금전적 보상으로써 구제받을 성질의 것이라고 이해한다.

적 해석이나 목적론적 해석뿐만 아니라 형법 제57조 제1항과 논리적 연관성 내지 체계적 연관성에 비추어볼 때 형법 제7조에 규정된 '외국에서 집행된 형'은 반드시 '외국에서 유죄판결을 받아 실제로 집행된 형'뿐만 아니라 '외국에서 체포되어 수사나 재판을 받다가 형사사법공조에 의해 국내로 이송된 경우', '처음부터 형사사법공조에 따라 해외이송을 한 미결구금', '외국에서 무죄판결을 받은 경우의 미결구금' 등도 포함할 수 있는 개념이라고 해석되기 때문"[755]이라는 것이다.

둘째, 외국에서 이루어진 미결구금을 형의 선고에 산입한다는 명문의 규정은 없으나 형법 제7조를 유추 적용하여 미결구금을 산입하는 것이 가능하다는 입장이다. 적법절차의 원칙에 의하면 법률에 따른 형벌권의 행사라 하더라도 신체의 자유의 본질적인 내용을 침해하지 않아야 할 뿐 아니라 비례의 원칙이나 과잉금지의 원칙에 반하지 않는 한도 내에서만 그 적정성과 합헌성이 인정될 수 있다.[756] 따라서 외국에서 미결구금 되었다가 무죄판결을 받은 후 다시 국내에서 같은 행위로 기소되어 재판받아 형이 선고될 처지에 놓인 피고인에게 형법 제7조를 유추 적용하여 외국에서 이루어진 미결구금 일수를 국내에서 선고하는 형에 산입하는 것이 적정한 형벌권의 행사라고 해석된다는 것이다. 또한 외국에서 형이 집행된 피고인에 대하여는 그 집행된 형의 전부 또는 일부를 동일한 범죄사실로 인하여 국내에서 선고하는 형에 산입해 주는 데 반하여, 외국에서 미결구금의 상태로 무죄판결을 받은 피고인에 대하여 동일한 범죄사실로 국내에서 형을 선고하는 경우 이를 전혀 산입하여 주지 않는다면 형평의 원칙에 어긋난다는 것이다. 따라서 형법 제7조에 공통적으로 담긴 인권 보호의 정신을 살려 외국에서 유죄판결에 의하여 형이 집행된 피고인뿐만 아니라 외국에서 미결구금 되었다가 무죄판결을 받은 피고인에 대하여도 동일한 범죄사실로 국내에서 형을 선고할 경우

755 최석윤, 외국에서 집행된 형의 산입, 법조, 2017/12(제726호), 489면.

756 헌법재판소 2009.6.25. 선고 2007헌바25 전원재판부 결정.

에는 형법 제7조를 유추 적용하여야 한다는 것이다.[757]

III. 비판적 검토

1. 형법 규정의 직접 적용을 통한 미결구금의 산입 가능 여부 검토

1) 형법 제7조의 직접 적용 가능성

형법 제7조의 '외국에서 형의 전부 또는 일부가 집행된 사람'에서 외국에서 '형의 집행'이 아닌 '미결구금'의 경우도 '형의 집행'을 받은 사람이라고 해석할 수 있는가이다. 일부에서는 외국에서 이루어진 미결구금은 형법 제7조의 유추 적용이 아니라 형법 제7조의 직접 적용을 통하여 산입가능하다고 해석한다.[758] 이 견해에 의하면 형법 제57조 제1항에 판결선고 전 구금일수 전부를 본형에 산입하도록 규정하고 있으므로 미결구금은 사실상 형과 같다는 취지라고 이해한다. 이에 따라 외국에서 미결구금 되었다가 무죄판결을 받은 사람이 다시 국내에서 재판받을 경우에도 그 미결구금을 본형에 산입하는 것이 가능하다고 이해한다. 왜냐하면 형법 제7조에 규정된 '외국에서 집행된 형'은 반드시 '외국에서 유죄판결을 받아 실제로 집행된 형의 경우'뿐만 아니라 '외국에서 체포되어 수사나 재판을 받다가 형사사법공조에 의해 국내로 이송된 경우', '처음부터 형사사법공조에 따라 해외이송을 위한 미결구금의 경우', '외국에서 무죄판결을 받은 피고인의 미결구금의 경우' 등도 포함할 수 있는 개념이기 때문이라는 것이다.

형사판결은 국가주권의 일부인 형벌권 행사에 기초한 것이므로 원칙적으로 외국의 형사판결은 우리나라 법원을 기속할 수 없고 기판력도 인정되

757 대법원 2017.8.24. 선고 2017도5977 전원합의체 판결의 소수의견도 동일한 취지이다.
758 최석윤, 외국에서 집행된 형의 산입, 법조, 2017/12(제726호), 488-489면 참조.

지 않으므로 일사부재리의 원칙이 적용되지 않는다.[759] 동일한 범죄사실로 이미 외국에서 형의 집행을 받았음에도 불구하고 이를 국내에서 다시 처벌하는 경우에는 해당 범죄인에게는 실질적인 불이익이 발생한다. 형법 제7조는 이러한 불이익을 완화시켜주기 위하여 외국에서 집행된 형의 전부 또는 일부를 산입하도록 규정한 것이다. 여기서 '외국에서 형의 전부 또는 일부가 집행된 사람'이란 그 문언의 명시적인 표현에 비추어 보면 외국에서 '형'의 전부 또는 일부가 집행되어야 한다. 미결구금이 형에 포함될 수 있는가에 대하여 미결구금 전부를 형에 산입하는 형법의 취지에서 보면 형과 미결구금이 신체의 자유를 침해한다는 측면에서 동일하게 평가되고 있다는 점은 이해할 수 있다. 그러나 '형'은 그 종류가 법률에 특별히 규정되어 있으며, 미결구금은 형의 종류에 해당하지 않는다. 제7조에서 의미하는 '형'이 집행된 사람은 외국 법원의 유죄판결에 의하여 자유형이나 재산형 등과 같은 형의 전부 또는 일부가 실제로 집행된 사람을 말한다고 해석하여야 한다. 그리고 형의 집행을 받은 사람이어야 하므로 외국에서 유죄판결을 받았으나 집행유예, 집행면제, 형의 선고유예와 같이 그 형을 집행 받지 아니한 경우는 여기에 해당하지 않는다.[760] 따라서 형사사건으로 외국 법원에 기소되었다가 무죄판결을 받은 사람은 무죄판결을 받기까지 상당 기간 미결구금 되었더라도 이를 유죄판결에 의하여 '형'이 실제로 집행된 것으로 볼 수는 없다.[761] 이러한 의미에서 외국에서 이루어진 미결구금에 대하여 형법 제7조를 직접 적용하여 선고하는 형에 산입하는 것은 타당하지 않다.

---

759 대법원 1983.10.25. 선고 83도2366 판결; 헌법재판소 2015.5.28. 선고 2013헌바129 전원재판부.

760 전지연, 외국형에 대한 형법 제7조의 구체적 개정방안, 법학연구 제26권 제3호(2016.9), 연세대학교 법학연구원, 112면. 동일한 취지로 김종원(편집대표), 주석 형법(I), 총칙(1), 82면.

761 대법원 2017.8.24. 선고 2017도5977 전원합의체 판결의 다수의견과 소수의견 모두 이 점에 대하여는 동일한 입장이다.

2) 형법 제57조 제1항의 직접 적용 가능성

형법 제57조 제1항은 판결선고 전의 구금일수의 경우 그 전부를 본형에 산입하도록 규정하고 있다. 이 규정은 본래 판결선고 전의 구금일수에 대하여 '그 전부 또는 일부를' 법관의 재량에 따라 산입할 수 있도록 규정되어 있었다. 그러나 헌법재판소는 미결구금의 산입을 법관의 재량에 따라 행하는 재정통산을 위헌으로 판단하였고,[762] 그 결과 본조는 현재와 같이 구금일수 모두를 산입하도록 개정되어 적용되었으며,[763] 이에 따라 미결구금의 성질상 그 기간을 당연히 산입하여야 하는 것은 아니라는 취지의 판례들은 더 이상 유지될 수 없게 되었다.[764]

이와 같이 미결구금일수를 산입하도록 규정한 것은 미결구금은 피고인 또는 피의자를 구금하는 강제처분이므로 형의 집행은 아니지만 신체의 자유를 박탈하는 점에서 자유형의 집행과 유사하기 때문에 인권보호의 관점이 반영된 것으로 이해된다. 그리고 미결구금의 일부가 아닌 전부가 산입되어야 하는 것은 헌법상의 무죄추정의 원칙에 따라 유죄판결이 확정되기 전에 피의자 또는 피고인을 죄 있는 자에 준하여 취급함으로써 법률적·사실적 측면에서 유형·무형의 불이익을 주어서는 안 된다는 점을 반영한 것이다.[765]

문제는 '판결선고 전의 구금일수'에 외국에서 이루어진 미결구금의 경우도 포함되는가이다. 조문은 명시적으로 '판결선고 전 구금일수'라고 표현하고 있으므로 '판결선고 전'인 한에는 해당 구금이 국내에서 이루어진 것인지 국외에서 이루어진 것인지에 대한 제한은 없다. 이러한 점에서 '언어의 가능한 의미'라는 측면에서 보면 외국에서 이루어진 미결구금도 포함된다

762 헌법재판소 2009.6.25. 선고 2007헌바25 전원재판부.

763 대법원 2010.4.16. 자 2010모179 결정.

764 판례의 변화과정에 대해서는 박찬걸, 미결구금일수의 통산에 따른 개선방안에 대한 검토, 교정연구, 제56호(2012), 142-145면 참조.

765 대법원 2003.2.11. 선고 2002도6606 판결; 헌법재판소 2009.6.25. 선고 2007헌바25 전원재판부.

고 해석할 수도 있다. 따라서 외국에서 범죄 혐의로 체포된 후 강제로 출국될 때까지의 구금기간도 국내의 수사나 재판절차를 위한 구금기간과 마찬가지로 국가의 형벌권을 행사하기 위하여 부득이 신체를 구속한 기간으로 볼 수 있기 때문에 본형 산입의 대상에 포함시키는 것이 타당하다는 견해가 있다.[766] 또한 일부에서는 외국에서 형에 산입 받지 못한 미결구금일수의 경우 형법 제57조의 '판결선고 전 구금일수'에 국내의 사법절차에서 이루어진 구금기간뿐만 아니라 외국의 사법절차에서 이루어진 구금기간도 당연히 포함된다고 해석할 수 있다고 한다.[767] 그러나 제57조의 미결구금에 외국에서 이루어진 미결구금을 포함하는 것으로 해석함에는 다음 몇 가지 점에서 동의하기 어렵다.

첫째, 판결선고 전의 구금일수를 산입하는 이유는 피고인에게 무죄추정의 원칙이 적용됨에도 불구하고, 국내에서 공소를 제기하여 형벌권을 행사하는 과정에서 신체의 자유를 침해하기 때문에 이를 고려한 것이다.[768] 따라서 여기서의 '판결선고 전'은 한국 법원이 판결을 선고하기 이전이면 국내외에서의 구금을 가리지 않고 언제든지 산입되는 구금을 의미하는 것이 아니라 판결을 선고하기 이전에 형벌권 행사를 위하여 한국의 형사사법절차에서 행해진 구금, 즉 '미결'구금을 의미한다.

둘째, 본형에 전부 포함되는 미결구금에 국내의 미결구금뿐만 아니라 외

---

766 최석윤, 외국에서 집행된 형의 산입, 법조, 2017/12(제726호), 488면.

767 박찬걸, 미결구금일수의 통산에 따른 개선방안에 대한 검토, 교정연구, 제56호(2012), 152면; 이승호, 외국에서 집행된 형 이외 구금의 처리방안에 대한 소고, 형사판례연구[27], 2019, 75면.

768 헌법재판소 2009.6.25. 선고 2007헌바25 전원재판부: "헌법상 무죄추정의 원칙에 따라 유죄판결이 확정되기 전에 피의자 또는 피고인을 죄 있는 자에 준하여 취급함으로써 법률적·사실적 측면에서 유형·무형의 불이익을 주어서는 아니 되고, 특히 미결구금은 신체의 자유를 침해받는 피의자 또는 피고인의 입장에서 보면 실질적으로 자유형의 집행과 다를 바 없으므로, 인권보호 및 공평의 원칙상 형기에 전부 산입되어야 한다. 따라서 형법 제57조 제1항 중 "또는 일부 부분"은 헌법상 무죄추정의 원칙 및 적법절차의 원칙 등을 위배하여 합리성과 정당성 없이 신체의 자유를 침해한다."

국의 미결구금을 포함하는 것으로 해석하는 경우에는 한편으로는 우리나라와 외국간의 미결구금에 대한 차이, 다른 한편으로는 미결구금과 형의 집행간의 차이를 고려하지 못한다는 문제가 있다. ① 미결구금과 관련하여 국가마다 형사절차에서 미결구금이 이루어지는 목적, 미결구금의 집행 방법 및 피구금자에 대한 처우, 미결구금에 대한 법률적 취급 등이 상이한 상황에서 국내의 미결구금과 외국의 미결구금을 전적으로 동일하게 평가하는 것은 수긍하기 어렵다. ② 판결선고 전의 구금일수에 외국의 미결구금을 포함한다고 해석하여 미결구금일수 전부를 본형에 산입하는 것은 외국의 미결구금을 우리나라의 자유형과 동일하게 평가하는 결과를 가져온다는 점에서 적절하지 못하다. 왜냐하면 형법 제57조에서 미결구금을 형에 산입하는 것은 단순히 피고인의 신체를 구속한다는 점이 동일하다는 이유만 있는 것이 아니라, 우리나라의 미결구금과 자유형의 집행이 현실적으로 크게 다르지 않다는 점[769]도 그 근거가 되고 있는 것이다. 그러나 외국에서의 미결구금과 우리나라의 자유형이 동일하게 평가될 수 있을지는 의문이다. 외국에서의 미결구금으로 인해 피고인이 받는 신체적 자유 박탈에 따른 불이익의 양상과 정도 역시 국내에서의 미결구금이나 형의 집행과 그 효과 면에서 서로 같거나 유사하다고 단정할 수 없기 때문이다.

셋째, 본형에 산입되는 미결구금에 외국에서의 미결구금을 포함한다고 해석하는 경우에는 외국에서 형의 집행을 받은 자와 단순히 미결구금을 당하였던 자 사이의 법적용과 처벌의 불균형을 피할 수 없다. 즉 외국에서 형의 집행을 받은 자에게는 형법 제7조가 적용되고, 외국에서 구금되어 재판을 받아 무죄판결을 받은 피고인에게는 형법 제57조가 적용된다. 이에 따라

769 미결구금의 경우 이를 형에 일부 산입이 아닌 전부 산입을 요구하는 헌법재판소의 판단(헌재결 2009.6.25. 선고 2007헌바25 전원재판부)이나 판결선고 전 구금일수의 1일은 징역·금고·벌금이나 과료에 의한 유치 또는 구류의 기간의 1일로 계산하는 형법 제57조 제2항의 규정은 이러한 특성을 반영한 것으로 이해할 수 있다.

외국에서 형의 집행을 받은 자는 집행된 형의 전부 또는 일부를 선고하는 형에 산입하나, 외국에서 미결구금 되었던 자는 구금일수를 모두 산입하는 결과가 된다. 왜 외국에서의 미결구금일수는 모두 산입함에 반하여 외국에서 집행된 형은 전부 또는 일부만 산입하는가에 대한 차별적 취급의 합리적인 이유를 발견하기 어렵다. 더 나아가 외국에서 형의 집행을 받으면서 해당 국가에서 미결구금 되었던 기간을 형의 집행에 전부 산입하였던 경우, 일부만 산입하였던 경우, 더 나아가 전혀 산입하지 아니하였던 경우 등 입법례에 따라 다양한 유형들이 존재하는 경우 형법 제57조는 외국에서의 미결구금 기간을 어떻게 산입할 것인가에 대한 해결이 용이하지 않다.

따라서 형법 제57조 제1항을 직접 적용하여 외국에서 이루어진 미결구금 역시 본형에 당연히 산입되는 미결구금에 해당한다고 해석하는 것은 타당하다고 볼 수 없다.

2. 형법규정의 유추 적용을 통한 미결구금의 산입 가능 여부 검토

1) 형법규정의 유추 적용 허용 여부

법관이 법을 획득(Rechtsgewinnung)함에는 보통 법발견(Rechtsfindung)과 법형성(Rechtsfortbildung)이라는 두 가지 방법을 이용한다. 법발견은 법관이 법률을 해석하여 법의 내용을 찾아내는 방법, 즉 '법문언의 가능한 의미'내에서 법률로부터 해당되는 사안에 적절한 법을 찾아내는 것을 의미한다. 그리고 법발견의 방법으로서 해석은 추상적인 언어로 표현된 법률규정을 구체적인 사실관계에 해당 법률규정을 적용하기 위하여 문언의 의미내용을 구체화하는 작업이다.[770] 이에 반해 법형성은 해당 사안에 적용할 법규정을 확인하는 과정에서 법문언에 따라서는 적용할 법규정이 존재하지 않

770 김선복, 형법상 해석과 유추, 비교형사법연구, 제3권 제2호(2001), 63면.

는 경우, '법문언의 가능한 의미'를 넘어서 법규정을 적용하는 것을 의미한다. 따라서 법형성은 원칙적으로 해당 사안을 규율할 적합한 법규정이 존재하지 않는다는 점에서 소위 '법의 흠결'의 경우에 해당한다.[771] 유추는 이와 같은 법흠결이 존재하는 경우 법을 적용하기 위한 하나의 방법이기도 하다. 유추는 어떤 사실관계에 적용할 법률이 존재하지 않을 경우에 그것과 가장 유사한 사실관계에 적용되는 법률규정을 찾아내서 이를 적용하는 것을 말한다.[772] 따라서 유추는 법의 흠결을 메우기 위해 법문의 가능한 의미를 초월하여 명문규정이 없는 사실에까지 적용한다는 점에서 해석이 아니라 법형성이며, '법관에 의한 법창조'이고 일종의 입법에 속한다.[773] 민법의 경우 법의 흠결이 존재하면 유추에 의하여 그 흠결이 보충되어질 수 있으나 형벌법규의 경우에는 흠결이 존재할지라도 그 흠결을 유추에 의하여 보충하여서는 안 되는 것이 원칙(유추금지원칙)이며, 이는 죄형법정주의의 요청이기도 하다.[774]

문제는 피고인에게 유리한 유추해석은 허용되는가이다. 통설은[775] 유추(해석)금지의 원칙은 피고인의 보호를 위한 원칙이므로 피고인에게 불리한 유추를 금지하는 것이며, 피고인에게 유리한 유추까지 금지하는 것은 아니

771 김영환, 한국에서의 법학방법론의 문제점, 법철학연구, 제18권 제2호(2015), 137면 참조.

772 배종대, 형법총론, 66면; 오영근, 형법총론, 37면; 이상돈, 형법강의, 34면.

773 김영환, 한국에서의 법학방법론의 문제점, 법철학연구, 제18권 제2호(2015), 157면; 배종대, 형법총론, 68면. 이와 같이 유추는 해석이 아니라는 점에서 '유추해석금지'라는 표현보다는 '유추적용금지'라는 표현이 더 정확하다(김성돈, 형법총론, 77면; 김일수/서보학, 형법총론, 71면).

774 김선복, 형법상 해석과 유추, 비교형사법연구, 제3권 제2호(2001), 69면; 이상돈, 형법강의, 34면; 장영민, 유추금지와 목적론적 축소해석, 형사판례연구[7], 1999, 10면. 대법원 역시 "형벌법규의 해석은 엄격하여야 하고, 명문의 형벌법규의 의미를 피고인에게 불리한 방향으로 지나치게 확장해석하거나 유추해석하는 것은 죄형법정주의의 원칙에 어긋나는 것으로서 허용되지 아니한다"(대법원 2018.3.15. 선고 2017도21656 판결; 대법원 2013.11.28. 선고 2012도4230 판결) 라고 하여 동일한 취지이다. 그러나 대법원이 유추해석을 확장해석과 동일한 것으로 이해하거나 확장해석을 허용되지 않는 것으로 파악하는 것에는 문제가 있다(적절한 지적은 김선복, 형법상 해석과 유추, 비교형사법연구, 제3권 제2호(2001), 66면).

775 김일수/서보학, 형법총론, 76면; 박상기, 형법총론, 37면; 신동운, 형법총론, 33면; 이재상/장영민/강동범, 형법총론, 30면; 임웅, 형법총론, 36면; 정성근/박광민, 형법총론, 40면.

라고 이해한다. 이러한 의미에서 형벌배제사유, 형벌감경사유, 위법성조각사유, 책임조각사유, 경합범 규정 및 형법각칙상의 범죄구성요건, 소추조건, 객관적 처벌조건 더 나아가 형벌과 보안처분에 대하여도 피고인에게 유리한 경우에는 유추적용은 허용된다고 한다.[776] 일부 판례의 경우에도 "위법성 및 책임의 조각사유나 소추조건 또는 처벌조각사유인 형 면제 사유에 관하여도 그 범위를 제한적으로 유추적용하게 되면 행위자의 가벌성의 범위는 확대되어 행위자에게 불리하게 되는바, 이는 가능한 문언의 의미를 넘어 범죄구성요건을 유추적용하는 것과 같은 결과가 초래되므로 죄형법정주의의 파생원칙인 유추해석금지의 원칙에 위반하여 허용될 수 없다"[777]라고 하여, 결국 피고인에게 유리한 유추해석을 허용한다.[778]

그러나 단지 피고인에게 유리하다는 이유만으로 형벌규정을 유추 적용을 허용하는 것은 적절하지 못하다. 유추적용을 금지하는 이유가 국가형벌권도 명확성을 지닌 명시적인 법률에 의하여 제한됨으로써 이를 통하여 범죄인의 인권을 보장하려는 데 그 목적이 있다는 점에는 동의한다. 그러나 이러한 범죄인의 인권보장 이외에도 국가형벌권의 행사는 범죄로부터 국가·사회뿐 아니라 국민을 보호하는 보호목적도 존재한다. 따라서 피고인에게 이익이 된다는 이유로 일방적으로 형벌규정을 유추적용하는 것은 정당한 형벌권의 집행을 왜곡시킬 위험이 있으며, 입법자의 입법권을 침해하는 결과로 될 수 있다.[779] 이러한 의미에서 정당한 형벌집행의 왜곡을 피하기 위하여 피고인에게 유리한 유추를 하려면 그에 대한 합리적 근거가 있어야 유추적용이 허용된다.[780] 이러한 점에서 "형벌법규의 해석에 있어서 유추해석이나 확

776 장영민, 유추금지와 목적론적 축소해석, 형사판례연구[7], 1999, 17면.
777 대법원 2010.9.30. 선고 2008도4762 판결; 대법원 1997.3.20. 선고 96도1167 전원합의체.
778 독일의 판례 역시 동일한 입장이다(BGHSt 28, 55).
779 배종대, 형법총론, 54면, 66면. 이에 따라 배종대 교수는 피고인의 이익을 위한 유추 적용도 전체적으로 금지된다고 이해한다(배종대, 형법총론, 66면).
780 동일한 취지로 이상돈, 형법강의, 43면.

장해석도 피고인에게 유리한 경우에는 가능한 것이나, 문리를 넘어서는 이러한 해석은 그렇게 해석하지 아니하면 그 결과가 현저히 형평과 정의에 반하거나 심각한 불합리가 초래되는 경우에 한하여야 할 것이고, 그렇지 아니하는 한 입법자가 그 나름대로의 근거와 합리성을 가지고 입법한 경우에는 입법자의 재량을 존중하여야 하는 것이다."[781]라는 판례의 입장에 동의한다.

2) 외국에서 행해진 미결구금의 유추 적용

외국에서 행해진 미결구금에 대하여 이를 직접 적용할 명문의 규정이 없다면 외국에서 집행된 '형'을 규정한 형법 제7조를 유추 적용할 수 있는가이다.

전술한 바와 같이 원칙적으로 유추 적용은 금지되나 피고인에게 유리한 경우에는 합리적인 근거가 존재하는 경우에는 유추 적용이 가능하다. 형법 제7조의 취지는 피고인이 외국에서 형의 집행을 받은 경우 동일한 범죄에 대하여 국내에서 기소되어 처벌받을 때 이를 전혀 고려하지 않는다면 신체의 자유에 대한 과도한 침해가 되기 때문에 반드시 선고하는 형에 산입하는 방식으로 고려하도록 한 것이다.

일반적으로 미결구금은 도주나 증거인멸을 방지하여 수사·재판 또는 형의 집행이라는 공소 목적을 달성하기 위해 무죄추정의 원칙에도 불구하고 불가피하게 피고인 또는 피의자를 일정기간 구금시설에 놓아두는 재판확정 전의 강제처분이라는 점에서 형의 집행은 아니다. 그러나 미결구금은 신체의 자유를 박탈하고 고통을 준다는 점에서 형의 집행과 유사하다.[782] 즉 신체의 자유에 대한 침해라는 측면에서 보면 형의 집행과 미결구금은 실질적인

781 대법원 2004.11.11. 선고 2004도4049 판결.

782 김태명, 미결구금시설로서의 경찰서 유치장 제도, 형사정책연구, 제15권 제3호(2004), 45면; 박찬걸, 미결구금일수의 통산에 따른 개선방안에 대한 검토, 교정연구, 제56호(2012), 138면.

차이가 없다. 또한 미결구금 상태에서 겪게 되는 긴장이나 불안을 감안하면 미결구금이 유죄판결에 기한 형의 집행보다 완화된 구금이라 보기도 어렵다. 미결구금과 형의 집행은 판결선고 이전과 이후라는 차이가 있을 뿐 신체의 자유를 박탈한다는 점에서는 본질적으로 차이가 없는 것이다.

또한 외국에서 이루어진 미결구금 역시 외국에서 집행된 형과 다르지 않다. 이에 반하여 일부에서는 미결구금의 목적, 미결구금의 집행방법 및 피구금자의 처우, 미결구금에 대한 법률적 취급 등이 국가별로 상이하다는 점에서 외국에서의 미결구금과 형의 집행을 동일시하는 것에 대하여 의문을 제기하기도 한다.[783] 예컨대 독일과 같은 경우 미결구금일수의 전부를 본형에 산입하는 것을 원칙으로 하나 범행 후 피고인의 행위에 비추어 산입하는 것이 정당화될 수 없는 경우에는 미결구금일수의 전부 또는 일부를 산입에서 제외할 수 있다는 점[784]에서 미결구금과 형의 집행이 동일시되지 않는다는 것이다. 즉 미결구금을 본형에 산입하는 이유는 '선취된 형의 집행'이라는 의미가 아니라 '희생에 대한 보상'[785]이라는 생각에 기초한 것이다. 여기서 희생에 대한 보상은 본형에 산입하는 형태로 이루어지며, 피보상자의 귀책사유에 의하여 제한되기 때문에 피보상자에게 귀책사유가 있으면 본형에 일부만 산입된다는 것이다.[786] 또한 미결구금의 목적은 오로지 형사절차의 실행 및 형 집행의 확보에 있으나 형의 집행은 응보나 예방과 같은 실체형법적인 목적을 가지고 있다는 점에서 미결구금과 형의 집행을 같은 것으로 취급하는 것은 형법체계에 반한다는 것이다.[787]

---

783 조성용, 외국에서의 미결구금일수를 국내 선고형에 산입해야 하는지 여부, 법조, 2018/2(제727호), 812면.

784 BGHSt 23, 307 f.; Fischer, § 51 Rn.11; Schönke/Schröder/Kinzig, § 51 Rn.18.

785 Dencker, MDR 1971, 627; NK/Kett-Straub, § 51 Rn.2; SK/Wolters, § 51 Rn3.

786 조성용, 미결구금일수 일부산입 위헌결정에 대한 평석, 형사정책연구, 제20권 제4호(2009), 264-265면; 조성용, 외국에서의 미결구금일수를 국내 선고형에 산입해야 하는지 여부, 법조, 2018/2(제727호), 815-816면.

787 조성용, 외국에서의 미결구금일수를 국내 선고형에 산입해야 하는지 여부, 법조, 2018/2(제

그러나 미결구금과 형의 집행을 동일시한다는 취지는 미결구금과 형의 집행이 가지는 목적, 기능 또는 제도의 기본사상이 유사하다는 것을 의미하는 것이 아니다. 또한 미결구금일수와 형의 집행일수가 동일시되어야 한다는 것을 의미하는 것도 아니다. 미결구금과 형의 집행이 실질적으로 미결구금자와 수형자의 신체의 자유를 침해한다는 점에서 동일시할 수 있다는 것이다. 우리나라의 경우에는 미결구금일수를 모두 산입하므로 미결구금과 형의 집행이 그 집행의 일수 측면에서 동일하게 계산되나, 독일의 경우에는 미결구금일수를 본형에 일부만 산입할 수도 있으므로 미결구금과 형의 집행일수가 동일하지 않을 수 있다. 그러나 이것은 중요하지 않다. 우리나라의 경우와 같이 미결구금 일수를 전부 산입하여야 하고 미결구금 1일이 형의 집행 1일로 계산된다는 점과 같이 모든 나라의 미결구금과 형의 집행이 반드시 1 : 1로 대응하여야만 하는 것은 아니다. 외국에서 형의 집행이 이루어진 경우 집행된 형의 전부 또는 일부를 선고하는 형에 산입하는 것과 같이 외국에서 이루어진 미결구금 역시 전부 또는 일부를 선고하는 형에 산입하면 된다는 취지이다. 예를 들면 외국에서 1개월 집행된 형을 20일로 환산하여 산입하여 주면, 동일한 국가에서의 1개월의 미결구금이 이루어진 경우 마찬가지로 20일을 선고형에 산입하여 주면 충분하다는 취지이다. 외국에서의 형의 집행에 대하여 전부를 산입할지 일부를 산입할지 여부는 법원의 재량에 해당하기 때문에 미결구금의 경우에도 전부 산입과 일부 산입 여부는 역시 법원의 재량에 해당한다. 따라서 외국에서의 미결구금의 경우에도 외국에서의 형의 집행에 대한 형법 제7조를 유추 적용하는 것에 대한 합리적인 근거를 인정할 수 있다.

또한 일부에서는 형법 제57조 제1항에 의하여 본형에 산입되는 국내에서의 판결선고 전 구금일수는 공소의 목적을 달성하기 위하여 어쩔 수 없이

727호), 814면.

이루어진 강제처분기간에 한정된다는 것이 대법원의 일관된 태도이므로[788] 이러한 해석과의 균형을 위하여, 형법 제7조의 유추 적용으로 선고하는 형에 산입할 외국에서의 미결구금은 외국에서 공소의 목적을 달성하기 위하여 이루어진 것에 한정하여야 할 것이라고 이해한다.[789]

그러나 미결구금 일수의 일부가 아닌 전부를 산입하는 취지는 헌법상의 무죄추정의 원칙과 적법절차의 원칙에 따라 미결구금에 의한 신체의 자유에 대한 침해는 그 전부를 고려하여야 한다는 점이다. 따라서 기존의 판례에서 공소제기의 목적달성을 위한 미결구금의 경우만으로 한정하여 해석하였으나, 일부 산입이 허용되지 않는다는 점에서 보면 국가기관의 공소제기 목적의 여부는 미결구금의 산입기준이 될 수 없다.[790] 따라서 형법 제57조 제1항의 취지에 따라 미결구금을 산입하여야 한다는 점에는 동의하나, 외국에서의 미결구금 역시 공소제기의 목적으로 한정하는 것은 타당하지 않다.

오히려 외국에서의 미결구금에 대하여 형법 제7조의 유추 적용을 부정하여 외국에서 집행된 미결구금을 산입하지 않는 경우에는, 외국에서 유죄로 형의 집행을 받은 피고인과 외국에서 미결구금 후 무죄판결을 받은 피고인 사이에 형평성에 문제가 발생한다. 즉 외국에서 미결구금 상태에서 유죄판결을 받아 미결구금일수가 산입된 형이 집행된 피고인에 대하여는 그 집행된 형의 전부 또는 일부를 동일한 범행으로 인하여 국내에서 선고하는 형에 산입해 준다. 이에 반하여 외국에서 미결구금 상태로 무죄판결을 받은 피고인이 동일한 행위로 국내에서 형을 선고받는 경우 이를 전혀 산입하여 주지 않는다면 형평성에 어긋난다. 외국에서 미결구금 상태로 무죄판결을 받은

788 대법원 2003.2.11. 선고 2002도6606 판결; 대법원 2005.10.28. 선고 2005도5822 판결.

789 최석윤, 외국에서 집행된 형의 산입, 법조, 2017/12(제726호), 489면.

790 이러한 의미에서 범죄인인도조약에 의한 이송구금의 경우 본형에 산입될 수 없는 미결구금에 해당한다는 취지의 판례(대법원 2009.5.28. 선고 2009도1446 판결; 대법원 21004.4.27. 선고 2004도482 판결)가 있으나, 우리나라의 요청에 따라 이루어지는 이송구금은 형법 제57조의 본형에 산입되는 미결구금에 해당한다고 보아야 할 것이다(동일한 취지로 박찬걸, 미결구금일수의 통산에 따른 개선방안에 대한 검토, 교정연구, 제56호(2012), 150면).

경우와 외국에서 미결구금상태로 유죄판결을 받은 경우를 동등하게 취급할 필요가 있으며, 외국에서 유죄판결을 받았는지 무죄판결을 받았는지에 따라 차이를 두는 것은 타당하지 아니하다. 이러한 점에서 피고인이 외국에서 미결구금 되었다가 무죄판결을 받은 경우에도 형법 제7조를 유추 적용하는 것에 대한 충분한 근거가 될 수 있다고 평가된다.

3. 외국의 미결구금을 양형사유로 인정(?)

판례는 외국에서 미결구금 되었다가 무죄판결을 받은 후 다시 국내에서 처벌받는 경우 법원은 형법 제7조를 유추 적용할 필요 없이 이러한 사정을 피고인에 대한 형을 정함에 있어 유리한 양형인자로 참작하거나 작량감경하는 것으로 충분하다고 파악한다.[791] 그러나 외국의 미결구금을 한국에서 양형사유로 파악하는 것은 다음과 같은 점에서 적절하지 못하다.

첫째, 미결구금의 문제는 양형의 문제가 아니라 형의 집행과 관련한 문제이다.[792] 대법원은 구 형법 제57조 제1항이 판결선고 전 구금일수의 '전부 또는 일부'를 본형에 산입하도록 규정하고 있는 것은 형의 내용을 정하는 것이 아니라 형의 집행에 관한 것이라 보았고,[793] 판결선고 후 확정 전 구금일수의 본형 산입을 규정한 형사소송법 제482조는 '재판의 집행' 편에 규정되어 있어 형의 집행에 관한 것임이 명백하다. 또한 구 형법 제7조는 동일한 범죄로 외국에서 이미 형의 전부 또는 일부가 집행된 경우 종래 이를 국내에서 선고될 형의 임의적 감면사유로 규정하여 양형사유로 고려하였다. 그러나 형법 개정을 통하여 현행 형법 제7조는 외국에서 집행된 형의 전부 또는 일부를

791 대법원 2017.8.24. 선고 2017도5977 전원합의체 판결.

792 형법 제7조의 유추적용이 가능하지 않다는 입장에서도 미결구금의 문제가 '양형'의 문제로 이해하기 보다는 '형의 집행' 문제라고 이해하는 것이 타당하다고 보는 것은 조성용, 외국에서의 미결구금일수를 국내 선고형에 산입해야 하는지 여부, 법조, 2018/2(제727호), 821-822면.

793 대법원 1999.4.15. 선고 99도357 전원합의체 판결.

선고되는 형에 산입하도록 규정함으로써 형의 집행에 관한 문제로 다루고 있다. 이러한 현행법 체계에 비추어 보면, 판결확정 전의 구금은 형의 내용을 정하는 양형단계에서가 아니라 형의 집행 단계에서 고려하여야 할 사항이라는 것이 입법자의 결단이라 할 수 있다. 외국에서의 미결구금 역시 판결확정 전의 구금에 해당하고, 나아가 외국에서의 미결구금이 외국에서의 형 집행과 본질적으로 차이가 없으므로 외국에서 미결구금된 경우 이를 양형사유로 참작하는 것보다는 형의 집행 문제로 해결하는 것이 타당하다.

둘째, 외국에서의 미결구금을 양형단계에서 반영한다면 한편으로는 외국에서의 미결구금에 대한 반영 여부와 범위를 제대로 알 수 없는 경우도 있을 수 있어 피고인의 인권보호에 미흡할 수 있으며, 다른 한편으로는 미결구금의 일수와 정도에 관계없이 일률적인 형의 감경이 될 수 있다. 미결구금을 양형에서 고려한다면 결국 법관의 작량감경을 통하여 형을 감경하는 방법일 것이다. 선고형에 작량감경이 되었는지, 되었다면 어느 정도 미결구금이 반영되었는지를 확인하기가 어렵다. 또한 법률상 감경이 아닌 작량감경의 경우에도 감경의 정도와 방법에 대하여 직접적인 규정은 없으나,[794] 학설과 판례는 작량감경의 정도를 형법 제55조의 법률상 감경과 동일한 수준과 내용으로 형벌을 감경할 수 있다고 이해한다.[795] 따라서 미결구금일수의 정도와 관계없이 미결구금을 감경하는 경우에는 모두 동일한 정도로 감경한다는 점에서 미결구금 기간이나 조건, 미결구금의 수용시설의 여건 등 다양한 구금상황을 고려하지 못하며, 단순히 감경할 것인가 감경하지 아니할 것인가의 여부만 결정하게 된다. 형법 제7조를 직접 적용하거나 유추 적용하는 경우에는 선고형이 결정된 후 외국에서의 미결구금일수 중 형기에 산입

794 일본형법은 제71조에서 작량감경을 할 때에도 법률상의 감경의 예에 의한다고 명시하고 있다.

795 박상기, 형법총론, 550면; 이천현/김혜정, 양형 관련규정의 정비방안, 한국형사정책연구원, 2006, 86-87면; 대법원 1959. 4. 24. 선고 4292형상72 판결; 대법원 1964. 10. 28. 선고 64도454 판결.

될 부분을 판결의 주문에 명확히 특정하여 기재하게 되므로 이러한 문제가 발생할 여지는 거의 없다. 결국 국내외에서의 이중처벌에 따른 피고인의 불이익을 완화시킨다는 취지를 고려하면 외국에서의 미결구금을 양형인자의 하나로 보아 법관의 양형판단에 의존하는 방식보다 형법 제7조의 적용을 통하여 형을 산입하는 방식이 더 적절하다.

셋째, 미결구금을 양형사유로 판단하여 작량감경하는 경우 다른 형벌감경사유와 비교하여 타당한지 의문이다. 형법에 규정된 형벌감면사유들을 보면 일반적으로 범행과 관련한 불법이나 책임을 감경시키거나 배제시키는 경우(심신미약, 중지미수, 종범, 불능미수, 과잉방위 등), 자수나 자백, 인질의 석방과 같이 범행 후 자발적인 사유로 인하여 범죄예방목적이 탈락하거나 완화되는 경우 또는 자발적인 행위에 대한 은사적인 조치에 해당하는 경우(형법각칙의 각종 자수·자백 관련 규정 등)이다. 법원이 정상에 참작할 만한 사유가 존재하는 경우 형을 감경할 수 있는 작량감경에도 형법 제51조에 규정된 ① 범인의 연령, 성행, 지능과 환경, ② 피해자에 대한 관계, ③ 범행의 동기, 수단과 결과, ④ 범행 후의 정황과 같은 양형사유가 그 기준이 된다.[796] 그러나 외국에서의 미결구금은 외국에서 구금되어 재판을 받았다는 비자발적 사실일 뿐이다. 외국에서 미결구금을 당하였다는 사실은 범죄와 관련하여 피고인의 불법이나 책임에 직접적인 영향을 미칠 수 있는 요소도 아니고, 범행 당시의 상황에 대한 것도 아니며, 범행 후에 나타난 범인의 행동과 같은 자발적인 것도 아니다.[797] 이러한 의미에서 외국에서 미결구금을 받았다는 사실은 다른 형벌감경사유들과는 본질적으로 상이한 것으로 이를 양형요소로 파악할 수 있는가는 의문이다.

796 전지연, 형의 가중·감경제도의 형법이론과 형사실무, 비교형사법연구, 제18권 제3호(2016.10), 122면; 대법원 2002.10.25. 선고 2002도4298 판결.

797 외국에서 집행받은 형을 양형사유로 판단하였던 구 형법에 대해 동일한 취지의 비판은 김기준, 일사부재리원칙의 국제적 전개, 288면 참조.

IV. 입법적 해결방안(*de lege ferenda*)

1. 유추적용의 한계

외국에서의 미결구금을 해외에서 집행된 형의 산입규정인 형법 제7조를 유추 적용하여 선고하는 형에 산입하는 것이 틀린 것은 아니다. 다만 이러한 주장은 형법상 유추 적용이 일반적으로는 허용되지 않으나, 피고인에게 이익이 되는 경우에 한하여 유추 적용에 대한 정당한 근거가 존재하면 허용된다고 해석한 것이다. 그러나 일부에서는 여전히 유추 적용이 금지되는 것이며, 여기에는 피고인의 이익 여부는 문제되지 않는 것으로 이해한다. 즉 피고인에게 불이익한 유추적용이 금지될 뿐 아니라 피고인에게 유리한 유추적용도 금지된다는 것이다. 이는 피고인에게 유리한 유추 적용은 결국 정당한 형벌권의 행사를 왜곡하는 것이며, 법의 흠결을 법관에 의하여 새로운 입법을 창조하는 방식으로 법형성을 하는 것으로, 이는 허용되지 않는 해석으로 이해한다. 이러한 의미에서 피고인에게 유리한 유추 적용의 허용 여부에 대하여는 여전히 논란이 된다.[798]

또한 피고인의 이익을 위한 유추 적용이 허용되는 경우 외국에서의 미결구금이 형법 제7조가 아닌 형법 제57조의 제1항인 미결구금의 전부산입 규정을 유추 적용할 수 있는 것은 아닌가의 문제가 제기될 수 있다. 일부에서 긍정하고 있는 바와 같이 피고인에게 유리한 유추 적용은 위법성조각사유, 책임조각사유, 형벌감면사유의 경우뿐만 아니라 형의 집행과 관련하여서도 가능하다고 주장할 수 있다.[799] 이러한 해석에 기초한다면 형법 제57조의 제1항의 미결구금 역시 형의 집행과 관련하여 이를 형의 집행에 산입하는 것이 피고인에게 유리하다. 여기서 외국에서의 미결구금과 국내에서의 미결구금은 피고인의 입장에서는 신체의 자유가 침해되었다는 점에서 차이가 없

798 앞의 III. 2. 1)의 부분 참조.
799 Schönke/Schröder/Hecker, § 1 Rn.31.

고, 신체의 자유에 대한 침해의 경우 이를 전부 산입하여야 한다는 취지에서 보면 국내외의 미결구금에 대한 차별 없이 두 경우 모두 미결구금을 전부 산입하는 것이 정당화될 수 있기 때문이다.

이와 같이 피고인의 이익을 위하여 유추 적용하는 것이 허용된다면 외국에서의 미결구금의 경우는 형법 제7조와 형법 제57조 제1항의 두 규정 모두를 유추 적용할 가능성이 있다. 이 경우 피고인의 입장에서는 형법 제7조보다는 형법 제57조 제1항을 유추 적용할 것을 요구할 것이다. 왜냐하면 형법 제7조의 경우에는 외국에서 집행된 형의 전부 또는 일부를 형의 선고에 산입하도록 규정하고 있으므로 이를 미결구금에 유추 적용하는 경우에는 외국에서의 구금일수 가운데 전부 또는 일부를 산입할 수 있다. 이에 반하여 형법 제57조 제1항을 유추 적용하는 경우에는 미결구금 전부를 산입하도록 하고 있으므로 외국에서의 미결구금 역시 그 전부를 산입하여야 하기 때문이다.

대법원의 판례는 외국에서의 미결구금의 경우 형법 제7조를 유추 적용할 수 없는 것으로 판단하나, 판례의 소수의견은 유추 적용이 가능하다고 판단하고 있다.[800] 그리고 형법규정에서 피고인의 이익을 위한 유추 적용이 가능한지는 여전히 논란이 된다. 여기서 견해가 일치하는 것은 외국에서의 미결구금을 어떠한 방식으로든 국내의 형사사법 절차에서 이를 고려할 필요가 있다는 점이다. 따라서 장래에는 형법 제7조와 같이 외국의 미결구금에 적용할 수 있는 규정을 명문화하는 것이 이러한 논란을 불식시키고, 피고인의 신체의 자유를 보호하는 효과적인 방안이 될 것이다.

2. 외국의 입법례

동일한 범죄로 외국에서 형의 집행을 받은 경우 이를 어떻게 할 것인가에 대하여는 대부분 국가들이 명문의 규정을 마련하여 이 문제를 해결하고 있

800 대법원 2017.8.24. 선고 2017도5977 전원합의체 판결.

다. 예컨대 외국에서 형이 집행된 경우에는 더 이상 처벌하지 않는 방안, 집행된 형을 선고하는 형에 전부 산입하는 방안, 부분적으로 산입하는 방안, 외국에서의 형을 양형요소로 파악하여 형을 임의적으로 감면하는 방안, 필요적으로 감면하는 방안, 형의 집행을 감경 또는 면제하는 방안 등 다양한 입법적 해결방안들이 존재한다.[801]

이에 반하여 외국에서의 미결구금에 대하여는 다수의 국가들이 특별한 명시적 규정을 두고 있지 아니하다. 따라서 이 경우에는 외국에서의 미결구금의 문제에 대해 외국형에 대한 규정을 유추 적용할 것인지 아니면 외국의 미결구금을 고려하지 않고 형을 선고할 것인지가 문제로 된다. 그러나 일부 국가에서는 이러한 문제점을 해결하기 위하여 외국의 미결구금에 대하여 명시적인 규정을 마련하고 있으며, 이하에서는 이러한 명시적 해결방안을 입법화하고 있는 국가의 구체적인 내용을 살펴본다.

1) 오스트리아

오스트리아 형법에 의하면 '행위지의 법률로 처벌될 때에 한하여 처벌되는 국외범'의 경우 오스트리아 법원은 행위지의 법률에 의한 것보다 전체적 효력에서 행위자에게 불리하지 않도록 형벌을 정하여야 한다(형법 제65조 제2항).[802] 따라서 검사는 외국에서 이루어진 형벌이나 다른 형사절차상의 불이익으로 인하여 외국의 형벌보다 국내의 형벌이 더 높지 않을 것으로 예상되는 경우에는 형사소추를 포기할 수 있다(형사소송법 제192조 제1항 제2호).[803] 그리고 오스트리아 형법에 따라 국내에서 처벌될 범죄로 인하여 외국에서 이미 형의 집행이 이루어진 경우에는 오스트리아 국내에서의 형의

801 외국에서 집행된 형에 대한 각국의 입법적 태도에 대하여는 전지연, 외국에서 집행받은 형의 선고와 형법 제7조의 개정방향, 형사판례연구[24], 2016, 31면 이하 참조.

802 Helmut Fuchs, AT I, 5/41.

803 Ernst Eugen Fabrizy, Die österreichische Strafprozessordnung, 192/1.

집행에 이를 산입하도록 규정(형법 제66조)하고 있다. 여기서 보통 외국에서 집행된 자유형의 경우에는 국내의 형벌에 1 : 1로 산입하나, 외국의 구금상태가 쉽지 않은 것으로 평가되는 경우, 예컨대 동아시아에서의 자유형 1일은 오스트리아에서 자유형 2일에 상응하는 것으로 산입하는 것과 같이[804] 다른 비율로 고려되어질 수 있다.

이와 같이 외국에서의 형의 집행과 관련한 형법의 명시적 규정은 존재하나 외국에서의 미결구금에 대한 직접적이고 명시적인 규정은 없다. 그러나 형법의 다른 규정을 통하여 외국에서의 미결구금에 대한 입법적 태도를 확인할 수는 있다. 우선 오스트리아 형법은 '행위지의 법률로 처벌될 때에 한하여 처벌되는 국외범'의 경우 행위자가 행위지의 법원에 의하여 기판력 있는 무죄판결을 받은 경우나 소추되지 아니한 경우에는 동일한 범죄사실로 처벌되지 않는다(형법 제65조 제4항 제2호). 또한 행위자가 외국의 법원에 의하여 기판력 있는 유죄판결을 받고 형벌이 모두 집행되었거나 면제되거나 형의 집행이 외국의 법률에 의하여 시효로 소멸한 경우(형법 제65조 제4항 제3호) 또는 외국법원에 의하여 선고된 형의 집행의 전부 또는 일부가 연기된 경우(형법 제65조 제4항 제4호)에도 처벌되지 아니한다. 이것은 국외범의 경우 외국에서 무죄의 확정판결이 존재하거나 불기소처분을 받은 경우뿐 아니라 유죄판결로 형의 집행이 있었던 경우에는 사실상 일사부재리의 원칙(ne bis in idem Grundsatz)을 적용하여 국내 형사사법기관은 해당 사건을 다시 처벌하지 않는다는 취지이다. 따라서 외국에서 미결구금 상태에서 무죄판결을 받은 경우나 유죄판결로 형의 집행을 받은 경우 동일한 범죄사실로 다시 처벌하지 않으므로 외국에서 이루어진 미결구금을 고려할 것인가의 여부는 문제되지 않는다.

---

804 Helmut Fuchs, AT I, 5/41.

2) 스위스

스위스의 경우 행위자가 동일한 범죄로 외국에서 유죄판결의 선고를 받고 외국에서 형의 전부 또는 일부의 집행을 받은 경우 법원은 이미 집행된 형을 선고형에 산입하도록 하여 산입주의를 취하고 있다.[805] 여기서 외국에서의 형벌 종류가 국내의 형벌 종류와 일치하는 경우에는 외국의 형벌을 직접적으로 환산하는 것이 가능하다.[806] 따라서 이미 외국에서 유죄판결을 선고받아 이를 집행한 경우에는 원칙적으로 선고형에 산입하므로 외국에서의 미결구금의 문제는 발생하지 않는다.

여기에서 더 나아가 스위스 형법은 연방헌법의 근본원칙과 유럽인권협약(EMRK)에 대한 중대한 침해가 되는 경우를 제외하고는, ① 행위자가 외국법원에서 무죄의 확정판결을 받은 경우, ② 행위자가 외국에서 받은 형벌이 집행되거나 집행이 면제되거나 그 시효가 완성된 경우에는 행위자는 스위스에서 동일한 범죄로 인하여 더 이상 소추되지 아니하도록 규정하고 있다.[807] 이러한 의미에서 스위스 형법은 원칙적으로 외국의 무죄판결이나 형의 집행이 종료되거나 면제되는 경우에는 종국효(Erledigungsprinzip)를 인정하여,[808] 사실상 일사부재리의 원칙을 인정한다. 따라서 미결구금의 문제는 발생하지 않으며, 결국 스위스 형법에 의하면 외국에서의 미결구금은 특별히 문제될 여지가 없다.

---

805 형법 제3조 제2항(국내에서 범한 중죄 또는 경죄), 제4조(외국에서 범한 국가에 대한 죄), 제5조 제3항(외국에서 범한 미성년자에 대한 죄), 제6조 제4항(조약상 의무적으로 소추하여야 하는 국외범), 제7조 제5항(기타 국외범)

806 Petter Popp/Tornike Keshelava, Basler Kommentar, Straftrecht I, vorArt.3 Rn.60.

807 형법 제3조 제3항 제a호; 제5조 제2항 제a호; 형법 제6조 제3항 제a호; 제7조 제4항 제a호.

808 Petter Popp/Tornike Keshelava, Basler Kommentar, Straftrecht I, Art.3 Rn.7, 8; Art.5 Rn.12; Art.6 Rn.10; Art.7 Rn.20.

3) 독일

(1) 독일의 경우 외국의 유효한 종국판결이 존재할지라도 동일한 범죄에 대하여 독일의 형사사법기관은 다시 소추하여 처벌할 수 있다는 점에서,[809] 외국판결에 대한 종국효(Erledigunswirkung)를 인정하지 아니한다.[810] 즉, 일사부재리 원칙은 독일 법원이 이중 처벌이나 이중 판결을 내리는 것을 금지하는 것을 의미하기 때문에 외국의 판결에 대하여는 일사부재리 원칙이 적용되지 않는다는 것에 독일의 학설과 판례는 거의 일치한다.[811] 다만 예외적으로 쉥겐협약 제54조에 따라 행위자에 대하여 EU 협약국에서 유·무죄 판결에 관계없이 이미 유효한 판결이 내려진 경우에는 동일한 범죄사실로 독일 국내에서 다시 형사소추되지 아니한다.[812]

이에 따라 외국에서 유죄판결로 인하여 형의 집행을 받은 경우에도 독일 법원은 행위자를 다시 처벌할 수 있다. 이 경우 독일형법은 형의 선고를 받은 자가 이미 동일한 범죄로 인해 국외에서 처벌받은 경우에는 국외에서 받은 형은 그 집행이 종료된 경우에 한하여 새로운 형에 산입하도록 규정하였다(제51조 제3항 전단). 즉 외국에서 형의 집행을 받은 경우 이를 독일 법원이 선고하는 형에 산입하는 산입주의(Anrechnungsprinzip) 방식을 취하고 있다.

---

809 독일에서의 외국판결에 대한 일사부재리원칙의 적용과 관련하여 상세히는 전지연, 외국에서 집행받은 형의 선고와 형법 제7조의 개정방향, 형사판례연구[24], 2016, 34-40면 참조.

810 BGHSt 34, 334, 340; Ambos, Internationales Strafrecht, §4 Rn.5. 이에 반해 외국판결의 종국효를 인정하는 것에 찬성하는 견해는 Oehler, Internationales Strafrecht, Rn.140.

811 BVerfGE 6, 176, 177; BGH NStZ 1998, 149, 150; Ambos, Internationales Strafrecht, §4 Rn.5.

812 Schönke/Schröder/Kinzig, §51 Rn.29. 다만 협약당사국은 특정한 상황이나 특정한 범죄에 대하여 일사부재리의 원칙을 배제할 수 있으며(쉥겐협약 제55조), 이에 따라 독일은 당사국의 중대한 이익을 침해하는 범죄나 당사국 공무원의 범죄와 같은 당사국의 주권을 침해하는 범죄에 대하여는 일사부재리 원칙의 적용을 배제하도록 규정하였다(Ambos, Internationales Strafrecht, §10 Rn.169).

(2) 외국에서 형이 집행된 경우가 아니라 외국에서 미결구금 이후 무죄판결을 받은 자에 대하여도 독일 형법을 적용하여 소추와 처벌이 가능하다. 문제는 해당 미결구금을 어떻게 고려할 것인가이다. 독일 형사법은 외국에서 미결구금을 당한 자에 대하여 절차법과 실체법의 두 가지 측면에서 이를 고려한다.

첫째, 절차법의 측면에서 살펴보면 미결구금자에 대한 공소제기에 있어 검사의 소추재량이 인정된다. 독일 형사소송법상 검사는 공소제기의 권한이 있으며(국가소추주의), 원칙적으로 소추가능한 모든 범죄행위에 대해 공소를 제기하여야 한다는 점에서 기소법정주의를 취하고 있다(독일 형사소송법 제152조). 그러나 외국에서 행해진 범죄행위로 인해 피의자에 대한 형이 이미 집행되었고, 그 외국의 형을 감안하여 볼 때 국내에서 예상하고 있는 형벌의 정도가 높지 않은 경우 또는 '피의자가 그 행위에 관하여 외국에서 무죄의 확정판결을 받은 경우'에 검사는 기소하지 않을 수 있도록 검사의 소추재량을 인정한다(형사소송법 제153c조 제2항).[813]

둘째, 실체법의 측면에서 살펴보면 국외에서 선고받은 기타의 자유박탈에 대해서도 형법 제51조 제1항의 내용이 상응하게 적용되도록 규정하고 있다(독일 형법 제51조 제3항 후단). 그 결과 외국의 미결구금의 경우는 '국외에서 선고받은 기타의 자유박탈'에 해당하여 미결구금 역시 외국에서 집행된 형과 동일하게 선고하는 형에 산입된다.

독일 형법의 산입주의 규정에 따라 피고인이 외국에서 구금되거나 다른 자유박탈의 처분을 받은 경우 법원은 피고인에 대하여 선고하는 형에 외국에서 받은 처분을 산입한다. 다만 여기서 고려되는 구금이나 자유박탈은 외국에서 형벌에 산입되지 아니하였던 자유박탈에 국한된다. 외국의 형벌에

813 이와 같은 기소법정주의의 제한은 형사소송법 제153조 이하에 규정되어 있으며, 이는 공판절차의 개시여부를 다양한 가치의 관점들을 고려한 것이다(Dölling/Duttge/Rössner, Gesamtes Strafrecht, § 152 Rn.1; Meyer-Goßner, § 152 Rn.7).

산입된 자유박탈은 이미 집행된 형벌로 다루어지므로 형법 제51조 제3항의 전단에 의하여 산입된다.[814] 수사과정의 이송구금의 경우에도 실제로 이송이 이루어졌는지 여부와 관계없이 산입되어질 수 있다.[815] 피고인이 형사소추의 목적으로 이송절차에서 이송구금이 이루어진 경우 역시 외국에서 선고받은 기타의 자유박탈로 인정된다. 여기서 외국의 구금이 독일 관계기관의 국제적 수배의 결과로 인한 것이라면 외국의 구금은 그것이 추방절차를 취하였든 이송절차를 취하였든 관계없이 산입된다.[816]

외국에서의 구금을 산입하는 기준은 법률의 명시적인 산입기준은 없으며 법원에 의하여 결정된다.[817] 여기에서는 외국에서의 수용시설, 구금조건 등 다양한 조건들이 고려되어질 수 있다.[818] 외국의 수용시설 등에 대하여는 대사관 등의 보고자료를 통하여 정보가 제공될 수 있다. 그리고 피고인이 국내에서 다수의 범행으로 인하여 하나의 자유형을 선고받는 경우는 그가 해당 범행들 중 하나의 범행으로 인하여 외국에서 미결구금을 받았을 수 있다. 이러한 경우 하나의 범행으로 인하여 확정된 개별 형벌이 외국에서 이루어진 미결구금의 기간보다 적은 경우일지라도 피고인에게 선고하는 형벌 전체에 구금기간을 산입한다.[819]

개별적인 사건들에서 독일 법원이 외국에서의 구금과 비교하여 평가한 비율을 보면(외국의 구금 : 독일의 구금) 일반적으로 유럽의 국가들과는 1 : 1로 판단하였으며, 동유럽의 국가와는 1 : 1 또는 1 : 1.5로, 아시아와 아프리

814 Fischer, § 51 Rn.15; Schönke/Schröder/Kinzig, § 51 Rn.35. 이에 반하여 미결구금을 형에 포함하였는지 여부와 관계없다는 주장은 SK/Wolters, § 51 Rn24.

815 NK/Kett-Straub, § 51 Rn.36; Schönke/Schröder/Kinzig, § 51 Rn.34.

816 BGH NStZ 1997, 385; BGH GA 68, 336; NK/Kett-Straub, § 51 Rn.36; Schönke/Schröder/Kinzig, § 51 Rn.35.

817 Heinz Müller-Dietz, FS-Hannskarl Salger, S.109; Schönke/Schröder/Kinzig, § 51 Rn.34.

818 Heinz Müller-Dietz, FS-Hannskarl Salger, S.109-110.

819 OLG Hamm NJW 1972, 2192; Schönke/Schröder/Kinzig, § 51 Rn.34.

카 국가들과는 1 : 1.5 또는 1 : 2로 판단하였다.[820] 그리고 구금조건이 너무 열악하여 최고의 구금비율로 판단하였던 경우는 케냐의 구금시설에 구금되었던 피고인에 대하여 1 : 3의 비율로 산입하였던 경우로 파악되고 있다.[821]

3. 개정방안

외국에서 이루어진 미결구금은 전술한 바와 같이 명문의 규정이 존재하지 않는 상황에서 이를 직접 적용하는 것은 가능하지 않으며 또한 이를 유추 적용함에 있어서도 여전히 논란의 소지가 있다. 다른 한편 외국에서의 미결구금을 전혀 고려하지 않으면 피고인의 신체의 자유에 대한 과도한 침해의 위험성이 존재한다는 점에서 미결구금을 명시적으로 고려할 필요가 있다. 외국의 입법례 등을 참고하면 크게 일사부재리원칙의 적용을 통하여 피고인을 처음부터 국내의 형사사법절차로부터 배제하는 방안과 외국에서 집행된 형에 대한 형법 제7조의 규정과 상응하는 규정을 마련하는 방안의 두 가지 방안이 존재한다.

1) 일사부재리원칙의 적용

이 방안은 스위스 형법이나 오스트리아 형법과 같이 외국에서 무죄의 확정판결을 받은 경우에는 일사부재리의 원칙을 적용하여 동일한 범죄에 대하여 다시 국내에서 형사소추를 하지 못하도록 규정하는 방안이다. 일반적인 일사부재리의 원칙은 유·무죄의 실체판결이나 면소판결이 확정되면 동일한 범죄사실에 대하여 다시 심리·판단하는 것이 허용되지 않는다는 원칙

820 Fischer, §51 Rn.19. 개별 국가들과의 보다 구체적인 산입 평가비율은 Heinz Müller-Dietz, FS-Hannskarl Salger, S.112.

821 Dennis Bock, ZIS 7-8/2010, 488.

이다.[822] 외국에서 행해진 미결구금의 경우 이러한 일사부재리원칙을 채택한다는 것은 형벌권 내지는 형법의 국제주의적 관점을 수용하는 것이며, 국제적 차원에서의 일사부재리의 효력을 인정하는 것이다.[823] 다만 일사부재리의 원칙의 국제적 적용은 유죄의 판결이든 무죄의 판결이든 판결의 종류에 관계없이 외국의 모든 확정판결에 대하여 기판력을 인정하여 국내의 사법기관에서 이를 다시 재판하지 않는다는 것을 의미한다. 이와 같이 외국에서 무죄판결을 받은 경우 동일한 범죄에 대하여 국내에서의 형사사법절차를 배제함으로써 외국에서 이루어진 미결구금의 문제는 더 이상 문제되지 아니한다.

문제는 우리의 경우에도 확정판결의 종류에 관계없이 외국의 모든 확정판결에 일사부재리원칙을 적용할 것인가이다. 전면적인 일사부재리원칙의 적용은 한편으로는 국제사회에서 우리 형사사법의 개방성과 다른 국가의 사법에 대한 신뢰를 보여준다는 측면에서, 다른 한편으로는 외국의 확정판결이 존재하는 경우에는 국내 형사사법절차가 더 이상 진행되지 않는다는 점을 예측하게 함으로써 해당 행위자에 대하여 법적 안정감을 제공하여 준다는 측면에서 긍정적이다. 그러나 전면적인 일사부재리원칙의 적용은 어려울 것으로 보인다. 특히 외국에서 유죄판결을 받은 경우와 관련하여 우리 형법은 이미 제7조에 외국에서 집행된 형을 국내에서의 형의 선고에 산입하도록 규정하여 명시적으로 일사부재리원칙의 적용을 부정하고 있다. 따라서 본조의 폐지를 전제로 하지 않고는 사실상 전면적인 일사부재리원칙을 적용할 수는 없다.

전면적 일사부재리원칙을 적용할 수 없다면 일사부재리원칙을 제한적으로 적용하는 방안을 생각해 볼 수 있다. 외국에서 유죄판결을 받아 형의 집행을 받은 경우는 형법 제7조가 규정하고 있으므로, 스위스 형법이나 오스

822 Ambos, Internationales Strafrecht, §4 Rn.4; 이은모/김정환, 형사소송법, 811면.

823 외국에서 집행된 형의 경우 일사부재리원칙의 국제적 적용은 김성규, 일사부재리의 원칙과 형법 제7조의 의미, 성균관법학, 제14권 제1호, 172면.

트리아 형법과 같이 일사부재리원칙의 적용을 외국에서 무죄판결이나 면소판결을 받은 경우로 제한하는 방안이다.

그러나 이와 같은 일사부재리원칙의 제한적 적용 역시 다음과 같은 몇 가지 점에서 문제가 될 수 있다. 첫째, 외국에서 유죄판결을 받은 경우와의 형평성 문제이다. 외국에서 유죄판결을 받아 그 형이 집행된 경우에는 이를 선고하는 형에 산입하는 것에 불과함에 비하여, 무죄판결이나 면소판결의 경우에는 외국의 확정판결이 전적으로 수용되어 더 이상 소추·처벌되지 않는다는 점이다. 왜 외국에서의 무죄판결의 경우는 수용하면서 유죄판결의 경우에는 이를 수용하지 않는가에 대한 차별적 취급의 합리적인 근거를 찾기 어렵다. 둘째, 외국의 무죄판결이나 면소판결의 경우 일사부재리원칙의 적용은 외국의 형사사법에 대한 전적인 신뢰에 기초한다. 여기서 동일한 사실에 대하여 각 국가마다 해당 행위를 범죄로 처벌하는지의 여부, 범죄의 성립요건에 대한 구체적인 내용에 있어 상이함의 존재, 형사절차상 소추요건, 형사재판에서 증거에 대한 증거법칙의 적용 등 다양한 영역에서 우리나라와 외국의 형사사법 제도상의 차이가 존재하는 상황에서 외국의 판결을 그대로 수용하는 것이 타당한지는 의문이다. 특히 외국 형사사법절차에서 행위자를 특별히 고려하여 행위자에게 불처벌의 확정판결을 내리는 방법을 이용하여 국내의 형사절차를 회피하는 수단으로 외국의 확정판결이 오·남용될 위험성도 존재한다. 이러한 의미에서 외국에서의 미결구금 문제를 해결하기 위하여 제한적으로 일사부재리원칙을 명문화하는 것은 적절한 방안이 아닌 것으로 판단된다.

2) 형법 제7조와 상응하는 규정 마련

일사부재리원칙을 통하여 미결구금을 고려하는 것은 처음부터 우리의 형사사법의 영역에 들어오는 것을 배제하는 방안이다. 이러한 방안이 적절하지 못하다면 결국 우리의 형사사법 영역에 포섭하여 미결구금을 고려하는 방안이다.

일부에서는 독일 형사소송법과 유사하게, 피의자가 외국에서 동일한 범죄행위로 인하여 무죄의 확정판결을 받은 경우에는 검사가 제반 사정을 참작하여 공소를 제기하지 아니할 수 있다는 취지의 규정을 신설할 것을 제안한다.[824] 이러한 제안에 따르면 일사부재리의 원칙은 적용되지 않으나 이미 무죄판결을 받은 행위자는 기소절차에서 배제될 가능성이 남는다. 그러나 이 제안은 검사의 소추재량에 해당하므로 외국에서 무죄판결을 받은 피의자를 기소유예하는 경우에는 미결구금의 문제가 발생하지 않으나, 기소하는 경우에는 여전히 미결구금의 문제가 발생한다.

이를 해결하기 위해 외국에서 형의 집행이 이루어진 경우를 규정한 형법 제7조와 같이 외국에서의 미결구금을 규정하는 방안이다.[825] 외국에서의 집행된 형에 대하여 일부 국가에서는 국제적 일사부재리원칙을 적용하여 형사소추나 불처벌하는 경우도 존재하나 이는 비교적 소수의 국가가 취하는 방식이다. 대부분의 국가에서 집행된 외국형에 대하여 이를 명시적으로 고려하며, 그 방식은 선고하는 형에 산입하거나(산입주의), 형을 필요적으로 감면하거나 임의적으로 감면하는 방식을 취한다. 우리 형법은 제7조에서 산입주의를 인정하고 있다.

외국에서 집행된 유죄판결을 규정한 형법 제7조와 상응하게 외국에서 미결구금 후 무죄판결을 받은 경우 해당 미결구금을 선고하는 형에 산입하는 방안이 적절하다고 판단된다. 임의적 또는 필요적 감면사유로 고려하는 것

---

824 김기준, 일사부재리원칙의 국제적 전개, 2013, 314면.

825 입법적인 해결에 동의하는 것은 권성국, 외국에서 집행된 미결구금일수의 산입에 관한 고찰, 인권과 정의, 제474호(2018), 79면; 류화진, 외국에서 받은 미결구금일수의 국내 형벌산입 문제, 법학연구, 제26호(2018), 86면; 백원기, 현행 형법 제7조의 해석론과 외국에서 집행된 형에 관한 고찰, 비교형사법연구, 제24권 제4호(2023), 215면; 조현욱, 외국에서 무죄판결 받기 전 미결구금일수의 국내선고형 산입여부, 영남법학, 제46호(2018), 225면.

은 외국에서 이루어진 미결구금을 마치 양형사유의 하나로 이해하는 것으로 파악하는 것이다. 그러나 형을 감면하는 양형사유는 보통 해당 범죄행위와 관련하여 범죄성립요건과 관련한 특별한 사유(미수, 중지미수 등), 범죄행위과정에서의 특별한 사정(방조범 등)이나 범죄전후의 특별한 사정(자수나 자복 등)을 고려하는 것으로 이해할 수 있으나, 외국에서의 미결구금은 이와 같은 범죄행위 전후의 특별한 사정과는 관련이 없는 외국에서 미결구금이 존재한다는 사실에 기초한 것이다.[826] 따라서 이를 양형사유로 파악하는 것은 적절하지 못하다는 점에서 이를 형의 선고에 산입하는 것(산입주의)이 타당하다.

외국에서의 미결구금에 대하여 산입주의를 취하는 경우에도 해당 규정을 어디에 위치시킬 것인가에 대하여는 이를 형법 제7조와 같이 규정하는 방안과 형법 제57조에 규정하는 방안의 두 가지 방안을 생각해 볼 수 있다. 첫째, 형법 제7조에 규정하는 방안은 현재의 제7조의 조문을 제7조 제1항으로 하고 제2항을 신설하는 방안이다. 이 방안은 개정안 제7조가 외국에서의 판결에 대한 내용을 규정하며, 제1항은 외국에서 유죄판결을 받고 집행된 형에 대한 국내 형법상의 고려를, 제2항은 외국에서 무죄나 면소판결을 받은 경우 외국에서의 미결구금에 대한 고려를 규정하는 것이다.[827] 둘째, 미결구금일수를 규정한 형법 제57조에 외국에서의 미결구금을 규정하는 방안이다.[828] 이 개정안은 이미 형법 제57조에서 판결선고 전의 미결구금일수의

826 상세히는 앞의 III. 3. 참조.

827 외국에서의 미결구금을 국내 선고형에 필요적으로 산입하도록 제7조를 개정하자는 견해이나 여기서 제1항과 제2항의 구별 없이 하나의 항을 제안하기도 한다(배원기, 현행 형법 제7조의 해석론과 외국에서 집행된 형에 관한 고찰, 비교형사법연구, 제24권 제4호(2023), 215면; 조현욱, 외국에서 무죄판결 받기 전 미결구금일수의 국내선고형 산입여부, 영남법학, 제46호(2018), 225면).

828 독일 형법이 이와 같은 방식으로 규정하고 있다. 즉 형법 제51조에서 '산입'이라는 표제 하에 제1항과 제2항에서는 국내에서의 미결구금일수의 산입을 규정하고, 제3항 전단은 형의 선고를 받은 자가 이미 동일한 범죄로 인해 국외에서 처벌받은 경우에는 국외에서 받은 형은 그 집행이 종료된 경우에 한하여 새로운 형에 산입된다는 취지의 규정을 두고, 제3항 후단은 국

산입을 규정하고 있으므로 동 규정에 해당 판결선고 전의 미결구금에 외국에서의 미결구금을 포함하도록 개정하는 방안이다. 동 개정안은 미결구금이라는 동일한 내용을 규정하며, 다만 현행 규정은 국내의 미결구금만을 포섭하도록 한 내용을 외국에서의 미결구금도 포섭하도록 개정하는 방안이라는 점에서 용이한 개정방안으로 파악한다.

3) 소결 : 제7조 개정안

개인적으로는 형법 제7조를 개정하는 방안이 더 적절할 것으로 판단된다. 형법 제57조를 개정하여 외국에서의 미결구금을 포섭하는 경우에는 외국에서 집행된 형과 외국에서 집행된 미결구금의 경우가 균형을 이루지 못하는 문제가 있다. 즉 외국에서 집행된 형의 경우에는 제7조에 따라 집행된 형의 전부 또는 일부가 형의 선고에 산입되나, 외국에서의 미결구금은 제57조의 개정안에 의하여 전부가 산입된다. 따라서 형이 집행된 것인가 미결구금이 이루어진 것인가에 의하여 구금되었던 기간이 전부 또는 일부가 산입되든가 아니면 전부가 산입되는 차이를 나타내고 있다. 또한 경우에 따라서는 외국에서 형의 선고를 받으면서 미결구금이 고려되어 형의 집행을 받은 경우와 단순히 미결구금만을 받은 경우의 두 경우에 대하여 미결구금을 고려하는 기준이 상이하게 되어 형평성의 문제를 발생시킬 수 있다. 더 나아가 외국에서의 미결구금을 일률적으로 우리나라의 미결구금과 동일하게 구금일수 전부를 산입하게 하는 것은 부적절할 수 있다. 즉 국가별 구금시설의 상황, 구금조건, 구금시설 내의 처우, 형의 집행과 미결구금의 차이 등 미결구금과 관련한 다양한 측면에서 상이함이 존재함에도 불구하고 이를 무조건적으로 동일시하는 것은 적절하지 못하다. 따라서 외국에서 이루어진 미결구금일수

외에서 선고받은 기타의 자유박탈에 대해서도 제1항이 동일하게 적용되도록 하여 외국판결의 산입을 규정하고 있다.

의 전부 또는 일부를 산입할 것인가에 대하여는 해당 국가의 구금상황을 고려하여[829] 법원이 결정하는 것이 적절할 것으로 판단된다.

외국에서 집행된 것이 형벌이든 미결구금이든 이를 국내 법원이 이를 전혀 고려하지 않는다면 신체의 자유에 대한 과도한 침해가 존재한다는 점에서 양자는 동일하다. 또한 대부분의 국가에서 형의 집행과 미결구금이 법적·이론적 측면에서는 엄격히 구별되기는 하나, 형의 집행과 미결구금의 실행이라는 현실적 측면에서는 크게 차이가 없다. 따라서 형법 제7조의 개정을 통하여 미결구금을 포섭하는 것이 적절하다고 생각하며, 이러한 개정안을 도표로 나타내면 다음과 같다.

현행 규정	개정안
제7조(외국에서 집행된 형의 산입) 죄를 지어 외국에서 형의 전부 또는 일부가 집행된 사람에 대해서는 그 집행된 형의 전부 또는 일부를 선고하는 형에 산입한다.	**제7조(외국에서 집행된 형·미결구금의 산입)** ① 죄를 지어 외국에서 형의 전부 또는 일부가 집행된 사람에 대해서는 그 집행된 형의 전부 또는 일부를 선고하는 형에 산입한다. ② 외국에서 동일한 범죄사실로 기타 구금을 겪었던 사람에 대해서도 제1항과 동일하다.

V. 결어

외국에서 미결구금 되었다가 석방된 사람에 대하여 국내에서 형을 선고할 경우 판례는 해당 피고인에게 형법 제7조나 제57조의 규정을 적용할 수 없다고 판단하였다. 그리고 학설의 일부는 이에 동의하고 있다. 그러나 외국에서 집행된 미결구금을 전혀 고려하지 않는 경우에는 사실상 외국의 미결구금 기간만큼 이중으로 처벌받는 결과가 발생한다. 또한 구 형법 제7조

829 여기서 개별적으로 고려될 수 있는 미결구금 관련 요소들로 구금시설(공간의 크기와 수용인원 등), 의복, 급식상황, 면회, 외부와의 소통, 건강복지, 자유시간, 구금동료와 감독관에 의한 범행, 외부적 안전성을 들 수 있다고 한다(Dennis Bock, ZIS 7-8/2010, 486-488).

가 외국에서 집행된 형을 임의적 감면사유로 규정하여 외국에서 집행된 형을 전혀 고려하지 않을 수도 있다는 점에서 헌법재판소로부터 헌법불합치 결정을 받았다. 이 점을 고려하면 외국의 미결구금 역시 전혀 고려하지 않는 경우에는 이 또한 위헌이나 헌법불합치의 가능성도 존재한다. 따라서 이를 피하기 위하여 외국에서 행해진 미결구금을 형법 제7조에 포섭되는 것으로 해석하거나 또는 형법 제57조에 포섭되는 것으로 해석하는 것도 생각해 볼 수 있다.

먼저 외국의 미결구금에 대하여 형법 제7조나 제57조를 직접 적용하는 것은 부적절하다. 왜냐하면 형법 제7조에서 의미하는 '형'이 집행된 사람은 외국 법원의 유죄판결에 의하여 자유형이나 재산형 등과 같은 형의 전부 또는 일부가 실제로 집행된 사람을 말한다. 따라서 미결구금은 여기에서의 형이 집행된 경우에 해당하지 않기 때문이다. 또한 형법 제57조의 판결선고전 구금일수는 우리 형사사법제도 의하여 공소목적을 달성하기 위한 구금기간을 의미하는 것이므로 일률적으로 외국에서 이루어진 미결구금을 포함한다고 해석하는 것은 타당하지 못하다.

판례는 여기서 제7조의 유추적용도 불가능한 것으로 이해하나 실질적으로 피고인의 신체의 자유를 침해한다는 측면에서 유추적용이 가능하다고 해석된다. 형법상 일반적으로 유추적용이 허용되지 않는다는 점에는 견해가 일치하고 있으나, 피고인의 이익을 위한 유추적용이 허용되는가에 대하여는 논란이 있다. 다수의 견해가 이를 긍정한다고 할지라도 무조건적으로 이를 허용하는 것에 대하여는 여전히 논란이 되며, 특히 정당한 형벌권의 행사를 입법이 아닌 해석에 의하여 제한한다는 점에서 유추적용에 대한 정당한 근거가 있어야 한다고 본다. 외국에서의 미결구금을 외국에서의 형에 대한 규정을 유추적용하는 것이 피고인에 대한 신체의 자유에 대한 과도한 침해를 보호하고, 이를 단순히 양형사유로 파악하는 것보다 합리적인 근거가 있다. 따라서 형법 제7조의 유추적용이 가능하다고 파악하였다. 그러나 여전히 그 범위와 내용이 논란이 될 수 있으므로 외국의 입법례를 참조하여 이를 명문화할 것을 제안하였다.

입법례에 따라서는 일사부재리원칙을 국제적으로 적용하여 외국의 판결에 전적인 신뢰를 부여하여 국내에서는 더 이상 소추·처벌하지 않는 방안도 있다. 그러나 이는 외국과 우리나라의 형사법 체계의 상이성, 구금시설의 상황, 구금조건 등 형사사법제도상의 다양한 차이를 무시하는 결과가 될 수 있다는 점에서 일사부재리원칙을 전면적으로 수용하기는 어려울 것으로 판단하였다. 따라서 외국에서의 미결구금을 고려한 방식으로 국내형의 선고에 미결구금 기간을 산입하는 방안을 제안한다. 구체적 개정안으로서 현행 형법 제7조의 내용을 형법 제7조 제1항에 외국형의 산입을 규정하고, 제2항에 외국에서의 미결구금을 규정하는 방안을 제안하였다. 산입방식은 외국에서 집행된 형을 산입하는 방식과 동일하게 외국의 미결구금을 산입하면 충분할 것으로 판단하였다.

제5장 결어 : 형법적용의 탈지역화

문화규범으로서 형법은 어느 공간이나 지역에 관계없이 적용되는 규범이 아니라 특정한 지역에서 발생하는 형사사건에 한하여 적용되는 규범이다. 여기서 형법이 효력을 미치는 범위를 형법의 지역적 적용범위라고 칭하며, 이에 대하여 우리 형법은 제2조에서 제6조까지에 이를 규정하고 있고, 외국에서 범죄를 범하여 형이 집행된 경우에 대한 특별규정을 마련하고 있다. 이러한 형법의 지역적 적용범위에 관한 총칙상의 기본규정들은 1953년 형법 제정 당시 입법화된 이래 현재까지 한 번도 개정된 적이 없으며, 다만 최근에 헌법재판소의 위헌 판단에 따라 '외국에서 집행 받은 형에 대한 조문'(제7조)만이 개정되었을 뿐이다. 물론 일부의 특정 범죄의 경우 그 적용범위에 관한 개정이 이루어졌다. 예컨대 2011년 국제형사재판소의 관할범죄에 대하여 제한적 세계주의의 도입규정을 마련하였으며, 2013년에는 약취·유인 및 인신매매의 죄에 대하여 세계주의를 도입하는 규정이 마련되었다. 그러나 이러한 규정들은 기존의 형법의 적용범위에 관한 총칙의 일반규정이 아닌 각칙의 특정범죄의 조문이나 형사특별법을 통하여 세계주의를 적용한다는 취지의 규정을 신설하였던 것이다.

이와 같이 형법의 지역적 적용범위에 관한 문제는 그 동안 형법개정의 대상과 학계에서의 논의에서 다소 벗어나 있었으나, 최근 두 가지 관점에서 새로운 전기를 맞이하고 있으며, 형법의 탈지역화가 필요한 상황에 이르렀다.

첫째는 범죄의 국제화이다. 즉 이전의 범죄들이 주로 국내적 범위에서 이루어졌던 것에 비하여 국제사회의 변화와 함께 범죄가 국제화되었다는 점이다. 이에 따라 국제화된 범죄에 대해 어떠한 범위 내에서 자국형법을 적용하여 처벌할 수 있는가의 문제가 제기되었다. 형법이 제정되던 1953년 한국의 무역규모는 3.9억 달러에 불과하였으나, 2017년 현재 1조 520억 달러로 전 세계 7위의 경제대국에 이르고 있으며, 2017년에는 8천만명 이상이 대한민국을 출입하는 상황에 이르고 있다. 국민들의 국가 간 이동이 확대되고 물류나 정보의 국제적 거래가 폭발적으로 증가하였다. 또한 국가 간의 경제적 결속 등으로 국가 간의 장벽이 해체되거나 완화되었다. 이것은 기존의 전통적인 범죄의 경우에도 해당 범죄인의 왕래나 범죄의 지역확대가 불가피한 현상이 되었다. 그리고 특히 인신매매, 마약범죄, 무기밀매, 테러범죄 등의 범죄의 경우에는 국가적인 장벽이 허물어지고 범죄의 국제화가 이루어지고 있다. 이러한 점에서 자국형법의 적용가능성과 적용필요성의 문제가 대두되었다.

둘째는 인터넷으로 표현되는 정보통신기술의 발달은 사이버공간이라는 새로운 가상공간을 만들어 냈다는 점이다. 사이버공간을 통하여 인간은 무수한 정보의 제한 없는 교류와 국경을 뛰어넘는 유대감의 형성, 조직의 힘을 빌리지 않는 개인의 이윤획득에 이르기까지 말 그대로 자유발현의 장이 되었다. 또한 정보저장기술의 발전은 막대한 정보를 보다 작은 저장매체에 보다 많은 정보를 저장하는 것을 가능하게 하고, 통신기술은 엄청난 속도로 대량의 정보를 유통하는 것을 가능하게 하였다. 그러나 다른 한편 정보통신기술의 발전은 사이버공간을 통한 국가 간의 불법내용의 유통이나 통신망의 침입, 다양한 비밀정보의 불법적 탐지, 사이버테러 등과 같은 새로운 범죄유형을 출현시킴으로써 형법의 지역적 적용범위의 문제를 새롭게 조명해 보는 상황을 야기하였다.

여기서 우리 형법은 지역적 적용범위와 관련하여 1953년의 형법 제정 이후 여전히 속지주의, 속인주의, 보호주의 그리고 각칙과 일부 형사특별법에서 세계주의를 취하고 있다. 그리고 이러한 다양한 적용범위의 원칙들 가운데 속지주의를 원칙으로 하고 속인주의, 보호주의, 세계주의를 가미하고 있다고 이해한다. 필자는 이러한 현행의 형법 지역적 적용범위에 관한 규정들은 현재의 국제화된 사회나 우리나라의 국제적 위상, 사이버범죄와 같은 새로운 형태의 범죄출현 등과 같은 다양한 요인들을 고려할 때 형법의 적용을 탈지역화할 필요가 있다고 본다. 이와 같은 형법의 탈지역화의 관점에서 기존의 형법의 적용범위에 관한 여러 규정들에 대하여 문제점을 지적하고, 이에 대한 개정방안을 마련하여 보았다.

우리 형법의 속지주의와 관련하여 살펴보면, 범죄지의 국가는 자국의 주권이 미치는 영역 내에서 발생한 모든 범죄에 대하여 영토주권을 행사하여 이를 처벌하는 것이 정당화된다는 점에서 우리 형법상 속지주의의 규정은 적절하다. 다만 영토주권을 행사하는 범위를 한반도와 그 부속도서로 함으로써 북한지역에 대하여 속지주의를 적용하여 대한민국 형법을 적용할 수 있다는 것이다. 이 문제에 대하여는 지역적 효력범위의 특별한 문제영역으로 남북한의 형법적용의 문제로 별개의 장에서 다루었다. 다른 한편 속지주의의 적용요건인 '범죄지'의 개념에 대하여 명확히 규정하지 않고 있다. 따라서 미수의 경우 실행에 착수한 행위지 이외에 결과발생이 일어날 것으로 예상되었던 장소, 부작위범의 경우 부작위의 특성상 작위행위가 필요하였던 장소, 결과발생이 예상되었던 장소, 다수 참가자의 경우 가각의 행위자의 범행장소 등이 범죄지로 고려될 수 있다는 점에서 범죄지에 대한 보다 명확한 개념규정이 필요함을 지적하였다.

속인주의와 관련하여 자국민이 외국에서 범죄를 범한 경우 자국형법을 적용하여 처벌할 수 있다는 것은 국제법상의 원칙인 자국국민에 대한 '인적주권'의 원칙에 의하여 정당화될 수 있다. 여기서 대한민국 형법은 속인주의의 규정에서 절대적 속인주의를 취한 것으로 이해되며, 판례 역시 동일한 취지로 해석한다. 이는 자국민에 대하여 어디에 있든지 관계없이 '모국에 대한 충성의무'를 이행할 것을 요구하는 것이다. 그러나 이와 같이 자국민은 자국의 국가의사에 완전히 복종하여야 한다는 형법적 국가표상을 관철하려는 것은 타 국가의 주권적 결정에 대한 존중이 결여되어 있으므로 국제법적으로 승인되어질 수 없다. 또한 자국형법표상의 관철은 적극적 속인주의의 현대적 취지에도 어긋난다. 왜냐하면 오늘날 적극적 속인주의가 기초하고 있는 근본사상은 국제적인 연대성, 즉 자국민이 국외에서 범죄를 범하고 귀국한 경우 자국민을 불인도하는 원칙에 따라 행위지국으로 인도할 수 없으므로 이 경우 자국형법을 적용하여 처벌한다는 것이다. 따라서 행위지국에서도 범죄로 처벌되지 아니하는 것을 자국민이라는 이유로 처벌하는 것은 이러한 연대성에 벗어난다. 따라서 이 문제를 해결하기 위해서는 속인주의를 절대적 속인주의를 완화하여 제한적 속인주의의 방식으로 개정할 필요가 있다. 필자는 여기서 속인주의를 적용함에 있어 ① 원칙적으로 행위지국에서도 처벌하는 규범이 존재하는 경우에 속인주의를 적용하며(쌍방가벌성의 요구), ② 예외적으로 행위지국에서 처벌하지 않는 범죄일지라도 자국에서 특별히 처벌할 필요성이 있는 범죄유형을 명시적으로 규정(열거주의의 적용)하는 것이 적절한 것으로 판단하였다.

보호주의와 관련하여, 국가보호주의는 내란죄나 외환죄와 같이 국가나 국가기관의 존립과 안전을 침해하거나 위협하는 범죄에 대하여 자국형법을 적용하는 것은 국제관습법적으로 승인되어 있다. 이에 반해 외국에서 외국인이 행한 자국민에 대한 범행에 대하여 자국형법을 적용하려는 개인보호주의 입장은 결국 자국 형벌권을 국외로 확장한다는 의미에서 국제법적으로 많은 비판이 존재하므로, 대한민국 형법은 이를 제한하여 해당 국가에서도 이를 처벌하는 규범이 존재(쌍방가벌성의 요구)하여야 한다. 형법상의 국가보호주의 규정의 내용은 국가적 법익뿐만 아니라 공문서, 통화, 유가증권 등 사회적 법익을 보호하는 내용도 포함하고 있으므로 정확히 말하면 국가·사회보호주의 규정이다. 다만 형법에 제한적으로 규정된 범죄 중에서 국기에 관한 죄의 포함은 내란이나 외환의 죄와 같은 범죄와의 상응성에 비추어 이를 포함하는 것이 부적절한 것으로 보인다. 다른 한편 대한민국이나 대한민국 국민에 대하여 범한 범죄의 경우에는 해당 행위지에서도 이를 처벌하는 규정이 존재하는 경우에 한하여 이를 처벌하도록 규정하고 있기 때문에 중요한 법익보호에 문제가 발생할 가능성이 있다. 예컨대 국외에서 외국인이 대한민국의 법인에 대한 영업상의 비밀을 침해하는 범죄를 범하는 경우 행위지에서는 이를 불처벌하므로 법익보호에 중대한 흠결이 발생할 수 있다. 따라서 이러한 종류의 범죄를 제한적으로 열거하여 이를 쌍방가벌성과 관계없이 이를 처벌하는 규정을 마련할 필요가 있다.

세계주의는 한편으로는 현실적인 측면에서 일국이 자국영토 이외의 지역에서 발생한 범죄를 처벌함으로써 다른 국가의 공통적인 안전이나 이익을 방어하는 역할을 한다는 점에서, 다른 한편으로는 규범적인 측면에서 공동의 가치체계를 근본적으로 부정하는 범행은 보편적으로 승인되는 특정한 법익을 침해한다는 점에서 자국이 해당 범행을 처벌하는 것이 정당화될 수 있다. 이에 대하여 대한민국 형법은 총칙에서 이를 규정하고 있지는 않다. 그러나 형법각칙 제31장의 약취·유인 및 인신매매의 죄에 해당하는 범죄, '마약류 불법거래 방지에 관한 특례법'의 마약류의 불법수입 등의 죄, '국제형사재판소 관할범죄의 처벌 등에 관한 법률'의 집단살해죄 등의 범죄에 대하여는 세계주의를 취하고 있다. 그러나 이와 같이 개별적으로 산재한 세계주의의 규정들을 통합하여 총칙에 규정할 필요가 있다. 그리고 세계주의의 도입을 통하여 국제사회의 책임 있는 일원으로 기여하겠다는 기본취지에서 본다면 기존의 세계주의 대상범죄만으로는 다소 미흡하다. 따라서 개별적인 범죄유형들을 검토하여 이를 세계주의 대상범죄로 포섭하는 작업이 필요하며, 기본적으로는 인간 존엄성의 기본을 침해하는 범죄, 인도에 반하는 범죄, 범죄예방에 국제적인 협력이 필수적인 범죄들을 포섭하여 열거주의 방식으로 규정할 필요가 있다. 또한 세계주의를 적용함에 있어 자국과의 관련성이 없는 경우에도 무조건적으로 자국형법을 적용하는 절대적 세계주의가 아닌 자국과의 관련성을 요구하는 것이 적절하다. 여기서 고려될 수 있는 자국과의 관련성은 다수의 세계주의 입법례에서 취하고 있는 범죄인이 자국에 소재할 것이라는 요건을 부가하는 것이 적절하다.

남북한 사이에서의 형법적용과 관련하여서는 북한의 이중적 지위를 인정할 수 있다. 즉 한편으로는 현실적인 정치적 이념과 체제의 차이로 인하여 남한은 북한을 규범적으로 수용할 수 없는 대상에 해당한다고 보아 북한을 적대적 지위에 있다고 파악하는 것이다. 이러한 적대적 지위에서는 북한은 반국가단체로서 활동하는 조직으로 파악하며, 규범적으로는 헌법 제3조의 영토조항(북한지역의 대한민국 영토성 인정)이 적용되어 북한지역과 북한주민에게 대한민국의 형법과 국가보안법 등이 적용된다. 다른 한편 남북한의 평화통일을 위하여 북한은 교류협력을 지향하면서 협력할 대상이라는 지위를 가진다. 즉 북한이 남한의 평화통일을 위한 노력에 대응하여 남북교류협력 등 그에 부합되는 활동을 하면서 평화통일을 위한 대화와 협력의 동반자로서 활동하는 규범영역에서는 북한의 실체를 규범적으로도 인정하고 있다. 따라서 이러한 규범영역에서는 국제법원칙과 헌법 제4조와 이를 근거로 하여 제정된 남북교류 협력에 관한 법률 등 국내 법률과 각종 남북합의서가 남북한관계에 그대로 적용된다. 그 결과 남북한의 교류과정에서의 형법의 적용은 우선적으로 남북한이 합의한 바에 따라 정하여지며, 합의한 바가 별도로 존재하지 않는 경우에는 남북한이 각각의 실체를 인정하는 방식으로 형법규범이 적용된다고 본다.

사이버공간에서 불법한 내용물을 탑재하거나 유통하는 범죄행위에 대해 대한민국 형법을 적용하려면 범죄지가 대한민국이어야 한다. 범죄지를 확정함에 있어 추상적 위험범의 경우는 구체적인 결과나 위험이 요구되지 않으므로 원칙적으로 실행행위지만이 범죄지로 고려된다. 그리고 사이버공간에서의 불법내용물 관련 범죄는 대부분이 추상적 위험범에 해당하고, 국경을 초월하는 특성을 가지고 있기 때문에 여기서 대한민국 형법의 적용이 매우 제한된다. 여기서 사이버공간에서의 추상적 위험범의 경우에도 자국형법을 적용하기 위하여 실행행위지의 개념을 확대하거나, 위험의 결과가 발생할 것으로 예상되는 장소도 범죄지의 개념에 포함시키는 등의 방안이 마련되고 있다. 그러나 이와 같이 확장하는 경우에는 인터넷의 특성상 자국민들은 사이트나 서버의 소재지에 관계없이 언제든지 해당 불법내용물에 접속 가능하므로 사이버공간에서의 범죄에 대하여 거의 모든 경우에 자국형법이 적용가능하다는 결론에 이른다. 이는 자국형법을 무차별적으로 적용하여,

각 국가들마다 '전산망의 보안관'이나 '인터넷의 파수꾼'으로 뛰어 오르려고 할 것이라는 점에서 바람직하지 않다. 여기서 사이버공간에서의 불법내용물의 규제는 자국의 영토 내에서 위험이라는 결과가 발생할 가능성이 있고, 극심한 인간존엄성의 침해나 하드코어 포르노그래피의 유포나 허위사실유포로 인한 명예훼손의 경우와 같이 거의 대부분의 국가에서 보호되는 일정한 법익에 대한 위험인 경우에만 자국 형법을 적용하는 것이 타당하다고 본다.

형법의 지역적 적용범위는 각 국가마다 그 적용범위에 대한 입법과 그 내용에 차이가 존재한다. 따라서 동일한 하나의 범죄에 대하여 다수의 국가가 자국형법을 적용할 수 있는 형사재판권의 경합이 발생할 수 있다. 여기서 외국에서 형의 집행을 받은 사람에 대하여 동일한 범죄를 이유로 우리나라 법원이 행위자를 다시 처벌하는 것은 이중처벌금지의 원칙이나 일사부재리의 원칙에 위반되지는 않는다. 다만 구 형법은 외국에서 형의 집행을 받은 경우 이를 형의 임의적 감경사유로 규정하였으나, 이러한 임의적 감경규정은 과잉금지의 원칙에 위반된다는 이유로 헌법에 불합치한 것으로 결정되었다. 따라서 현행 형법은 외국에서 판결을 선고받고 형벌의 집행이 있었던 경우 이를 형의 선고 시에 산입하는 방식(산입주의)으로 개정되었다. 여기서 외국에서 집행된 형의 전부를 산입할 것인가 일부를 산입할 것인가는 일률적으로 정하는 것이 아니라 외국에서 집행된 형을 우리 형의 집행에 상응하게 고려하는 것이다. 즉 외국형의 산입 시에 우리 형벌과 어느 정도로 상응하게 산입할 것인가를 구체적 타당성에 맞도록 외국의 형사사법의 운용, 형법상의 법정형과 양형의 차이, 외국과 우리나라의 구금조건이나 구금시설의 운용 등 다양한 조건들을 고려하여 결정하여야 할 것이다.

이에 반하여 외국에서 미결구금 되었다가 석방된 사람에 대하여 국내에서 형을 선고할 경우 이를 어떻게 고려할 것인가에 대하여는 형법에 명시적인 규정이 없다. 이 경우 판례는 해당 피고인에게 형법 제7조(외국에서 집행된 형의 산입)나 제57조(미결구금의 산입)의 규정을 적용할 수 없다고 판단하였다. 동 규정들을 직접 적용하는 것은 불가능하다. 그러나 외국에서 이루어진 미결구금의 경우에 대하여 '외국에서 집행된 형'에 대한 제7조의 규정을 유추 적용하는 것이 피고인의 신체의 자유에 대한 과도한 침해를 막을 수 있다는 점에서 합리적인 근거가 있다. 따라서 형법 제7조의 유추적용이 가능하다고 본다. 다만 고려되는 외국의 미결구금의 범위와 내용이 여전히 논란이 될 수 있으므로 이를 명문화하는 것이 요청된다. 여기서 본인은 외국에서 집행된 미결구금을 국내형의 선고 시에 산입하는 방안을 제안하였다. 구체적 개정안으로서 현행 형법 제7조의 내용을 형법 제7조 제1항으로 개정하고, 제2항에 외국에서의 미결구금을 신설하여 외국에서 집행된 형을 산입하는 방식과 동일하게 외국의 미결구금을 산입하는 방식으로 규정하면 충분할 것으로 판단된다.

제 3 편

형법총칙의 타 법령에 대한 적용

제1장 의의

「형법」 제8조는 "본법 총칙은 타 법령에 정한 죄에 적용한다."라고 하여 형법의 총칙편에 규정된 내용은 타 법령에 정한 죄의 경우에도 적용하도록 하고 있다. 형법총칙은 범죄의 성립 및 처벌과 관련한 일반적인 원칙들을 기술하고 있다는 점에서 형법각칙에 규정된 범죄 뿐 아니라 범죄를 규정하고 있는 기타 형사특별법에도 적용된다. 이러한 의미에서 형법총칙은 우리나라의 전체 형벌법규 체계에서 일반원칙의 지위를 지니고 있다.

다만 제8조의 단서에서 "단, 그 법령에 특별한 규정이 있는 때에는 예외로 한다"라고 규정하고 있다. 이는 해당 법령에서 특별히 형법총칙의 일반원칙에 대한 예외를 규정하는 경우에는 해당 법령을 적용한다는 취지이다. 형법총칙은 전통적으로 범죄로 인정되어온 행위들인 자연범적 성격을 지닌 죄에 대한 일반원칙을 규정한 것으로 이해된다. 형벌법규의 경우에도 개별 법규가 가지는 목적이나 특성에 따라 형법총칙의 일반원칙을 수정하거나 배제할 필요가 있다는 점에서 이러한 예외를 인정할 필요가 있다.[1] 특히 특정한 행정적 목적 달성을 위하여 형벌을 투입하는 법규에 해당하는 행정형법에서 이러한 예외규정을 두는 경우가 다수 존재한다.

제2장 입법례

독일의 경우 「형법」(Strafgesetzbuch) 자체에는 본조와 같은 규정이 별도로 존재하지 아니한다.[2] 그러나 형법총칙의 효력과 관련하여 「형법도입

1 주석형법/조희연, §8, 106면.

2 다만 소년원법(Jugendgerichtsgesetz)에 달리 규정되어 있지 않은 경우에 한하여 소년 및 청

법」(Einführungsgesetz zum Strafgesetzbuch) 제1조에 "타 법률에 달리 규정되어 있지 아니한 형법총칙의 규정은 현재 시행중인 그리고 장래 시행될 연방법에 적용된다."(Art.1 Abs.1 EGStGB)라고 하여 사실상 형법총칙의 규정이 모든 형법에 적용된다. 그리고 형법의 체계와 관련하여서도 형법은 형법총칙, 형법각칙, 행정형법을 포함한 형사특별법으로 체계화된 구조를 지니고 있으며, 여기서 형법총칙의 규정은 형법각칙이나 해당 법령 등에 특별한 예외를 규정하고 있지 않은 이상 동일하게 적용되는 것으로 이해한다.[3]

일본 형법의 경우에는 우리 형법과 동일한 규정을 두고 있다. 즉, '다른 법령의 죄에 대한 적용'이라는 제목하에 형법총칙편의 규정은 다른 법령의 죄에 대해서도 적용하도록 규정하고 있으며, 다만 그 법령에 특별한 규정이 있는 때에는 그러하지 아니하도록 하고 있다(제8조). 이는 형법총칙이 모든 형벌법규의 기본법적인 성격을 보여 준다는 점에서 다른 법령의 죄에 대해서도 적용하도록 하는 것으로 이해한다.[4] 다만 자연범과 행정범을 구별하는 입장에서 행정범의 경우에는 자연범에 적용되는 형법총칙의 규정이나 원칙이 행정범에 그대로 적용되는 것은 적절하지 못하다고 판단하여 이를 예외적으로 적용할 수 있도록 한 것으로 이해된다.[5]

년의 범행에 대하여는 형법의 규정이 적용되도록 하고 있으나(§10 StGB), 이는 소년이나 청년의 인적 적용범위에 대한 특별 규정으로 본조와 같은 의미는 아니다. 이와 유사하게 스위스 형법의 경우에도 미성년자에 대하여는 소년형법(Jugendstrafgesetz)을 적용하며, 군인에게는 군형법을 적용하도록 하고 있다(Art.9 StGB).

3 Schönke/Schroder/Hecker, vor §1 Rn.16; Lackner/Kühl/Heger, vor §1 Rn.21. 오스트리아의 경우는 Leukauf/Steininger, vor §1 Rn.1.

4 森下 忠, 刑法總論, 3面.

5 森下 忠, 刑法總論, 4面; 윤동호, 형법총칙배제규정의 현황과 형법 제8조와의 관계, 비교형사법연구, 제15권 제2호(2013), 21면.

제3장 적용요건

제1절 원칙

I. 형법총칙

제8조의 본문에 따라 형법총칙은 타 법령에 정한 죄에 적용한다. 여기에서 형법총칙이라 함은 형법전의 규정 가운데 '제1편 총칙'의 편에 규정한 내용을 말한다. 따라서 형법총칙의 내용에 해당하는 범죄의 성립과 처벌에 대한 내용들, 구체적으로는 형법의 시간적·장소적 적용범위(제1조~제7조), 죄의 성립과 형의 감면(제9조~제24조), 미수범(제25조~제29조), 공범(제30조~제34조), 누범(제35조~제36조), 경합범(제37조~제40조), 형의 종류와 경중(제41조~제50조), 형의 양정(제51조~제58조), 형의 선고유예·집행유예(제59조~제65조), 형의 집행(제66조~제71조), 가석방(제72조~제76조), 형의 시효·소멸(제77조~제82조), 기간(제83조~제86조)의 규정들은 죄를 정하고 있는 타 법령에도 적용된다.

이러한 총칙의 내용 중 판례에서 직접 다루어진 사례로는 행위시법주의의 경우(제1조 제1항),[6] 선고 시 유리한 법률적용의 경우(제1조 제2항),[7] 고의의 경우(제13조),[8] 공범과 신분의 경우(제33조)[9] 등이 존재한다. 이

---

6 지방공무원의 지방공무원법 위반행위에 대한 형법 제1조 제1항의 적용(대법원 2015.4.23. 선고 2015도2423 판결).

7 조세포탈로 인한 특정범죄가중처벌등에관한법률위반에 대한 형법 제1조 제2항의 적용(대법원 1981.12.22. 선고 81도337 판결; 대법원 1987.12.22. 선고 87도84 판결).

8 특별 형벌법규에 의하여 처벌되는 범죄에는 고의를 요하지 아니한다는 취지가 그 법규의 명문으로서 규정되었다거나 그 명문이 없다 하여도 법규의 규정 중 위와 같은 취지를 명백히 확인할 수 있는 경우가 아니고서는 특별 형벌규정 위반에 의한 범죄구성에 있어서도 일반형법의 원칙에 따라 고의를 필요로 한다 할 것이고 부정수표단속법 제2조의 경우에도 고의를 필요로 한다고 해석함이 타당하다(대법원 1965.6.29. 선고 65오1 판결); 행정상의 단속을 주안으로 하는 법규라 하더라도 '명문 규정이 있거나 해석상 과실범도 벌할 뜻이 명확한 경우'를 제외하고는 형법의 원칙에 따라 고의가 있어야 벌할 수 있다(대법원 2010.2.11. 선고 2009도9807 판결). 동일한 취지로 대법원 1994.5.27. 선고 93도3377 판결(근로기준법위반); 대법원 1965.10.21. 선고 65도564 전원합의체 판결(병역법위반); 대법원 1986.7.22. 선고 85도108 판결(소방법 및 건축법 위반).

9 군인 신분없는 자의 군인 신분있는 자와의 공범관계에서 군형법위반죄에 대한 형법 제33조

에 반하여 형법 부칙에 규정된 내용은 여기에서 말하는 총칙에 해당하지 아니하므로 타 법령에 정한 죄에 적용할 수 없다.[10]

II. 타 법령

형법총칙이 적용되는 타 법령에는 특별한 제한은 없으며, 형법 이외에 형사처벌을 규정하고 있는 법령이면 충분하다. 여기의 타 법령에는 특정범죄 가중처벌 등에 관한 법률, 특정경제범죄 가중처벌 등에 관한 법률, 국가보안법, 부정수표 단속법, 폭력행위 등 처벌에 관한 법률, 성폭력범죄의 처벌 등에 관한 특례법, 아동·청소년의 성보호에 관한 법률, 스토킹범죄의 처벌 등에 관한 법률, 군형법, 조세범처벌법 등과 같은 다양한 형사특별법들이 포함된다. 더 나아가 도로교통법, 교통사고처리 특례법, 정보통신망 이용촉진 및 정보보호 등에 관한 법률, 마약류관리에 관한 법률, 지방공무원법, 공중위생관리법, 식품위생법, 근로기준법, 관세법, 외국환관리법, 의료법 등 다양한 행정형법이나 경제형법 등이 여기에 포함된다.

제2절 예외

I. 특별한 규정의 존재

형법총칙은 타 법령에 정한 죄에 적용하나, 그 법령에 특별한 규정이 있는 때에는 예외로 한다. 이러한 형법총칙의 규정을 배제하는 예외 규정들은 특히 다수의 행정형법에서 발견된다.[11] 그리고 예외로 특별한 규정을 마련

의 적용(대법원 1992.12.24. 선고 92도2346 판결).

10 대법원 1986.7.22. 선고 86도1012 전원합의체 판결; 대법원 1992.12.8. 선고 92도407 판결

11 이에 대하여는 신동운, 행정형법과 과실범의 처벌, 서울대학교 법학, 제52권 제1호(2011), 129면 이하; 이근우, 행정형법의 재구성 – 개념, 구조, 절차, 고려대학교 박사학위논문, 2008.

하는 방식은, ① 명시적으로 형법총칙의 규정을 배제한다는 취지의 규정을 별도로 두는 방식, ② 명시적으로 형법총칙 규정이나 원칙과 다른 내용을 규정하는 방식의 두 가지 방식이 존재한다.

①의 경우는 예컨대, 형법 제1조 제2항은 범죄 후 법률이 변경되어 그 행위가 범죄를 구성하지 아니하게 되거나 형이 구법보다 가벼워진 경우에는 신법에 따르도록 규정하고 있으나, 신법에서 명시적으로 경과규정을 두어 신법의 적용을 배제하는 경우이다.[12] 이러한 경우는 형법 제1조 제2항을 적용하지 못하고 구법을 적용하여야 하고, 이와 같이 형을 종전보다 가볍게 형벌법규를 개정하면서 그 부칙으로 개정된 법의 시행 전에 행해진 범죄에 대하여 종전의 형벌법규를 적용하도록 규정한 경우에도 헌법상의 형벌불소급의 원칙이나 신법우선주의에 반한다고 할 수 없다.[13] 또한 폭력행위 등 처벌에 관한 법률은 정당방위 등과 관련하여 총칙상의 정당방위 규정보다 그 성립범위를 확장하고 있으며(동법 제8조), 성폭력범죄의 처벌 등에 관한 특례법(제20조)과 아동·청소년의 성보호에 관한 법률(제19조)은 음주 또는 약물로 인한 상태에서 죄를 범한 경우에는 형법 제10조 제1항·제2항 및 제11조를 적용하지 아니할 수 있도록 규정하고 있다.[14]

②의 경우는 예컨대, 관세법에서 "그 정황을 알면서 제269조 및 제270조에 따른 행위를 교사하거나 방조한 자는 정범에 준하여 처벌한다."(제271조 제1항)거나, 보험업법에서 "보험계리사나 손해사정사에게 제1항 제7호

61~64면.

12 대법원 2012.4.26. 선고 2011도17639 판결(외국환거래법위반); 대법원 1999.12.24. 선고 판결(음반및비디오물에관한법률위반의 경우); 대법원 1999.7.9. 선고 99도1695 판결(향정신성의약품관리법위반의 경우); 대법원 1992.2.28. 선고 91도2935 판결(수질환경보전법위반의 경우).

13 대법원 1999.4.13.자 99초76 결정.

14 선박법의 경우에도 제39조에 "형법 공범례의 적용 배제"라는 제목 아래 '제32조 및 제33조에서 정한 죄에 대하여는 형법 제30조부터 제32조까지의 규정을 적용하지 아니한다.'라고 규정하여 형법총칙의 공범에 관한 규정을 명시적으로 배제하고 있다.

부터 제9호까지의 규정에 따른 행위를 하게 하거나 이를 방조한 자는 정범에 준하여 처벌한다."(제204조 제2항)는 규정들은 예외적으로 형법총칙의 공범에 관한 일반원칙과 다른 내용을 적용하겠다는 취지이다.

II. 특별한 규정으로서 행정형법

1. 행정형법의 개념

행정형법이라는 용어가 사용되기는 하지만 그에 대한 개념은 다소 불명확하다. 과거 행정법학계에서는 행정법적인 의무설정에 위반된 행위를 처벌함으로써 행정목적을 달성하도록 상세하는 불이익적 제재를 총칭하여 행정벌(Verwaltungsstrafe)이라고 하며, 이러한 행정벌로서의 형벌(행정형벌)이 과하여질 의무위반을 형사범과 구별하여 행정범이라고 부르고 있었다. 여기서 이러한 행정범을 구성하는 행정형법은 본래적 의미의 형법과는 다른 규율원리의 지배를 받는 특수한 형법이라는 의미로 사용되고 있었다.[15] 이에 반하여 최근의 문헌들은 구성요건의 소재지가 행정법일지라도 위반행위에 대한 법률효과가 형벌인 한에는 형법의 일반원칙이 엄격하게 준수되어야 하기 때문에 행정범에 대해서도 원칙적으로 형법총칙이 적용되며 법적 제재도 형사소송법에 의한 절차에 의하여 부과되어야 한다는 견해도 다수 발견된다고 한다.[16]

형법학계에서는 과거에 형사범(자연범)과 행정범(법정범)을 구별하여, 형법의 체계에 속하는 범죄를 형사범이라고 하고, 행정적 형벌법규(행정형법)에 대한 위반행위를 행정범이라고 하였다.[17] 일반적으로 형사범의 경우

15 이근우, 행정형법론의 비판적 검토, 형사법연구, 제21권 제3호(2009), 140면.

16 이근우, 행정형법론의 비판적 검토, 형사법연구, 제21권 제3호(2009), 142면.

17 형사범과 행정범의 구별에 대한 우리나라, 독일 및 일본의 논의에 대하여 상세히는 임호영, 행정형법의 특성, 성균관법학, 제35권 제2호(2023), 7~16면 참조.

에는 반윤리성·반사회성이 법규 이전에 존재하는 데 대하여, 행정범에서는 그것이 법규에 의하여 비로소 창조된다는 점에서 차이가 있다고 본다. 그 결과 행정범의 경우에는 형법에 비하여 윤리적·도덕적 색채가 약하고 정책적·기술적 요소가 강하다는 점에서, 고유한 형법에 있어서의 일반원칙이 여러 가지 면으로 수정받는다고 이해하였다.[18]

그러나 사회윤리적 비난의 강약에 의하여 범죄를 구별하는 것은 사실상 불가능하며,[19] 현대사회의 범죄는 모두 법정범이라는 측면에서 형사범과 행정범을 구별하는 것은 가능하지 않다. 모든 범죄는 법적으로 보호가치가 있는 이익, 즉 법익을 침해하기 때문에 반사회적이거나 비윤리적 성격을 가진다고 평가할 수 있는 것이며, 단지 보호하는 법익의 종류가 개인적·사회적·국가적 법익으로 차이가 있을 뿐이다.[20] 또한 법규 위반행위에 대해 부과되는 법률효과가 형벌이고, 그 처벌 절차가 형사절차로 이루어져서 결국 형벌의 부과 권한이 법원에 귀속되는 이상 양자를 명확하게 구별하는 기준을 설정하는 것은 사실상 불가능하다.[21]

행정형법은 법규의 위반행위에 대한 제재는 형법이 규정하고 있는 형벌을 부과하고 있지만 범죄의 구성요건을 기술하고 있는 곳이 행정법이라는 점에서 형법과 행정법의 성격을 겸비하고 있다는 점에 특징이 있다.[22] 그러나 경제형법, 의료형법, 교통형법, 환경형법 등의 용어와 같이 형법의 대상 중에서 경제, 의료, 환경과 같은 특정한 분야와 관련된 형법이라는 것이 그

---

18 정영석, 형법총론, 27면. 특히 양자의 구별은 책임능력의 영역에서는 별다른 의미가 없고, 위법성의 인식이나 위법성의 착오의 문제를 판단함에 그 의미를 가질 수 있다. 예컨대 범죄의 성립에 위법성의 인식이 필요한가에 대하여 형사범의 경우에는 위법성 인식이 불필요하나, 행정범의 경우에는 위법성을 인식하여야 한다는 주장이 이를 보여준다.

19 신동운, 형법총론, 398면.

20 주승희, 행정형법의 실체법적 문제점에 관한 소고, 법학논총, 제30권 제3호(2023), 196~197면.

21 이근우, 행정형법론의 비판적 검토, 형사법연구, 제21권 제3호(2009), 145면.

22 이근우, 행정형법론의 비판적 검토, 형사법연구, 제21권 제3호(2009), 143면; 임호영, 행정형법의 특성, 선균관법학, 제35권 제2호(2023), 3면

본질이다. 따라서 행정형법의 경우 역시 본질적으로 형법이라는 점에는 차이가 없다. 이러한 의미에서 행정형법이라는 용어를 사용함으로써 마치 형법의 일반원칙이 아닌 행정법의 원칙이 적용될 수 있다는 오해를 가져올 수 있다는 점에서 처음부터 행정형법이라는 용어의 사용을 반대하기도 한다.[23]

2. 행정형법의 형법총칙 적용 예외 여부

(1) 형법총칙은 타 법령에 특별한 규정이 있는 때에는 예외로 하여, 형법총칙의 적용이 배제될 수 있다. 이에 따라 다수의 행정법에서 특별한 규정을 마련하여 형법총칙의 배제를 설정할 수 있다. 그런데 여기에서 특별한 규정이 무엇을 의미하는가에 대하여는 명문의 성문법규만을 의미한다는 견해와 명문의 성문법규 뿐만 아니라 문언의 범위 안에서 목적론적 해석에 의하여 특수성이 인정되는 경우까지 포함된다고 하는 견해, 행정범의 특수성을 극단적으로 강조하여 명문의 규정과 해석에 의하여 인정되는 특수성이 인정되는 경우는 물론 조리상 인정되는 특수성을 의미한다는 견해까지 다양한 견해들이 존재하였다. 즉, 형법 제8조 단서의 특별한 규정의 범위를 명문의 법률규정으로 인정하는 견해가 소수의 견해였고, 다수는 해석이나 더 나아가 조리를 통하여서도 예외를 인정할 수 있다고 보았다.[24] 이와 같이 명시적으로 형법총칙의 규정을 배제한다거나 형법총칙의 규정과 다른 내용을 규정하지 아니한 경우에도 법령의 취지나 해석을 통하여 형법총칙의 적용을 배제할 수 있다는 주장은 특히 행정법학의 영역에서 많이 존재한다고 한다.[25]

---

23 김성돈, 형법총론, 55면; 이근우, 행정형법론의 비판적 검토, 형사법연구, 제21권 제3호(2009), 149면.

24 이근우, 행정형법론의 비판적 검토, 형사법연구, 제21권 제3호(2009), 144면. 이를 오늘날의 통설이라고 말하기는 어렵지만 과거 우리 행정법학계와 일본의 통설이라고 한다(田中二郎, 新版行政法(上), 191面).

25 이러한 주장자들에 대한 상세한 내용은 이근우, 행정형법의 재구성 - 개념, 구조, 절차, 고려대학교 박사학위논문, 2008, 33~34면 참조.

그리고 형법학계의 일부에서도 이를 제한적으로 인정하는 입장도 있다. 이러한 입장의 근저에는 형법총칙의 배제를 통하여 피고인에게 불리하게 작용하는 것은 금지하나, 이와 반대로 형법총칙의 배제를 통하여 유리하게 작용하는 경우에는 허용된다고 이해하는 것이다. 즉 죄형법정주의의 엄격한 적용과 충실한 기본권 보장이라는 관점에서 사인의 책임을 축소하는 방향으로 접근하여 '조리상 형법총칙의 적용을 배제함이 타당하다고 인정되는 경우'에도 단서 조항에 해당하는 것으로 해석하는 것이 바람직하다고 주장하기도 한다.[26] 비슷한 취지에서 행정형법이라는 이론 혹은 개념을 사용하여 피고인에게 유리한 처우를 하는 것은 죄형법정주의에 반하는 해석론은 아니며, 형법 제8조에 반하지도 않는다고 이해한다. 따라서 명문의 규정이 없더라도 피고인에게 유리한 경우에는 형법총칙과 다른 해석론을 펼 수 있다고 파악하고 이에 대한 예로 법률의 착오를 검토하고 있다. 즉, 현재의 판례에 따르면 법률의 부지는 법률의 착오에 해당하지 않는다. 그러나 행정법규 영역에서 법률의 부지는 법률의 착오에 포함될 수 있다고 보는 것은 피고인에게 유리하므로 죄형법정주의에 위반되는 해석이 아니기 때문에, 따로 입법을 하지 아니하고 해석론만으로도 법률의 부지를 법률의 착오로 인정할 수 있다고 본다.[27]

(2) 판례 역시 행정형법의 과실범과 관련하여 명시적인 규정이 있는 경우뿐 아니라 '명시적인 규정이 없더라도 해당 행정형법의 입법목적이나 제반 관계 규정의 취지를 고려'[28]하거나 '해석상 과실범을 처벌할 뜻이 명확한 경

---

26 임호영, 행정형법의 특성, 성균관법학, 제35권 제2호(2023), 18면. 다만 과실범과 같은 경우에는 과실범을 처벌하는 명문규정이 없어도 조리상 과실범을 처벌함이 명백하다고 해석되는 경우 과실범을 처벌할 수 있고, 이 때에 형법총칙의 적용이 배제된다는 견해에는 동의할 수 없다고 한다.

27 윤영석, 행정형법에 대한 두 가지 재해석, 법학연구, 제22집 제1호(2023), 351~358면.

28 대법원 2008.11.27. 선고 2008도7438 판결(구 대기환경보전법 제28조 제1항에 위반하는 행위 즉, 위 규정에 따른 비산먼지의 발생을 억제하기 위한 시설을 설치하지 아니하거나 필요한

우'[29]에는 형법총칙의 규정을 배제하고 과실범을 처벌할 수 있다고 이해한다. 예컨대 구 대기환경보전법위반 사건에서 동법의 입법목적이나 제반 관계 규정의 취지 등을 고려하면, 법정의 배출허용 기준을 초과하는 배출가스를 배출하면서 자동차를 운행하는 행위를 처벌하고자 하는 동법 제57조 제6호의 규정은 고의범 즉, 자동차의 운행자가 그 자동차에서 배출되는 배출가스가 소정의 운행 자동차 배출허용기준을 초과한다는 점을 실제로 인식하면서 운행한 경우는 물론이고, 과실범 즉, 운행자의 과실로 인하여 그러한 내용을 인식하지 못한 경우도 함께 처벌하는 규정이라고 해석함이 상당하다 할 것이라고 판시하였다.[30] 여기에서 더 나아가 일부 판례는 행정형법이 아닌 형사특별법에 해당하는 아동·청소년의 성보호에 관한 법률에서 아동·청소년 대상 성범죄와 관련하여 아동·청소년이라는 사실을 인식하였는지 여부에 관계없이 성립할 수 있다고 판단하여 고의가 존재하지 아니하더라도 동 범죄가 성립한다는 취지로 판단하고 있다.[31]

(3) 그러나 형법 제8조가 형법총칙 규정의 배제는 타 법령에 특별한 규정이 있는 때에만 예외로 하도록 규정하고 있으며, 이러한 예외는 엄격히 해석하여야 한다는 점에서 당연히 명시적인 법률에 의하여 형법총칙의 배제가 규정되지 않는 이상 행정형법에서도 형법총칙의 원칙은 적용되어야 한다.[32]

조치를 하지 아니한 자를 처벌하고자 하는 구 대기환경보전법 제57조 제4호의 규정은 고의범은 물론이고, 과실로 인하여 그러한 내용을 인식하지 못하고 위 시설을 설치하지 아니하거나 필요한 조치를 하지 아니한 자도 함께 처벌하는 규정이라고 해석함이 상당하다).

29 대법원 1986.7.22. 선고 85도108 판결: 행정상의 단속을 주안으로 하는 법규라 하더라도 명문규정이 있거나 '해석상 과실범도 벌할 뜻이 명확한 경우'를 제외하고는 형법의 원칙에 따라 고의가 있어야 벌할 수 있다.

30 대법원 1993.9.10. 선고 92도1136 판결.

31 대법원 2011.12.8. 선고 2011도8163 판결. 이에 비판적인 것은 박상기/전지연, 형사특별법, 283면.

32 동일한 취지로 이근우, 행정형법론의 비판적 검토, 형사법연구, 제21권 제3호(2009), 144~145면.

따라서 명시적인 예외규정이 없음에도 형법의 총칙규정을 배제하는 것은 죄형법정주의에 반한다.[33] 특히 과실범의 경우에는 법률에 특별한 규정이 있는 경우에만 처벌하도록 규정되어 있다(형법 제14조). 따라서 과실범 처벌에 대한 명시적인 규정이 없음에도 불구하고 해석을 통하여 과실범의 경우를 포함하는 것은 법률주의를 위반하고 피고인에게 불리한 유추해석에 해당하여 죄형법정주의에 반한다. 오히려 개별적인 행정형법의 사례들에서 명시적인 과실범 처벌규정이 없는 경우에는 과실범을 처벌하지 않음으로써 과실범 처벌 여부를 판단하는 법관의 수고로움을 덜어주는 기능도 한다.[34]

III. 형법총칙 배제의 내용

형법총칙을 배제하는 규정의 내용들은 범죄론과 형벌론 등 형법총칙의 다양한 영역에 걸쳐 배제를 규정하고 있다.

범죄론의 부분과 관련하여 형법총칙을 배제하는 규정은 예컨대 식품위생법에서 "이 법 시행 전의 위반행위에 대하여는 벌칙이나 과태료를 적용할 때에는 종전의 규정에 따른다"(동법[법률 제17809호 2020.12.29.] 부칙 제5조)라고 하여 형법 제1조 제2항의 규정을 배제하고 있다. 또한 도시개발사업에 관한 공사의 감리자가 고의나 과실로 감리업무를 게을리하여 위법한 도시개발사업의 공사를 시공함으로써 시행자 또는 조성토지 등을 분양받은 자에게 손해를 입힌 경우에 감리자를 처벌함에 고의와 과실을 구별하지 않고 동일한 법정형으로 처벌한다(도시개발법 제82조 제1호).[35] 담배사업법에서는 동법에서 정한 죄를 저지른 자에 대해서는 형법 제9조(형사미성년

33 동일한 취지로 주석형법/조희연, §8, 109면; 신동운, 주석형법 총칙(1), 제2판(2011), 125면.

34 신동운, 행정형법과 과실범의 처벌, 서울대학교 법학, 제52권 제1호(2011), 129면.

35 이와 유사하게 농약관리법은 시험연구기관으로 지정받은 자가 제17조의5 제1항 제2호의 시험성적서 등의 서류를 사실과 다르게 발급한 경우, 그 발급행위가 고의 또는 중대한 과실인지를 구별하지 않고 동일한 법정형으로 처벌한다(농약관리법 제33조 제1의2호).

자), 제10조 제2항(심신미약자), 제11조(청각 및 언어 장애인), 제16조(법률의 착오)의 규정을 적용하지 아니한다(담배사업법 제31조). 그리고 선박법에서는 선박의 국적 사칭과 관련하여 동법 제32조 및 제33조에서 정한 죄에 대하여는 형법 제30조부터 제32조까지의 규정에 해당하는 공범에 관한 규정을 적용하지 아니한다(선박법 제39조).

형벌론의 부분과 관련하여 입국심사를 받지 아니하고 입국하는 죄를 범할 목적으로 예비하거나 또는 음모한 사람과 미수범은 각각 해당하는 본죄에 준하여 처벌하며(출입국관리법 제99조 제1항), 이러한 행위를 교사하거나 방조한 사람은 정범에 준하여 처벌하도록 하고 있다(출입국관리법 제99조 제2항).[36] 그리고 관세법이나 조세범처벌법상의 벌칙에 해당되는 행위를 한 자에게는 형법 제38조 제1항 제2호 중 벌금경합에 관한 제한 가중규정을 적용하지 아니한다(관세법 제278조, 조세범처벌법 제20조).[37]

이와 같이 유리한 재판시법의 부적용, 고의와 과실의 미구별, 책임능력 규정의 배제 불인정, 법률의 착오에서 정당한 이유의 불필요,[38] 예비·음모와 기수의 동일한 처벌, 미수와 기수의 동일한 처벌, 정범과 공범(종범)의 처벌에서 동일한 처벌, 작량감경 규정의 배제 등과 같은 다양한 내용에 대한 예외를 규정하고 있다.

IV. 형법총칙 배제의 한계

제8조의 단서에서 '타 법령에서 특별한 규정이 있는 경우에는 예외로 한

36 정황을 알면서 통관이 제한되는 물품을 자유무역지역으로 반입 또는 반출하는 행위를 교사하거나 방조한 자는 정범에 준하여, 해당 죄를 범할 목적으로 예비한 자와 그 미수범은 본죄에 준하여 처벌한다(자유무역지역의 지정 및 운영에 관한 법률 제62조).

37 형법총칙을 배제하는 규정의 현황에 대하여는 윤동호, 형법총칙배제규정의 현황과 형법 제8조와의 관계, 비교형사법연구, 제15권 제2호(2013), 2~16면 참조.

38 구 관세법에서 「형법」 제16조를 적용하는 경우에 있어서는 법률의 착오에 정당한 이유의 유무를 불문한다고 규정하였다(구 관세법[시행 2009.10.2.] 제278조 제2항).

다'라는 문언에 근거하여, 여기에서 타 법령에서 형법총칙의 적용을 전면적으로 배제할 수 있도록 규정할 수 있다고 해석할 위험성이 있다.[39] 그러나 형법총칙의 규정이나 원칙을 배제하는 특별한 예외를 정하는 것이 형법 제8조 단서에 따라 허용된다고 하여 이를 무제한적으로 허용된다고 해석하는 것은 적절하지 않다. 단서에 따라 타 법령에서 형법총칙을 배제하는 특별한 규정을 두기만 하면 언제나 형법총칙을 배제할 수 있다고 해석한다면, 이러한 단서조항은 형법조항에 존재하는 사실상 스스로 '자살규정'[40]을 두고 있는 것과 마찬가지라고 한다. 타 법령의 특별한 규정이 위법성조각사유나 책임조각사유의 확장이나 축소, 미수와 기수의 동일한 처벌, 특별한 양형요소의 채택이나 기존의 양형인자의 배제, 집행유예의 제한 등 형법총칙의 다양한 내용들에 대하여 이를 배제할 수 있도록 규정할 수 있다. 그러나 특별한 규정을 통하여 형법총칙을 무제한적으로 배제하는 것은 허용될 수 없다는 의미에서 타 법률에서 죄를 정하고 그에 대하여 형벌을 부과함에 있어 형법총칙의 기본원칙인 책임주의를 부정하거나 비례성의 원칙과 같은 죄형법정주의의 실질적 내용을 위반하거나 헌법적 근본가치를 침해하는 예외는 허용되지 않는다.[41]

---

39 이러한 지적은 이근우, 행정형법의 재구성 - 개념, 구조, 절차, 고려대학교 박사학위논문, 2008. 33면.

40 이근우, 행정형법론의 비판적 검토, 형사법연구, 제21권 제3호(2009), 144면.

41 동일한 취지로 윤동호, 형법총칙배제규정의 현황과 형법 제8조와의 관계, 비교형사법연구, 제15권 제2호(2013), 26-27면; 이근우, 행정형법론의 비판적 검토, 형사법연구, 제21권 제3호(2009), 144~145면; 주승희, 행정형법의 실체법적 문제점에 관한 소고, 법학논총, 제30권 제3호(2023), 197면.

| 참고문헌 |

[국내문헌]

강구진, 형법의 시간적 적용범위에 관한 고찰, 권문택교수화갑기념논문집, 1983.

강동범, 형법 제1조 제2항과 한시법, 법학논집, 제10권 제1호, 이화여자대학교 법학연구소, 2005.

강우예, 형사특별법 정비방안(16) 국제조약의 국내이행 형사특별법: 국제조약의 국내이행입법방안, 한국형사정책연구원, 2008.

강준구, 형법 제1조 제2항의 법률의 변경 - 대법원 2003.10.10. 선고 2003도2770 판결을 중심으로 -, KHU 글로벌 기업법무 리뷰, 제4권 제1호, 경희대학교 법학연구소, 2011.

고봉진, 형법 제3조(내국인의 국외범) 해석론, 서울법학, 제27권 제1호, 서울시립대학교 법학연구소, 2019.

구길모, 행정형법의 장소적 적용범위 - 대법원 2018.2.8. 선고 2014도10051 판결 -, 동아법학, 제82호, 2019.

구길모, 형법의 적용범위에 관한 고찰 - 해외원정도박에 대한 속인주의 적용 논의를 중심으로 -, 안암법학, 제49권, 2016.

권창국, 외국에서 집행된 미결구금일수의 선고형 산입에 관한 고찰, 인권과 정의, 제474호, 대한변협, 2018.

권창국, 형법의 시간적 적용 범위와 '법률의 변경' - 대법원 2022.12.22. 선고 2020도16420 전원합의체 판결에서 제시된 판례의 해석론을 중심으로, 사법, 제66호, 사법발전재단, 2023.

김기준, 일사부재리원칙의 국제적 전개, 경인문화사, 2013.

김기준, 국제형사법, 박영사, 2017.

김기준, 형법 제7조의 적용범위에 대한 비판적 고찰, 형사소송 이론과 실무, 제

10권 제1호, 2018.
김대환, 우리나라 헌법상 과잉금지원칙, 공법학연구, 제6권 제3호, 2005.
김선복, 형법 제1조의 해석과 한시법, 해법·통상법, 제9권 제2호, 한국해사법학회, 1997.
김선복, 형법상 해석과 유추, 비교형사법연구, 제3권 제2호, 2001.
김선복, 형법상의 세계주의, 인문사회과학연구, 제15권 제2호, 부경대학교 인문사회과학연구소, 2014.
김성규, 일사부재리의 원칙과 형법 제7조의 의미, 성균관법학, 제14권 제1호, 2002.
김성규, 범죄의 국제화와 형법의 역할, 형사정책연구, 제13권 제3호, 2002.
김성규, 형법의 장소적 적용범위에 관한 규정의 내용과 한계, 형사법연구, 제18호, 2002.
김성규, 적극적 속인주의에 관한 형법 제3조의 문제점과 그 해결방안, 비교형사법연구, 제9권 제1호, 2007.
김성규, 소극적 속인주의에 대한 제한으로서의 쌍방가벌성의 요건, 그 문제점과 대안, 성균관법학, 제21권 제1호, 2009.
김성규, 국제적 이중소추의 배제와 기소편의주의, 법학논집, 이화여자대학교, 제14권 제4호, 2010.
김성돈, 속인주의와 형법 제3조의 재음미, 성균관법학, 제17권 제2호, 2005.
김성돈, 형법 제3조와 속인주의의 재음미, 형사판례의 제문제(5), 형사판례실무회(편), 2005.
김성돈, 형법총론, 성균관대출판부, 2009.
김성돈, 보안처분과 소급효금지원칙, 형사법연구, 제25권 제4호, 2013.
김성돈, 판례의 의의와 판례변경판례의 소급효, 형사법연구, 제27권 제4호, 2017.
김성돈, 형법총론, 제8판, 성균관대출판부, 2022.
김성룡/박광민, 통칙 분야 개정방안, 형사법연구, 제21권 제1호, 2009.

김성진/최우선, 공무집행 중 발생한 주한미군범죄와 「한·미 SOFA」에 따른 경합적 형사재판권에 관한 고찰, 법학논문집, 제45권 제1호, 중앙대학교 법학연구원, 2021.

김성천, 죄형법정주의와 국제형법상의 범죄구성요건, 중앙대학교 법학논문집, 제19집, 1994.

김성천, 인터넷상의 범죄와 형법의 적용, 인터넷법률, 제9호, 2001.

김성천/김형준, 형법총론, 제6판, 소진, 2014.

김수암, 북한의 형사법제상 형사처리절차와 적용 실태, 통일연구원 연구총서, 2005.

김승대, 이중처벌 금지원칙에 대한 헌법해석의 재검토, 공법연구, 제35집 제4호, 2007.

김영환, 한국에서의 법학방법론의 문제점, 법철학연구, 제18권 제2호, 2015.

김영환, 자유주의적 법치국가, 세창출판사, 2018.

김영환/이경재, 음란물의 법적 규제 및 대책에 관한 연구, 한국형사정책연구원, 1992.

김용세, 행정질서벌과 형사제재의 관계 – 질서위반행위의 효과적 통제방안에 관한 연구 -, 형사정책연구, 제12권 제2호, 2001.

김인선, 과실범의 처벌과 명문규정의 요부에 관한 연구, 비교형사법연구, 제3권 제1호, 2001.

김일수/서보학, 형법총론(제12판), 박영사, 2014.

김일수, 형법상 소급효금지의 원칙과 시간적 적용의 문제, 세창출판사, 2020.

김일수, 죄형법정원칙의 기능과 법원의 역할, 한국형사법학회(편), 죄형법정원칙과 법원(1), 2023.

김정일, 사회주의 법무생활을 강화할 데 대하여, 1996.

김정한, 인터넷상에서 국제형법, 선진상사법률연구, 제37호, 2007.

김정한/김슬기, 형사특별법, 제2판, 박영사, 2022.

김종구, 형법(刑法)의 역외적용(域外適用)과 소극적 속인주의(屬人主義) -일본의 법제와 비교법적 관점에서-, 법조, 제54권 제12호, 2005.
김종원(편집대표), 주석형법(I): 총칙(1), 한국사법행정학회, 2001.
김종철, 헌법주석[I], 한국헌법학회(편), 2013.
김주덕, 국제형법, 육서당, 1997.
김진기, 국제형법(세계주의의 도입여부)에 대한 토론, 형사법연구, 제22호, 2004.
김진욱, 헌법상 평등의 이념과 심사기준, 저스티스, 통권 제134호, 2013.
김태명, 미결구금시설로서의 경찰서 유치장 제도, 형사정책연구, 제15권 제3호, 2004.
김태명, 보안처분의 소급효문제, 한국형사법학회(편), 죄형법정원칙과 법원(1), 2023.
김태수, 형법 제3조의 문제점과 해결방안, 형사법연구, 제24권 제1호, 2012.
김현귀, 북한 주민의 공법적 지위에 대한 검토, 법과 정책연구, 제19권 제3호, 한국법정책학회, 2019.
김형만, 형법총론, 제2판, 박영사, 2021.
김혜경, 형법상 계속범과 상태범, 법학연구, 제13권 제4호, 연세대학교 법학연구원, 2003.
김혜경, 형벌규정에 대한 헌법재판소 위헌결정의 시적 효력범위에 관한 비판적 검토, 형사정책연구, 제33권 제1호, 2022.
김혜정, 보안처분과 형벌불소급의 원칙, 형사판례의 연구I(지송이재상교수화갑기념논문집), 2003.
김혜정, 형 집행종료 후의 전자장치 부착명령과 소급효금지원칙과의 관계, 인권과 정의, 제435호, 대한변호사협회, 2013.
김혜정, 2022년도 형법판례 회고, 형사판례연구[31], 2023.
류동훈, 형법 제3조(속인주의) 문제의 본질과 법익론적 해결, 형사법연구, 제30권 제3호, 2018.
류동훈, 형법 제1조와 계속범의 관계에 대한 비판적 검토 - 개정법에서 경과규정을 두고 있는 경우에 대하여, 법학논총, 제55집, 숭실대학교 법학연구소, 2023.

류화진, 외국에서 받은 미결구금일수의 국내 형벌 산입 문제, 법학연구, 제26호, 경상대 법학연구소, 2018.

리송녀, “사회주의 법적 통제”, 「위대한령도자김정일동지의사상리론, 법학 3」, 1998.

박경규, 북한이탈주민이 이탈 전 북한지역에서 범한 범죄와 형법적용법: 특히 세계주의를 중심으로, 비교형사법연구, 제18권 제1호, 2016.

박광민, 형법의 적용범위 관련조문의 개정방안, 성균관법학, 제21권 제1호, 2009.

박광섭, 남북한 주민의 왕래에 따른 신변안전보장방안, 남북교류협력법제연구, 법무부, 2005.

박기석, 우리나라 행정형법의 문제점과 정비방안, 인권과 정의, 제342호, 대한변협, 2005.

박병도, 국제범죄에 대한 보편관할권, 국제법학회논총, 제49권 제2호, 2004.

박상기, 형법총론(제9판), 박영사, 2012.

박상기/전지연, 형법학(총론·각론), 제5판, 집현재, 2021.

박상기/전지연, 형사특별법, 제4판, 집현재, 2023.

박상옥/김대휘(편집대표), 주석형법 : 총칙 1(§1~§24), 제3판, 한국사법행정학회, 2020.

박성민, 한미주둔군지위협정(SOFA) 제22조 형사재판권의 형사법적 문제와 개선방안, 형사정책연구, 제22권 제4호, 2011.

박시환, 형사법 적용의 시간적·장소적 적용에 관한 문제, 형사법에 관한 제문제(상), 재판자료, 제49집, 1990.

박정근, 범죄의 국제화 추세와 형법의 장소적 적용범위, 법학논문집, 중앙대학교 법학연구소, 제16집, 1991.

박정난, 사이버 명예훼손의 형사법적 연구, 경인문화사, 2020.

박정난, 변호사법 제109조 제1호의 관련법령 변경과 형법 제1조 제2항의 적용 여부, 법학연구, 제34권 제1호, 연세대학교 법학연구원, 2024.

박찬걸, 미결구금일수의 통산에 따른 개선방안에 대한 검토, 교정연구, 제56호, 2012.

박찬걸, 위치추적 전자감시제도의 소급적용에 대한 비판적 고찰, 헌법논총, 제24권, 헌법재판소, 2013.

박희영, 인터넷에서 형법의 장소적 적용범위, 인터넷법률, 제26호, 2004.

배종대, 형법총론(제6판), 홍문사, 2001.

배종대, 형법총론(제13판), 홍문사, 2017.

백원기, 현행 형법 제7조의 해석론과 외국에서 집행된 형에 관한 고찰, 비교형사법연구, 제24권 제4호, 2023.

백진현/조균석, 국제형사사법공조에 관한 연구, 한국형사정책연구원, 1993.

법무부, 형법개정법률안 제안이유서, 형사법개정자료(XIV), 1992.

법무부, 남북 교류 협력 관련 판례집, 2003.

법무부, 개정 북한형사법제 해설, 2005.

법무부, 통일법무 기본자료(남북관계), 2008.

법무부, 통일법무 기본자료(북한법제), 2008.

법무부, 동서독 교류 협력 법제연구, 2008.

법무부, 중국과 대만의 교류 협력 법제 연구, 2008.

법무부, 형법(총칙)일부개정법률안 제안 이유서, 2011.

법원행정처, 북한의 형사법, 2006.

서보학, 법령의 개폐와 형법 제1조 2항의 적용, 인권과 정의, 제335호, 대한변호사협회, 2004.

서보학, 법령의 개폐와 형법 제1조 제2항의 적용, 형사판례연구[13], 2005.

서보학, 전자장치 부착명령 소급규정의 위헌성, 경희법학, 제48권 제4호, 경희대학교 법학연구소, 2013.

성낙인, 헌법학(16판), 법문사, 2016.

소병천, 국내법의 역외적용에 관한 미국의 관행, 국제법학논총, 제49권 제3호, 2004.

손기식, 행정범에 있어서 고의, 형사판례연구[5], 1997.

손동권/김재윤, 형법총론, 율곡출판사, 2011.

송문호, 형법 제1조 2항과 한시법에서 동기설의 문제점, 법학연구, 제41집, 전북대학교 법학연구소, 2014.

송은용/장서린/유현/조연수, 북한이탈주민이 북한에서 저지른 범죄의 가벌성 고찰 - 특별법 제정을 통한 남한 형법의 적용을 중심으로 -, 고려법학, 제91권, 2018.

송진호, 남북한 교류협력에 관한 형사법적 문제의 검토 – 행정형법의 준거법 결정과 형사사법공조절차에서 제공된 증거판단의 문제를 중심으로, 사법, 제51호, 사법발전재단, 2020.

신동운(편저), 형법 제·개정 자료집, 한국형사정책연구원, 2009.

신동운, 행정형법과 과실범의 처벌 – 2010.2.11. 2009도9807 판례를 계기로 -, 서울대학교 법학, 제52권 제1호, 2011.

신동운, 형법총론(제14판), 법문사, 2022.

신만성, 형법 제1조 제2항에 관한 판례 소고, 경희법학, 제42권 제2호, 경희대학교 법학연구소, 2007.

신양균, 외교공관에서의 범죄행위에 대한 재판권, 형사판례연구[2], 1994.

신양균, 형법총칙개정의 기본방향, 형사법연구, 제22권 제2호, 2010.

신양균/조기영, 형사소송법(제2판), 박영사, 2022.

안성조, 형법학, 경인문화사, 2022.

양천수, 공소시효에 대한 법철학적 시론, 영남법학, 제35권, 2012.

오영근, 형법총론(제6판), 박영사, 2022.

오영근, 죄형법정주의에 대한 대법원판례의 성과, 한국형사법학회(편), 죄형법정원치과 법원(1), 2023.

오영근, 형법 제1조 제2항의 적용범위 – 대법원 2022.12.22. 선고 2020도

16420 전원합의체 판결 - , 법학논총, 제40집 제3호, 한양대학교 법학연구소, 2023.

위인규, 형법 제1조 제2항의 적용범위에 대한 고찰 - 대법원 2022.12.22. 선고 2020도16420 전원합의체 판결에 대한 비판적 검토 - , 법학논총, 제44권 제2호, 전남대학교 법학연구소, 2024.

윤대규, 개성공단 운영에 따른 법적 문제점, 성균관법학, 제15권 제2호, 2004.

윤동호, 계속범의 죄수 및 경합관계, 형사법연구, 제22권 제3호, 2010.

윤동호, 형법총칙배제규정의 현황과 형법 제8조와의 관계, 비교형사법연구, 제15권 제2호, 2013.

윤상민, 한시형법과 백지형법의 추급효, 법학연구, 제21집 제2권, 원광대학교 법학연구소, 2005.

윤상민, 형사제재와 소급효금지의 원칙, 법학연구, 제38집, 한국법학회, 2010.

윤영석, 행정형법에 대한 두 가지 재해석, 법학연구, 제22집 제1호, 인하대학교 법학연구소, 2023.

원형식, 사이버공간에 있어서 우리나라 형법의 적용범위, 인터넷법률, 제10호, 2002.

이경렬, 법령의 개폐와 대법원 동기설의 의미, 성균관법학, 제20권 제2호, 성균관대학교 법학연구원, 2008.

이규창, 북한주민 송환 법제 개선에 관한 연구, 통일과 법률, 제42호, 2020.

이근우, 행정형법의 재구성 - 개념, 구조, 절차, 고려대학교 박사학위논문, 2008.

이근우, 행정형법론의 비판적 검토, 형사법연구, 제21권 제3호(2009).

이근우, 행정형법 개념의 현재적 의미, 경남법학, 제26집(2010).

이근우, 형법과 행정형법의 죄수관계 판단, 가천법학, 제3권 제2호, 가천대학교 법학연구소, 2010.

이동희, 남북간 형사사건 처리방안, 남북교류협력 법제연구(II), 법무부, 2007.

이상돈, 형법강론, 박영사, 2015.

이상돈, 형법강론(제4판), 박영사, 2023.

이승준, 동기설 폐기의 타당성, 법조, 제72권 제2호, 2023.

이승호, 형법의 시간적 적용범위에 관한 동기설의 문제점, 형사판례연구[6], 1998.

이승호, 외국에서 집행된 형 이외 구금의 처리방안에 대한 소고, 형사판례연구[27], 2019.

이승호, 형법 제1조 제2항의 적용 범위 문제, 한국형사법학회(편), 죄형법정원칙과 법원(1), 2023.

이영란, 형법학(총론강의), 형설출판사, 2008.

이용식, 형법총론, 박영사, 2018.

이은모/김정환, 형사소송법(제8판), 박영사, 2021.

이재상/장영민/강동범, 형법총론(제9판), 박영사, 2017.

이재상/장영민/강동범, 형법총론(제11판), 박영사, 2023.

이재상/장영민/강동범, 형법각론(제10판), 박영사, 2017.

이재홍, 보호관찰과 형벌불소급의 원칙, 형사판례연구[7], 1999.

이정원, 형법개정시안 제2조와 형법의 시간적 적용범위에 관한 제문제, 경남법학, 제10집, 1995.

이정원, 외국 카지노에서의 도박행위의 위법성 - 대법원 2004.4.23. 2002도2518 -, 비교형사법연구, 제8권 제2호, 2006.

이정훈/최정일, 해적행위에 대한 법적 처벌 근거에 관한 고찰, 한국해양경찰학회보, 제5권 제2호, 2015.

이주원, 2022년 분야별 중요판례분석(9) 형법총칙, 법률신문, 제580호, 2023.

이주원, 형법총론(제3판), 박영사, 2024.

이창섭, 위치추적 전자장치 부착명령의 법적 성격과 형벌불소급의 원칙, 형사정책, 제23권 제2호, 한국형사정책학회, 2011.

이창섭, 형법 제1조 제2항이 적용되는 경우에 대한 고찰, 법학논집, 제28권 제2호, 이화여자대학교 법학연구소, 2023.

이천현/김혜정, 양형 관련 규정의 정비방안, 한국형사정책연구원, 2006.

이천현/이원상/안성훈, 형벌가중 및 감경제도의 비교법적 고찰과 개선방안, 형사법개정연구자료집 III-1, 법무부, 2010.12.

이형국, 형법총론(제3판), 법문사, 2003.

이형국/김혜경, 형법총론(제6판), 법문사, 2021.

이효원, 남북교류협력의 규범체계, 경인문화사, 2006.

이효원, 남북한 형사사건의 합리적 해결을 위한 법제도 구축방안, 한국형사정책연구원, 2008.

이효원, 개성공업지구에서의 남한 행정법(행정형벌규정) 적용여부 및 범위, 남북교류협력법제 연구(III), 2009.

이효원, 통일법의 이해, 개정판, 박영사, 2018.

임동규, 일사부재리원칙에 대한 연구, 서울대학교 박사학위논문, 1994.

임무영, 도박죄에 있어서 내국인의 국외범 처벌에 대한 타당성 검토, 저스티스, 제72호, 한국법학원, 2003.

임웅, 형법각론(제5정판), 법문사, 2013.

임웅, 형법총론(제3정판), 법문사, 2013.

임웅, 형법총론(제13정판), 법문사, 2022.

임정호, 2013년 시행 형법일부개정에 관한 연구 -세계주의의 문제점을 중심으로 -, 법학연구, 제23권 제4호, 연세대학교 법학연구원, 2013.

임호영, 행정형법의 특성, 성균관법학, 제35권 제2호, 성균관대학교 법학연구원, 2023.

임호영, 행정상 의무위반을 처벌하는 법규의 행정행위 종속성에 관한 연구, 박사학위논문, 성균관대학교 대학원 법학과, 2023.

장규원/강동욱, 형법총칙 비교법 자료집, 2006, 한국형사정책연구원.

장기석, 실무상 제기되는 남북 형사법충돌문제, 남북교류협력법제 연구(III), 2009.

장명봉, 김정일체제하의 북한법령집, 북한법연구회, 2005.

장영민, 한시법의 효력, 형사판례연구[1], 1993.

장영민, 유추금지와 목적론적 축소해석, 형사판례연구 [7], 1999.
장영민/박강우, 남북한 인적 왕래에 따른 형사문제 처리방안, 한국형사정책연구원, 1994.
장진환, 보안처분에 관한 비례성심사의 구체화 과제 - 판례의 논증태도 분석을 중점으로, 형사법연구, 제32권 제2호, 2020.
장진환, 보안처분과 소급효 금지원칙에 대한 새로운 접근, 형사법연구, 제34권 제4호, 2022.
전광석, 한국헌법론(제15판), 집현재, 2020.
전정환, 기본권 제한의 한계로서의 과잉금지원칙 –독일 연방헌법재판소 판례를 중심으로 -, 원광법학, 제29권 제2호, 2013.
전지연, 사이버공간에서 형법적 적용범위의 수정,제한, 법조, 제566호, 2003.
전지연, 형법 제3조의 적극적 속인주의의 문제점과 해결방안, 법학연구, 제19권 제2호, 2009.
전지연, 형법의 적용범위에서 속지주의의 준거점으로서 범죄지, 법학연구, 제20권 제3호, 2010.
전지연, 형법상 세계주의의 도입방안, 법학연구, 제21권 제4호, 2011.
전지연, 형법의 지역적 적용범위에 관한 규정의 문제점과 개정방안에 관한 연구, 형사정책, 제24권 제1호, 2012.
전지연, 형법의 적용범위로서 보호주의와 그 개정방안, 동아법학, 제58호, 2013.
전지연, 형의 가중·감경제도의 형법이론과 형사실무, 비교형사법연구, 제18권 제3호, 2016.
전지연, 외국형에 대한 형법 제7조의 구체적 개정방안, 법학연구, 연세대학교 법학연구원, 제26권 제3호, 2016.
전지연, 외국에서 집행받은 형의 선고와 형법 제7조의 개정방향, 형사판례연구 [24], 2016.
전지연, 외국에서 행해진 미결구금의 국내형에 산입여부와 개정방안, 형사법연구, 제30권 제2호, 2018.
전지연, 사이버범죄론, 박영사, 2021.
전지연, 외국에서의 미결구금과 형의 산입문제, 한국형사법학회(편), 죄형법정 원칙과 법원(1), 2023.
정성근/박광민, 형법총론(전정2판), 성균관대학교출판부, 2015.
정성근/박광민, 형법총론(전정3판), 성균관대학교출판부, 2020.
정승환, 독일의 형법 및 형법학과 한국의 형법이론, 형사법연구, 제28권 제4호, 2016.
정영석, 형법총론(제3판), 법문사, 1977.
정완, 사이버음란물의 유통과 규제, 형사정책연구, 제11권 제1호, 2000.
조기영, 판례변경과 소급효금지의 원칙, 동북아법연구, 제11권 제1호, 2017.
조병선, 한국의 행정형법과 행정형법이론에 대한 비교법적 고찰, 김종원교수화갑기념논문집, 1991.
조병선, 질서위반법과 행정형법, 형사정책연구, 제2권 제4호, 한국형사정책연구원, 1991.
조상제, 외국관련 범죄에 대한 국내형법의 적용과 준거점, 비교형사법연구, 제12권 제2호, 2010.
조상제/천진호/류전철/이진국, 국제형법, 2011.
조성용, 미결구금일수 일부산입 위헌결정에 대한 평석, 형사정책연구, 제20권 제4호, 2009.
조성용, 외국에서의 미결구금일수를 국내 선고형에 산입해야 하는지 여부, 법조, 제272호, 2018.
조인현, 남북한 관계에 있어서 우리 형법의 장소적 적용범위에 관한연구, 서울대학교 박사학위논문, 2008.
조인현, 한국 국제형법 규정 해석론, 경찰법연구, 제6권 제2호, 2008.
조인현, 형법 각칙 및 특별법에 도입된 세계주의 원칙의 적용 범위 - 독일 입법례와 판례를 중심으로 -, 비교형사법연구, 제17권 제3호, 2015.

조인현, 대리형사사법의 원칙에서의 형법적용 흠결 보완기능 연구 - 일본 개정 형법 가안의 한계 극복과 관련하여-, 형사법연구, 제28권 제4호, 2016.

조충영, 판례변경과 소급효금지, 법학논총, 제42권 제1호, 전남대학교 법학연구소, 2022.

조충영, 형법의 시간적 적용범위 - 대법원 2022.12.22. 선고 2020도16420 전원합의체 판결을 중심으로 -, 연세법학, 제41호, 2023.

조충영, 형법 제1조 제2항의 '법률'에 대한 해석, 연세법학, 제42호, 2023.

조현욱, 내국인의 국외범에 대한 처벌기준, 법과 정책, 제25권 제1호, 제주대 법과 정책연구원, 2019.

조현욱, 외국에서 무죄판결 받기 전 미결구금일수의 국내 선고형 산입여부, 영남법학, 제46호, 영남대학교 법학연구소, 2018.

주승희, 사이버범죄와 국제형법 : 추상적 위험범의 범죄지 및 형법 제6조의 적용 범위를 중심으로, 형사정책연구, 제16권 제3호(통권 63호), 2005.

주승희, 행정형법의 실체법적 문제점에 관한 소고 - 중대재해처벌법상 준대산업재해치사상죄를 중심으로 - , 법학논총, 제30권 제3호, 조선대학교 법학연구원, 2023.

지은석, 형법 제1조 제2항에서 법률의 변경의 해석, 홍익법학, 제24권 제1호, 2023.

차승민, 형법 제1조 제2항이 적용되는 법령변경의 기준이 되는 '형사법적 관점의 변화'의 의미 - 대상판결: 대법원 2022.12.22. 선고 2020도16420 전원합의체 판결, 법학논총, 제43권 제3호, 전남대학교 법학연구소, 2023.

차용석, 형법총론강의 I, 고시연구사, 1988.

천진호, 피고인에게 불리한 판례의 변경과 소급효금지원칙, 지송이재상교수화갑기념논문집(I), 박영사, 2003.

천진호, 국제형법의 국내적 수용에 관한 논의현황과 주요 내용, 비교형사법연구, 제11권 제2호, 2009.

천진호, 형법총론, 준커뮤니케이션즈, 2016.

최관호, 해상에서의 해적행위에 대한 형법의 적용 범위 -보편적 관할권과 세계주의의 충돌을 중심으로-, 법학연구, 제21권 제4호, 경상대학교 법학연구소 2013.

최문수, 형법 제1조 제2항과 형사소송법 제326조 제4호의 적용 대상인 '법령의 변경'의 의미와 판단 기준, 사법, 통권 63호, 2023.

최봉석, 행정형벌에 관한 일고, 법조, 제51권 제12호, 법조협회, 2002.

최석윤, 외국에서 집행된 형의 산입, 법조, 제66권 제6호(제726호), 법조협회, 2017.

최용보, 통일과정에서의 남북한 형사법 충돌 해결 방안, 통일과 법률, 제25권, 2016.

최준혁, '범죄지'의 확정 및 그와 관련된 문제들, 법학연구, 제34권 제1호, 연세대학교 법학연구원, 2024.

최준혁, 지난 10년간(2011~2021) 대법원 형법판례의 변화: 총칙 분야, 형사판례연구[31], 2023.

최호진, 사회봉사명령과 소급효금지의 원칙, 법학논총, 제31권 제3호, 전남대학교 법학연구소, 2011.

표명환, 과잉금지의 원칙과 본질적 내용침해 금지, 유럽헌법연구, 제17호, 2015.

하태영, 국제형법: 세계주의의 도입여부, 형사법연구, 제22호, 2004.

하태영, 피고인에게 불리한 판례변경과 소급효금지의 문제, 동아법학, 제38호, 동아대학교 법학연구소, 2006.

하태훈, 건축법상의 불법용도변경과 형법의 시간적 적용범위 - 대법원 2001.6.29. 선고, 2000도2530 판결 -, 고려법학, 제38권, 고려대학교 법학연구원, 2002.

한경태, 개성공단에서의 남한 행정형법 적용 여부에 대한 검토, 통일과 법률, 제43호, 법무부, 2020.

한명섭, 형사사건 처리관련 남북협력체제 구축방안, 남북교류협력법제연구(II), 2007.

한명섭, 통일법제 특강, 개정증보판, 한울, 2019.

한상훈/안성조, 형법개론, 제3판, 정독, 2022.

허일태, 피고인에게 불리한 판례변경과 소급효금지원칙, 형사판례연구[9], 2001.

허일태, 구건축법상 불법용도변경죄와 형법의 적용범위 : 계속범의 종료시점과 형의 폐지규정의 시간적 적용범위, 동아법학, 제29호, 동아대학교 법학연구소, 2001.

형법개정연구회, 형사특별법 정비방안(19) 형법총칙 개정안 - 범죄론, 한국형사정책연구원, 2008.

홍보람, 혁신과 탈법의 관점에서 신산업관련 행정형법 해석기준 연구, 사법정책연구원 보고서, 2023.

홍영기, 소급효금지원칙의 확립 근거와 구체적 적용, 안암법학, 제22권, 2006.

홍영기, 2022년도 형사법분야 대법원 주요판례와 평석, 안암법학, 제66권, 2023.

홍진영, 범죄를 저지른 북한이탈주민 추방의 법적 문제, 법조, 제70권 제3호, 2021.

황산덕. 형법총론, 방문사, 1982.

[국외문헌]

Abass, Ademba, The International Criminal Court and Universal Jurisdiction, International Criminal Law Revierw, Vol. 6, 2006.

Alternativkommentar, Wassermann(Hrsg.), Kommentar zum StGB, Bd.1, 1990 ; Bd.3, 1986.

Ambos, Kai, Internationales Strafrecht, 5.Aufl., 2018.

Arzt, Gunther, Zur identischen Strafnorm, SchweizJurTag-FG, 1988.
Bär, Wolfgang, Transnationaler Zugriff auf Computerdaten, ZIS, 2011.
Bock, Dennis, Zur transnationalen Wirkung ausländischer Strafe oder Freiheitsentziehung gem. §51 Abs.3, Abs.4 S.2 StGB, ZIS 7-8/2010.
Böse/Meyer/Schneider, Die Regulierung strafrechtlicher Jurisdiktionskonflikte in der europäischen Union - ein Modellentwurf, GA 2014, 572.
Boyce/Dripps/Perkins, Criminal Law and Procedure(Cases and Materials), 10.Ed. 2007.
Collardin, Markus, Straftaten im Internet, CR 1995, 618.
Cornils, Matthias, Der Begehungsort von Äußerungsdelikten im Internet, JZ 1999, 394.
Dannecker Gerhard, Der zeitliche Geltungsbereich von Strafgesetzen und der Vorrang des Gemeinschaftsrechts, Schroeder-FS, 2006.
Dencker, Friedrich, Die Anrechnung der Untersuchungshaft, MDR 1971, 627.
Doehring, Karl, Völkerrecht, 2.Aufl., 2004.
Dölling/Duttge/Rössner, Gesamtes Strafrecht, 2.Aufl., 2011.
Dombroski, Nadine, Extraterritoriale Strafrechtsanwendung im Internet, 2014.
Erb, Volker, Die Schutzfunktion von Art 103 Abs.2 GG bei Rechtfertigungsgründen, ZStW 108(1996), 271.
Eser, Albin, Die Entwicklung des internationalen Strafrechts im Lichte des Werkes von Hans-Heinrich Jescheck, Jescheck-FS, 1985, S.1353 ff.
Fabrizy, Ernst Eugen, Die österreichische Strafprozessordnung, Kommentar, 11.Aufl., 2011.
Fischer, Thomas, Strafgesetzbuch, Kommentar, 70.Aufl., 2023.
Fletcher, George P., Parochial versus Universal Criminal Law, Journal of

International Criminal Justice, Volume 3, Issue 1, 2005, 20-34.
Fuchs, Helmut, Österreichisches Strafrecht, AT I, 7.Aufl., 2008.
Gaede, Karsten, Zeitgesetz im Wirtschaftsstrafrecht und rückwirkend geschlossene Ahndungslücken, wistra 2011, 365.
Gereke, Marco, Straftaten und Strafverfolgung im Internet, GA 2012, 474.
Gleß, Sabine, Zum Begriff des mildesten Gesetzes(§2 III StGB), GA 2000, 224.
Golombek, Tine, Der Schutz ausländischer Rechtsgüter im System des deutschen Strafanwendungsrechts, 2010.
Hannich, Rolf, Karlsruher Kommentar zur Strafprozessordnung, 7.Aufl., 2013.
Hecker, Bernd, Europäisches Strafrecht, 5.Aufl., 2015.
Heinrich, Bernd, Das passive Personalitätsprinzip im deutschen Strafrecht, 1994.
Heinrich, Bernd, Der Erfolgsort beim abstrakten Gefährdungsdelikt, GA 1999, 72.
Hilgendorf, Eric, Überlegungen zur strafrechtlichen Interpretation des Ubiquitätsprinzips im Zeitalter des Internet, NJW 1997, 1873.
Hilgendorf/Frank/Valerius, Computer - und Internetstrafrecht, 2005.
Hombrecher, Lars, Grundzüge und praktische Fragen des Internationalen Strafrechts, JA 2010, 637.
Jakobs, Günther, Strafrecht, AT, 2.Aufl., 1991.
Jarass/Pieroth, GG, Kommentar, 8.Aufl., 2006.
Jescheck/Weigend, Strafrecht, AT, 5.Aufl., 1996.
Jeßberger, Florian, Der transnationale Geltungsbereich des deutschen Strafrechts, Grundlagen und Grenzen der Geltung des deutschen Strafrechts für Taten mit Auslandsberührung, 2011.

Kochheim, Dieter, Cybercrime und Strafrecht in der Informations- und Kommunikationstechnik, 2.Aufl., 2018.

Kreß, Claus, Völkerstrafrecht und Weltrechtspflege im Blickfeld des Internationalen Gerichtshofs, ZStW 114(2002), 818.

Kudlich/Berberich, Abstrakte Gefährdungsdelikte im Internet und die Anwendbarkeit deutschen Strafrechts, NStZ 2019, 633.

Lackner/Kühl/Heger, Strafgesetzbuch, Kommentar, 30.Aufl., 2023.

Lagodny, Otto, Grundkonstellationen des internationalen Strafrechts, ZStW 101(1989), 987.

Leukauf/Steininger, Strafgesetzbuch Kommentar, 4.Aufl., 2017.

LK/Gribbohm, Strafgesetzbuch, Grosskommentar, Bd.1, 12.Aufl., 2006.

LK/Werle/Jeßberger, Strafgesetzbuch, Grosskommentar, Bd.1, 13.Aufl., 2020.

Meyer-Goßner, Lutz, StPO, Kommentar, 59.Aufl., 2016.

Mitsch, Wolfgang, Mitwirkung am versuchten Schwangerschaftsabbruch an einer Nichtschwangeren im Ausland, jura 1989, 193.

MK/Bearbeiter, Strafgesetzbuch, 4.Aufl., Bd.1, 2020.

Müller-Dietz, Heinz, Zur Anrechnung ausländischen Freiheitsentzug, FS-Hannskarl Salger, 1995.

Niemöller, Martin, Zur Geltung des inländischen Strafrechts für Auslandstaten Deutscher, NStZ 1993, 171.

NK/Kett-Straub, StGB, Kommentar, Bd.1, 4.Aufl., 2013.

Oehler, Dietrich, Grenzen des aktiven Personalitätsprinzips im internationalen Strafrecht, FS-Mezger, 1954, 83.

Oehler, Dietrich, Internationales Strafrecht, 2.Aufl., 1983.

Oehler, Dietrich, Verfolgung von Völkermord im Ausland, NStZ 1994, 485.

Pawlik, Michael, Strafe oder Gefahrenbekämpfung? - Die Prinzipien des deutschen Internationalen Strafrechts vor dem Forum der Straftheorie, FS-Schroeder, 2006, 357.

Plutte, Niklas, Zum Umfang der nach §7 StGB erforderlichen Prüfung ausländischen Strafrechts, 1982.

Popp, Peter/Keshelava, Tornike, Basler Kommentar, Strafrecht I, 3.Aufl., 2013.

Radtke/Hohmann, Strafprozessordnung, Kommentar, 2011.

Rath, Jürgen, Internationales Strafrecht(§3ff. StGB) - Prüfungsschema, Auslandsbezug, Tatortbestimmung, 2006.

Reinbacher, Tobias, Die Anwendbarkeit des deutschen Strafrechts auf Auslandstaten gem. §7 StGB, ZJS 2/2018, 142.

Reinbacher, Tobias, Anwendbarkeit des deutschen Strafrechts im Internet, DGStZ 3/2016, 15.

Roßwog, Eberhard, Das Problem der Vereinbarkeit des aktiven und passiven Personalitätsprinzips mit dem Völkerrecht, 1965.

Rotsch, Thomas, Der Handlungsort i.S.d. §9 Abs.1 StGB, ZIS 2010, 168.

Roxin, Claus, Strafrecht, AT I, Bd. I, 4.Aufl., 2006.

Roxin/Greco, Strafrecht, AT I, Bd. I, 5.Aufl., 2020.

Rudolf, Echterhölter, Anwendungsbereich und Auslegung von §5 StGB, NJW 1954, 219.

Satzger, Helmut, Internationales und Europäisches Strafrecht, 2005.

Satzger, Helmut, Internationales und Europäisches Strafrecht, 9.Aufl., 2020.

Satzger, Helmut, Die zeitliche Geltung des Strafgesetzes - ein Überblick über das "intertemporale Strafrecht", Jura 2006, 746.

Satzger, Helmut, Das deutsche Strafanwendungsrecht(§3ff. StGB) - Teil 1, Jura 2010, 112.

Schmitz, Alexandra, §7 II Nr. 2 StGB(usw.), FS-Grünwald, 1999, 619.
Schmitz, Alexandra, Das aktive Personalitätsprinzip im internationalen Strafrecht, 2002.
Schönke/Schröder/Bearbeiter, Strafgesetzbuch, Kommentar, 30.Aufl., 2019.
Scholten, Hans-Joseph, Das Erfordernis der Tatortstrafbarkeit in §7 II Nr. 2 StGB, NStZ 1994, 266.
Scholten, Hans-Joseph, Das Erfordernis der Tatortstrafbarkeit in §7 StGB, 1995.
Schramm, Edward, Internationales Strafrecht, Strafanwendungsrecht, Völkerstrafrecht, Europäisches Strafrecht, 2.Aufl., 2018.
Schröder, Christian, Zur Fortgeltung und Anwendbarkeit des Tatzeitrechts trotz Rechtsänderung, ZStW 112(2000), 44.
Schröder, Horst, Grundlagen und Grenzen des Personalitätsprinzips im internationalen Strafrecht, JZ 1968, 241.
Sieber, Ulrich, Internationales Strafrecht im Internet, NJW 1999, 2072.
SK/Bearbeiter, StGB, Bd. I, 9.Aufl., 2016.
SK/Bearbeiter, StGB, Bd. II, 9.Aufl., 2016.
Sommer, Ulrich, Das "mildeste Gesetz" im Sinne des §2 III StGB, 1979.
Stratenwerth/Wohlers, Schweizerisches Strafgesetz, Handkommentar, 2007.
Stratenwerth/Kuhlen, Strafrecht, AT I, 5.Aufl., 2008.
Systematischer Kommentar, Rudolphi u.a. 114 Lieferung(Mai. 2008).
Trechsel/Pieth(Hrsg.), Schweizerisches Strafgesetzbuch, Praxiskommentar, 3.Aufl., 2018.
Tröndle/Fischer, Strafgesetzbuch, Kommentar, 54.Aufl., 2007.
Valerius, in: Hilgendorf/Kudlich/Valerius(Hrsg.), Handbuch des Strafrechts,

Bd.2, AT I, 2020.

Walter, Tonio, Einführung in das Internationale Strafrecht, JuS 2006, 870.

Walther, Felix, "Tat" und "Täter" im transnationalen Strafanwendungsrecht des StGB, Jus 2012, 203.

Weigend, Thomas, Grund und Grenzen universaler Gerichtsbarkeit, Eser-FS, 2005, 955.

Weißer, Bettina, Das Prinzip der Weltrechtspflege in Theorie und Praxis, GA 2012, 416.

Werle, Gerhard, Die Konkurrenz bei Dauerdelikt, Fortsetzungstat und zeitlich gestreckter Gesetzesverletzung, 1981.

Werle, Gerhard, Völkerstrafrecht, 5.Aufl., 2020.

Werle/Jeßberger, Grundfälle zum Strafanwendungsrecht, JuS 2001, 35.

Wessels/Beulke, Strafrecht, AT, 52.Aufl., 2022.

Wohlers/Godenzi/Schlegel, Schweizerisches Strafgesetzbuch, 4. Aufl., Stämpfli Verlag, 2020.

Zieher, Wolfgang, Das sog. Internationale Strafrecht nach der Reform, 1977.

Zimmermann, Frank, Strafgewaltkonflikte in der Europäischen Union, 2015.

今村暢好, 行政刑法論序說, 成文堂, 2020

大塚裕史, "刑法の域外適用について", 刑法雜誌(日本刑事法學會誌), 3卷 1号, 2003

森下 忠, 國際刑法の基本問題, 東京, 成文堂, 1996.

松原芳博, 刑法總論, 第3版, 日本評論社, 2022.

松原芳博, 刑法各論, 第2版, 日本評論社, 2021.

岡野光雄, 刑法要說總論, 成文堂, 2001.

前田雅英, 刑法總論講義, 第4版, 東京大學出版會, 2006.

田口守一, 刑事訴訟法, 第5版, 弘文堂, 2009.

井田 良, 講義刑法學 總論, 2008.

井田 良/丸山雅夫, Casestudy 刑法, 第2版, 2004.

[대한민국형법](발췌)

[법률 제19582호 2023. 8. 8., 일부개정]

제1편 총칙

제1장 형법의 적용범위

제1조(범죄의 성립과 처벌) ① 범죄의 성립과 처벌은 행위 시의 법률에 따른다.
② 범죄 후 법률이 변경되어 그 행위가 범죄를 구성하지 아니하게 되거나 형이 구법(舊法)보다 가벼워진 경우에는 신법(新法)에 따른다.
③ 재판이 확정된 후 법률이 변경되어 그 행위가 범죄를 구성하지 아니하게 된 경우에는 형의 집행을 면제한다.

제2조(국내범) 본법은 대한민국영역내에서 죄를 범한 내국인과 외국인에게 적용한다.

제3조(내국인의 국외범) 본법은 대한민국영역외에서 죄를 범한 내국인에게 적용한다.

제4조(국외에 있는 내국선박 등에서 외국인이 범한 죄) 본법은 대한민국영역외에 있는 대한민국의 선박 또는 항공기내에서 죄를 범한 외국인에게 적용한다.

제5조(외국인의 국외범) 본법은 대한민국영역외에서 다음에 기재한 죄를 범

한 외국인에게 적용한다.

1. 내란의 죄
2. 외환의 죄
3. 국기에 관한 죄
4. 통화에 관한 죄
5. 유가증권, 우표와 인지에 관한 죄
6. 문서에 관한 죄중 제225조 내지 제230조
7. 인장에 관한 죄중 제238조

제6조(대한민국과 대한민국국민에 대한 국외범) 본법은 대한민국영역외에서 대한민국 또는 대한민국국민에 대하여 전조에 기재한 이외의 죄를 범한 외국인에게 적용한다. 단 행위지의 법률에 의하여 범죄를 구성하지 아니하거나 소추 또는 형의 집행을 면제할 경우에는 예외로 한다.

제7조(외국에서 집행된 형의 산입) 죄를 지어 외국에서 형의 전부 또는 일부가 집행된 사람에 대해서는 그 집행된 형의 전부 또는 일부를 선고하는 형에 산입한다.

제8조(총칙의 적용) 본법 총칙은 타법령에 정한 죄에 적용한다. 단, 그 법령에 특별한 규정이 있는 때에는 예외로 한다.

[독일형법 원문](발췌)

Strafgesetzbuch (StGB)

Ausfertigungsdatum: 15.05.1871

Vollzitat: "Strafgesetzbuch in der Fassung der Bekanntmachung vom 13. November 1998 (BGBl. I S. 3322), das zuletzt durch Artikel 2 des Gesetzes vom 30. Juli 2024 (BGBl. 2024 I Nr. 255) geändert worden ist"

Stand: Neugefasst durch Bek. v. 13.11.1998 I 3322;
zuletzt geändert durch Art. 2 G v. 30.7.2024 I Nr. 255

Allgemeiner Teil

Erster Abschnitt Das Strafgesetz

Erster Titel Geltungsbereich

§ 1 Keine Strafe ohne Gesetz

Eine Tat kann nur bestraft werden, wenn die Strafbarkeit gesetzlich bestimmt war, bevor die Tat begangen wurde.

§ 2 Zeitliche Geltung

(1) Die Strafe und ihre Nebenfolgen bestimmen sich nach dem Gesetz, das zur Zeit der Tat gilt.

(2) Wird die Strafdrohung während der Begehung der Tat geändert, so ist das Gesetz anzuwenden, das bei Beendigung der Tat gilt.

(3) Wird das Gesetz, das bei Beendigung der Tat gilt, vor der Entscheidung geändert, so ist das mildeste Gesetz anzuwenden.

(4) Ein Gesetz, das nur für eine bestimmte Zeit gelten soll, ist auf Taten, die während seiner Geltung begangen sind, auch dann anzuwenden, wenn es außer Kraft getreten ist. Dies gilt nicht, soweit ein Gesetz etwas anderes bestimmt.
(5) Für Einziehung und Unbrauchbarmachung gelten die Absätze 1 bis 4 entsprechend.
(6) Über Maßregeln der Besserung und Sicherung ist, wenn gesetzlich nichts anderes bestimmt ist, nach dem Gesetz zu entscheiden, das zur Zeit der Entscheidung gilt.

§ 3 Geltung für Inlandstaten
Das deutsche Strafrecht gilt für Taten, die im Inland begangen werden.

§ 4 Geltung für Taten auf deutschen Schiffen und Luftfahrzeugen
Das deutsche Strafrecht gilt, unabhängig vom Recht des Tatorts, für Taten, die auf einem Schiff oder in einem Luftfahrzeug begangen werden, das berechtigt ist, die Bundesflagge oder das Staatszugehörigkeitszeichen der Bundesrepublik Deutschland zu führen.

§ 5 Auslandstaten mit besonderem Inlandsbezug
Das deutsche Strafrecht gilt, unabhängig vom Recht des Tatorts, für folgende Taten, die im Ausland begangen werden:

1. (weggefallen)

2. Hochverrat (§ § 81 bis 83);

3. Gefährdung des demokratischen Rechtsstaates

a) in den Fällen des § 86 Absatz 1 und 2, wenn Propagandamittel im Inland wahrnehmbar verbreitet oder der inländischen Öffentlichkeit zugänglich gemacht werden und der Täter Deutscher ist oder seine Lebensgrundlage im Inland hat,

b) in den Fällen des § 86a Absatz 1 Nummer 1, wenn ein Kennzeichen im Inland wahrnehmbar verbreitet oder in einer der inländischen Öffentlichkeit zugänglichen Weise oder in einem im Inland wahrnehmbar verbreiteten Inhalt (§ 11 Absatz 3) verwendet wird und der Täter Deutscher ist oder seine Lebensgrundlage im Inland hat,

c) in den Fällen der § § 89, 90a Abs. 1 und des § 90b, wenn der Täter Deutscher ist und seine Lebensgrundlage im räumlichen Geltungsbereich dieses Gesetzes hat, und

d) in den Fällen der § § 90 und 90a Abs. 2;

4. Landesverrat und Gefährdung der äußeren Sicherheit (§ § 94 bis 100a);

5. Straftaten gegen die Landesverteidigung

a) in den Fällen der § § 109 und 109e bis 109g und

b) in den Fällen der § § 109a, 109d und 109h, wenn der Täter Deutscher ist und seine Lebensgrundlage im räumlichen Geltungsbereich dieses Gesetzes hat;

5a. Widerstand gegen die Staatsgewalt und Straftaten gegen die öffentliche Ordnung

a) in den Fällen des § 111, wenn die Aufforderung im Inland wahrnehmbar ist und der Täter Deutscher ist oder seine Lebensgrundlage im Inland hat,

b) in den Fällen des § 127, wenn der Zweck der Handelsplattform darauf ausgerichtet ist, die Begehung von rechtswidrigen Taten im Inland zu ermöglichen oder zu fördern und der Täter Deutscher ist oder seine Lebensgrundlage im Inland hat, und

c) in den Fällen des § 130 Absatz 2 Nummer 1, auch in Verbindung mit Absatz 6, wenn ein in Absatz 2 Nummer 1 oder Absatz 3 bezeichneter Inhalt (§ 11 Absatz 3) in einer Weise, die geeignet ist, den öffentlichen Frieden zu stören, im Inland wahrnehmbar verbreitet oder der inländischen Öffentlichkeit zugänglich gemacht wird und der Täter Deutscher ist oder seine Lebensgrundlage im Inland hat;

6. Straftaten gegen die persönliche Freiheit

a) in den Fällen der § § 234a und 241a, wenn die Tat sich gegen eine Person richtet, die zur Zeit der Tat Deutsche ist und ihren Wohnsitz oder gewöhnlichen Aufenthalt im Inland hat,

b) in den Fällen des § 235 Absatz 2 Nummer 2, wenn die Tat sich gegen eine Person richtet, die zur Zeit der Tat ihren Wohnsitz oder gewöhnlichen Aufenthalt im Inland hat, und

c) in den Fällen des § 237, wenn der Täter zur Zeit der Tat Deutscher ist oder wenn die Tat sich gegen eine Person richtet, die zur Zeit der Tat ihren Wohnsitz oder gewöhnlichen Aufenthalt im

Inland hat;

7. Verletzung von Betriebs- oder Geschäftsgeheimnissen eines im räumlichen Geltungsbereich dieses Gesetzes liegenden Betriebs, eines Unternehmens, das dort seinen Sitz hat, oder eines Unternehmens mit Sitz im Ausland, das von einem Unternehmen mit Sitz im räumlichen Geltungsbereich dieses Gesetzes abhängig ist und mit diesem einen Konzern bildet;

8. Straftaten gegen die sexuelle Selbstbestimmung in den Fällen des § 174 Absatz 1, 2 und 4, der § § 176 bis 178 und des § 182, wenn der Täter zur Zeit der Tat Deutscher ist;

9. Straftaten gegen das Leben

a) in den Fällen des § 218 Absatz 2 Satz 2 Nummer 1 und Absatz 4 Satz 1, wenn der Täter zur Zeit der Tat Deutscher ist, und

b) in den übrigen Fällen des § 218, wenn der Täter zur Zeit der Tat Deutscher ist und seine Lebensgrundlage im Inland hat;

9a. Straftaten gegen die körperliche Unversehrtheit

a) in den Fällen des § 226 Absatz 1 Nummer 1 in Verbindung mit Absatz 2 bei Verlust der Fortpflanzungsfähigkeit, wenn der Täter zur Zeit der Tat Deutscher ist, und

b) in den Fällen des § 226a, wenn der Täter zur Zeit der Tat Deutscher ist oder wenn die Tat sich gegen eine Person richtet, die zur Zeit der Tat ihren Wohnsitz oder gewöhnlichen Aufenthalt im Inland hat;

10. falsche uneidliche Aussage, Meineid und falsche

Versicherung an Eides Statt (§ § 153 bis 156) in einem Verfahren, das im räumlichen Geltungsbereich dieses Gesetzes bei einem Gericht oder einer anderen deutschen Stelle anhängig ist, die zur Abnahme von Eiden oder eidesstattlichen Versicherungen zuständig ist;

10a. Sportwettbetrug und Manipulation von berufssportlichen Wettbewerben (§ § 265c und 265d), wenn sich die Tat auf einen Wettbewerb bezieht, der im Inland stattfindet;

11. Straftaten gegen die Umwelt in den Fällen der § § 324, 326, 330 und 330a, die im Bereich der deutschen ausschließlichen Wirtschaftszone begangen werden, soweit völkerrechtliche Übereinkommen zum Schutze des Meeres ihre Verfolgung als Straftaten gestatten;

11a. Straftaten nach § 328 Abs. 2 Nr. 3 und 4, Abs. 4 und 5, auch in Verbindung mit § 330, wenn der Täter zur Zeit der Tat Deutscher ist;

12. Taten, die ein deutscher Amtsträger oder für den öffentlichen Dienst besonders Verpflichteter während eines dienstlichen Aufenthalts oder in Beziehung auf den Dienst begeht;

13. Taten, die ein Ausländer als Amtsträger oder für den öffentlichen Dienst besonders Verpflichteter begeht;

14. Taten, die jemand gegen einen Amtsträger, einen für den öffentlichen Dienst besonders Verpflichteten oder einen Soldaten der Bundeswehr während der Ausübung ihres Dienstes oder in Beziehung auf ihren Dienst begeht;

15. Straftaten im Amt nach den § § 331 bis 337, wenn

a) der Täter zur Zeit der Tat Deutscher ist,

b) der Täter zur Zeit der Tat Europäischer Amtsträger ist und seine Dienststelle ihren Sitz im Inland hat,

c) die Tat gegenüber einem Amtsträger, einem für den öffentlichen Dienst besonders Verpflichteten oder einem Soldaten der Bundeswehr begangen wird oder

d) die Tat gegenüber einem Europäischen Amtsträger oder Schiedsrichter, der zur Zeit der Tat Deutscher ist, oder einer nach § 335a gleichgestellten Person begangen wird, die zur Zeit der Tat Deutsche ist;

16. Bestechlichkeit und Bestechung von Mandatsträgern (§ 108e), wenn

a) der Täter zur Zeit der Tat Mitglied einer deutschen Volksvertretung oder Deutscher ist oder

b) die Tat gegenüber einem Mitglied einer deutschen Volksvertretung oder einer Person, die zur Zeit der Tat Deutsche ist, begangen wird;

17. Organ- und Gewebehandel (§ 18 des Transplantationsgesetzes), wenn der Täter zur Zeit der Tat Deutscher ist.

§ 6 Auslandstaten gegen international geschützte Rechtsgüter

Das deutsche Strafrecht gilt weiter, unabhängig vom Recht des Tatorts, für folgende Taten, die im Ausland begangen werden:

1. (weggefallen)

2. Kernenergie-, Sprengstoff- und Strahlungsverbrechen in den Fällen der § § 307 und 308 Abs. 1 bis 4, des § 309 Abs. 2 und des § 310;

3. Angriffe auf den Luft- und Seeverkehr (§ 316c);

4. Menschenhandel (§ 232);

5. unbefugter Vertrieb von Betäubungsmitteln;

6. Verbreitung pornographischer Inhalte in den Fällen der § § 184a, 184b Absatz 1 und 2 und § 184c Absatz 1 und 2;

7. Geld- und Wertpapierfälschung (§ § 146, 151 und 152), Fälschung von Zahlungskarten mit Garantiefunktion (§ 152b Abs. 1 bis 4) sowie deren Vorbereitung (§ § 149, 151, 152 und 152b Abs. 5);

8. Subventionsbetrug (§ 264);

9. Taten, die auf Grund eines für die Bundesrepublik Deutschland verbindlichen zwischenstaatlichen Abkommens auch dann zu verfolgen sind, wenn sie im Ausland begangen werden.

§ 7 Geltung für Auslandstaten in anderen Fällen

(1) Das deutsche Strafrecht gilt für Taten, die im Ausland gegen einen Deutschen begangen werden, wenn die Tat am Tatort mit Strafe bedroht ist oder der Tatort keiner Strafgewalt unterliegt.

(2) Für andere Taten, die im Ausland begangen werden, gilt das deutsche Strafrecht, wenn die Tat am Tatort mit Strafe bedroht ist oder der Tatort keiner Strafgewalt unterliegt und wenn der Täter

1. zur Zeit der Tat Deutscher war oder es nach der Tat geworden ist oder

2. zur Zeit der Tat Ausländer war, im Inland betroffen und, obwohl das Auslieferungsgesetz seine Auslieferung nach der Art der Tat zuließe, nicht ausgeliefert wird, weil ein Auslieferungsersuchen innerhalb angemessener Frist nicht gestellt oder abgelehnt wird oder die Auslieferung nicht ausführbar ist.

§ 8 Zeit der Tat

Eine Tat ist zu der Zeit begangen, zu welcher der Täter oder der Teilnehmer gehandelt hat oder im Falle des Unterlassens hätte handeln müssen. Wann der Erfolg eintritt, ist nicht maßgebend.

§ 9 Ort der Tat

(1) Eine Tat ist an jedem Ort begangen, an dem der Täter gehandelt hat oder im Falle des Unterlassens hätte handeln müssen oder an dem der zum Tatbestand gehörende Erfolg eingetreten ist oder nach der Vorstellung des Täters eintreten sollte.

(2) Die Teilnahme ist sowohl an dem Ort begangen, an dem die Tat begangen ist, als auch an jedem Ort, an dem der Teilnehmer gehandelt hat oder im Falle des Unterlassens hätte handeln müssen oder an dem nach seiner Vorstellung die Tat begangen werden sollte. Hat der Teilnehmer an einer Auslandstat im Inland gehandelt, so gilt für die Teilnahme das deutsche Strafrecht, auch wenn die Tat nach dem Recht des Tatorts nicht mit Strafe bedroht ist.

§ 10 Sondervorschriften für Jugendliche und Heranwachsende
Für Taten von Jugendlichen und Heranwachsenden gilt dieses Gesetz nur, soweit im Jugendgerichtsgesetz nichts anderes bestimmt ist.

[독일형법 번역](발췌)

1998.11.13. (BGBl. I S.3322)
최종개정 2024.7.30 (BGBl. 2024 I Nr. 255)

제1편 형법

제1장 적용범위

제1조 (죄형법정주의) 범죄행위는 그 행위 이전에 가벌성이 법률에 규정되어 있는 경우에 한하여 처벌할 수 있다.

제2조 (시간적 적용범위) ① 형과 그 부수효과는 행위 시에 유효한 법률에 의하여 정한다.
② 행위중 형벌법규가 변경된 때에는 행위 종료 시에 유효한 법률을 적용한다.
③ 행위 종료 시 유효한 법률이 재판 전에 변경된 때에는 가장 경한 법률을 적용한다.
④ 일정 기간에 한하여 유효한 법률은 그 법률이 실효된 때에도 그 유효기간 중 범하여진 행위에 대하여 이를 적용한다. 다만, 법률이 달리 규정하고 있는 경우에는 그러하지 아니하다.
⑤ 제1항 내지 제4항의 규정은 추징, 몰수 및 폐기처분에 관하여 이를 준용한다.
⑥ 보안처분에 관하여는 법률에 특별한 규정이 없는 경우 재판시 유효한 법률에 의하여 이를 선고한다.

제3조 (국내범에 대한 적용범위) 독일형법은 국내에서 행하여진 범죄에 대하여 적용한다.

제4조 (독일 선박 및 항공기내의 범죄에 대한 적용범위) 독일형법은 독일연방공화국의 연방국기 또는 국적 표기를 게양할 권한이 있는 선박이나 항공기 내에서 행하여진 범죄에 대하여 범죄지법에 독립하여 적용한다.

제5조 (특별한 내국관련성을 지닌 국외범) 독일형법은 국외에서 행하여진 다음의 범죄에 대하여 범죄지법에 독립하여 적용한다.

1. (삭제)
2. 내란의 죄(제81조 내지 제83조)
3. 민주적 법치국가 위험범 중
   a) 행위자가 독일인이거나 그 생활근거를 국내에 두고 있는 경우로, 제86조 제1항과 제2항의 사건으로 그 선동수단이 국내에서 인식할 수 있도록 유포되거나 국내 대중이 접근할 수 있도록 제공되는 경우
   b) 행위자가 독일인이거나 그 생활근거를 국내에 두고 있는 경우로, 제86a조 제1항 제1호의 사건으로 그 표시가 국내에서 인식할 수 있도록 유포되거나 국내 대중이 접근할 수 있도록 제공되는 경우
   c) 제89조, 제90a조 제1항 및 제90b조의 사건으로, 행위자가 독일인이며 자신의 생활근거를 본법의 장소적 적용범위내에 두고 있는 경우
   d) 제90조와 제90a조 제2항의 사건의 경우
4. 간첩 및 외환의 죄(제94조 내지 제100a조)
5. 국방에 대한 죄 중
   a) 제109조, 제109e조 내지 제109g조
   b) 행위자가 독일인이고 그 생활근거를 본법의 장소적 적용범위 내에

두고 있는 경우의 제109a조, 제109d조 및 제109h조

5a. 국가권력에 대한 저항 및 공공질서에 반하는 범죄

a) 제111조의 경우, 요청이 국내에서 인식할 수 있고 행위자가 독일인이거나 그의 생활근거가 내국에 존재하는 경우,

b) 제127조의 경우, 거래 플랫폼의 목적이 독일에서 불법한 범행을 수행하는 것을 가능하게 하거나 조장하는 것이며, 행위자가 독일인이거나 그의 생활근거가 내국에 존재하는 경우, 그리고

c) 제130조 제2항 제1호의 경우(또한 제6항과 관련하여), 제2항 제1호 또는 제3항에 언급된 콘텐츠의 내용(제11조 3항)이 공중의 평화를 침해함에 적합한 방식으로 독일에서 인식할 수 있도록 유포되거나 국내 대중이 접근할 수 있게 만들어지고 행위자가 독일인이거나 그의 생활근거가 내국에 존재하는 경우

6. 개인의 자유에 대한 범죄

a) 제234a조 및 제241a의 경우, 범행 당시 독일인이고 그의 거주지나 체류지가 내국인 사람을 대상으로 행하여진 범죄의 경우,

b) 제235조 제2항 제2호의 경우, 범행 당시 독일 국내의 주소지 또는 체류지에서 있던 사람을 대상으로 한 경우, 그리고

c) 제237조의 경우, 행위자가 범행 당시 독일인이거나 행위가 행위 당시 독일에 주소지 또는 체류지를 두고 있던 사람을 대상으로 한 경우

7. 이 법의 장소적 적용범위 내에 소재한 사업소나 동 적용범위 내에 본사를 두고 있는 사업체 또는 이 법의 장소적 적용범위 내에 본사를 두고 있는 사업체에 종속되어 그 사업체와 기업결합을 형성하고 있는 국외 소재 사업체의 영업 또는 업무상 비밀의 침해

8. 행위자가 범행 당시에 독일인으로서 제174조 제1항, 제2항, 제4항 및 제176조 내지 178조, 그리고 제182조의 성적 자기결정권을 침해한 죄

의 경우

9. 생명에 대한 범죄로
   a) 행위자가 범행 당시 독일인으로 제218조 제2항 제2문 제1호 및 제4항 제1문의 죄를 범한 경우
   b) 행위자가 범행 당시 독일인으로 그의 생활근거가 내국에 존재하는 경우로 제218조에 해당하는 기타의 죄의 경우

9a. 신체의 불가침성에 대한 범죄로
   a) 행위자가 범행 당시 독일인으로 이식능력을 상실한 제226조 제1항 제1호(제2항과 관련하여)의 경우
   b) 행위자가 범행 당시 독일인이거나 범행이 범행 당시 내국에 거주하거나 체류하고 있는 사람에 대하여 행해진 제226a조의 죄의 경우

10. 이 법의 장소적 적용범위 내의 법원 또는 선서나 선서에 대체되는 보증을 행하게 할 권한이 있는 기타 독일 관청에 계속 중인 소송절차에서 행한 선서 없는 허위진술, 선서위반 및 선서에 대체되는 허위보증(제153조 내지 제156조)의 경우

10a. 국내에서 개최되는 경기와 관련된 경우로 스포츠 경기 부정 및 프로스포츠 경기 조작(제265c조 및 제265d조)의 경우

11. 국제법상 해양보호협정에 의하여 범죄로서 그 형사소추가 허용되는 경우로, 환경범죄 중 독일의 배타적 경제수역 내에서 범한 제324조, 제326조, 제330조 및 제330a조의 경우

11a. 행위 당시 독일인이고 특히 중한 환경범죄(제330조)와 관련하여 제328조 제2항 제3호와 제4호, 같은 조 제4항 제4호와 제5호의 경우

12. 독일인의 공직자 또는 공무상 특별한 의무를 지는 자가 재직기간 중 또는 직무와 관련하여 행한 범죄의 경우

13. 외국인이 공직자 또는 공무상 특별한 의무를 지는 자로서 행한 범죄

의 경우

14. 공직자, 공무에 특별한 의무를 지닌 자 또는 연방국방부의 군인에 대하여 그 직무수행중 또는 그 직무에 관련하여 행한 범죄의 경우
15. 제331조부터 제337조까지의 재직 중 범죄로
    a) 행위자가 범죄 당시 독일인이거나,
    b) 행위자가 행위 당시 유럽 공무원이고 그의 사무실이 내국에 존재하거나,
    c) 범행이 공무원, 특별한 공무를 담당하는 사람 또는 독일연방군 군인에 대하여 범하여지거나, 또는
    d) 범죄 당시 독일인이었던 유럽 공무원 또는 중재자에게 범하여지거나 또는 범죄 당시 독일인인 제335a조에 따라 동등하게 취급되는 사람에 대해 범죄가 저질러진 경우
16. 선출직 공무원에 대한 뇌물수수(제108e조)로,
    a) 행위자가 범죄 당시 독일 국회의원이거나 독일인이거나,
    b) 범죄가 독일 국회의원 또는 범죄 당시 독일인에 대해 저질러진 경우
17. 범죄 당시 가해자가 독일인인 경우로 장기 및 조직 밀매(장기이식법 제18조)의 경우

제6조 (국제적으로 보호되는 법익에 대한 국외범) 독일형법은 국외에서 행하여진 다음 범죄에 대하여 범죄지법에 독립하여 적용한다.

1. <삭제>
2. 제307조 및 제308조 제1항 내지 제4항, 제309조 제2항 및 제310조의 핵에너지, 폭발물 및 방사선에 관한 범죄
3. 항공기 및 선박 운항 방해 및 파괴(제316c조)
4. 인신매매(제232조)

5. 향정신성의약품 무허가 판매
6. 제184a조, 제184b조 제1항과 제2항, 제184c조 제1항과 제2항의 음란물의 반포
7. 통화 및 유가증권 위조(제146조, 제151조 및 제152조), 보증기능을 가진 지불카드의 위보(제152b조 제1항 내지 제4항) 및 그의 예비(제149조, 제151조, 제152조 및 제152b 제5항)
8. 보조금 사기(제264조)
9. 범죄가 국외에서 실행된 경우에도 독일연방공화국에 대하여 구속력을 갖는 국가 간 조약에 의거하여 형사소추될 수 있는 범죄

제7조 (기타 국외범에 대한 적용범위) ① 독일형법은 국외에서 독일인에 대하여 행하여지는 범죄는 범죄지에서 그 범죄에 관한 처벌 규정을 두고 있거나 범죄지에 어떠한 형벌권도 미치지 아니하는 경우에는 독일형법을 적용한다.
② 국외에서 행하여지는 기타의 범죄에 대하여는 범죄지에서 그 범죄에 관한 처벌 규정을 두고 있거나 범죄지에 어떠한 형벌권도 미치지 아니하는 경우로서 다음 각호의 1에 해당하는 때에는 독일형법을 적용한다.
1. 행위자가 행위 시에 독일인이었거나 행위 이후에 독일인이 된 경우
2. 행위자가 행위 시에 외국인으로서 국내에서 체포되어 범죄의 성격상 범죄인인도법에 의하여 인도가 허용됨에도 불구하고, 인도청구가 제기되지 않고 있는 경우, 거절되었다는 이유로 또는 인도의 이행이 불가능하다는 이유로 인도되지 아니한 경우

제8조 (범행의 시점) 범행의 시기는 정범 또는 공범이 행위를 한 때 또는 부작위범의 경우 일정한 행위를 하였어야 한 때가 된다. 결과의 발생시점은 그

기준이 되지 아니한다.

제9조 (범행의 장소) ① 범행의 장소는 정범이 행위를 하였거나 부작위범의 경우 일정한 행위를 하였어야 할 장소 또는 구성요건에 해당하는 결과가 발생하였거나 정범의 표상에 따라 그 결과가 발생하였어야 할 장소가 된다.
② 공범은 범행 장소는 본범의 실행 장소뿐 아니라 공범이 행위한 장소 또는 부작위범의 경우 일정한 행위를 행하였어야 할 장소나 공범의 표상에 따라 본범이 행하여졌어야 할 장소가 된다. 국외범에 대한 공범이 국내에서 행하여진 경우에는 그 행위가 범죄지법에 의하여 처벌되지 아니하는 경우에도 그 공범에 대하여 독일형법을 적용한다.

제10조 (소년에 대한 특별규정) 소년의 범죄에 대하여는 소년법원법에 달리 규정함이 없는 경우에 한하여 이 법을 적용한다.

[일본형법](발췌)

刑法（明治四十年法律第四十五号）

施行日： 令和五年七月十三日

（令和五年法律第六十六号による改正）

第一編　総則

第一章　通則

（国内犯）

第一条　この法律は、日本国内において罪を犯したすべての者に適用する。

２　日本国外にある日本船舶又は日本航空機内において罪を犯した者についても、前項と同様とする。

（すべての者の国外犯）

第二条　この法律は、日本国外において次に掲げる罪を犯したすべての者に適用する。

一　削除

二　第七十七条から第七十九条まで（内乱、予備及び陰謀、内乱等幇助）の罪

三　第八十一条（外患誘致）、第八十二条（外患援助）、第八十七条（未遂罪）及び第八十八条（予備及び陰謀）の罪

四　第百四十八条（通貨偽造及び行使等）の罪及びその未遂罪

五　第百五十四条（詔書偽造等）、第百五十五条（公文書偽造等）、第百五十七条（公正証書原本不実記載等）、第百五十八条（偽造公文

書行使等）及び公務所又は公務員によって作られるべき電磁的記録に係る第百六十一条の二（電磁的記録不正作出及び供用）の罪

六　第百六十二条（有価証券偽造等）及び第百六十三条（偽造有価証券行使等）の罪

七　第百六十三条の二から第百六十三条の五まで（支払用カード電磁的記録不正作出等、不正電磁的記録カード所持、支払用カード電磁的記録不正作出準備、未遂罪）の罪

八　第百六十四条から第百六十六条まで（御璽偽造及び不正使用等、公印偽造及び不正使用等、公記号偽造及び不正使用等）の罪並びに第百六十四条第二項、第百六十五条第二項及び第百六十六条第二項の罪の未遂罪

（国民の国外犯）

第三条　この法律は、日本国外において次に掲げる罪を犯した日本国民に適用する。

一　第百八条（現住建造物等放火）及び第百九条第一項（非現住建造物等放火）の罪、これらの規定の例により処断すべき罪並びにこれらの罪の未遂罪

二　第百十九条（現住建造物等浸害）の罪

三　第百五十九条から第百六十一条まで（私文書偽造等、虚偽診断書等作成、偽造私文書等行使）及び前条第五号に規定する電磁的記録以外の電磁的記録に係る第百六十一条の二の罪

四　第百六十七条（私印偽造及び不正使用等）の罪及び同条第二項の罪の未遂罪

五　第百七十六条、第百七十七条及び第百七十九条から第百八十一

条まで（不同意わいせつ、不同意性交等、監護者わいせつ及び監護者性交等、未遂罪、不同意わいせつ等致死傷）並びに第百八十四条（重婚）の罪

六　第百九十八条（贈賄）の罪

七　第百九十九条（殺人）の罪及びその未遂罪

八　第二百四条（傷害）及び第二百五条（傷害致死）の罪

九　第二百十四条から第二百十六条まで（業務上堕胎及び同致死傷、不同意堕胎、不同意堕胎致死傷）の罪

十　第二百十八条（保護責任者遺棄等）の罪及び同条の罪に係る第二百十九条（遺棄等致死傷）の罪

十一　第二百二十条（逮捕及び監禁）及び第二百二十一条（逮捕等致死傷）の罪

十二　第二百二十四条から第二百二十八条まで（未成年者略取及び誘拐、営利目的等略取及び誘拐、身の代金目的略取等、所在国外移送目的略取及び誘拐、人身売買、被略取者等所在国外移送、被略取者引渡し等、未遂罪）の罪

十三　第二百三十条（名誉毀損）の罪

十四　第二百三十五条から第二百三十六条まで（窃盗、不動産侵奪、強盗）、第二百三十八条から第二百四十条まで（事後強盗、昏こん酔強盗、強盗致死傷）、第二百四十一条第一項及び第三項（強盗・不同意性交等及び同致死）並びに第二百四十三条（未遂罪）の罪

十五　第二百四十六条から第二百五十条まで（詐欺、電子計算機使用詐欺、背任、準詐欺、恐喝、未遂罪）の罪

十六　第二百五十三条（業務上横領）の罪

十七　第二百五十六条第二項（盗品譲受け等）の罪

（国民以外の者の国外犯）

第三条の二　この法律は、日本国外において日本国民に対して次に掲げる罪を犯した日本国民以外の者に適用する。

一　第百七十六条、第百七十七条及び第百七十九条から第百八十一条まで（不同意わいせつ、不同意性交等、監護者わいせつ及び監護者性交等、未遂罪、不同意わいせつ等致死傷）の罪

二　第百九十九条（殺人）の罪及びその未遂罪

三　第二百四条（傷害）及び第二百五条（傷害致死）の罪

四　第二百二十条（逮捕及び監禁）及び第二百二十一条（逮捕等致死傷）の罪

五　第二百二十四条から第二百二十八条まで（未成年者略取及び誘拐、営利目的等略取及び誘拐、身の代金目的略取等、所在国外移送目的略取及び誘拐、人身売買、被略取者等所在国外移送、被略取者引渡し等、未遂罪）の罪

六　第二百三十六条（強盗）、第二百三十八条から第二百四十条まで（事後強盗、昏酔強盗、強盗致死傷）並びに第二百四十一条第一項及び第三項（強盗・不同意性交等及び同致死）の罪並びにこれらの罪（同条第一項の罪を除く。）の未遂罪

（公務員の国外犯）

第四条　この法律は、日本国外において次に掲げる罪を犯した日本国の公務員に適用する。

一　第百一条（看守者等による逃走援助）の罪及びその未遂罪

二　第百五十六条（虚偽公文書作成等）の罪

三　第百九十三条（公務員職権濫用）、第百九十五条第二項（特別公

務員暴行陵虐）及び第百九十七条から第百九十七条の四まで（収賄、受託収賄及び事前収賄、第三者供賄、加重収賄及び事後収賄、あっせん収賄）の罪並びに第百九十五条第二項の罪に係る第百九十六条（特別公務員職権濫用等致死傷）の罪

（条約による国外犯）

第四条の二　第二条から前条までに規定するもののほか、この法律は、日本国外において、第二編の罪であって条約により日本国外において犯したときであっても罰すべきものとされているものを犯したすべての者に適用する。

（外国判決の効力）

第五条　外国において確定裁判を受けた者であっても、同一の行為について更に処罰することを妨げない。ただし、犯人が既に外国において言い渡された刑の全部又は一部の執行を受けたときは、刑の執行を減軽し、又は免除する。

（刑の変更）

第六条　犯罪後の法律によって刑の変更があったときは、その軽いものによる。

（定義）

第七条　この法律において「公務員」とは、国又は地方公共団体の職員その他法令により公務に従事する議員、委員その他の職員をいう。

２　この法律において「公務所」とは、官公庁その他公務員が職務を

行う所をいう。

第七条の二　この法律において「電磁的記録」とは、電子的方式、磁気的方式その他人の知覚によっては認識することができない方式で作られる記録であって、電子計算機による情報処理の用に供されるものをいう。

（他の法令の罪に対する適用）

第八条　この編の規定は、他の法令の罪についても、適用する。ただし、その法令に特別の規定があるときは、この限りでない。

[일본형법 번역](발췌)

최종개정시행일 : 令和五年(2023년) 七月 十三日

제1편 총칙

제1장 통칙

제1조 (국내범) ① 이 법률은 일본국내에서 죄를 범한 모든 자에게 적용한다.
② 일본 국외에 있는 일본 선박 또는 일본 항공기 내에서 죄를 범한 자에 대하여도 전항과 같다.

제2조 (국외범) 이 법률은 일본 국외에서 다음에 기재한 죄를 범한 모든 자에게 적용한다.

1. 삭제
2. 제77조 내지 제79조(내란, 예비 및 음모, 내란 등 방조)의 죄
3. 제81조(외환유치), 제82조(외환원조), 제87조(미수죄) 및 제88조(예비 및 음모)의 죄
4. 제148조(통화위조 및 행사등)의 죄 및 그 미수죄
5. 제154조(조서위조등), 제155조(공문서위조등), 제157조(공정증서원본부실기재등), 제158조(위조공문서행사등) 및 공무소 또는 공무원에 의해 작성되어야 할 전자적 기록에 관한 제161조의2(전자적 기록부정작출 및 공용)의 죄
6. 제162조(유가증권위조등) 및 제163조(위조유가증권행사등)의 죄
7. 제163조의2 내지 제163조의5(지불용 카드 전자적 기록부정작출등, 부정전자적 기록카드소지, 지불용 카드 전자적 기록부정작출준비, 미

수죄)의 죄

8. 제164조 내지 제166조(옥새위조 및 부정사용등, 공인위조 및 부정사용등, 공기호위조 및 부정사용등)의 죄와 제164조 제2항, 제165조 제2항 및 제166조 제2항의 죄의 미수죄

제3조 (국민의 국외범) 이 법률은 일본 국외에서 다음에 기재한 죄를 범한 일본 국민에게 적용한다.

1. 제108조(현주건조물등방화) 및 제109조 제1항(비현주건조물등방화)의 죄, 이들 규정의 예에 의해 처단해야 할 죄 및 이들 죄의 미수죄
2. 제119조(현주건조물등침해)의 죄
3. 제159조부터 제161조까지(사문서위조등, 허위진단서등작성, 위소사문서등행사) 및 전조 제5호에 규정하는 전자적 기록 이외의 전자적 기록에 관한 제161조의 2의 죄
4. 제167조(사인위조 및 부정사용등)의 죄 및 동조 제2항의 죄의 미수죄
5. 제176조, 제177조 및 제179조부터 제181조까지(부동의 추행, 부동의 성교 등, 감호자 추행 및 감호자 성교 등, 미수죄, 부동의 추행 등 치사상)와 제184조(중혼)의 죄
6. 제198조(증뢰)의 죄
7. 제199조(살인)의 죄 및 그 미수죄
8. 제204조(상해) 및 제205조(상해치사)의 죄
9. 제214조 내지 제216조(업무상낙태 및 동치사상, 부농의낙태, 부동의 낙태치사상)의 죄
10. 제218조(보호책임자유기등)의 죄 및 동조의 죄에 관한 제219조(유기등치사상)의 죄
11. 제222조(체포 및 감금) 및 제221조(체포등치사상)의 죄

12. 제224조 내지 제228조(미성년자약취 및 유괴, 영리목적등 약취 및 유괴, 신체대금목적약취등, 소재국외이송목적약취 및 유괴, 인신매매, 피약취자등소재국외이송, 피약취자인도등, 미수죄)의 죄
13. 제230조(명예훼손)의 죄
14. 제235조 내지 제236조(절도, 부동산침탈, 강도), 제238조 내지 제240조(사후강도, 혼취강도, 강도치사상), 제241조 제1항 및 제3항(강도·부동의성교 및 동치사) 및 제243조(미수죄)의 죄
15. 제246조 내지 제250조(사기, 전자계산기사용사기, 배임, 준사기, 공갈, 미수죄)의 죄
16. 제253조(업무상횡령)의 죄
17. 제256조 제2항(도품양수등)의 죄

제3조의2 (국민 이외의 자의 국외범) 이 법률은 일본 국외에서 일본 국민에 대해서 다음에 기재한 죄를 범한 일본 국민 이외의 자에게 적용한다.

1. 제176조, 제177조 및 제179조 내지 제181조(부동의 추행, 부동의 성교 등, 감호자 추행 및 감호자 성교등, 그 미수죄, 부동의 추행 등 치사상)의 죄
2. 제199조(살인)의 죄 및 그 미수죄
3. 제204조(상해) 및 제205조(상해치사)의 죄
4. 제220조(체포 및 감금) 및 제221조(체포등치사상)의 죄
5. 제224조 내지 제228조(미성년자약취 및 유괴, 영리목적등약취 및 유괴, 신체대금목적약취등, 소재국외이송목적약취 및 유괴, 인신매매, 피약취자등소재국외이송, 피약취자인도등, 미수죄)의 죄
6. 제236조(강도) 및 제238조부터 제240조(사후강도, 혼취강도, 강도치사상) 및 제241조 제1항 및 제3항(강도·부동의성교등 및 동치사상)의

죄 및 이들 죄(동조 제1항의 죄는 제외함)의 미수죄

제4조 (공무원의 국외범) 이 법률은 일본국외에서 다음에 기재한 죄를 범한 일본국의 공무원에게 적용한다.

1. 제101조(간수자등에 의한 도주원조)의 죄 및 그 미수죄
2. 제156조(허위공문서작성등)의 죄
3. 제193조(공무원직권남용), 제195조 제2항(특별공무원폭행협박) 및 제197조부터 제197조의4까지(수뢰, 수탁수뢰 및 사전수뢰, 제3자 뇌물제공, 가중수뢰 및 사후수뢰, 알선수뢰)의 죄 및 제195조 제2항의 죄에 관한 제196조 (특별공무원직권남용등치사상)의 죄

제4조의2 (조약에 의한 국외범) 제2조부터 전조까지에 규정하는 것 외에 이 법률은 일본국외에서 제2편의 죄로서 조약에 의해 일본국외에서 범한 때라도 처벌해야 할 것으로 되어 있는 것을 범한 모든 자에게 적용한다.

제5조 (외국 판결의 효력) 외국에서 확정재판을 받은 자이더라도 동일행위에 대하여 다시 처벌하는 것이 방해되지 않는다. 다만, 범인이 이미 외국에서 선고된 형의 전부 또는 일부의 집행을 받은 때에는 형의 집행을 감경하거나 면제한다.

제6조 (형의 변경) 범죄후의 법률에 의해 형의 변경이 있었던 때에는 경한 것으로 한다.

제7조 (정의) ① 이 법률에서 공무원이란 국가 또는 지방공공단체의 직원, 그 외 다른 법령에 의해 공무에 종사하는 의원, 위원 기타 직원을 말한다.

② 이 법률에서 공무소란 관공서 기타 공무원이 직무를 행하는 장소를 말한다.

제7조의2 이 법률에서 전자적 기록은 전자적 방식, 자기적 방식 그 외 타인의 지각에 의해서는 인식할 수 없는 방식으로 작성된 기록으로 전자계산기에 의한 정보처리의 이용에 제공되는 것을 말한다.

제8조 (다른 법령의 죄에 대한 적용) 이 편의 규정은 다른 법령의 죄에 대하여도 적용한다. 다만, 그 법령에 특별한 규정이 있는 때에는 그러하지 아니한다.

| 색인 |